SPSS 统计教程
——从研究设计到数据分析

丁国盛 李涛 编著

机械工业出版社

本书借鉴现有各类 SPSS 图书的长处与不足,以大量市场研究和学术研究的案例为基础,详细介绍了 SPSS 常用统计功能的使用方法和技巧。研究项目中常用的实验设计、调查设计以及相应的方差分析过程,书中亦有详细演示。本书具有以下特点:①侧重 SPSS 各类统计结果的详细解读;②介绍了大量统计应用细节和实用技巧,包括统计学家的建议,以及少量需要修改程序语句才能实现的统计功能;③内容编排适合学生的学习、阅读和查询,可作为相关专业的本专科生及研究生的教材或参考书,也可作为学术研究、社会调查、市场研究、人力资源管理、广告营销等行业人士的参考用书。

本书配有素材,选用本书作为教材的教师可以从机械工业出版社教育服务网(www.cmpedu.com)免费注册后下载。

图书在版编目(CIP)数据

SPSS 统计教程:从研究设计到数据分析/丁国盛,李涛编著.
—北京:机械工业出版社,2005.11(2025.7重印)

ISBN 978-7-111-18021-0

Ⅰ.S… Ⅱ.①丁…②李 Ⅲ.统计分析—软件包,SPSS—教材
Ⅳ.C819

中国版本图书馆 CIP 数据核字(2005)第 144014 号

机械工业出版社(北京市百万庄大街22号 邮政编码100037)
责任编辑:边 萌   封面设计:王伟光
责任印制:张 博
固安县铭成印刷有限公司印刷
2025 年 7 月第 1 版第 20 次印刷
184mm×260mm · 17.75 印张 · 437 千字
标准书号:ISBN 978-7-111-18021-0
定价:54.00 元

凡购本书,如有缺页、倒页、脱页,由本社发行部调换

电话服务   网络服务
客服电话:010-88361066   机 工 官 网:www.cmpbook.com
         010-88379833   机 工 官 博:weibo.com/cmp1952
         010-68326294   金 书 网:www.golden-book.com
封底无防伪标均为盗版   机工教育服务网:www.cmpedu.com

前　言

近几年,SPSS新版本的推出速度越来越快。在重印本书前,参阅了SPSS15.0,以及之前直到9.0各版本的基本功能。读者会发现:常规的数据管理和统计分析功能并没有过多的变化。读者真正最急需的,是引导他们能够正确有效地使用SPSS,能够详细介绍SPSS输出结果的教程。本书在编写过程中,借鉴了大量前人的经验,也吸收了部分国外教授的讲义精华。希望读者在阅读本书后会收获多多。

SPSS与其他统计软件的异同

SPSS(Statistical Package for Social Science)的中文名称是社会科学统计软件包,SPSS公司出品的通用型统计软件。在众多的统计软件中,SPSS、SAS、STATA是目前世界上最流行的三大通用统计软件。国外大学在开设统计课时,往往同时开设这三个软件的辅导课及使用咨询,其教学网站上也提供大量使用案例,并有邮件组提供培训与讨论。

事实上,三大统计软件各有独特之处。SPSS的显见优势在于用户界面友好,操作简单,菜单式操作可以实现绝大部分统计分析功能,特别适合具有初级统计知识的用户使用。当然它也为高级用户提供编写、执行程序的窗口。

如果用户熟悉SPSS基本的程序语句规则,可以在很大程度上提高SPSS的使用灵活性和便捷性:在处理包含几十、几百个变量的调查问卷时,修改程序比菜单操作更有效率;在反复进行探索性分析——例如EFA(探索性因子分析)时,使用程序语句可以成倍地提高工作效率;在进行多项选择题的统计时,SPSS需要生成临时变量,这种变量在SPSS重启之后便会消失,只有保存在程序文件中才能随时调用;在进行方差分析时,如果没有事后检验就无法获得最终发现,但一些事后检验只能通过修改程序语句才能实现。

SAS的功能相对更强大,也更具有开放性,数理基础扎实的用户使用比较多。STATA目前在国内并不多见,医药研究界是使用较集中的行业之一。在三大统计软件中,STATA占用空间最小,运算速度最快,操作也比较灵活,在一些专业人士中很受青睐。但到目前为止,STATA仍然坚持命令行操作,这对已经熟悉了视窗操作系统的用户来说很不方便。所以,对需要经常使用成型的统计功能的用户来说,SPSS是最佳的统计工具。

对各类统计结果的解读构成了本书的一大亮点

本书介绍了一些重要而实用的统计细节,已出版的SPSS教程较少涉及。

与大多数SPSS教材或指南不同,本书除了介绍相关的基本统计学原理,还特别侧重于剖析不同假设、不同实验设计、不同调查方式下SPSS的应用过程。因此,书中收录了大量心理学、心理语言学、市场研究、医药研究、社会学、教育学等多个学科的实用分析案例。在每个案例分析的过程中,本书通常从最原始的实验设计或研究目的开始讲解,然后一步步讲到选择合适的SPSS统计功能、控制需要输出的统计结果等环节。在很多已出版的教程中,对于如何解读SPSS输出的统计结果,一直很不充分。本书恰恰弥补了这一缺憾,对各类统计结果的解读构成了本书的一大亮点,相信很多普通用户读完本书会有一种豁然开朗的感觉。

本书的另一亮点是针对复杂实验设计给出了 SPSS 的解决方案，普通 SPSS 教程对此很少涉及。另外一些统计方法，如聚类分析、判别分析等，在实际的研究过程中应用较少，本书因篇幅限制，暂略去不讲。

本书便于阅读和查询

一部好的 SPSS 教程不仅要适合学生系统地学习，还应该便于查询以应付实际问题。本书的内容编排：①每章的开头列出了本章所要讲解的要点，便于读者迅速了解章节内容和即时查询。②每种统计方法的介绍都始于具体案例，便于读者以最快的速度了解各种分析过程所适用的条件和情境，或面对不同情境时选择恰当的分析方法。③突出介绍了使用各种统计方法的前提条件、详细地分析步骤和对输出结果的解读。在分析步骤的介绍中以菜单操作为主，菜单操作无法实现时适当补充了程序语句的编写方法。④穿插了一些实用的小栏目，如"小诀窍"、"提示"等，并用形象的图标显示，便于阅读和查询。

书中所用的图标及含义见下表：

单元目标	操作过程	提示	小诀窍
位于每一章的开始，告诉读者本章所涉及的内容、主题，方便预习和查询	实际的操作步骤，读者可以跟随这些步骤完成相应的分析过程。或者当读者需要完成某个操作，却不知道如何完成时，可以通过该图标很方便地从书中查询到。对于那些在数据处理过程中希望寻求软件操作指导的读者，这部分内容会特别有用	希望读者了解和注意的一些重要知识点，或者必须遵循的规则，对帮助读者正确理解和使用软件包非常有益	和正文关系不大，介绍一些可以帮助读者提高工作效率的方法

本书适合的读者

本书在编写过程中坚持面向计算机初级用户及 SPSS 的初、中级使用者，即使不熟悉计算机或 SPSS 也没关系，在本书的导引下，您完全可以正常使用它的基本功能。

尽管 SPSS 自身附带了强大的帮助功能，但是如果您不了解基本的统计学、实验设计等基本知识，SPSS 的很多地方还是有可能令人迷惑。如果您想让 SPSS 输出的统计结果更准确、更漂亮，统计学和实验设计方面的积累还是需要的。

本书适于教育学、心理学、广告学、消费者行为学、语言学、社会学、人口学、医学等专业的专科生、本科生作为教材使用，研究生可作为参考书使用，社会调查、市场研究、人力资源管理、广告营销等行业的专业人员可作为参考资料。

本书完成初稿后，北京师范大学心理测量与评价研究所的刘红云博士通读了全稿，并提出了很多有益的建议，在此表示诚挚的感谢。

由于编者水平所限，书中如有疏漏或错误，恳请读者和业内同仁不吝指正。

编　者

目 录

前　言

第1章　安装并启动 SPSS …………… 1
1.1　安装 SPSS ………………… 1
1.2　启动 SPSS ………………… 1
1.3　计算机使用须知 …………… 3
1.3.1　开机、登录 ………… 3
1.3.2　调用汉字输入法 …… 3
1.3.3　建立自己的专用文件夹 ………………… 4

第2章　SPSS初接触——统计分析实例 ………………… 6
2.1　两个平行班的教学效果评估（实例）……………… 6
2.2　工作过程 ……………………… 7
2.2.1　定义变量 …………… 7
2.2.2　录入数据 …………… 8
2.2.3　保存数据文件 ……… 9
2.2.4　选用统计程序 …… 10
2.2.5　查看输出结果 …… 11
2.2.6　保存统计结果 …… 12
2.3　小结 ………………………… 12

第3章　认识SPSS的工作界面 … 13
3.1　SPSS 菜单 …………………… 13
3.2　工具栏按钮 ………………… 17
3.3　SPSS 状态栏 ………………… 17
3.4　SPSS 常用操作 ……………… 18
3.4.1　新建窗口 …………… 18
3.4.2　打开文件 …………… 18
3.4.3　在多个窗口之间切换 …… 18
3.4.4　向指定的结果窗口中输出新的统计结果 …… 19
3.4.5　把菜单操作过程转换为程序语句 …………… 19
3.4.6　观察数据文件中的全部变量信息 …… 20
3.4.7　改变数据窗口的显示格式 …………… 20

3.5　SPSS 帮助 …………………… 20
3.5.1　帮助主题(Topics) …… 21
3.5.2　使用指南(Tutorial) … 22
3.5.3　案例学习 (Case Studies) ……… 23
3.5.4　统计教练 (Statistics Coach) …… 24
3.5.5　其他帮助工具 …… 24
3.6　小结 ………………………… 29

第4章　使用 SPSS 管理数据（一）………………… 30
4.1　SPSS 的数据定义 …………… 30
4.1.1　数据窗口 (Data View) ………… 30
4.1.2　变量窗口 (Variable View) …… 31
4.2　四种获得数据的方法 ……… 35
4.2.1　在 SPSS 数据窗口中直接录入数据 …… 35
4.2.2　直接读入 Excel 数据文件 …………… 35
4.2.3　读入纯文本数据文件 … 38
4.2.4　读入数据库文件 …… 48
4.3　小结 ………………………… 51

第5章　使用 SPSS 管理数据（二）………………… 52
5.1　数据转换 …………………… 52
5.1.1　Compute：通过数学计算生成新变量 …… 52
5.1.2　Recode：对已有变量值重新编码 …………… 54
5.1.3　Count：计算指定变量值的出现次数，并保存为新变量 …………… 55
5.2　数据管理 …………………… 57
5.2.1　对变量(Variable)与观测量(Case)的操作 …… 57

- 5.2.2 数据聚合 (Aggregate) …… 58
- 5.2.3 数据转置 (Transpose) …… 59
- 5.2.4 合并两个数据文件 …… 60
- 5.2.5 选择部分观测记录 (Case子集) …… 62
- 5.2.6 分割文件 (Split File) …… 64
- 5.3 小结 …… 65

第6章 数据的描述统计 …… 66

- 6.1 频次分析(Frequencies) …… 66
  - 6.1.1 网民媒体接触习惯调查的频次分析(实例) …… 67
  - 6.1.2 输出结果 …… 68
- 6.2 数据描述(Descriptives) …… 70
- 6.3 分组求均值(Means) …… 70
  - 6.3.1 网民媒体接触习惯分析(实例) …… 70
  - 6.3.2 输出结果 …… 72
- 6.4 数据探测(Explore) …… 72
- 6.5 交互分析(Crosstabs) …… 78
  - 6.5.1 不同性别网民的选择是否一致(实例) …… 79
  - 6.5.2 输出结果 …… 80
  - 6.5.3 进一步的两两比较 …… 81
  - 6.5.4 输出统计图 …… 82
  - 6.5.5 对结果的解释 …… 83
- 6.6 多重反应下的频次分析(Multiple Response:Frequencies) …… 83
  - 6.6.1 网民的新闻信息渠道主要是哪些(实例) …… 83
  - 6.6.2 输出结果 …… 85
- 6.7 多重反应下的交互分析(Multiple Response:Crosstabs) …… 85
  - 6.7.1 不同性别网民的新闻渠道是否相同(实例) …… 85
  - 6.7.2 输出结果 …… 87
- 6.8 小结 …… 88

第7章 样本及总体分布特征的判断和检验 …… 89

- 7.1 正态分布的检验 …… 89
  - 7.1.1 单样本的K－S检验 …… 89
  - 7.1.2 检验正态分布的图形 …… 91
- 7.2 二项分布的非参数检验方法 …… 92
- 7.3 通过统计图查看样本的数据分布 …… 94
  - 7.3.1 直方图 …… 94
  - 7.3.2 枝叶图 …… 95
  - 7.3.3 正态图 …… 95
  - 7.3.4 非趋势正态图 …… 96
  - 7.3.5 箱式图 …… 96
- 7.4 小结 …… 97

第8章 假设检验及不同实验设计的方差分析概论 …… 98

- 8.1 SPSS统计检验模块一览 …… 98
- 8.2 不同实验设计的方差分析及统计模块的选择 …… 101
  - 8.2.1 单因素完全随机化设计 …… 101
  - 8.2.2 随机化区组设计 …… 102
  - 8.2.3 拉丁方设计 …… 103
  - 8.2.4 析因设计(多因素完全随机化设计) …… 105
  - 8.2.5 嵌套设计 …… 106
  - 8.2.6 裂区设计 …… 107
  - 8.2.7 重复测量设计及交叉设计 …… 109
- 8.3 小结 …… 111

第9章 两个均值差异的显著性检验——T检验 …… 112

- 9.1 独立样本的T检验(Independent-Samples T Test) …… 112
  - 9.1.1 前提假设及适用的实验设计 …… 112
  - 9.1.2 两个平行班的教学方法不同,哪个班的教学效果更好(实例) …… 112

9.1.3 结果输出 …………… 115
9.1.4 利用误差图查看两个样本的数据分布 …… 116
9.1.5 其他备选的处理方法 ………… 117
9.2 配对样本的 T 检验(Paired-Sampls T Test) ……… 118
9.2.1 前提假设及适用的实验设计 ………… 118
9.2.2 挑选学生配对组班,更精确地评估教学效果(实例) ………… 118
9.2.3 输出结果 ………… 120
9.2.4 利用箱式图查看样本分布 ………… 120
9.2.5 其他备选的处理方法 ………… 121
9.3 小结 ……………… 122

第10章 单因素完全随机设计的方差分析 ………… 123
10.1 前提假设 ………… 123
10.2 维生素 C 治疗感冒的效果实验(实例) ………… 123
10.3 方差分析 ………… 124
　10.3.1 定义变量及标签 … 124
　10.3.2 录入数据并保存 … 125
　10.3.3 以被试为随机变量的方差分析 ………… 126
　10.3.4 以项目为随机变量的方差分析 ………… 127
　10.3.5 查看输出结果 …… 128
10.4 其他备选的 SPSS 分析方法 ………… 134
10.5 习题 ……………… 134
10.6 补充内容 ………… 134
　10.6.1 以被试为随机变量的分析 VS 以项目为随机变量的分析 ……… 134
　10.6.2 数据的预处理 …… 135

第11章 两(多)因素析因设计的方差分析 ………… 139
11.1 前提假设 ………… 139
11.2 医患性别关系是否影响治疗效果,笔画数和字频是否影响汉字识别速度(实例) … 140
　11.2.1 分析思路 ………… 140
　11.2.2 数据结构 ………… 140
11.3 方差分析 ………… 142
　11.3.1 检查数据是否满足方差分析的前提假设 … 142
　11.3.2 用 SPSS 进行方差分析的步骤 ………… 146
　11.3.3 结果输出 ………… 149
　11.3.4 交互效应显著时的进一步检验 ……… 152
11.4 小结 ……………… 154
11.5 习题 ……………… 155
11.6 补充内容 ………… 155

第12章 单因素随机化区组设计与拉丁方设计的方差分析 ………… 159
12.1 前提假设 ………… 159
12.2 单因素随机化区组设计 …… 159
　12.2.1 睡眠时间对计算能力是否有影响,背景音乐对英语学习是否有影响(实例) ………… 159
　12.2.2 用 SPSS 进行方差分析 ………… 161
　12.2.3 结果输出 ………… 163
12.3 拉丁方设计 ……… 166
　12.3.1 四种财务软件哪一个最适合公司,三种广告创意谁最受欢迎(实例) ………… 166
　12.3.2 方差分析 ………… 167
　12.3.3 结果输出(部分) … 168
12.4 小结 ……………… 169

第13章 单因素设计的协方差分析(ANCOVA) ········ 170
- 13.1 前提假设 ················ 170
- 13.2 对阅读有障碍的儿童有不同的培训方式,哪一种效果最好(实例) ············ 171
  - 13.2.1 数据结构 ········ 171
  - 13.2.2 分析思路 ········ 171
- 13.3 用 SPSS 进行协方差分析 ··· 171
  - 13.3.1 斜率同质性检验 ············ 171
  - 13.3.2 进行协方差分析 ··· 173
- 13.4 结果输出 ··············· 174
- 13.5 进行事后两两比较(Post-Hoc Test) ······ 175
  - 13.5.1 两两比较的操作过程 ········ 175
  - 13.5.2 两两比较的结果输出 ········ 176
  - 13.5.3 关于 LMATRIX 子命令的进一步解释 ······ 177
- 13.6 小结 ·················· 177

第14章 单因素设计的多元方差分析(MANOVA) ········ 178
- 14.1 前提假设 ··············· 178
- 14.2 三种学习策略对雅思考试成绩有何影响,三种口吃校正方法孰优孰劣(实例) ······ 178
- 14.3 用 SPSS 进行多元方差分析 ··············· 179
- 14.4 部分输出结果 ·········· 181
  - 14.4.1 多元方差分析的结果 ············ 181
  - 14.4.2 单因变量的一元方差分析结果 ········ 183
  - 14.4.3 事后检验(Post-Hoc Test) ··· 183
- 14.5 两因素以上的多元方差分析 ················ 184
- 14.6 小结 ·················· 185

第15章 重复测量设计的方差分析 ············ 186
- 15.1 前提假设 ··············· 186
  - 15.1.1 标准一元方差分析的假设前提 ········ 187
  - 15.1.2 多元方差分析的假设前提 ········ 187
- 15.2 部件加工对汉字的识别有什么影响(实例) ······ 187
  - 15.2.1 分析思路 ········ 187
  - 15.2.2 数据结构 ········ 188
- 15.3 用 SPSS 进行方差分析 ··· 188
  - 15.3.1 查看前提假设是否满足 ············ 188
  - 15.3.2 方差分析过程 ··· 188
- 15.4 部分输出结果 ·········· 191
- 15.5 两因素以上重复测量设计的方差分析 ············ 195
- 15.6 小结 ·················· 195
- 15.7 习题 ·················· 195

第16章 两因素混合设计的方差分析 ············ 197
- 16.1 前提假设 ··············· 197
  - 16.1.1 标准一元方差分析的假设前提 ········ 197
  - 16.1.2 多元方差分析的假设前提 ········ 197
- 16.2 词的获得年龄是否影响人对词汇的判断速度(实例) ······ 198
  - 16.2.1 数据结构 ········ 198
  - 16.2.2 分析思路 ········ 198
- 16.3 用 SPSS 进行方差分析 ··· 199
  - 16.3.1 查看前提假设是否满足 ············ 199
  - 16.3.2 逐步进行方差分析 ············ 199
- 16.4 部分输出结果 ·········· 200
- 16.5 事后多重比较 ·········· 202

16.6 小结 ……………………… 205

第17章 交叉设计、嵌套设计与裂区设计的方差分析 … 206

17.1 交叉设计(Cross-over Design) ………… 206
    17.1.1 外国留学生的汉语学习方式比较(实例) ……… 206
    17.1.2 用 SPSS 进行方差分析 ………… 208
    17.1.3 方差分析结果 … 209
    17.1.4 用 Report 表格显示描述统计结果 …… 209

17.2 嵌套设计(Nested Design) ………… 210
    17.2.1 方言和原有的语言能力是否影响外语的发音准确性(实例) ……… 210
    17.2.2 用 Mixed Models：Linear 进行方差分析(菜单模式) ……… 211
    17.2.3 Mixed Models：Linear 方差分析结果 …… 213
    17.2.4 用 GLM：Univariate 进行方差分析(程序模式) ……… 215
    17.2.5 GLM：Univariate 方差分析结果 …… 216

17.3 裂区设计(Split-Plot Design) ……… 216
    17.3.1 两种语文阅读的教学方法孰优孰劣(实例) ……… 217
    17.3.2 用 GLM：Univariate 进行方差分析 …… 217
    17.3.3 GLM：Univariate 方差分析结果 …… 218
    17.3.4 用程序语句进行上述方差分析 …… 219
    17.3.5 对随机化区组裂区设计进行方差分析 … 220

17.4 小结 ……………………… 220

第18章 三因素混合设计的方差分析 …… 221

18.1 口头表达内心感受的办法能否缓解丧偶者的心理压力(实例) …………… 221
18.2 不同词义关系对逆序词加工的影响(实例) ………… 222
18.3 用 SPSS 进行方差分析 223
    18.3.1 查看前提假设是否满足 ………… 223
    18.3.2 方差分析过程 …… 223
18.4 部分输出结果 …… 224
18.5 交互效应显著时简单主效应的检验 …………… 226
    18.5.1 检验过程 ………… 226
    18.5.2 部分输出结果 …… 227
18.6 小结 ……………………… 233

第19章 非参数检验 …… 234

19.1 单样本配合度检验(Chi-Square Test) ………… 234
    19.1.1 汽车市场的品牌占有率是否发生新变化(实例) ……… 234
    19.1.2 分析结果 …… 235

19.2 两个独立样本的差异显著性检验(2 Independent Samples) … 236
    19.2.1 前提假设 ………… 236
    19.2.2 女性电脑广告对谁更有效,两类失语症患者的识字能力是否相同(独立样本)(实例) …… 237
    19.2.3 输出结果 ………… 239
    19.2.4 用统计图显示检验结果 ………… 239
    19.2.5 Mann-Whitney U 检验与独立样本的 T 检验的适用标准 …… 240

19.3 两个相关样本的差异显著性检验(2 Related Samples) …… 240
 19.3.1 前提假设 …………… 241
 19.3.2 外部管理咨询机构的培训是否有效,两类失语症患者的识字能力是否相同(相关样本)(实例)……… 241
 19.3.3 输出结果 …………… 242
 19.3.4 非参数方法与配对样本 T 检验的适用标准 ………… 243
19.4 多个独立样本的差异显著性检验(K Independent Samples) …… 243
 19.4.1 前提假设 …………… 244
 19.4.2 四个版本的网站首页哪一个最受欢迎,大脑受损部位不同是否影响词图匹配能力(独立样本)(实例) ……… 244
 19.4.3 输出结果 …………… 245
 19.4.4 两两比较 …………… 246
19.5 多个相关样本的差异显著性检验(K Related Samples) …… 246
 19.5.1 前提假设 …………… 247
 19.5.2 人的情绪是否会受到他人影响,大脑受损部位不同是否影响词图匹配能力(相关样本)(实例) ……… 247
 19.5.3 输出结果 …………… 248
19.6 小结 ………………………… 249
19.7 习题 ………………………… 249

第 20 章 相关分析 ……………… 250
20.1 相关分析 ……………………… 250
 20.1.1 前提假设 …………… 250
 20.1.2 儿童的语音意识、识字量、阅读能力之间是否存在显著相关(实例) ……… 250
 20.1.3 检验相关分析的前提假设是否满足 ……… 251
 20.1.4 相关分析过程 ……… 252
 20.1.5 输出结果 …………… 253
 20.1.6 计算变量集之间的相关系数 ……………… 253
20.2 偏相关分析 …………………… 255
 20.2.1 前提假设 …………… 255
 20.2.2 控制识字量之后,语音意识与阅读能力是否高相关(实例) ……… 256
 20.2.3 偏相关分析过程 …… 256
 20.2.4 输出结果 …………… 256
 20.2.5 绘制散点图查看变量间的关系 …………… 258
20.3 小结 ………………………… 258

第 21 章 回归分析 ……………… 259
21.1 一元线性回归 ………………… 259
 21.1.1 前提假设 …………… 260
 21.1.2 识字量对阅读能力的影响到底有多大(实例) …………………… 260
 21.1.3 依据散点图检验线性关系 ………… 260
 21.1.4 回归分析过程 ……… 261
 21.1.5 输出结果 …………… 261
21.2 多重线性回归 ………………… 262
 21.2.1 前提假设 …………… 263
 21.2.2 影响汽车销售的主要因素是什么(实例) …………………… 263
 21.2.3 进行多重回归分析 ………………… 264
 21.2.4 输出结果 …………… 264
 21.2.5 多重共线性问题的解决方案 ………… 267
21.3 更多回归分析 ………………… 267
21.4 小结 ………………………… 267

附录 …………………………………… 268

参考文献 ……………………………… 272

第1章 安装并启动 SPSS

单元目标

通过学习本章,您可以了解:
◆ 如何安装 SPSS 软件包
◆ 计算机使用的一些基本知识和实用技巧

如果您首次学习使用 SPSS,可在 SPSS 公司网站免费下载 demo 版软件。

如果您的电脑里已经安装了 SPSS,并熟悉计算机的各种操作,可以跳过本章。

1.1 安装 SPSS

在安装 SPSS 软件包之前,首先要查看计算机的系统配置是否能够满足软件包的要求,特别是硬盘剩余空间、内存、CPU 以及操作系统等方面。例如,SPSS15.0 对系统的基本要求是:最适合的操作系统为 Windows XP,2000,或 Windows me;内存不低于 128MB;可利用硬盘空间不少于 220MB;奔腾系列处理器。随着计算机技术的飞速发展,目前的计算机配置一般都能满足安装要求。

如果系统配置满足安装要求,就可以按照以下过程进行安装。

操作过程

(1)计算机启动后,把 SPSS 的安装光盘放入光驱(注意无字的一面向下)。

(2)打开资源管理器(如果您不知道什么是资源管理器,或者找不到资源管理器,请先阅读本章后面的计算机使用须知)。

(3)双击(迅速按鼠标左键两次)光驱的盘符(通常是光盘标志的盘符),会看到窗口右面显示出光盘上的内容,其中有一个 Setup.exe 文件。

(4)用鼠标双击 Setup.exe,计算机就会开始启动 SPSS 的安装程序。

最新的 SPSS 安装光盘通常放入光驱后会自动启动,读者按提示操作即可顺利安装。

每个安装好的软件在计算机的硬盘里都有各自的位置。在安装的过程中,您可以选择 SPSS 安装的位置。如果您没有选择,系统默认的安装位置是 C:\program files\spss\。

1.2 启动 SPSS

SPSS 安装成功后,可以从开始菜单中找到它的执行程序:

开始→程序→SPSS for Windows

如果您觉得每次启动 SPSS 都经过开始菜单比较麻烦,您可以对"开始\所有程序\SPSS for Windows\SPSSx.0 for windows"单击右键,在弹出的菜单中选择"发送到\桌面快捷方式",这样在计算机的桌面上就有了一个 SPSS 的快捷键图标。以后您要启动 SPSS 的时候只需双击这个图标即可。

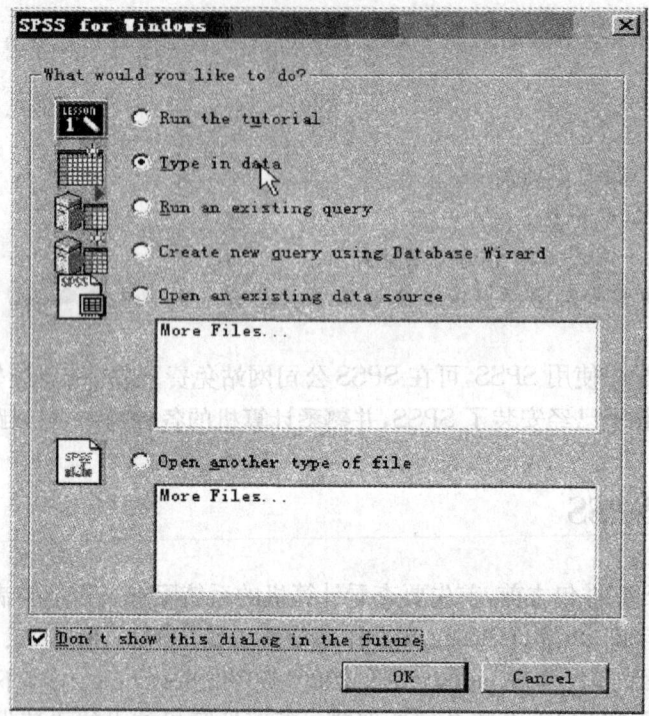

图 1-1 启动 SPSS 自动弹出窗口

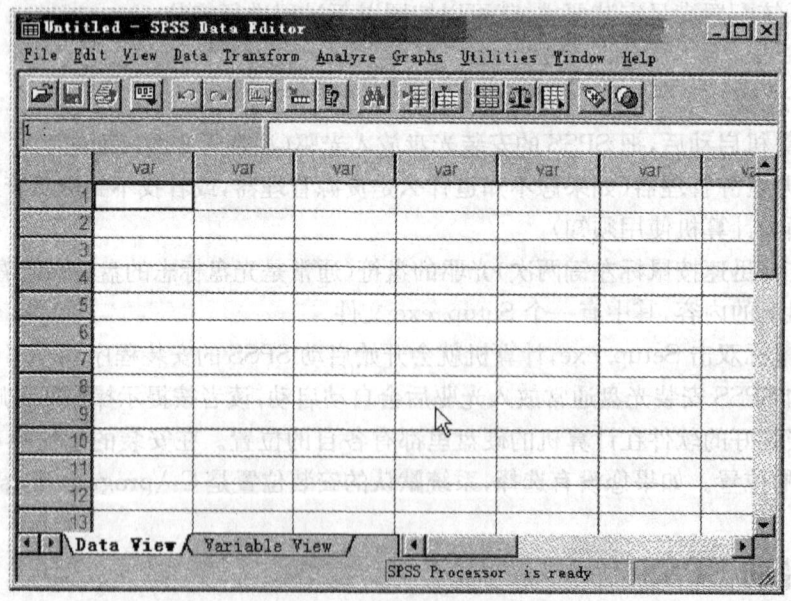

图 1-2 SPSS 数据编辑窗口

首次启动 SPSS 时,会弹出一个小窗口,用户可以根据自己的需要选择进入界面。默认的选择如图 1-1 中所示,即每次启动时要求用户打开一个数据文件。我们可以选择"Type in data",即 SPSS 每次启动后直接进入数据编辑窗口(图 1-2)。如果用户不想每次启动 SPSS 都看到这个窗口,也可以同时选中最下方的可选框"Don't show this dialog in the future",即要求以后不再显示这个小窗口。单击 OK 按钮完成操作,即进入 SPSS 的数据编辑窗口。

到此为止,SPSS 已经安装成功,可以顺利启动了。若有不明之处,请再次阅读前文。

  小诀窍　怎样备份软件

您可以把 SPSS 安装文件通过复制备份到计算机的硬盘上,当遇到病毒破坏或需要重装操作系统时,可以很方便地从硬盘上重新安装软件,不需要每次都从光盘上安装。请注意,须使用法来源的软件。

1.3　计算机使用须知

熟悉计算机的用户可以跳过此节。

本小节向不熟悉计算机的用户介绍使用 SPSS 时必备的计算机知识。如有必要,用户仍需要多熟悉计算机基本操作,最好同时熟悉 Office 等办公软件的使用。

1.3.1　开机、登录

在正常安装、使用 SPSS 之前,必须确认计算机能正常使用,例如操作系统是否已经安装,用户熟悉的汉字输入法是否已安装等等。在确认电源已经接通,打开显示器开关(如果显示器已经打开,您会看到开关旁边的指示灯是亮的),然后按下计算机的主机(机箱)电源开关。如果您的计算机正常的话,几秒钟后,您将看到操作系统(例如 WindowsXP/Windows2000 等)正在启动的的画面。当屏幕上出现要求您输入网络登录密码时,就请输入密码;如果该计算机没有密码,请按"确定"按钮或"取消"按钮,即可正常启动计算机。

1.3.2　调用汉字输入法

在 SPSS 操作过程中,用户可以随时调用汉字输入法录入汉字。把鼠标下移,直至看到"开始"菜单所在的任务栏右下角有一个"En"或"CN"标记的小图标(图 1-3),这表示当前的输入法为英文或中文。如果您需要将它转换为汉字输入状态如全拼输入,您可以用鼠标左击"En"图标,这时本计算机所安装的输入法将出现在一个弹出菜单里,您可以选择全拼输入法,用鼠标左键单击即可调用它。

图 1-3　任务栏图标(位于电脑屏幕右下角)

选择输入法的组合快捷键通常是 Shift+Ctrl,即同时按下这两个键,直到出现用户需要的输入法。

1.3.3 建立自己的专用文件夹

用鼠标在开始菜单上单击右键,然后在弹出的子菜单中单击"资源管理器",资源管理器随即打开,见图1-4。

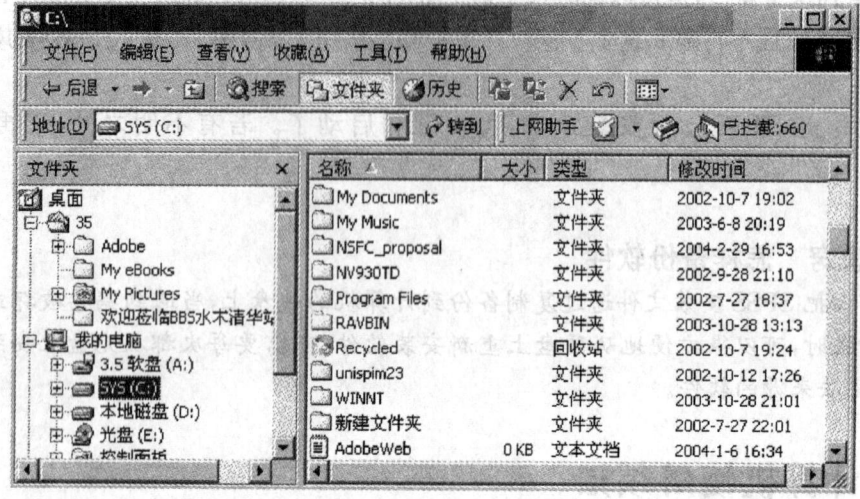

图1-4 资源管理器

如果用户希望在 C:\My Documents 中新建一个自己的专用文件夹,请双击右侧文件夹列表中的 My Documents,然后在右边随即展开的窗口中的空白处单击右键,则弹出子菜单,如图1-5所示。

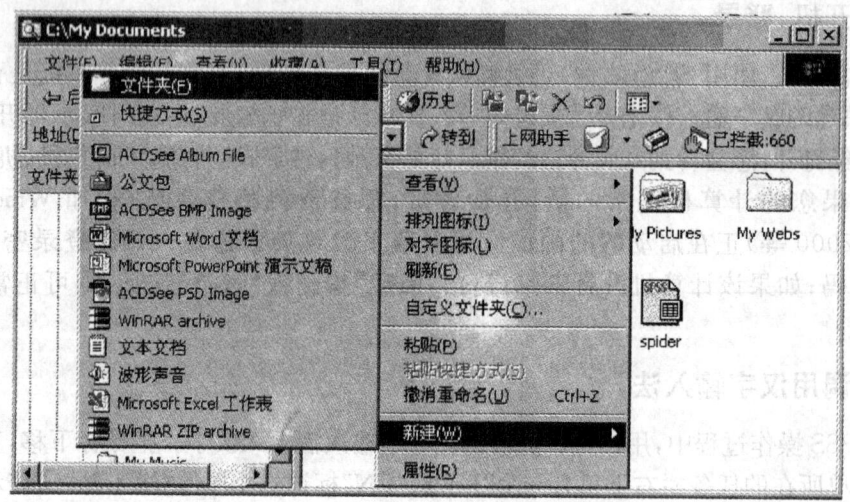

图1-5 新建文件夹

选择"新建",在它的下一级子菜单中选择"文件夹"并单击左键,即"My Documents"对应的右边窗口看到一个新出现的文件夹,名字为"新建文件夹",同时被蓝条覆盖而且右端有光标在闪动,这表明您可以立即更改文件夹的名字。如果您不想改动它,随便单击或回车,新建的文件夹会正式命名为默认的名字即"新建文件夹"。如果您事后觉得有必要更改文件夹的名字,可以在这个文件夹上单击右键,在弹出的子菜单(见图1-6)上选择"重命名",就可以重新输入一个新名称。

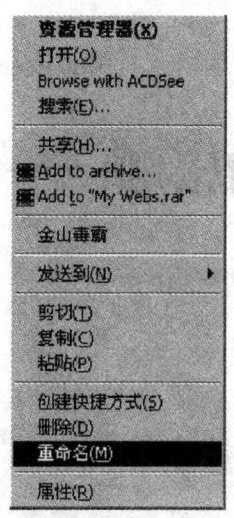

图 1-6 对文件夹进行重新命名（点击鼠标右键）

第 2 章 SPSS 初接触——统计分析实例

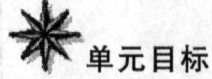
单元目标

通过学习本章,您可以:
◆ 了解使用 SPSS 进行数据分析的基本过程
◆ 独立完成一个简单的数据分析任务
◆ 对 SPSS 的工作方式形成一个初步印象

SPSS 能完成各种各样复杂或简单的统计工作,但必须是在我们的控制之下才能完成。每次使用 SPSS 工作时必须经过四个基本步骤:
- 用 SPSS 打开相应的数据文件
- 确定使用的统计程序
- 把数据文件中的变量指定给统计程序
- 解释输出的统计结果

如果用户设计了一个全新的实验或者调查项目,SPSS 专用的数据文件还没有准备好,那么首先需要利用 SPSS 完成数据准备工作。事实上,SPSS 在录入、整理数据方面也非常优秀。

下面通过一个语言研究中的实例介绍 SPSS 的基本工作过程。

2.1 两个平行班的教学效果评估(实例)

例 2-1 某对外汉语教学中心进行了一项汉字教学实验,同一年级的两个平行班参与了该实验。两个班分别采用两种不同的教学方式学习 40 个生字,其中一班采用的是集中识字的方式,即安排外国留学生在学习课文以前集中学习生字,然后再学习课文;二班采用的是分散识字的方式,即安排留学生一边学习课文一边学习生字。为了考察两种教学方式对生字读音的记忆效果是否有影响,教学效果是否有差异,分别从一班和二班随机抽取了 20 个人,要求他们对 40 个学过的汉字进行注音,每注对一个得 1 分,注错不得分。表 2-1 是两个班同学的测试成绩。问:

(1) 两个班的平均成绩、标准差、最高分、最低分分别是多少?
(2) 两种教学方式对汉字读音的记忆效果是否有差异,哪一种教学方式更有效?

表 2-1 两个班同学的测试成绩(原始成绩单)

学生编号 (一班)	成绩	学生编号 (二班)	成绩
1	22	1	29

(续)

学生编号 （一班）	成绩	学生编号 （二班）	成绩
2	26	2	36
3	34	3	27
4	33	4	19
5	34	5	37
6	11	6	28
7	29	7	38
8	32	8	36
9	26	9	33
10	35	10	22
11	17	11	36
12	40	12	32
13	29	13	40
14	27	14	29
15	32	15	19
16	11	16	35
17	23	17	27
18	37	18	34
19	24	19	36
20	17	20	40

2.2 工作过程

2.2.1 定义变量

表 2-1 是一张按照传统方式制作的原始成绩单。由于 SPSS 只按自己特有的格式读取数据，所以必须把表中的数据录入成 SPSS 数据文件。

操作过程

(1)定义变量名　进入 SPSS 的数据编辑窗口，单击左下角的 Variable View 进入变量浏览窗口，在 Name 下方第一个单元格中单击，然后调用汉字输入法，录入"学生编号"后回车，光标自动右移到 Type 列。现在我们已经告诉 SPSS 第一个变量的名字是"学生编号"。

(2)指定小数位数　继续回车直到光标右移到 Decimals 列，单击该单元格中向下的小箭头，直到单元格的数字变为 0。这一步操作告诉 SPSS"学生编号"变量包含的所有数据都没有小数。

(3)定义更多变量　依此操作，再录入"成绩"和"班级"，小数位数均为 0(见图 2-1)。

提示　SPSS 的三个基本窗口

SPSS 有三个最基本的窗口，即 Data Editor(数据编辑窗口，显示并编辑数据)、Syntax Editor(命令语句窗口，用户可以直接编写 SPSS 程序语句，然后运行，所起的作用与菜单操作是一样的)、SPSS Viewer(结果输出窗口，统计结果、操作错误提示及警告等信息都在这个窗口显示)。

图 2-1　SPSS 数据编辑窗口:Variable View(变量浏览)

2.2.2　录入数据

单击 Data View,进入数据浏览窗口。您会发现前面录入的三个变量名称已经出现在前三列单元格的上端。现在可以把原始成绩单中每个学生的编号、成绩和所在班级一一录入。如图 2-2 所示。

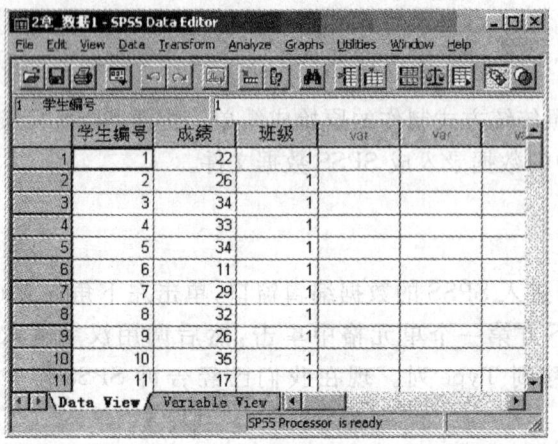

图 2-2　SPSS 数据编辑窗口:Data View(数据浏览)

提示　一行数据只能包含一个人的信息

录入到 SPSS 中的数据格式与原始成绩单的格式有非常大的差别。最大的差别在于 SPSS 要求数据的每一行只能包含一个学生的信息,而且必须是完整的信息,所以我们必须在每个学生的成绩后面录入学生所在的班级信息。

小诀窍　录入特定数据的快捷办法

把"班级"中的两个变量值 1 和 2 分别录入 20 次实在是个笨办法。建议采用如下技巧:
(1)先录入一班 20 位学生的编号和成绩,然后录入第一个学生所在的班级变量值 1。

(2) 在该单元格内单击右键,选择复制。

(3) 在第二个学生对应的的班级变量单元格内按下鼠标左键不放开,一直向下拖动,直到第 20 个学生对应的班级变量单元格才放开左键。

(4) 在选中的区域(涂黑的区域)单击鼠标右键,选择粘贴,即可完成所有一班学生的班级变量信息。

2.2.3 保存数据文件

数据全部录入完成后,单击主菜单 File,选择"Save"(见图 2-3)。这时出现保存对话框(见图 2-4)。把文件命名为"2 章_数据 1",保存在"数据 & 结果"文件夹里。这个文件夹是事先在资源管理器或"我的电脑"中建立的,当然您也可以把数据保存在其他文件夹中。

> **提示 SPSS 的数据文件类型**
>
> 默认的文件保存类型是 *.sav,这也是 SPSS 能直接应用的数据文件类型。

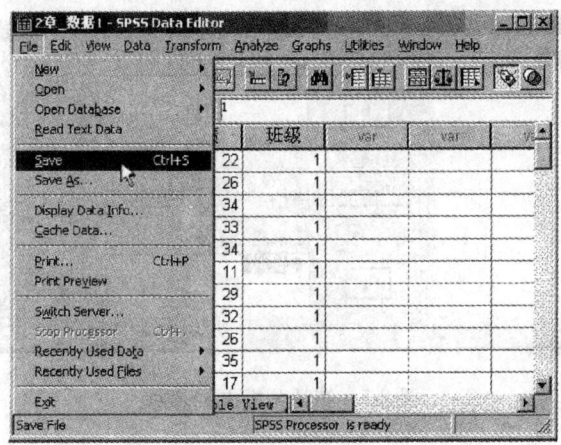

图 2-3 保存文件界面

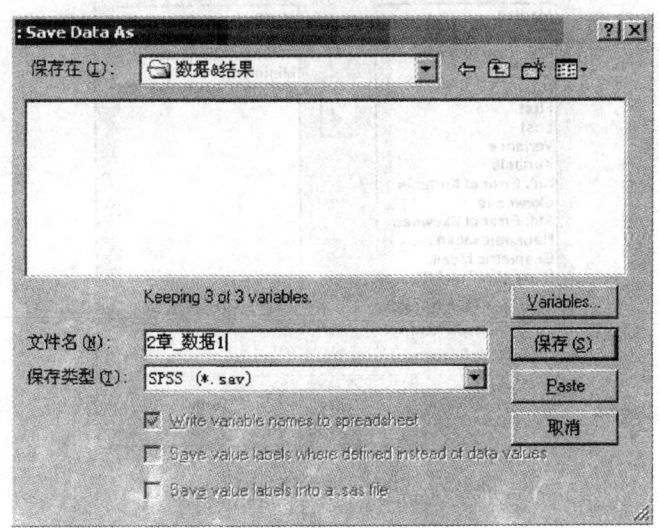

图 2-4 保存对话框

2.2.4 选用统计程序

我们要回答第一个问题,即统计每个班的平均分、标准差、最低分和最高分。SPSS 有各种各样的统计程序供我们选择使用,但是每个程序能完成的统计功能不一样。能帮助我们计算均值、标准差、最小值、最大值的是一个叫作 Means 的程序。

操作过程

(1) 单击主菜单 Analyze→Comeare Means→Means,进入统计分析主对话框,见图 2-5。

(2) 在左边框中单击变量"成绩",会看到有蓝条把它覆盖住,表示变量被选中。然后单击右上方 Dependent List 框左边的小三角,变量"成绩"进入相应的因变量位置。

(3) 继续在左边框中单击选中变量"班级",单击右下方 Independent List 框左边的小三角,把变量选入相应的自变量位置。

(4) 单击 Options 按钮,弹出选择分析对话框,见图 2-6。在该对话框内可以选择输出的统计量。默认的输出统计量包括平均数、样本量、标准差。

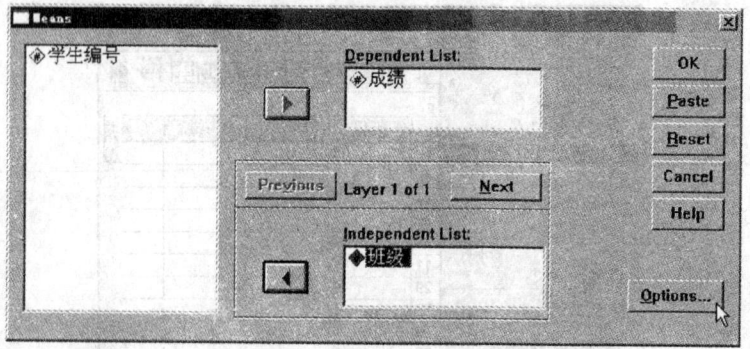

图 2-5 统计分析主对话框

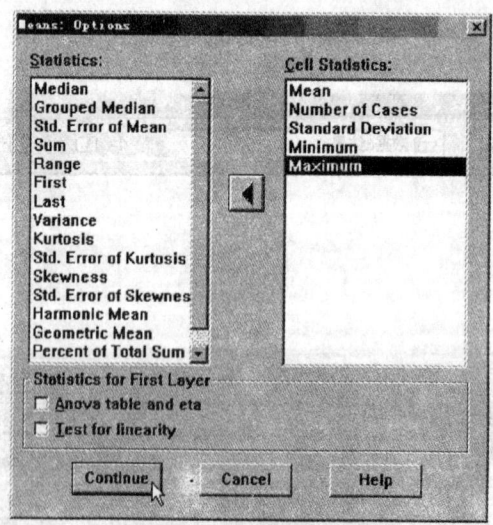

图 2-6 选择分析对话框:Option

(5) 因为我们还需要计算两个班的最小值和最大值,所以必须从左边的可供选择的统计量列表框中选中 Minimum,单击小三角把它加入右边的输出统计量列表。重复上述操作加入 Maximum。

(6)单击 Continue 回到程序主窗口。

(7)单击 OK 按钮,统计程序开始执行。

  小诀窍　选错了变量怎样重选

在选择因变量和自变量的过程中,如果不小心错把自变量选入了因变量的框中,可以把错选的变量选中,再单击小三角即可(请注意,小三角不同的指向表明可选入或选出变量)。

2.2.5　查看输出结果

SPSS 的统计程序执行结束会自动弹出"结果浏览窗口:SPSS Viewer"(见图 2-7)。窗口左边是树状的结果目录,右边是表格形式的统计结果。

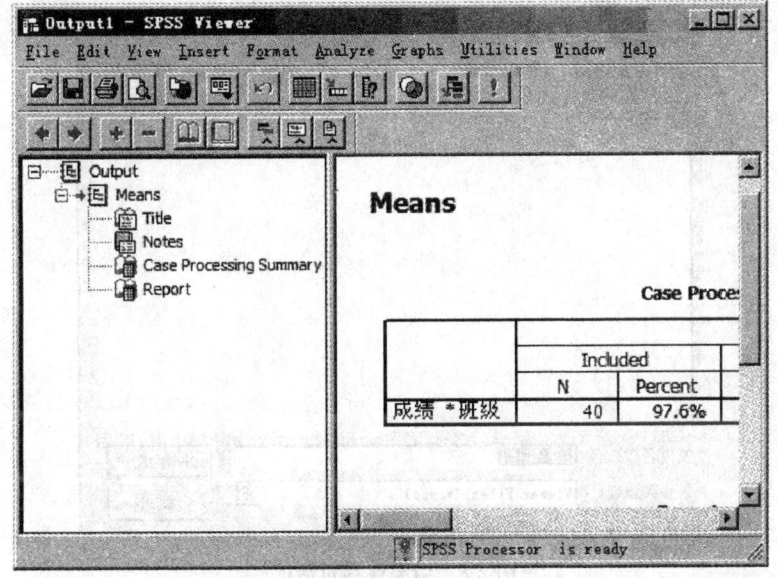

图 2-7　结果浏览窗口:SPSS Viewer

在目录树中单击 Case Processing Summary,会在右边窗口中看到一个红色的右向箭头指向对应的表格(表 2-2)。这个表格的内容是统计程序所处理的样本信息:统计程序处理的样本量为 40,占全部样本的 100%,程序没有处理的样本量为 0,总样本量为 40。

表 2-3 Report 的内容就是我们想要的每个班的平均成绩、标准差、最低分和最高分。在表中,我们看到一班的平均成绩是 26.95,而二班的平均成绩是 31.65,而两个班整个平均成绩是 29.30。

至此,实例中的第一个问题得到圆满回答。关于第二个问题的回答请参考第 9 章。

表 2-2　Case Processing Summary

	Cases					
	Included		Excluded		Total	
	N	Percent	N	Percent	N	Percent
成绩 * 班级	40	100.0%	0	0%	40	100.0%

表 2-3 Report

班级＼成绩	Mean	N	Std. Deviation	Minimun	Maximum
1	26.95	20	8.236	11	40
2	31.65	20	6.434	19	40
Total	29.30	40	7.673	11	40

2.2.6 保存统计结果

保存好每次数据分析的结果对以后的工作很重要。我们以后可以随时查看这些结果，不需要每次都重复执行统计程序。

单击主菜单 File/Save，进入文件保存对话框（见图 2-8）。在这里，我们把统计结果保存为"2 章_输出 1"，结果文件的默认保存类型是扩展名为 SPO 的文件（Viewer Files）。以后需要查看的时候，可以直接对文件名双击，SPSS 会自动打开这些文件，这时会自动弹出一个结果浏览窗口并显示文件的内容。

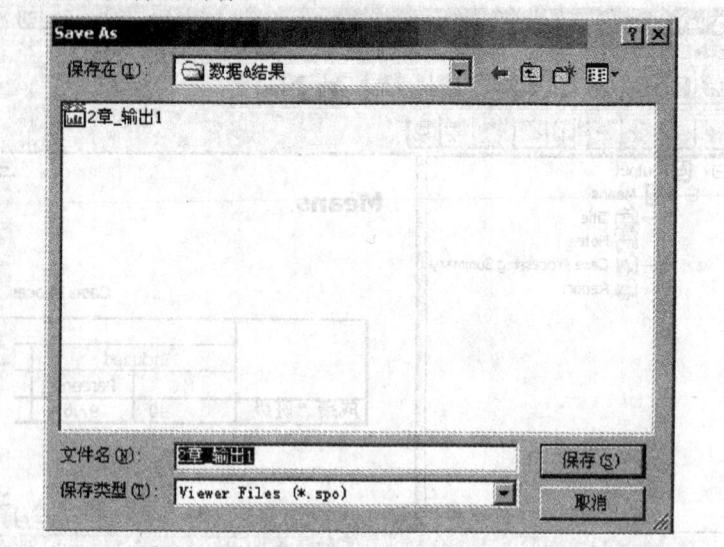

图 2-8 结果保存对话框

小诀窍 怎样方便地查找资料

为了方便以后查找资料，建议把结果文件与相应的数据文件保存在同一个文件夹里。

恭喜！您现在已经完成了一次 SPSS 的完整应用。以后的 SPSS 应用无论多么复杂，都离不开这 6 步基本操作。

2.3 小结

使用 SPSS 工作离不开四个基本过程：打开数据文件、选用统计程序（菜单选项）、指定欲分析的变量、查看输出结果。如果数据文件不存在，就需要新建一个数据文件并录入数据。程序运行完毕以后，通常还需要把输出结果保存起来，以便日后查看。

第3章 认识SPSS的工作界面

单元目标

通过学习本章,您可以了解:
◆ SPSS界面的菜单、工具按钮的基本功能
◆ 如何完成SPSS的常用操作,包括如何新建窗口、打开文件、窗口间的切换、选择新结果的输出窗口、把菜单操作过程转换为程序语句、观察变量信息、改变数据显示格式等
◆ 如何使用SPSS软件包提供的各类帮助文件

SPSS的工作界面提供10项主菜单,能够完成文件操作、数据管理、程序运行、图表制作,以及帮助系统使用等功能。此外,主菜单下方有一组快捷按钮,窗口最下方有动态显示的SPSS主程序状态栏。本章先向您概括地介绍这些菜单的主要功能,从而使您有一个直观的了解。关于菜单如何使用的细节将在后面章节中结合具体案例进行说明。

3.1 SPSS菜单

1. File菜单

用于文件操作,例如文件的打开、新建、保存、打印、关闭等。见图3-1。

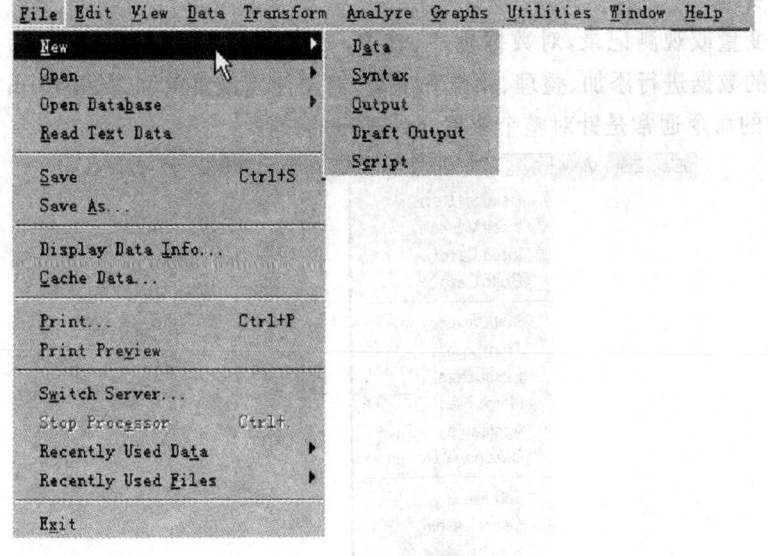

图3-1 File菜单

2. Edit 菜单

见图 3-2，提供数据管理过程中常用的复制、剪切、粘贴、查找等功能。其中 Options 是一项特殊而复杂的命令，它控制 SPSS 输出结果的显示格式、操作记录等。经过适当设置，用户在使用 SPSS 时能够取得更高的效率。

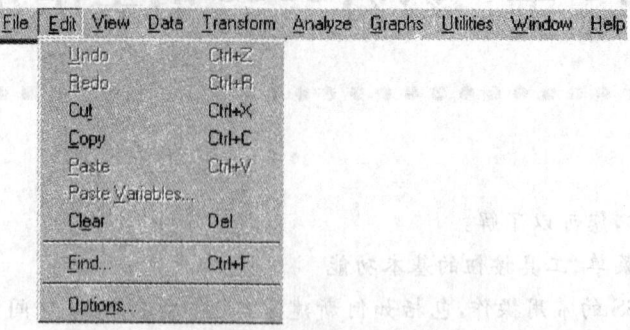

图 3-2　Edit 菜单

3. View 菜单

见图 3-3，显示或隐藏状态栏、表格线、变量值标签等，还可以自定义工具栏、字体等。在 SPSS 使用过程中，如果您在界面（显示屏）上找不到您需要的菜单，不妨点击一下这个菜单，看看您需要的菜单是不是没有选择显示（即划"√"）。

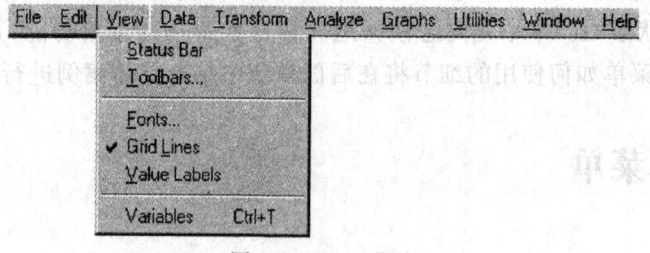

图 3-3　View 菜单

4. Data 菜单

可插入变量或观测记录，对数据排序、转置、分割文件、选择观测记录等，见图 3-4。如果您想对您的数据进行添加、整理、调整和变动，需要使用该菜单和 **Transform** 菜单。注意：**Data** 菜单中的命令通常是针对整个数据文件进行的操作。

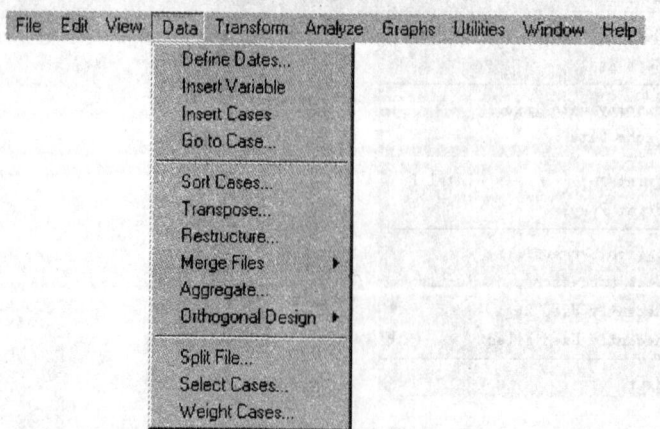

图 3-4　Data 菜单

5. Transform 菜单

如果实验或调查的数据不能直接用于统计分析,则通过数据转换还可以事后补救,而且不失为一种明智的办法。**Transform** 集中了针对变量操作的多项命令,可以通过计算、重新编码、换算为等级等方式生成新的变量。其中 **Compute**、**Recode** 在数据整理过程中比较常用,见图 3-5。

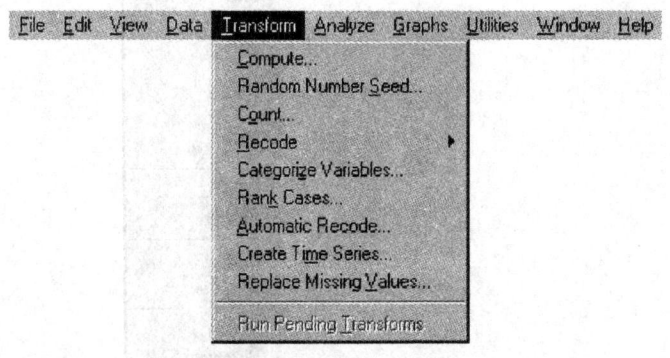

图 3-5 Transform 菜单

6. Analyze 菜单

该菜单是 SPSS 中的最重要也最常用的菜单,提供从最简单的描述统计到复杂统计需要的各种统计分析命令。每种统计功能通常都包含多个分析模型,见图 3-6。

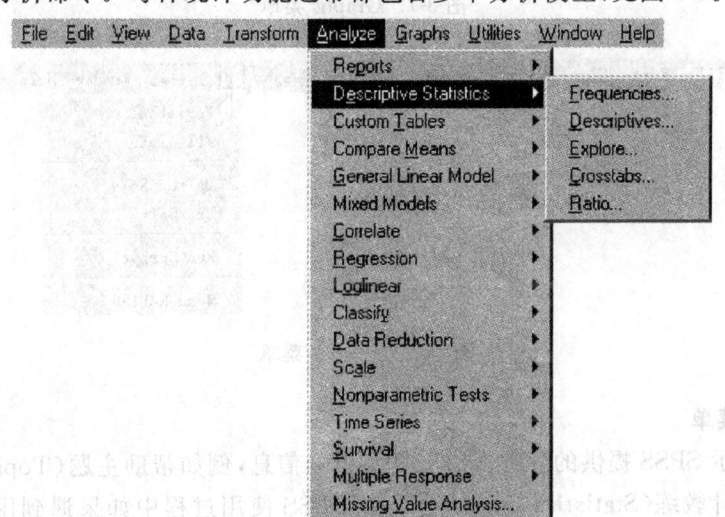

图 3-6 Analyze 菜单

7. Graphs 菜单

该菜单提供各种制图工具,例如直条图、直方图、折线图、散点图。每个已生成的统计图还可以作进一步编辑,见图 3-7。

8. Utilities 菜单

该菜单显示变量信息或文件信息,可以定义变量集合,定义显示的菜单项,见图 3-8。

9. Window 菜单

在使用 SPSS 过程中,可能会同时打开多个窗口,如数据窗口、程序窗口、结果显示窗口等。所有打开的 SPSS 文件或窗口都在 Window 菜单内显示相应的文件名,可以选择当前显示哪个窗口。

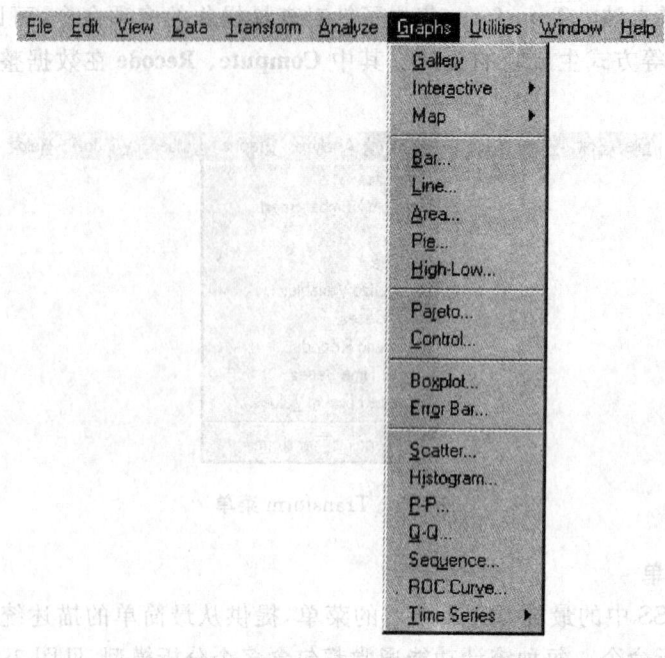

图 3-7　Graphs 菜单

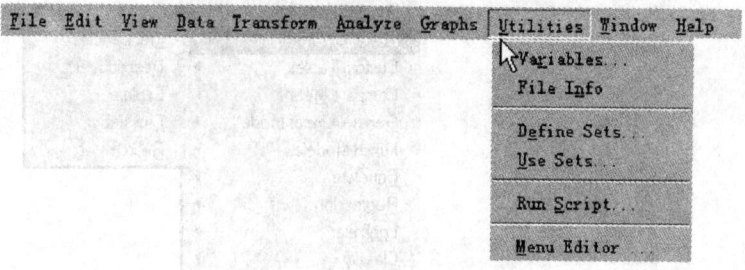

图 3-8　Utilities 菜单

10. Help 菜单

该菜单显示 SPSS 提供的各种帮助工具及版本信息,例如帮助主题(Topics)、使用指南(Tutorial)、统计教练(Statistics Coach)等。在 SPSS 使用过程中如果遇到困难,可以首先通过该菜单寻求帮助。见图 3-9。

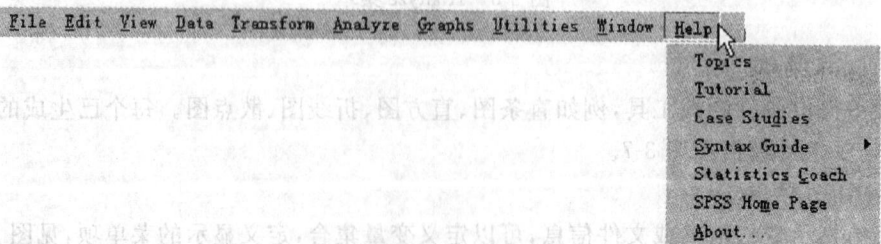

图 3-9　Help 菜单

3.2 工具栏按钮

在 SPSS 菜单下方是一组由快捷按钮组成的工具栏(Toolbar)。每一个按钮代表菜单中的一个命令,单击按钮即相当于执行菜单命令。图 3-10 给出了每个按钮的具体功能。

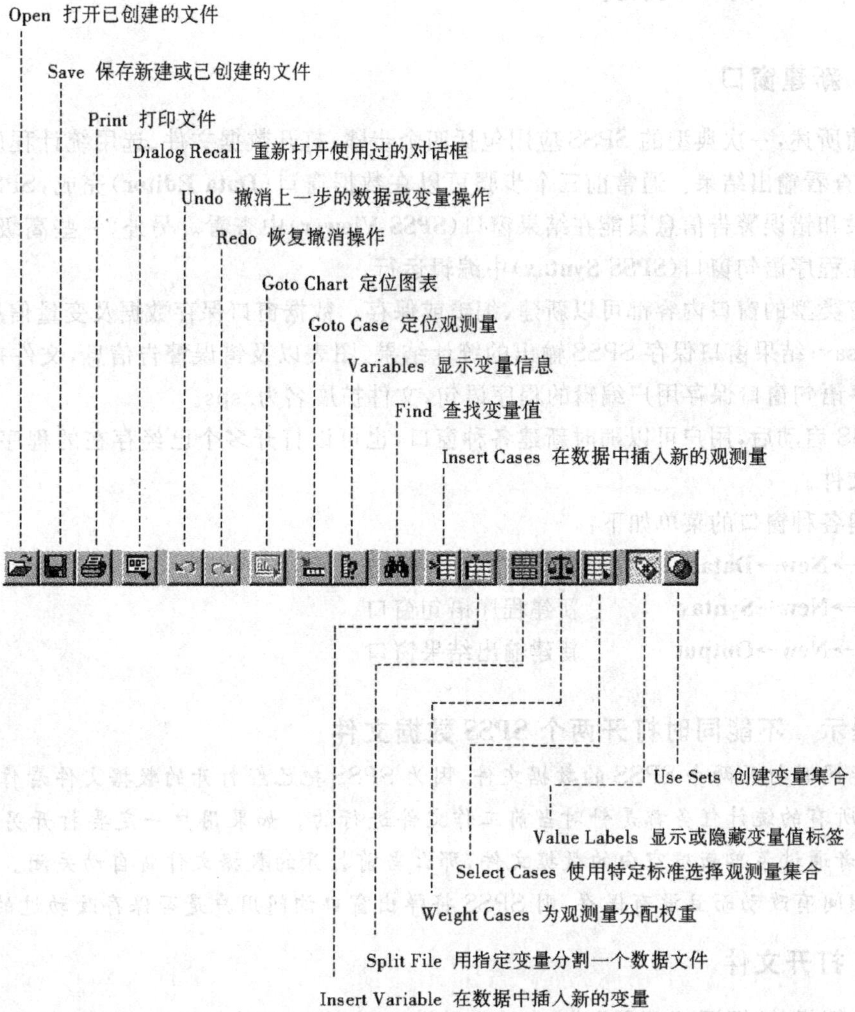

Open 打开已创建的文件
Save 保存新建或已创建的文件
Print 打印文件
Dialog Recall 重新打开使用过的对话框
Undo 撤消上一步的数据或变量操作
Redo 恢复撤消操作
Goto Chart 定位图表
Goto Case 定位观测量
Variables 显示变量信息
Find 查找变量值
Insert Cases 在数据中插入新的观测量

Use Sets 创建变量集合
Value Labels 显示或隐藏变量值标签
Select Cases 使用特定标准选择观测量集合
Weight Cases 为观测量分配权重
Split File 用指定变量分割一个数据文件
Insert Variable 在数据中插入新的变量

图 3-10 各个工具按钮功能的注释

小诀窍

想知道工具栏上每个按钮的功能,只需把鼠标移到按钮上,即有信息显示出来。

3.3 SPSS 状态栏

SPSS 窗口最下方的状态栏同样非常有用(见图 3-11)。在没有运行命令时,状态栏通常显示为"**SPSS Processor is ready**",表示可以接受用户的操作。在运行命令时,状态栏则显示为"**Running...**",后面显示相应的统计命令关键字。

如果 SPSS 不能正常使用,则状态栏会有相应的消息显示。

图 3-11　SPSS 状态栏

3.4　SPSS 常用操作

3.4.1　新建窗口

如前所述，一次典型的 SPSS 应用包括四个步骤：打开数据文件、选用统计程序、指定分析变量、查看输出结果。通常前三个步骤可以在数据窗口（**Data Editor**）完成，SPSS 输出的统计结果和错误警告信息只能在结果窗口（**SPSS Viewer**）中查看。另外，一些高级的统计功能只能在程序语句窗口（**SPSS Syntax**）中编辑运行。

所有类型的窗口内容都可以新建、编辑或保存。数据窗口保存数据及变量信息，文件扩展名为 .sav；结果窗口保存 SPSS 输出的统计结果、图表以及错误警告信息，文件扩展名为 .spo；程序语句窗口保存用户编辑的程序语句，文件扩展名为 .sps。

SPSS 启动后，用户可以随时新建各种窗口，也可以打开多个已经存在的程序语句文件或结果文件。

新建各种窗口的菜单如下：

File→New→Data　　　　新建数据文件窗口
File→New→Syntax　　　新建程序语句窗口
File→New→Output　　　新建输出结果窗口

提示　不能同时打开两个 SPSS 数据文件

不能同时打开两个 SPSS 的数据文件，因为 SPSS 把已经打开的数据文件看作当前的工作文件，所有的统计任务都是针对当前工作文件进行的。如果用户一定要打开另外的数据文件，或者通过菜单新建空白的数据文件，那么当前打开的数据文件将自动关闭。如果原文件在打开期间有改动而且没有保存，则 SPSS 将弹出窗口询问用户是否保存改动过的内容。

3.4.2　打开文件

在计算机的"资源管理器"或"我的电脑"中，直接双击欲打开的 SPSS 文件即能启动 SPSS 并打开相应的文件。

SPSS 启动后，也可以通过它的菜单打开文件：

File→Open→Data　　　　打开数据文件
File→Open→Syntax　　　打开程序语句文件
File→Open→Output　　　打开输出结果文件

3.4.3　在多个窗口之间切换

SPSS 允许用户在打开数据文件的同时打开多个结果文件和程序语句文件，在不同的窗口间切换可以通过菜单操作来实现。单击任何窗口中的主菜单 Window，所有已经打开的文件名都会显示出来，单击文件名即切换到相应的窗口中。

用户也可以先按下键盘上的 Alt 键再按下 Tab 键来选择窗口。这是 Windows 操作系统常用的技巧。

3.4.4 向指定的结果窗口中输出新的统计结果

打开多个结果窗口(结果文件)时,SPSS 不会同时向所有的结果文件中输出新的统计结果。默认的输出窗口是最新打开的结果文件。如果用户希望 SPSS 把新的统计结果输出到指定的结果文件中,则必须再单击这个文件的快捷按钮 ,随即该按钮变灰,表示允许新的统计结果输入。

3.4.5 把菜单操作过程转换为程序语句

熟悉 SPSS 的常用程序语句有利于提高工作效率,这在处理包含很多问题的调查问卷时非常有用。很多时候用户不需要手写全部程序语句,只需要把 SPSS 的菜单操作转换来的语句稍加编辑即可。

在 SPSS 的菜单引导的对话框中,通常都有 Paste 按钮。它的功能就在于把相应的菜单操作过程转换成程序语句,并粘贴在新建的程序语句窗口中。

用户也可以改变 SPSS 的设置,要求输出与每一步菜单操作相对应的语句。单击主菜单 **Edit**,在下拉菜单中选择 **Options**,进入主对话框,见图 3-12。在该对话框上部的一系列标签中单击 **Viewer**,然后选中左下方的可选项"**Display commands in the output**"。同时,在上方的 **Item** 项中的 **Log** 下选中 **Contents are Shown**。现在,您的每一次操作都会在结果输出窗口中显示相应的程序语句。

控制初始输出结果的其他选项:

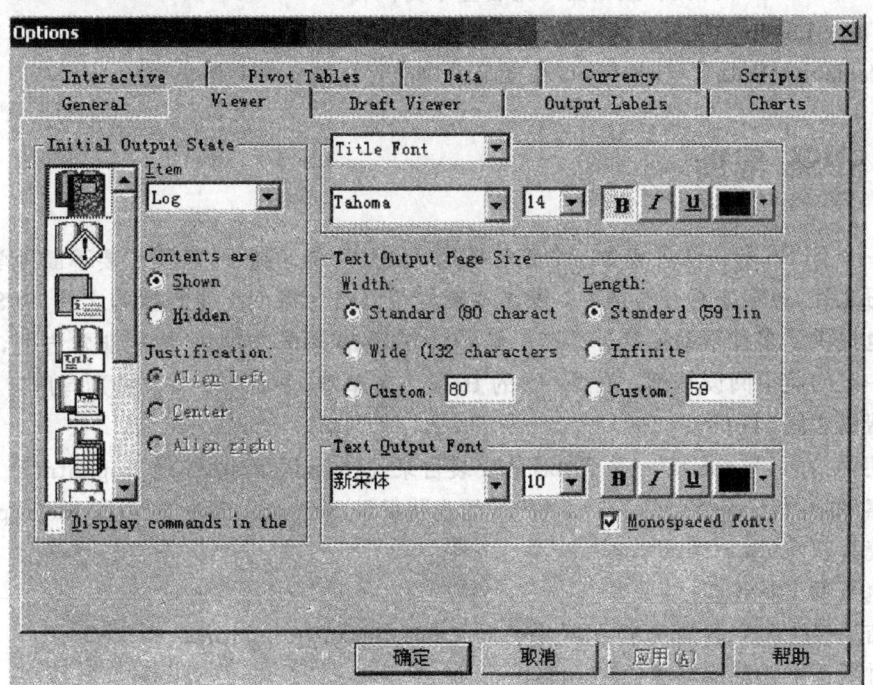

图 3-12 Options 主对话框

在 **Initial output state** 中的 **Item** 包含了多项控制 SPSS 基本输出形式的选项(如图 3-12 所示),当选中其中一项时,下面的 **Contents are** 都对应着两个可选项:**Shown** 或 **Hidden**,即

表示在结果窗口中显示或隐藏相应的内容。**Item** 的各项内容如下：

Log 运行记录，以语句形式记录 SPSS 从启动到关闭期间所有的用户操作。
Warnings 是否显示所用程序语句中的错误警告信息。
Notes 是否显示说明。
Titles 是否显示统计过程的标题。
Pivot Tables 是否显示统计表格。
Chart 是否显示统计图。
Text Output 是否显示文本形式的输出结果。SPSS 的大多数统计结果以表格形式输出，但也有一些以文本形式输出。

3.4.6 观察数据文件中的全部变量信息

单击主菜单 **Utilities**，在下拉菜单中选择 **Variables**，SPSS 将弹出窗口，显示文件所含的全部变量信息。如果选择 **File Information**，SPSS 将在结果窗口中显示全部变量信息。

3.4.7 改变数据窗口的显示格式

只需要在 **View** 主菜单下的各项内容上单击，即可显示、隐藏或配置如下设置

- **Status Bar**　状态栏（在 SPSS 窗口最下方，通常显示"SPSS Processor is ready"）
- **Tool Bars**　工具条（主菜单下方的各项快捷按钮）
- **Fonts**　窗口内容的字体、字号等
- **Grid Lines**　网格线（数据窗口是否显示为网格）
- **Value Labels**　变量值的标签
- **Variables**(**Data**)　变量窗口（在变量窗口中它自动变为 Data）

3.5　SPSS 帮助

从一个 SPSS 的初学者成为一个熟练使用 SPSS 的统计高手，除了需要不断地学习、摸索和练习之外，还需要有好的帮手。除了本教材可以给您提供必要的帮助之外，SPSS 软件包自身也提供了多种帮助工具。这些工具可以在 **Help** 菜单内找到，使用非常方便，但需要用户有一定的英语阅读基础。在 SPSS 的 **Help** 主菜单下，下面四个工具特别有用：

- 帮助主题(Topics)
- 使用指南(Tutorial)—— SPSS 的安装目录\tutorial\spsstut\toc_top.htm
- 案例学习(Case Studies)——SPSS 的安装目录\tutorial\case_studies\toc_top.htm
- 统计教练(Statistics Coach)

其他帮助工具还包括：

- 结果说明(SPSS 的安装目录\tutorial\spssout\toc_top.htm)
- 对话框中的鼠标右键功能
- 输出结果窗口中的鼠标右键功能
- 结果教练(Result Coach)

3.5.1 帮助主题(Topics)

启动方式：
- 菜单　**Help→Topics**。
- 快捷键　F1。
- 任意对话框　Help 按钮。

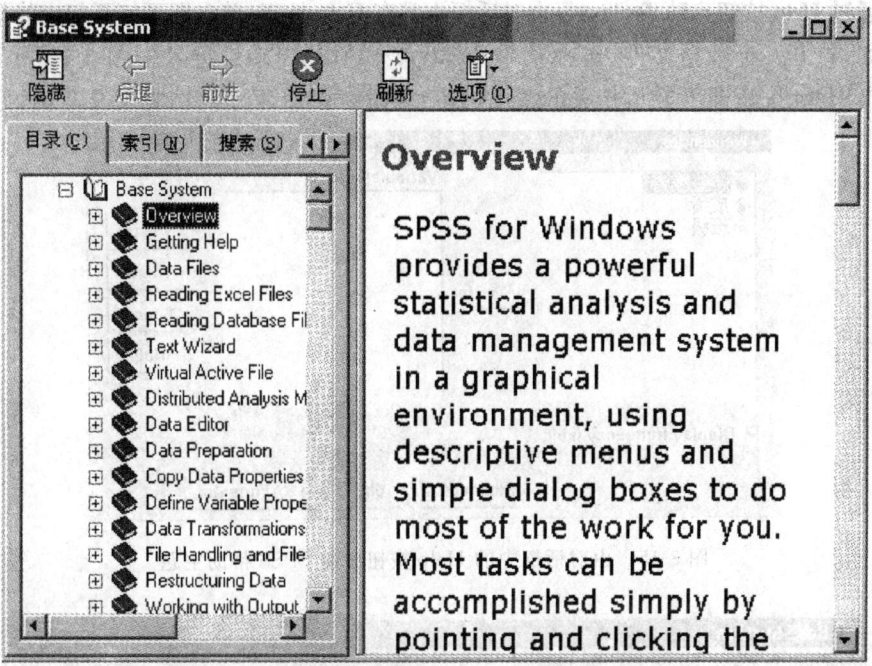

图 3-13　SPSS 帮助主题(Topics)：目录(Content)

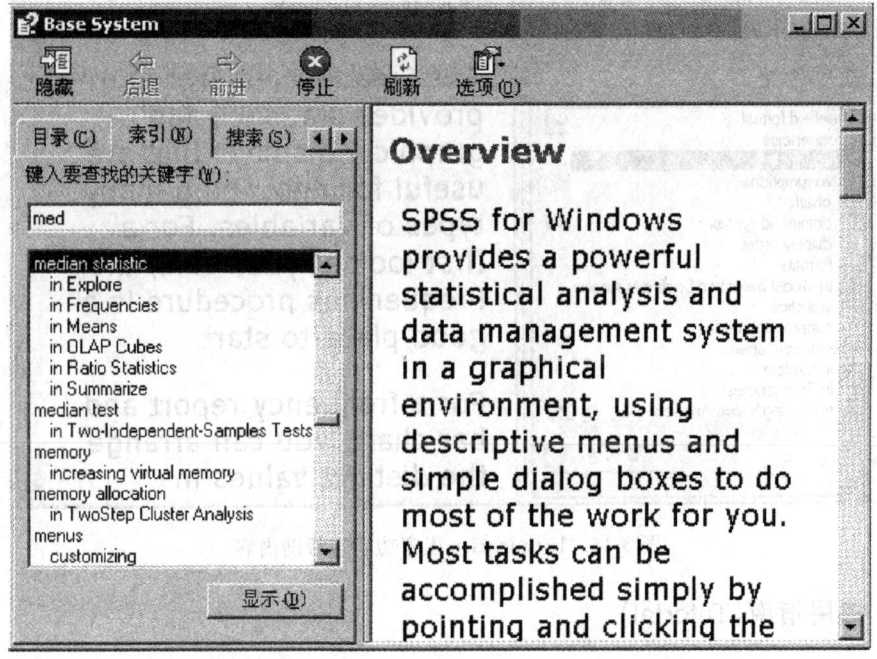

图 3-14　SPSS 帮助主题(Topics)：索引(Index)

Topics 窗口的左边是帮助主题的内容列表,可以展开或收缩。如果需要查找相关内容,只需要在顶端的索引(Index)标签下的文本框中输入关键字,即可查找相关的内容。请注意,查找后显示的内容是按字母顺序排列的,分别见图 3-13、图 3-14。

例如,我们想查找与 median 相关的内容,只需要输入 med 三个字母,SPSS 会显示所有以 med 开头的内容,median 也是其中之一(见图 3-14)。

● **通过 Help 按钮启动 Topics**:每个对话框中都有 **Help** 按钮,单击即可打开相应的帮助内容。例如,打开一个数据文件,选择菜单 **Analyze**→**Frequencies**,进入如图 3-15 所示的对话框。单击 **Help** 按钮即可显示相关的帮助内容:Frequencies 程序的功能以及实例,见图3-16。

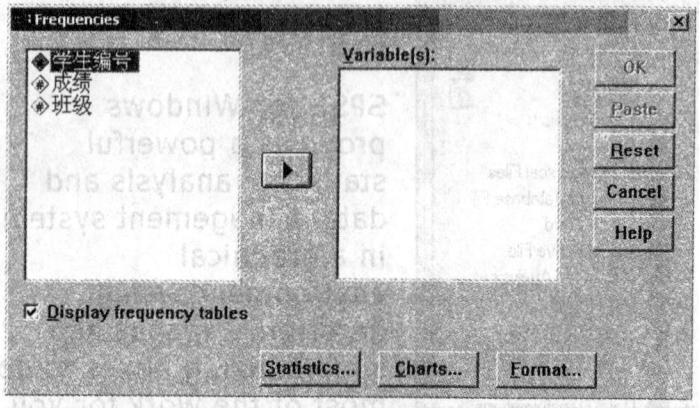

图 3-15　由对话框中的 Help 按钮启动 SPSS 帮助主题

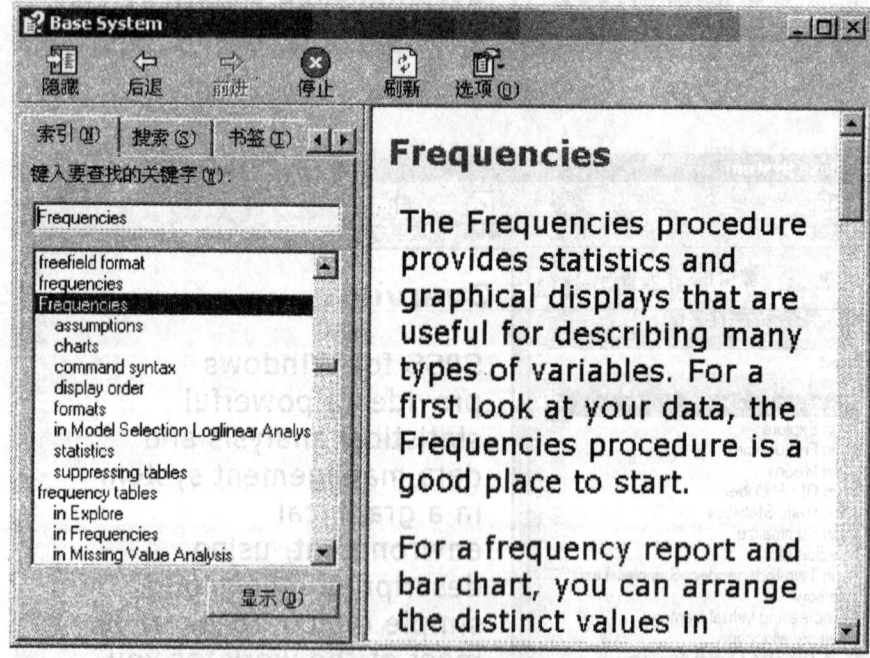

图 3-16　Frequencies 程序功能的帮助内容

3.5.2　使用指南(Tutorial)

启动方式:

- 菜单 **Help→Tutorial**。
- 资源管理器 在 SPSS 的安装目录下，通过 **tutorial\spsstut\toc_top.htm** 即可启动。计算机需要安装网页浏览器如 IE 等。

使用指南会"手把手"地向初学者介绍 SPSS 的各种功能特点及操作过程，包含很多实例。熟悉网上冲浪的用户会很容易上手，见图 3-17。

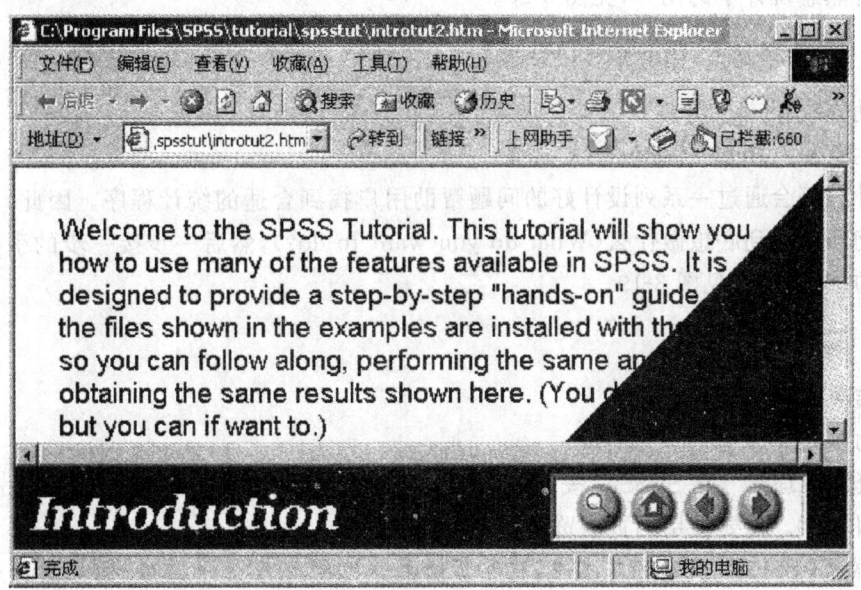

图 3-17　SPSS 使用指南（Tutorial）

3.5.3　案例学习（Case Studies）

启动方式：

- 菜单 **Help→Case Studies**。

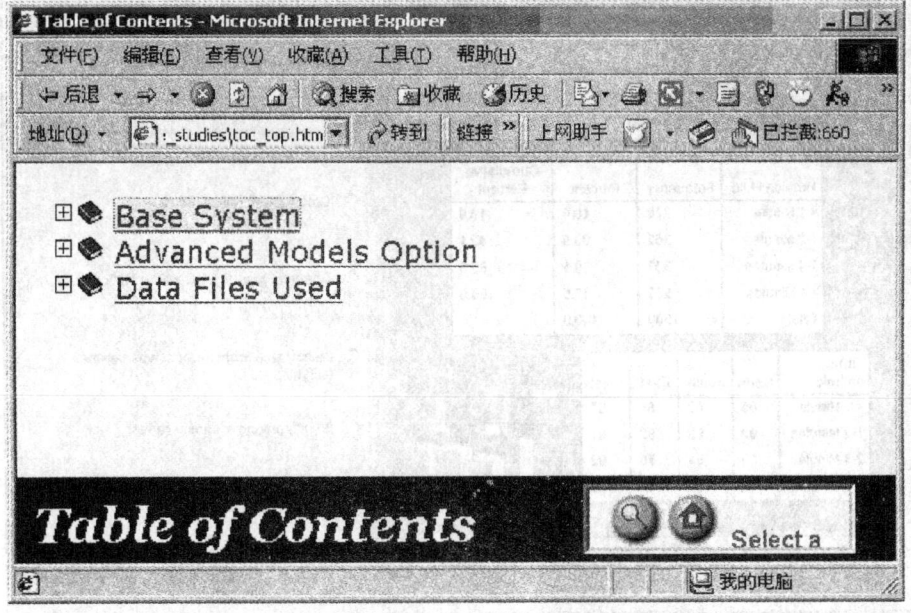

图 3-18　SPSS 案例学习（Case Studies）

- 资源管理器　在 SPSS 的安装目录下，通过 **tutorial\case_studies\toc_top.htm** 即可启动。计算机需要安装网页浏览器如 IE 等。

Case Studies 详细罗列了 SPSS 提供的各种统计功能。每一种统计功能都通过 SPSS 自带的数据文件，向用户详细介绍如何选择菜单、如何设置对话框、如何看输出结果及统计图，非常适合熟悉统计学的用户，见图 3-18。

3.5.4　统计教练(Statistics Coach)

启动方式：

- 主菜单　**Help→Statistics Coach**。

统计教练会通过一系列设计好的问题帮助用户找到合适的统计程序。因此，第一个问题就是询问用户到底想做什么(What do you want to do?)，然后一步接一步的引导用户完成最终的统计工作，见图 3-19。

3.5.5　其他帮助工具

1. 结果说明

启动方式：

- 资源管理器　在 SPSS 的安装目录下，进入 **\tutorial\spssout\toc_top.htm** 即可，见图 3-20。需要使用网页浏览器如 IE 等打开。

注：在 SPSS13.0 之后的版本里，这些帮助文件已经改为 chm 文件，但仍然存放在相同的文件夹里。

SPSS 输出的任意统计结果在这里均有详细说明。例如，图 3-21 中显示的是两个变量是否符合正态分布的检验结果，SPSS 右下角的内容介绍会说明显著性水平达到多少才表明正态分布的假设成立。

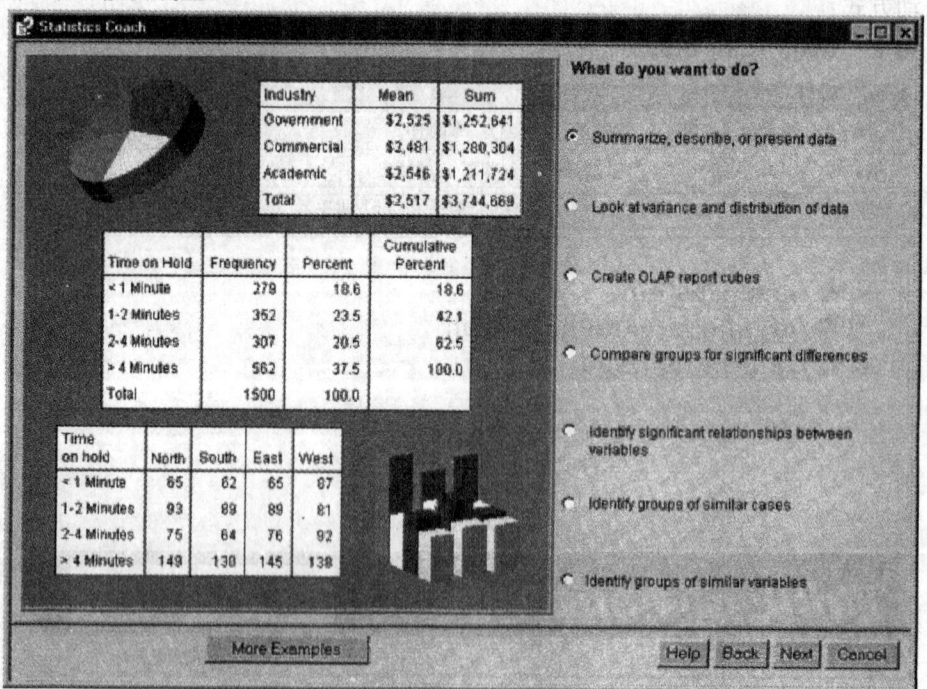

图 3-19　SPSS 统计教练(Statistics Coach)

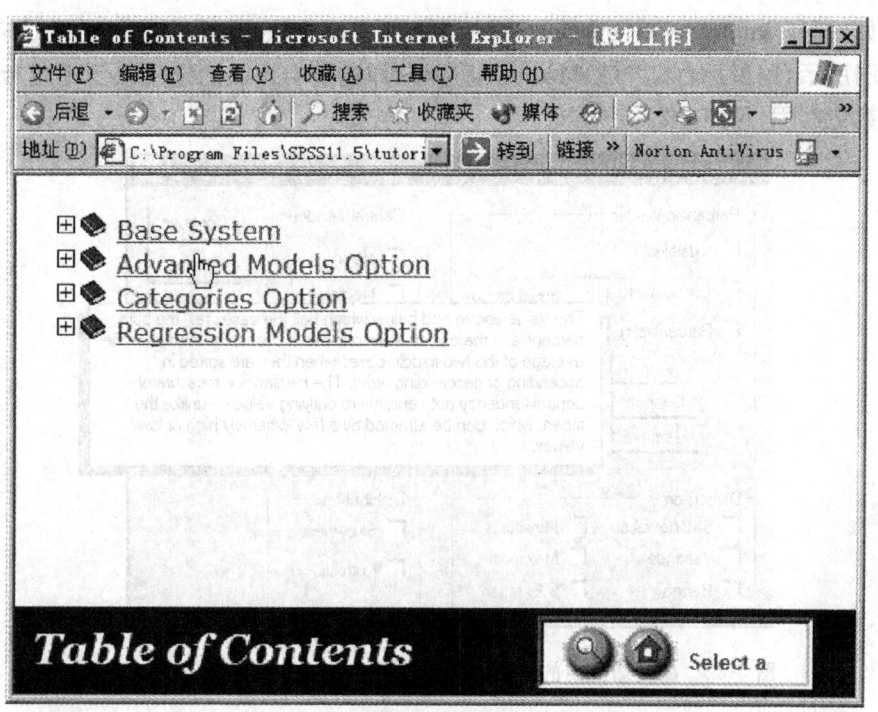

图 3-20 SPSS 结果说明

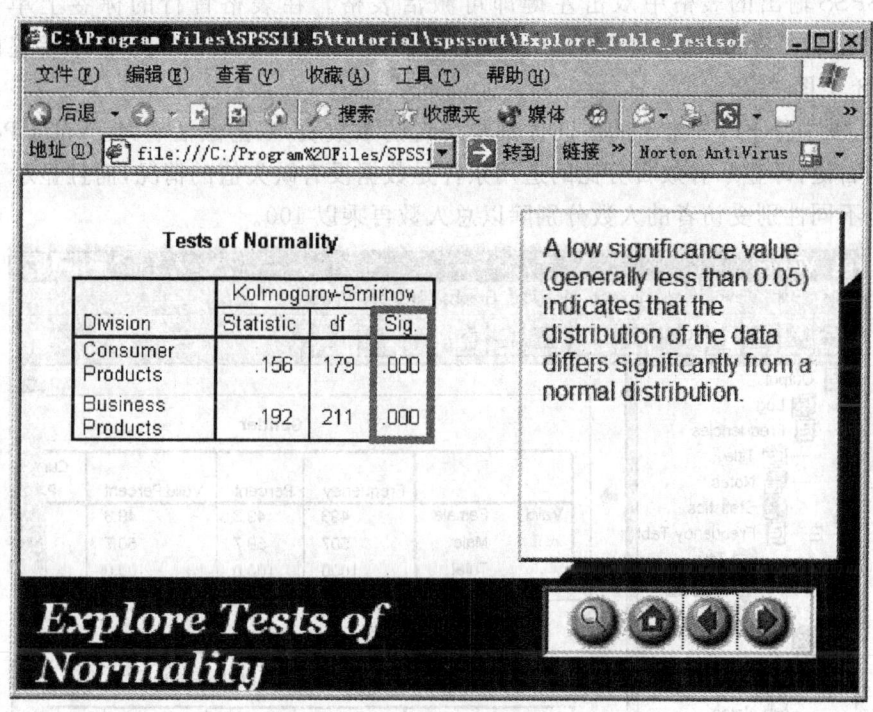

图 3-21 SPSS 结果说明举例

2. 对话框中的鼠标右键功能

对话框中的各种选项、按钮都附有简短的帮助内容,只需要用鼠标右键单击这些选项或按钮即能显示。

例如，选择 **Analyze**→**Frequencies** 进入对话框后，单击 **Statistics…** 按钮进入下一级对话框。如图所示，用鼠标右键单击 **Median** 复选项，即显示中位数的定义以及中位数什么时候比平均数更有用，见图 3-22。

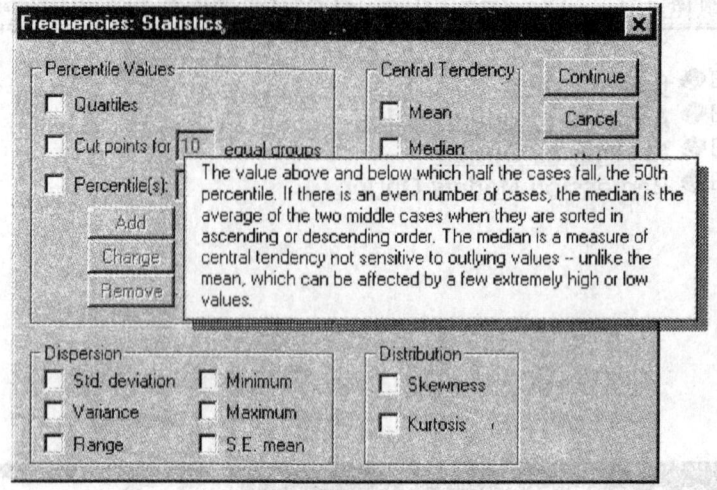

图 3-22　在对话框内的选项或按钮上点击鼠标右键，会出现帮助内容

3. 输出结果窗口中的鼠标右键功能

在 SPSS 输出的表格中双击左键即可激活表格。在表格首行的标签上单击右键，然后在弹出的子菜单中选择"What's this？"（图 3-25）即显示正在使用的标签的定义。见图 3-23 至图 3-26。

例如，图中是 SPSS 输出的不同性别受访者的频数表，双击激活后，在 **Valid Percent** 标签上单击右键，即显示有效百分比的适用条件是数据没有缺失值的情况，而且显示了它的计算方法是不同性别受访者的人数分别除以总人数再乘以 100。

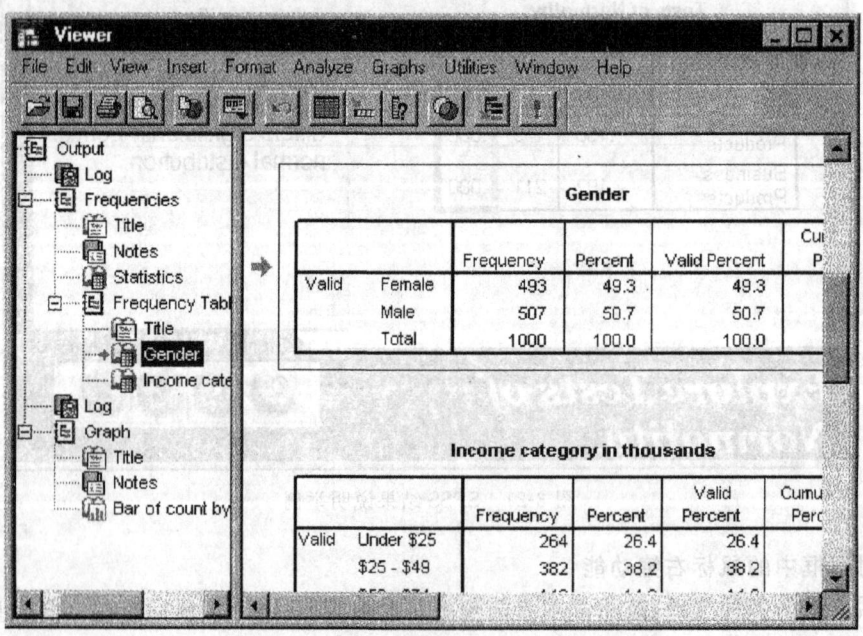

图 3-23　在结果文件中单击鼠标左键可以选中表格

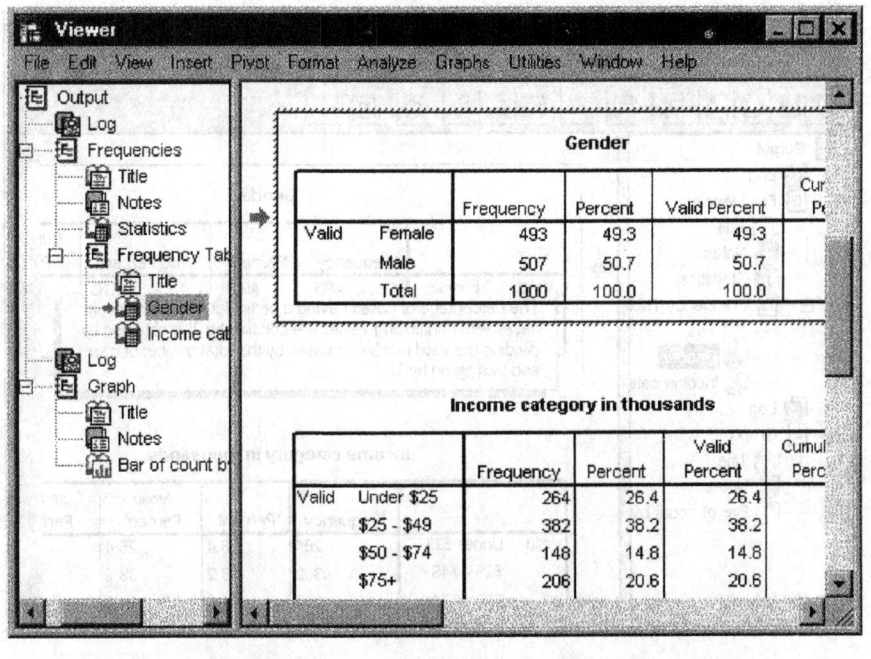

图 3-24 双击鼠标左键可以激活表格，激活后可以对表格进行修改

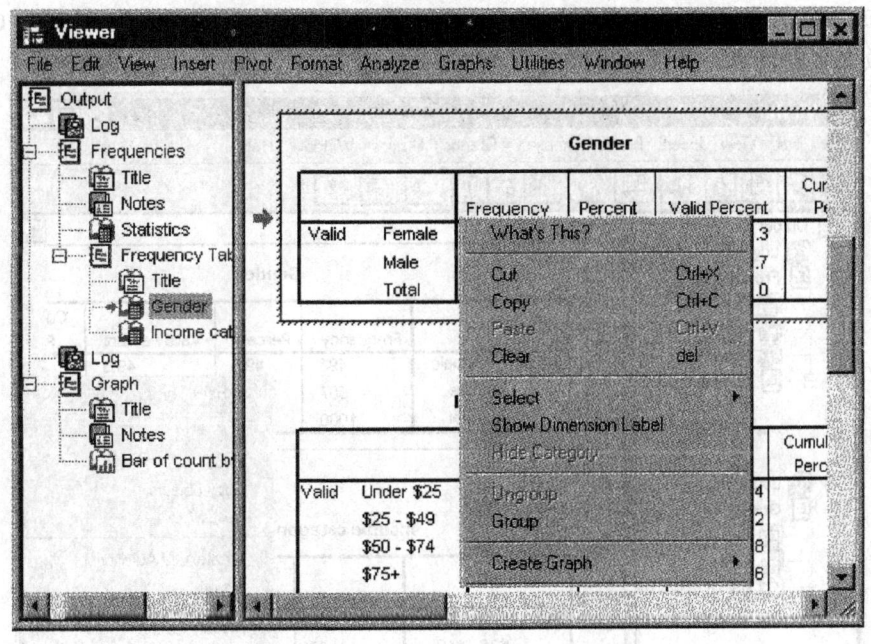

图 3-25 点击鼠标右键弹出一个新菜单

4. 结果教练

在 SPSS 的结果输出窗口中，对表格单击右键，弹出的子菜单中即有 **Result Coach**。它所显示的帮助内容与相应的表格类型有关。

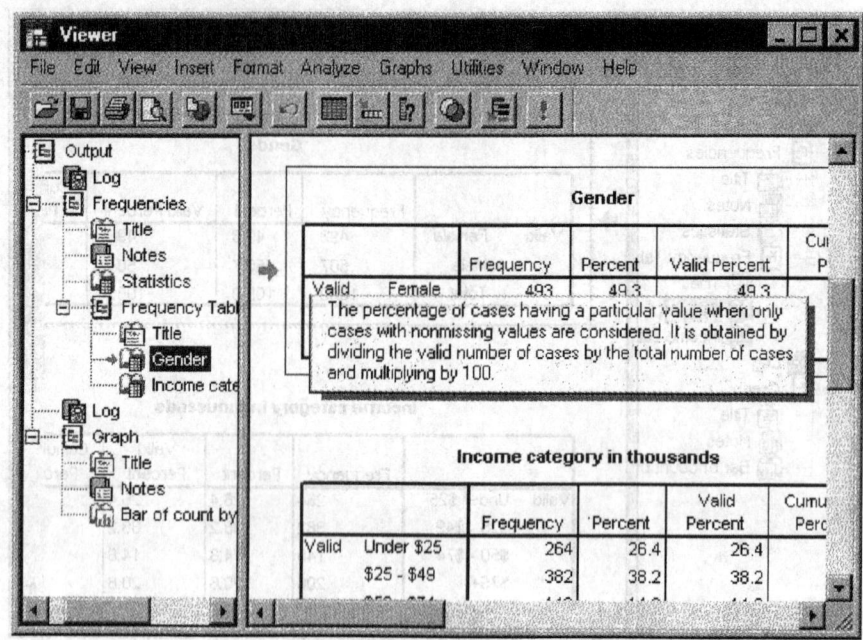

图 3-26 选择"What's this?"后,获得的标签说明

例如,在结果窗口中用右键单击 **Frequencies** 程序产生的 Gender 表格,Result Coach 会显示频数表的功能和计算原理等内容。见图 3-27,图 3-28。

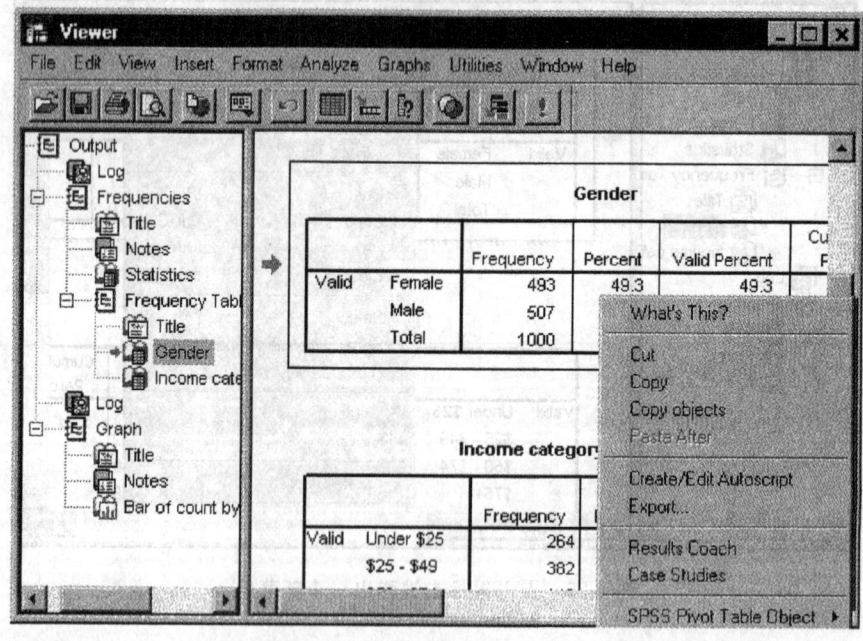

图 3-27 在弹出菜单上选择"Result Coach"

5. 程序语句

部分读者会对 SPSS 的程序语句感兴趣。SPSS 软件自带了对语句基本规则的解释信息,可通过 SPSS 的主菜单 Help→Syntax Guide 或者 Help→Command Syntax Reference 菜单找到(后者是 SPSS13.0 的帮助功能)。系统介绍程序语句的中文教程并不多见,除了

SPSS 的软件手册外,1995 年由袁淑君、孟庆茂编著的《数据统计分析－SPSS/PC＋原理及其应用》一书(北京师范大学出版社)也是其中之一。

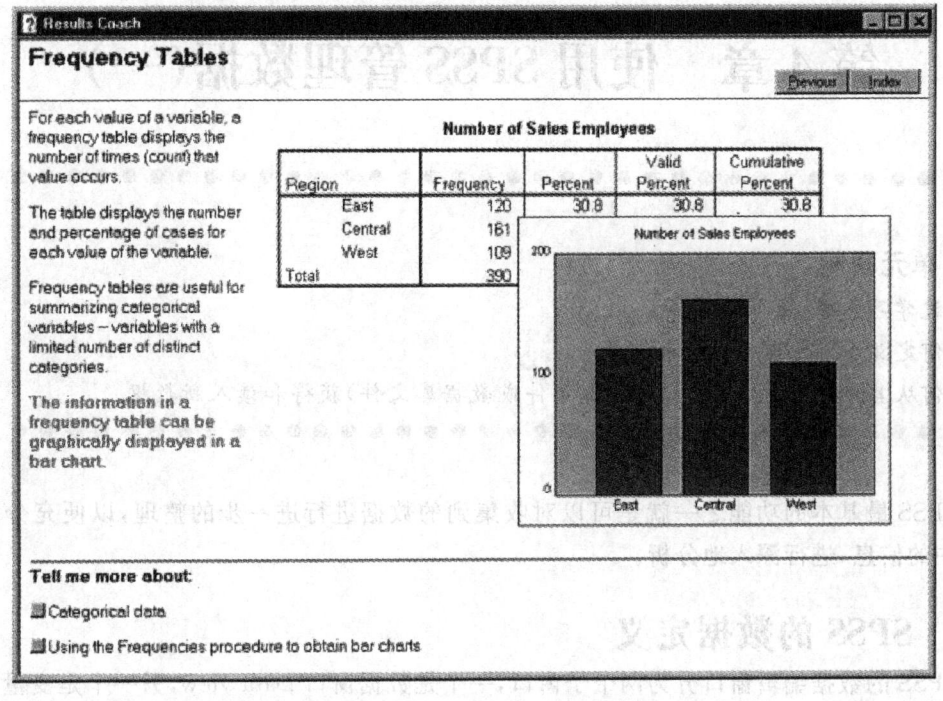

图 3-28 "Result Coach"显示的帮助内容

3.6 小结

除了菜单、工具栏、状态栏,SPSS 还有丰富的帮助工具。

SPSS 工作界面主要包括菜单、工具栏和状态栏。SPSS 软件包在 **Help** 菜单内提供了多种帮助工具,可以帮助读者学习和使用该软件包。

第 4 章 使用 SPSS 管理数据(一)

单元目标
通过学习本章,您可以了解:
◆ 如何定义 SPSS 中的数据和变量
◆ 如何从其他类型的文件(如纯文本文件或数据库文件)获得和读入新数据

SPSS 最基本的功能之一就是可以对收集到的数据进行进一步的整理,以便充分利用数据中的信息,进行深入地分析。

4.1 SPSS 的数据定义

SPSS 的数据编辑窗口分为两个子窗口,一个是数据窗口 Data view,另一个是变量窗口 Variable View。下面对此详细介绍。

4.1.1 数据窗口(Data View)

SPSS 数据有固定的结构,用户必须按其固定格式录入并保存:每一列数据是一个变量(Variable),例如所有受访者的数量对同一个问题的回答结果;每一行数据代表一次观测记录,例如一个受访者的数量(Case)在实验中对全部问题的回答结果。

例 4-1 在第 2 章中我们建立了一个 SPSS 数据文件"2 章_数据 1.sav",现在我们打开该文件(可从本教材所附素材内找到)。如图 4-1 所示,数据窗口(Data View)内共有三个变量,每一行显示的是一个学生的全部信息,包括学生的编号、成绩以及所在的班级。

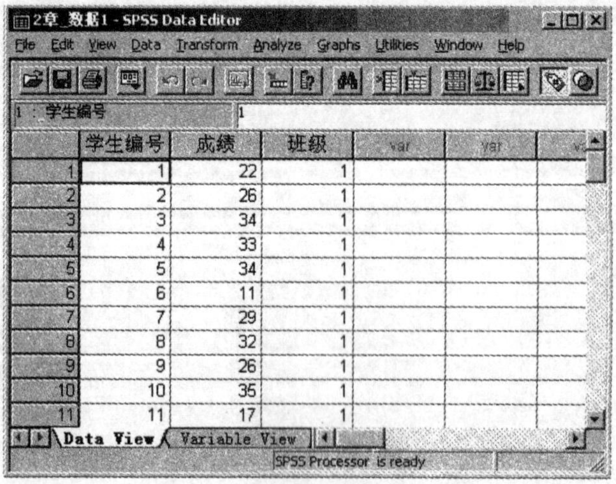

图 4-1 数据窗口(Data View)

在 SPSS 的数据窗口内,只要您输入了数据,这一列数据顶端的暗色单元格(最初有一个统一的名字是 VAR)将出现 SPSS 默认的变量名 VAR00001,如果您认为这个变量名对于它所反映的意义过于模糊,不利于记忆或分析,您完全可以很方便地给它起一个新的有意义的名字。在这个变量名上双击,即可进入变量窗口(Variable View)。

> **提示　行列有别**
>
> 弄清楚数据窗口中的行与列的区别非常重要,有助于大家对数据作进一步的整理,下文我们将反复地提到变量(列)与观测记录(行)的操作。

4.1.2 变量窗口(Variable View)

例 4-2 打开数据文件"2章_数据1.sav",并点击变量窗口(Variable View),如图 4-2 所示,"2章_数据1.sav"的变量包括"学生编号"、"成绩"和"班级"。

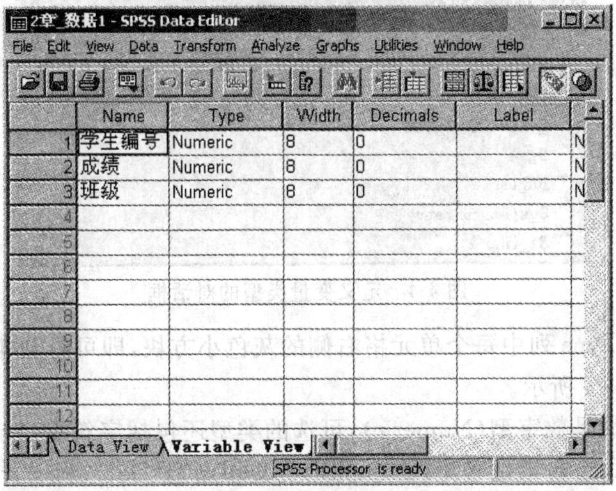

图 4-2　变量窗口(Variable View)

例 4-3 打开数据文件"1991 U.S General Social Survey"(这个数据文件是 SPSS 软件包自带的,可以在 SPSS 的安装目录内找到),并选择变量窗口,如图 4-3 所示。通过该窗口可以浏览数据文件中的变量属性。

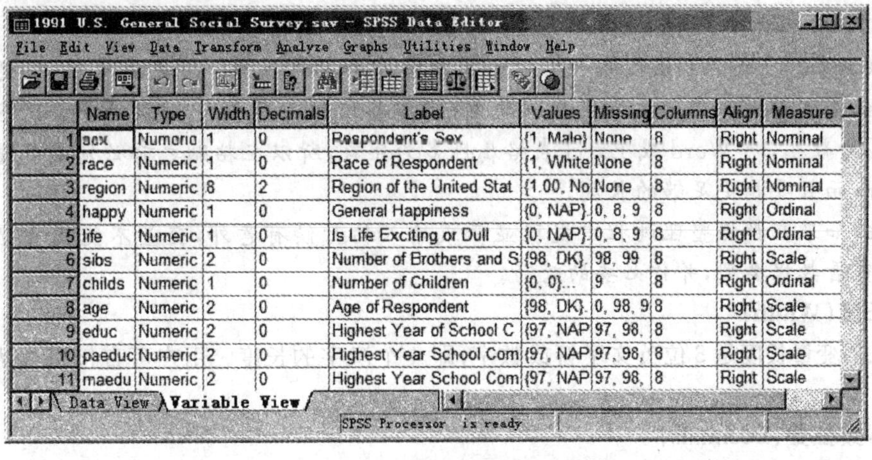

图 4-3　从变量窗口浏览数据文件中的变量属性

变量窗口允许用户指定每个变量的各项属性,包括变量名称、变量类型、长度、小数位数、变量标签、变量值标签、缺失值定义方式、列宽、对齐方式和数据测量类型等。

1. 变量名称(Name)

变量名称允许直接录入或复制后粘贴,可使用汉字、英文字母或数字来进行命名。建议大家使用有意义的名称作为变量名,以免时间长了忘记数据的含义。

 提示　变量命名禁忌

变量名不允许以数字、横线或下划线开头。早期的 SPSS 版本中,变量名的长度有限制,最多可使用 4 个汉字或 8 位英文字母或数字。自 SPSS 12.0 以后,变量名最多可以长达 64 个字节,最多可使用 32 个汉字或 64 位英文字母或数字,完全可以满足各种情况下的需要。

2. 变量类型(Type)

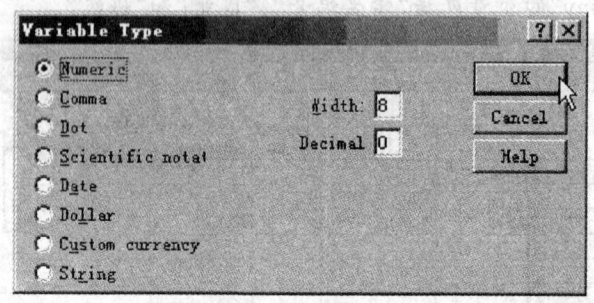

图 4-4　定义变量类型的对话框

单击图 4-3 中 Type 列中每个单元格右侧的灰色小方块,即可打开相应变量的 Variable Type 对话框,如图 4-4 所示。

默认的变量类型是数字型(Numeric),可选的类型还包括字符型(String)。数字型变量的其他几种显示格式还包括逗号型(Comma)、英文句点型(Dot)、科学计数法、日期型、美元型、自定义货币型等等。

数字型变量可以用来保存并显示数字,并能在数据分析中作为自变量或因变量来使用,也可以通过计算或重编码等方式生成新变量。字符型变量可以输入并显示汉字或英文字符,但不方便用作因变量,同时也不能用来生成新的变量。

 **小诀窍　复制表格内容粘贴到 SPSS 需注意属性**

直接从 Excel 或 Word 表格中复制文字内容并粘贴到 SPSS 的数据文件中,通常会失败,用户会发现粘贴的内容变成了系统缺失值(即英文句点形式)。这是因为 SPSS 默认的变量类型为数字,而 Word 或 Execl 表格属性多为字符,所以在粘贴之前必须把变量类型定义为字符,而且要指定足够的长度。

因此,如果在数据整理过程中发现显示或输入的时候有意外,变量不能正常显示或输入,请先查看数据类型,并作必要的改动。

3. 长度(Width)

默认的变量长度是 8 位英文字符或数字,即 4 个汉字的长度。用户可直接更改为合适的长度。

4. 小数位数(Decimals)

默认的小数位数是 2 位。通常为了方便阅读,我们会把一些整数变量的小数位数定义为 0，即没有小数。

5. 变量标签（Variable Label）

变量标签是对变量名称的说明。在 12.0 以前的版本中由于变量名称只能限制在 8 位字符之内，所以在变量非常多的时候变量标签会使统计结果很方便阅读，也可避免因时间过长而使变量含义产生混乱，特别适用于问卷调查的数据处理。

6. 变量值标签（Variable Values Label）

变量值标签可赋予变量中的每个变量值具体含义，大大提高统计结果的可阅读性，特别适用于选择题的数据分析。

例 4-4 打开 SPSS 安装目录下数据文件"1991 U.S. General Social Survey"，在变量窗口中单击变量 Region 对应的 Values，即可进入定义变量值标签的对话框。我们会发现共有三个变量值分别是为 1、2、3，每个数字的具体含义分别是"North East""South East""West"。表 4-1 是对该数据进行频率分析的输出结果（关于如何进行频率分析，请参考第六章关于描述统计的内容）。由表 4-1 可以看出，SPSS 输出统计结果时，显示的是变量值的标签（三个地区）信息，而不是变量值本身（三个数字）。

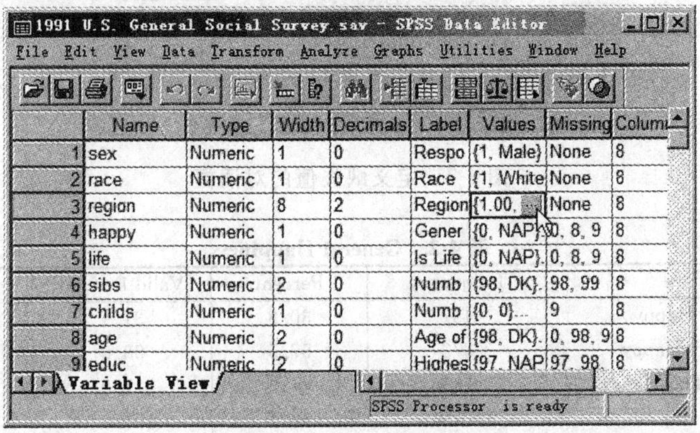

图 4-5　点击打开变量值标签

图 4-6　添加或更改变量值标签的对话框

表 4-1　Region of the United States

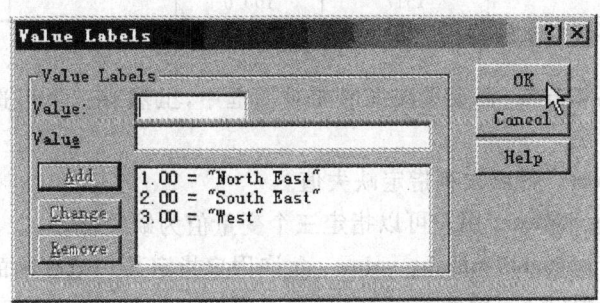

		Frequency	Percent	Valid Percent	Cumulative Percent
Valid	North East	679	44.8	44.8	44.8
	South East	415	27.4	27.4	72.1
	West	423	27.9	27.9	100.0
	Total	1517	100.0	100.0	

注：从表中可以看出，SPSS 显示的是变量值的标签，而非变量值本身。

7. 定义缺失值(Missing)

缺失值的本义是指实验或调查中因为受访者对象不愿回答或其他原因导致缺失的数据。但有时候我们认为受访者对象的回答不合理(例如错误回答、极大值或极小值),为了保证分析结果的合理性,因此不希望这样的数据参与数据分析。这时,我们可以直接把这样的数据定义为缺失值。

例 4-5 仍以"1991 U.S. General Social Survey"中的变量为例(图 4-5),单击变量 happy 对应的 Missing 单元格中的小灰块,打开定义缺失值的对话框(图 4-7)。我们发现 0、8、9 三个变量值被定义为缺失值。我们虽然在 SPSS 数据窗口中能看到 happy 变量仍然含有这三个值,但在执行任何统计分析时,这三个数字并不参与分析。在 SPSS 的输出的频数表中(表 4-2)可以看出,9 所代表的"NA"(No Answer)没有被纳入到 Valid Percent 中。

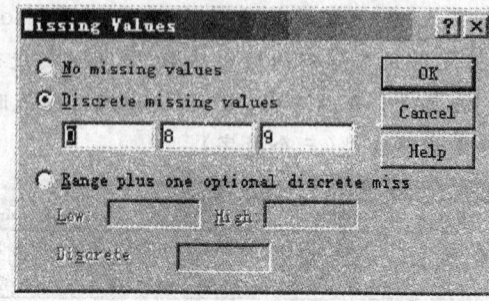

图 4-7 定义缺失值的对话框

表 4-2 General Happiness

		Frequency	Percent	Valid Percent	Cumulative Percent
Valid	1 Very Happy	467	30.8	31.1	31.1
	2 Pretty Happy	872	57.5	58.0	89.0
	3 Not Too Happy	165	10.9	11.0	100.0
	Total	1504	99.1	100.0	
Missing	9 NA	13	.9		
Total		1517	100.0		

注:缺失值的信息不参与分析

定义缺失值的具体方法:在定义缺失值的对话框中,虽然有三个可选项,但事实上只有两种定义缺失值的方法。

● **No missing values** 用户没有指定缺失值。

● **Discrete missing values** 用户可以指定三个变量值为缺失值。

● **Range plus one optional missing value** 允许用户指定某一范围内的值为缺失值,界定范围的方法是使用下限(Low 后面的方框中)和上限(High 后面的方框中),同时允许用户额外定义范围之外的一个值为缺失值。

8. 列宽(Columns)

默认为 8 位字符宽度,可用鼠标直接拖动边界改变列宽。

9. 对齐格式(Align)

变量的默认对齐格式是向右,可选项为向左对齐或居中。

10. 数据测量类型(Measure)

默认的类型是尺度变量(Scale),即使用距离或比率量尺测量的数据,数据值之间存在顺序关系和距离关系。例如月收入 1 000 元比 2 000 元低,两者相差 1 000 元。尺度变量又称为连续变量(Continuous Variable),可细分为等距变量与等比变量。

SPSS 提供的另外两种数据类型包括顺序变量(Ordinal)和名义变量(Nominal),后者又称为类别变量。顺序变量值之间的顺序有实际意义,但没有距离关系。名义变量值之间没有顺序关系,例如工作这个变量可以包括教师、公务员、商场经理等。

4.2 四种获得数据的方法

4.2.1 在 SPSS 数据窗口中直接录入数据

新建一个 SPSS 数据文件(单击主菜单 File→New→Data),使用鼠标单击变量名称下方的第一个单元格,以便确定新录入的数据的位置,然后直接通过键盘录入数据即可。如果数据已经录入成表格或 Excel 文件,则可以复制后粘贴到 SPSS 的数据浏览窗口中。

建议在录入数据之前先定义好变量的名称、类型、长度等。

4.2.2 直接读入 Excel 数据文件

SPSS 可以直接读入 Excel 文件,但前提是 Excel 文件的数据结构符合 SPSS 的数据结构。下面介绍读入一个 Excel 数据文件的实例。

例 4-6 "形声字实验(anova).xls"(见本书所附素材)是一个 Excel 文件,现在需要转换成 SPSS 数据并加以保存。

🚩 **操作过程**

(1)首先查看该 Excel 文件的数据结构是否符合 SPSS 的要求。我们发现,该文件的每一行数据是每个受访者的全部信息,每一列是一个变量。数据结构符合 SPSS 要求。

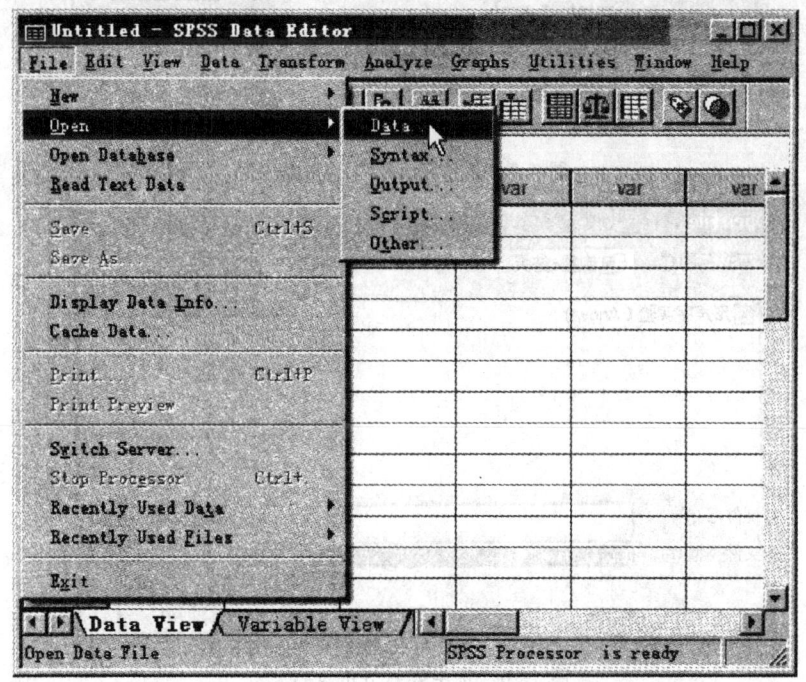

图 4-8 在 SPSS 中打开数据文件

(2) 直接在 SPSS 中打开 Excel 文件。选择主菜单 File→Open→Data(图 4-8),在对话框下方的"文件类型"项中选择 Excel(*.xls)(图 4-9)。当前目录下 Excel 文件即可显示在对话框中的文件列表中(图 4-10)。选定目标文件"形声字实验(Anova).xls",单击打开按钮,即可进入下一级对话框。

(3) 选中复选框"Read variable names from the first row of data file"(图 4-11);同时注意 SPSS 默认打开的工作表是 Excel 文件中的第一个工作表,此处名为"Sheet1"。实际上,在"形声字实验(Anova).xls"中有多个工作表,确认要打开的数据是在工作表 Sheet1 内。如果不在 Sheet1 内,就需要选择数据所在的工作表。

(4) 对话框中其他设置不变,单击 OK(图 4-11)按钮即可读入数据到 SPSS 中(图 4-12)。同时 SPSS 会启动一个结果输出窗口,显示读入 Excel 数据过程的相关信息例如发生的错误和警告等。

(5) 检查 SPSS 数据的变量与受访者的数量是否丢失。虽然 SPSS 读入了数据,但为了确保安全,建议打开原始 Excel 文件与现在的 SPSS 数据文件加以对比,主要检查变量与数据是否丢失。

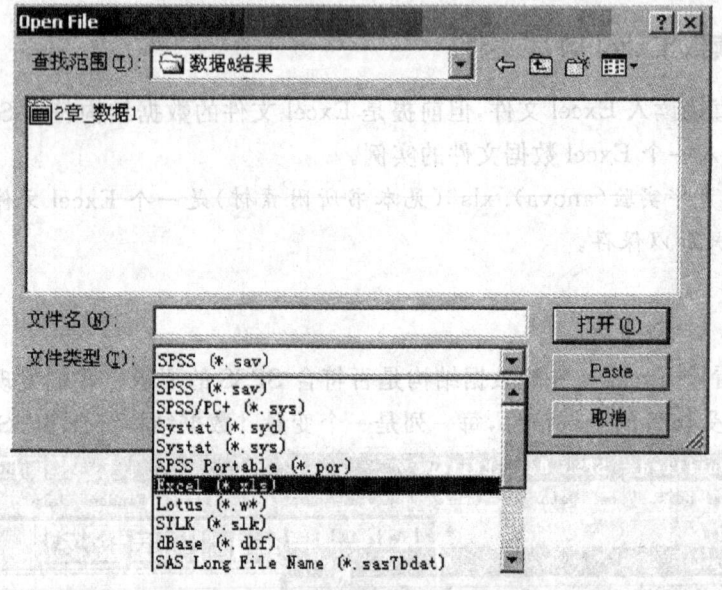

图 4-9 选择 Excel 文件类型

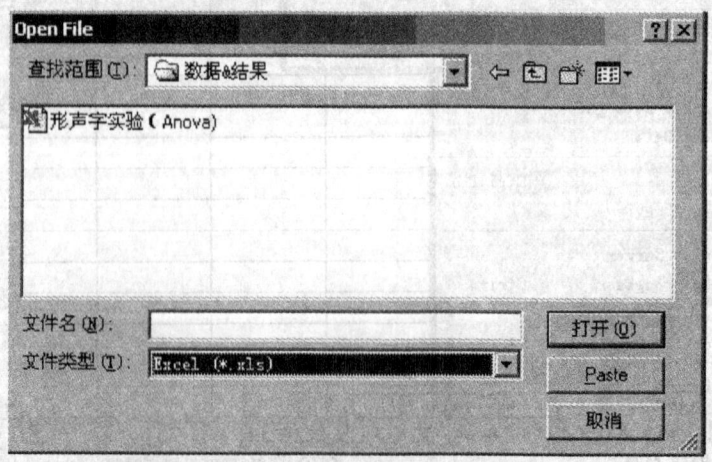

图 4-10 选中要打开的文件

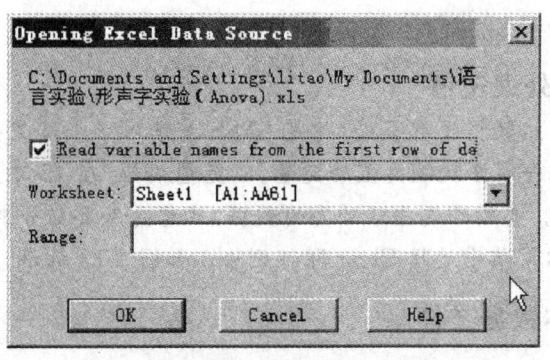

图 4-11　选择变量及工作表的来源

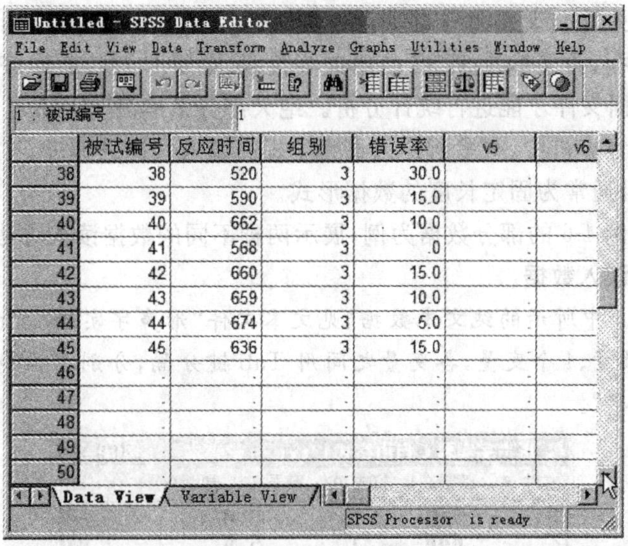

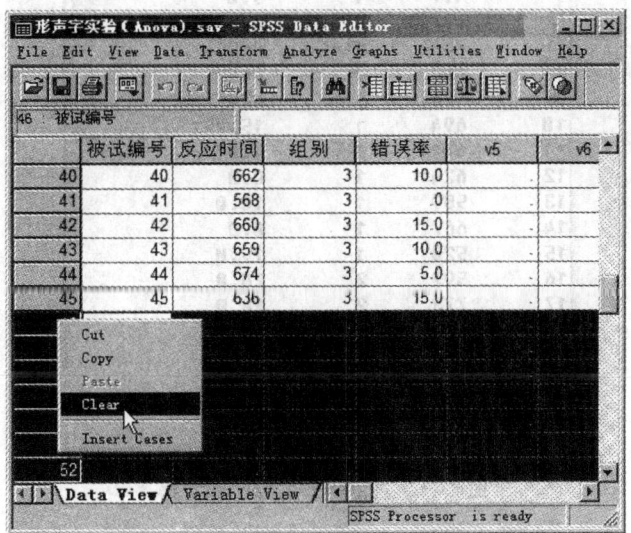

图 4-12　在 SPSS 数据窗口显示读入的数据

图 4-13　删除系统缺失值

小诀窍　怎样处理空值

在（图 4-12）中，虽然数据没有丢失，但是 SPSS 多读入了一些完全没必要的空值，所以多出了 V5、V6 等一堆含有系统缺失值的变量。"变量编号"在 45 之后，多出了一些同样只含系统缺失值的 Case。要删除这些不必要的数据，只需要用鼠标分别选中这些多余的变量名和 Case，在右键弹出菜单中选择 Clear 即可删除。如图 4-13 所示。

4.2.3　读入纯文本数据文件

通常纯文本数据分为两种形式，一种为变量之间由特殊符号分隔的自由格式，另一种为变量长度被固定的固定格式（变量间没有特殊符号分隔）。

纯文本数据格式在科学研究与商业领域均广泛存在。有一些专门的数据录入软件只提供纯文本格式的数据，为了能让 SPSS 使用这些数据，必须把它们读到 SPSS 中去，保存为以.sav 为扩展名的数据文件才能进行统计分析。绝大部分纸笔测验及市场调查问卷的数据同样需要人工录入到计算机中，很多研究人员为了提高录入数据的速度，喜欢把数据直接录入为纯文本格式，而且通常为固定长度的数据形式。

我们仍以前面例 4-6 的部分数据为例，展示两种不同的数据读入方法。

1. 以自由格式读入数据

例 4-7　图 4-14 中所示的纯文本数据（见文本文件"形声字实验（自由格式）.txt"）共包含 45 个受访者的数量、4 个变量，各变量之间用 Tab 键分隔，分别名为"受访者编号""反应时间""组别""错误率"。

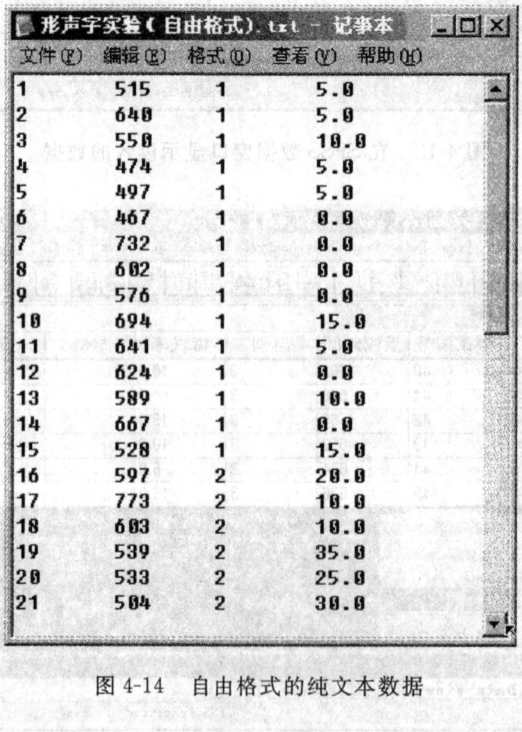

图 4-14　自由格式的纯文本数据

 **提示**

上述文本数据结构符合 SPSS 数据结构的要求，即每一行代表一个 Case，或者说是一个

受访者的数据;每一列(分隔符之间的数字列)代表一个变量,所以可以直接读入 SPSS。如果数据结构不符合 SPSS 的要求,则需要预先整理。

提示

为了读入到 SPSS 中,须先关闭此纯文本文件,回到 SPSS 窗口。

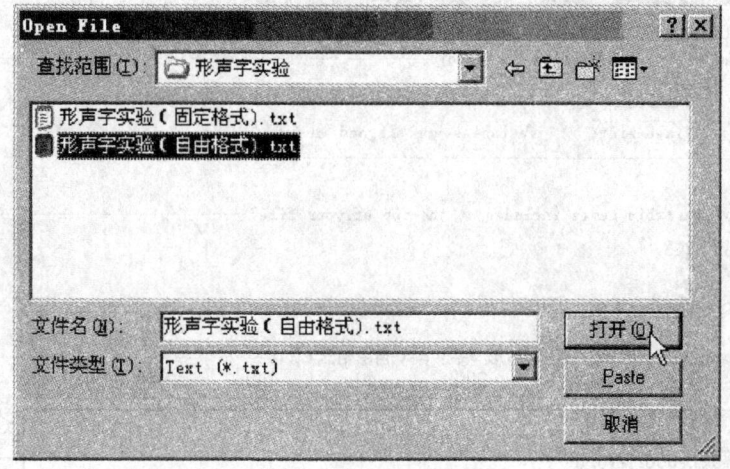

图 4-15 在 Open File 对话框选择文件类型

操作过程

(1)选择菜单:File→Read Text Data,打开主对话框。选择目标文件"形声字实验(自由格式).txt"并打开,SPSS 随即启动文本数据导入的引导窗口(图 4-15)。

(2)引导窗口显示数据读入过程分为 6 步,用户只需要单击"下一步"按钮即可顺利完成数据导入工作(图 4-16 到图 4-21)。

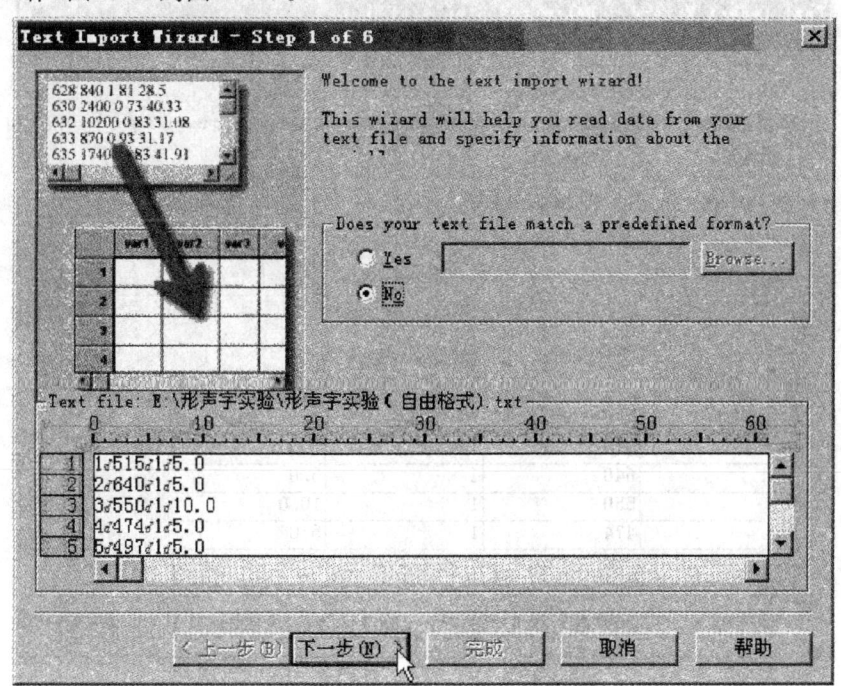

图 4-16 文本数据导入的引导窗口

(3) SPSS 顺利读入数据后,我们须在 SPSS 的 Variable View 窗口中重新定义变量名,并更改不适当的小数位数,或者添加变量标签等(图 4-21)。

(4) 保存文件。选择菜单 File→Save,即可打开"保存"对话框。用户可以给数据文件命名,并保存在指定目录下。

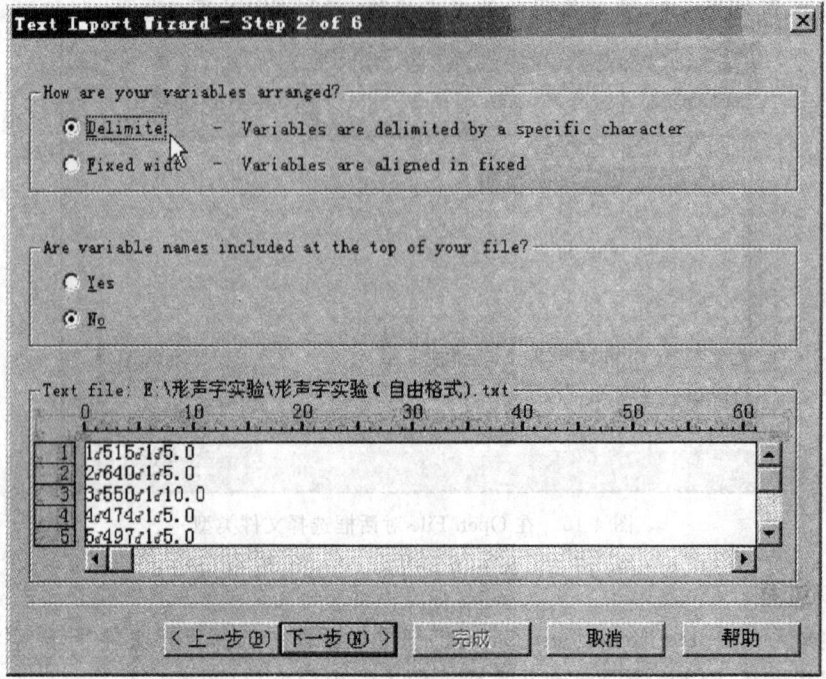

图 4-17 变量区分:分隔符

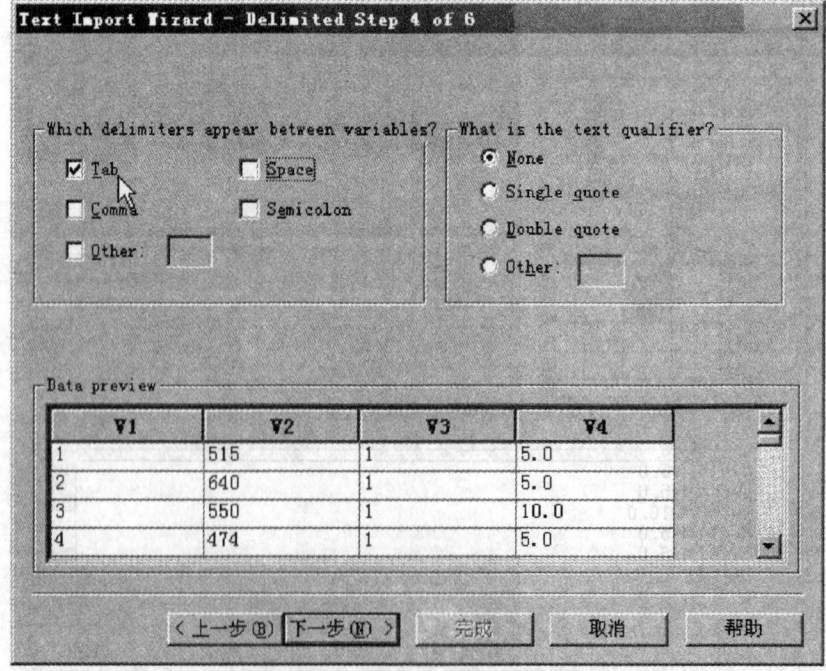

图 4-18 选择分隔符的类型

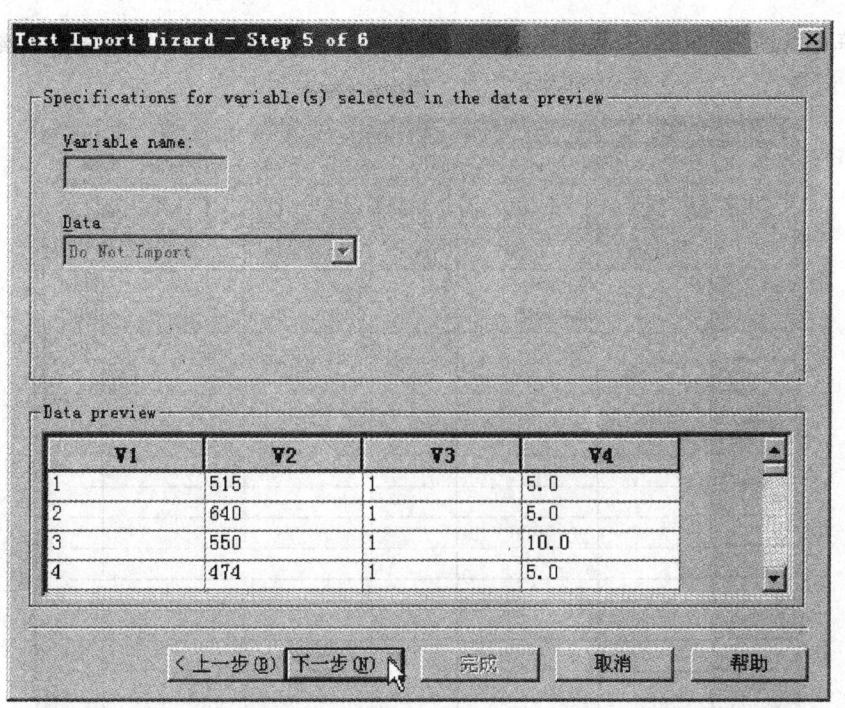

图 4-19　数据预览

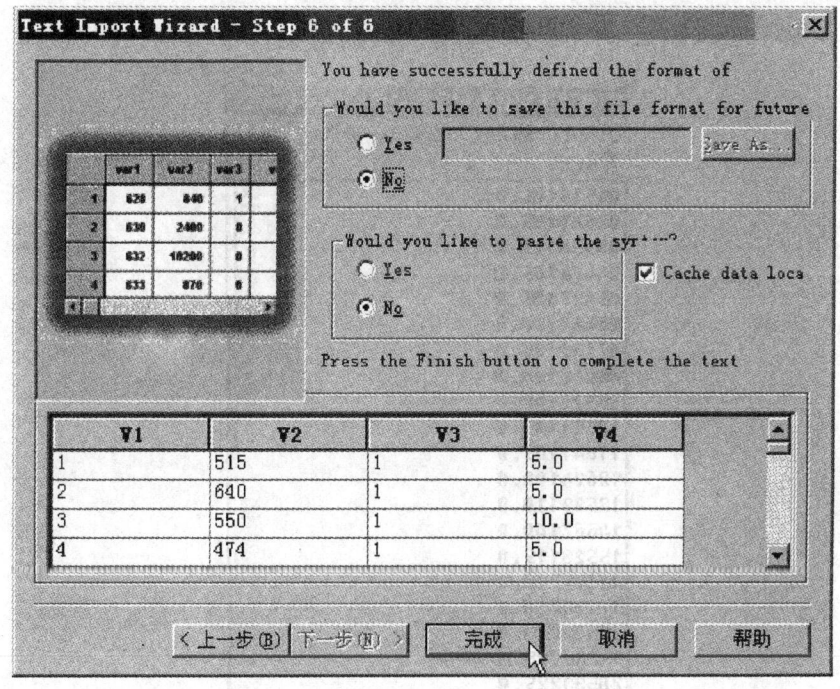

图 4-20　选择保存打开这类文档的参数

提示

（1）在第 2 步时，SPSS 会询问文本数据中的变量是如何组织的。其实这并不需要用户回答，SPSS 会自动识别数据结构，例如在本例中它会识别出变量之间存在分隔符，所以它自动选择了 Delimite。

(2)在第4步时,SPSS显示了数据读入后的预览界面,这时用户需要注意查看各变量的长度是否正确。

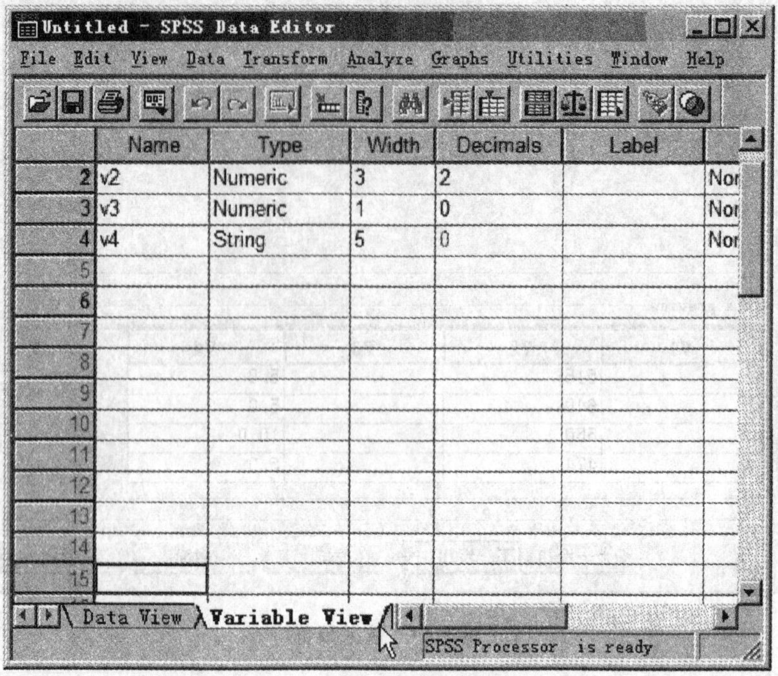

图 4-21 显示读入的数据

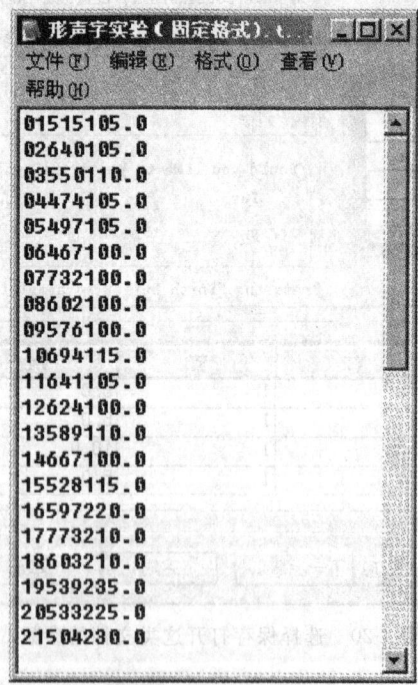

图 4-22 固定格式的纯文本数据

2. 以固定格式读入数据

例 4-8 图 4-22 中所示的纯文本数据(见文本文件"形声字实验(固定格式).txt")与前

面自由格式的数据完全相同,也包括 45 个受访者的数量,4 个变量分别是"受访者编号""反应时间""组别""错误率"。所不同之处在于变量间没有分隔符号,而且各变量的的长度都是固定的。例如,"学生编号"被定义为 2 位数字的长度,所以编号为 1～9 的学生,各自在编号前加录"0",变成 01、02、03…09 形式。

各变量对应的位置为:
第 1～2 列是"受访者编号",第 3～5 列是"反应时间",第 6 列是"组别",第 7～10 列是"错误率"(小数点单占一列)。

提示　读入文本数据也有要求

检查上述文本数据结构,证实其符合 SPSS 数据结构的要求,即每一行代表一个 Case,或者说是一个受访者的数据;各变量有固定的长度。所以可以直接读入 SPSS。如果数据结构不符合 SPSS 的要求,则同样需要预先整理。

关闭此纯文本文件"形声字实验(固定格式).txt",回到 SPSS 窗口。

操作过程

(1)选择菜单:File→Read Text Data,打开主对话框(图 4-23)。选择目标文件"形声字实验(固定格式).txt"并打开,SPSS 随即启动文本数据导入的引导窗口(图 4-24)。

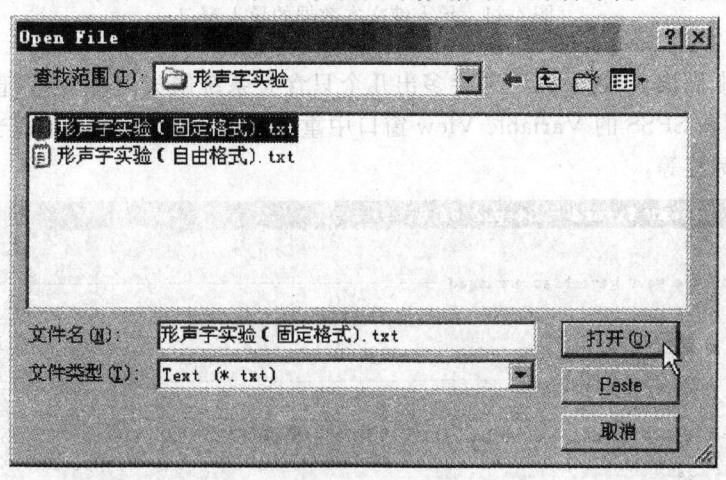

图 4-23　选择要打开的文件类型

(2)引导窗口显示数据读入过程分 6 步(图 4-24 到图 4-30)。用户只需要单击"下一步"按钮即可顺利进入下一个窗口。

(3)在第 2 步窗口中(图 4-25),我们会注意到 SPSS 在"How are your variables arranged?"项目上利用其自动识别功能自动选择了"Fixed width",即固定排列的数据格式。

(4)第 4 步需要用户划分出各个变量的长度(图 4-27)。在 Data preview 小窗口右侧边线上按下鼠标右键不放,即会生成一条可由鼠标拖动的竖线,把竖线拖动到左侧第一个变量"学生编号"所占的 2 列数字之后,放开左键,竖线固定在第二列与第三列之间,第一个变量长度随之确定。如果拖放位置不正确,可以再次用左键点中它并拖离出数据区。用同样办法确定第二、三、四个变量的长度,然后单击下一步按钮,随后的窗口设置保持默认不变,直到完成。

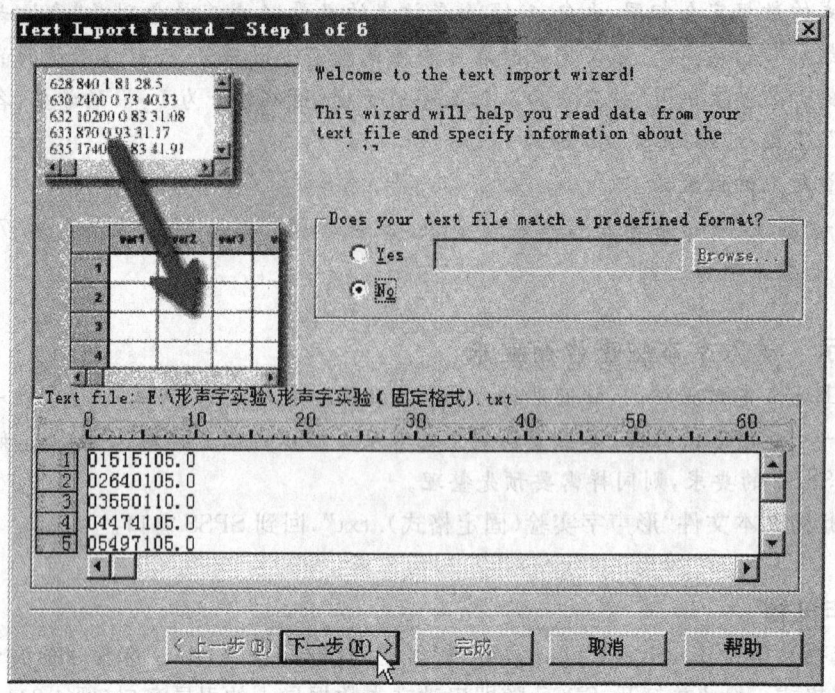

图 4-24　导入纯文本数据的导入窗口

（5）SPSS 顺利读入数据后,可能会多出几个只含有系统缺失值的变量,直接删除即可。此外,我们仍须在 SPSS 的 Variable View 窗口中重新定义变量名,更改不适当的小数位数,或者添加变量标签等。

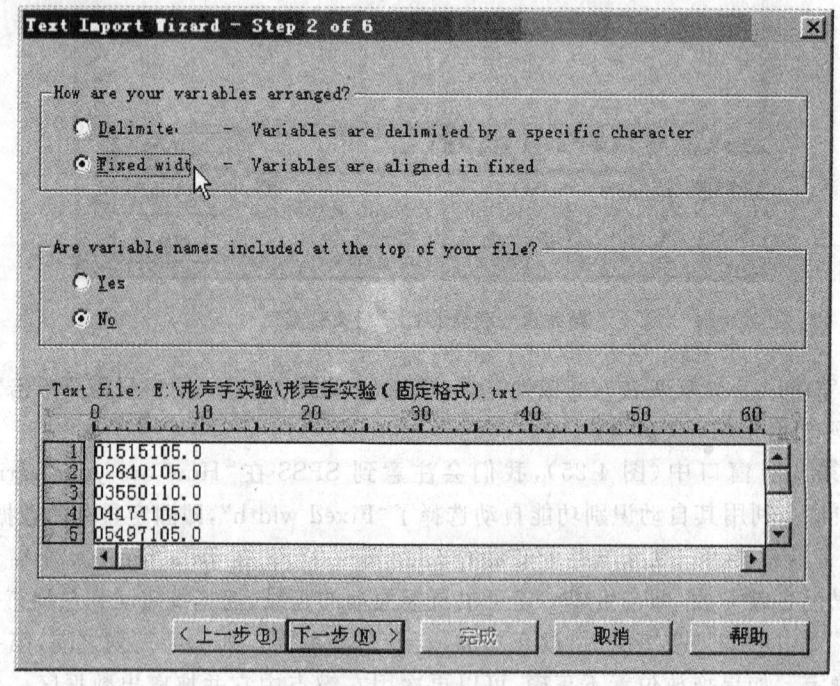

图 4-25　变量区分:固定宽度

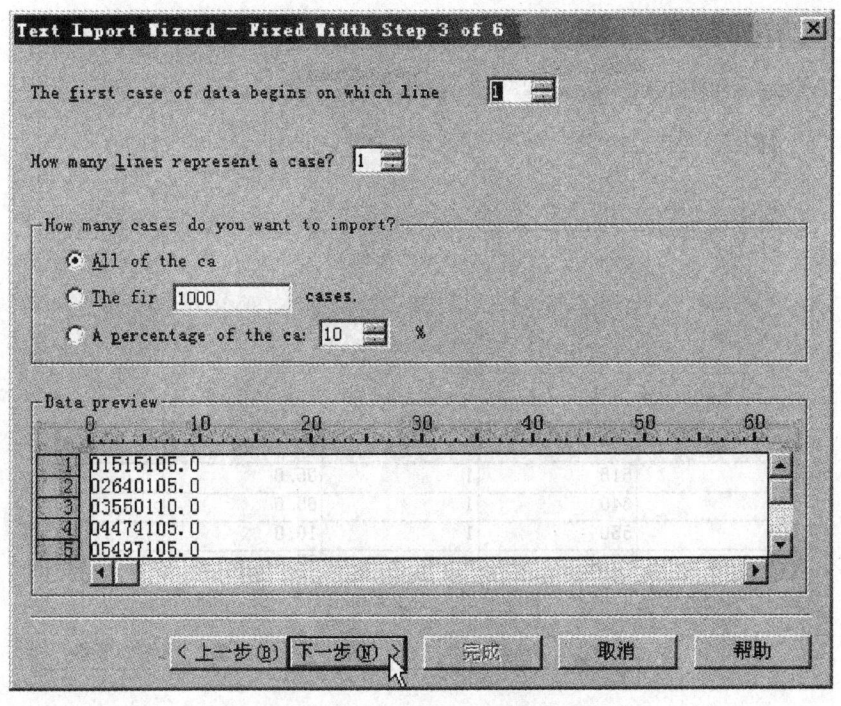

图 4-26 定义数据的各项参数

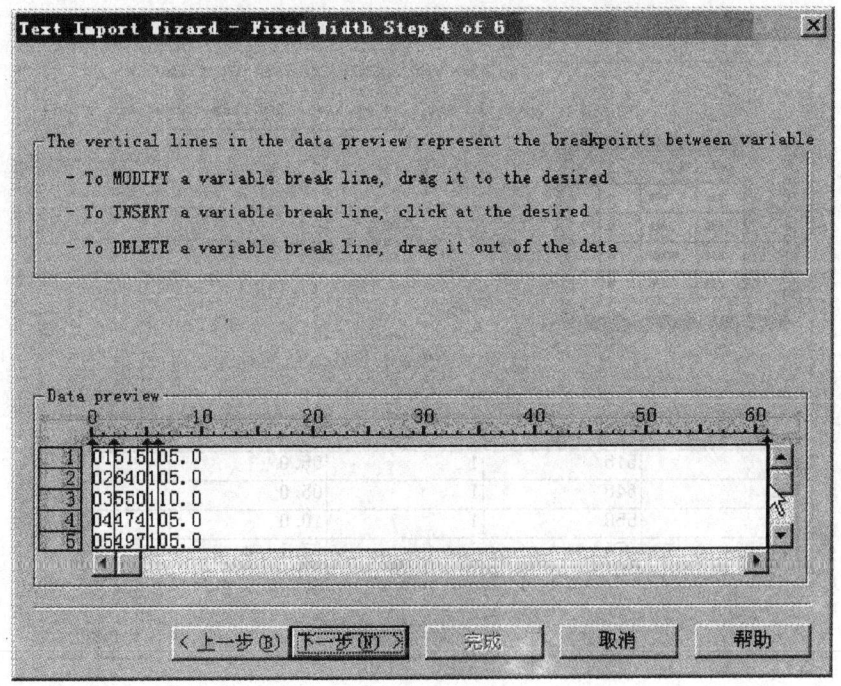

图 4-27 标定变量的分界

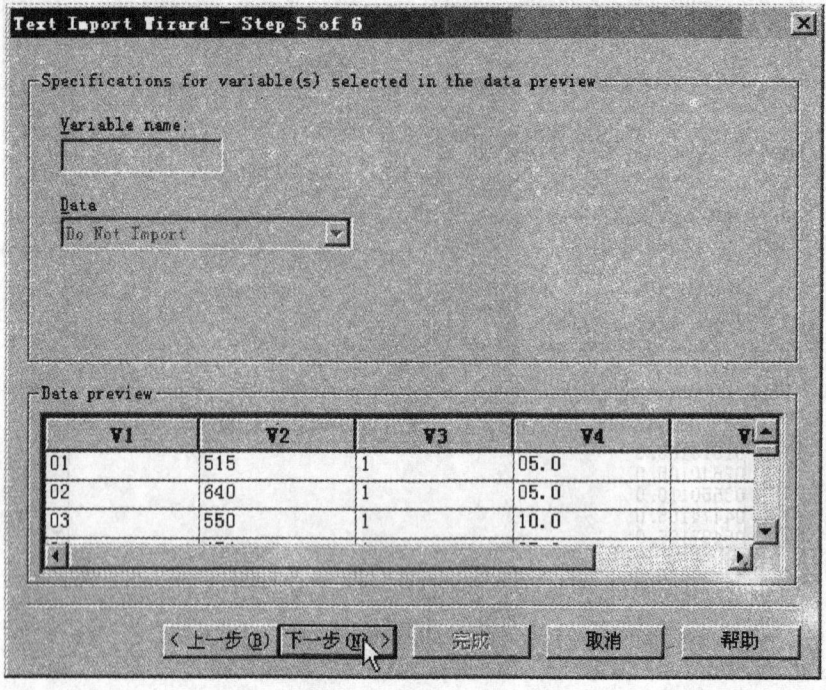

图 4-28 数据格式预览

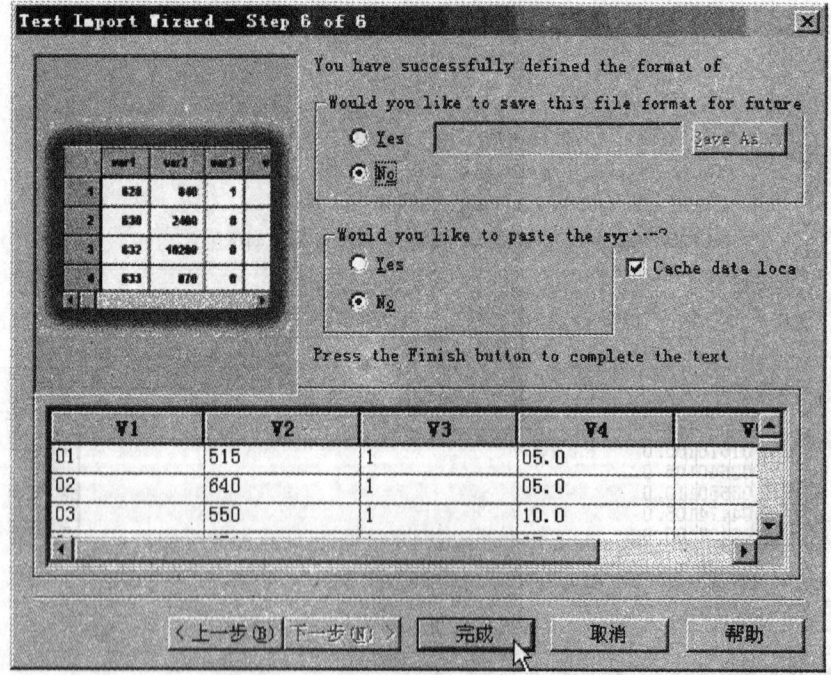

图 4-29 选择保存打开此类文档的参数

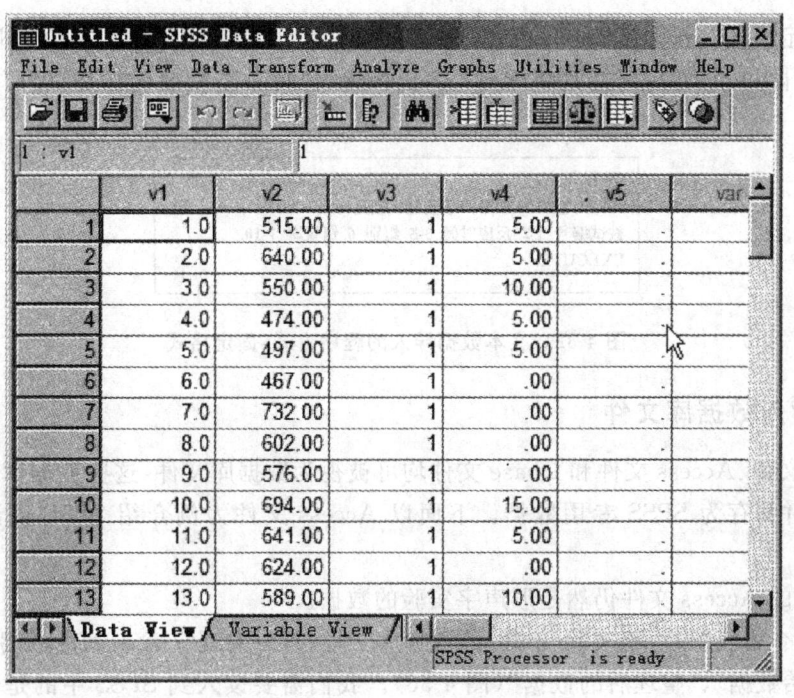

图 4-30 导入完成，SPSS 数据预览

3. 程序语句：一步到位的简捷办法

两种读入纯文本数据的办法都必须依赖菜单操作，而且有多个步骤，使用起来略感繁琐。借助几句简单的程序语句即可一步到位，省去很多麻烦。如果你手头有大量的纯文本数据，不妨试一试用程序语句来读入数据。

在 SPSS 中新建一个程序语句窗口：主菜单 File→New→Syntax。

（1）自由格式　按图 4-31 中所示格式写下程序语句，并把程序中的"CDROM"替换为文件所在的实际目录，然后选择菜单 Run→Selection，就可以完成用上面的菜单操作需要 6 步才能完成的工作。

```
DATA LIST
FILE='CDROM\形声字实验（自由格式）.txt' Free
/被试编号 反应时间 组别 错误率.
EXECUTE.
```

图 4-31 文本数据导入的程序语句：自由格式

简要说明：

DATA LIST 是 SPSS 读入纯文本数据的关键字。

FILE=' ' 是指定文本文件所在的文件目录名及文件名。

Free 是指定数据读入的格式为自由格式（即变量间有分隔符）。

斜线/ 之后列出空格分隔的全部变量名称。

英文句点． 表示 Data List 语句结束。

EXECUTE. 是 SPSS 读取数据文件的一条命令，通常附加在 SPSS 程序语句之后。

(2)固定格式　按图 4-32 中所示格式写下程序语句，并把程序中的"CDROM"替换为文件所在的实际目录，然后选择菜单 Run→Selection，也可单击快捷键按钮，即可完成数据读入过程。

```
DATA LIST
FILE='CDROM\形声字实验（固定格式）.txt'
被试编号 1-2 反应时间 3-5 组别 6 错误率 7-10.
EXECUTE.
```

图 4-32　文本数据导入的程序方式：固定格式

4.2.4　读入数据库文件

Excel 文件、Access 文件和 Dbase 文件均可被视为数据库文件，这些数据库文件可以被 SPSS 读入并另存为 SPSS 专用数据。下面以 Access 文件为例介绍 SPSS 的读入数据的过程。

所使用的 Access 文件仍然是形声字实验的数据。

打开这个名为"形声字实验.mdb"的数据库文件，可以发现它有 3 个表，分别是"受访者检验"、"原始数据"、"整理后的数据"（图 4-33）。我们需要读入到 SPSS 中的是第一个表即"受访者检验"。打开这个表，我们会发现它有 4 个变量、45 条记录，完全符合 SPSS 的数据结构。

在使用 SPSS 读入数据之前，关闭这个 Access 文件。

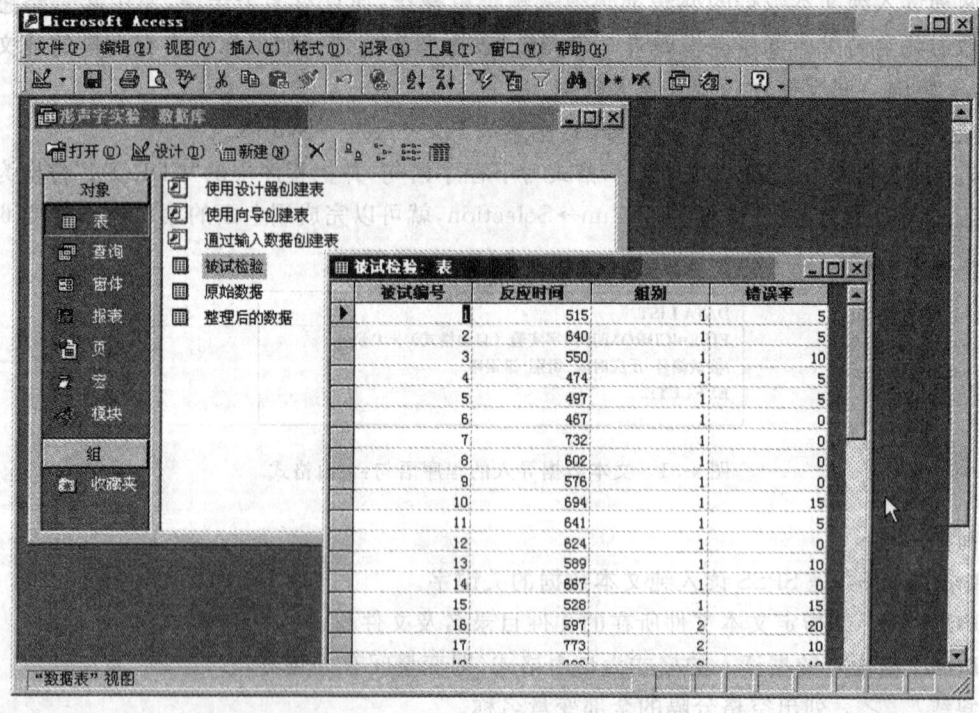

图 4-33　Access 数据的格式

操作过程

(1)选择菜单　File→Open Database→New Query，进入对话框。

（2）选择数据库类型　对话框中列出了 SPSS 默认支持的数据库类型包括 3 种：Dbase 文件、Excel 文件和 Access 数据库。选择 MS Access Database，单击下一步按钮（图 4-34）。

（3）确定文件位置　在 ODBC Driver Login 窗口中单击 Browse...按钮确定目标文件所在的位置（图 4-35）。然后单击 OK 确定。

（4）选择目标表　在 Select Data 窗口中，我们发现"形声字实验.mdb"中的三个表的名字都出现在待选的数据列表中（图 4-36）。单击"受访者检验"表名左边的十字按钮，表中的全部变量即显示出来（图 4-37）。

（5）选择目标变量　对表"受访者检验"按下鼠标左键不放（光标变成手掌形状），拖动到右边的新变量列表框（Retrive Fields In）。也可以把"受访者检验"表名下的四个变量逐个拖入右框中（图 4-37）。如果选错了，可以原样拖回左侧列表框。

（6）单击完成按钮，数据读入完成　可以在 SPSS 的数据窗口看到读入的数据（图 4-38）。

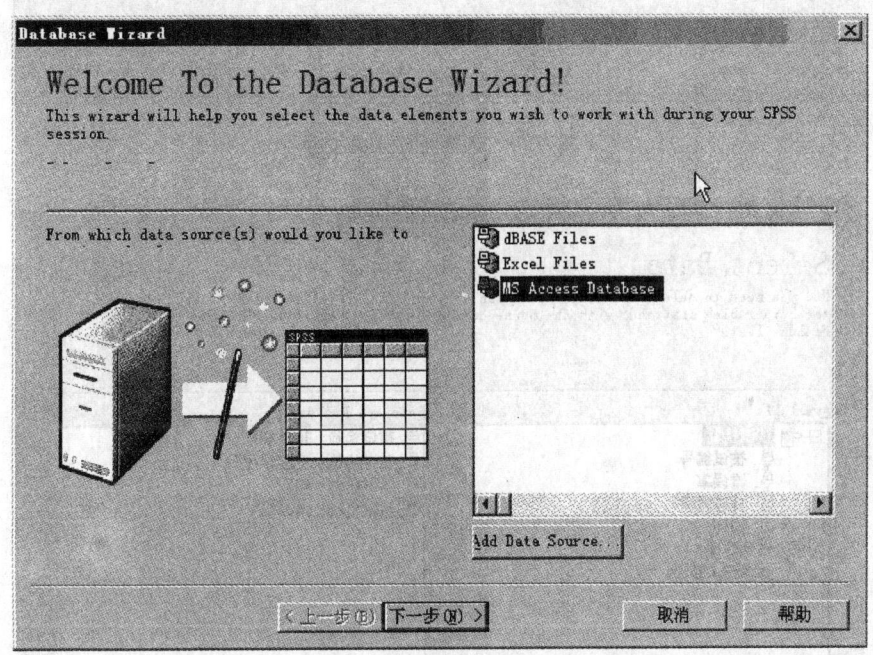

图 4-34　选择将导入的数据库文件类型

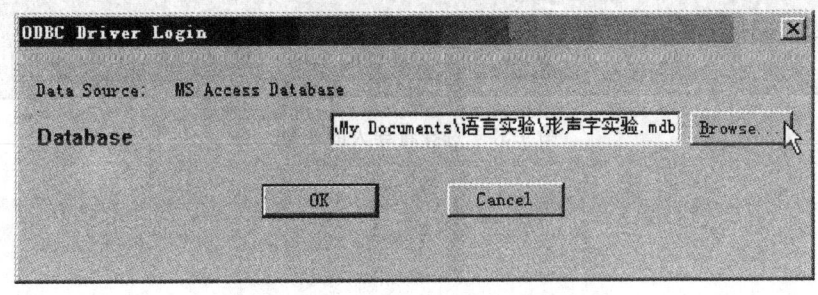

图 4-35　选中将导入的数据库文件名

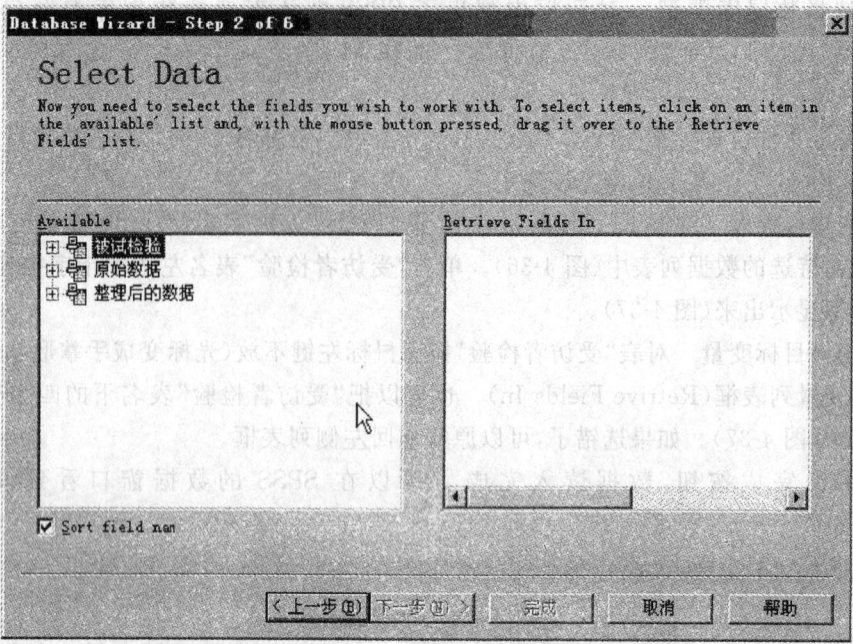

图 4-36 选择将导入的变量

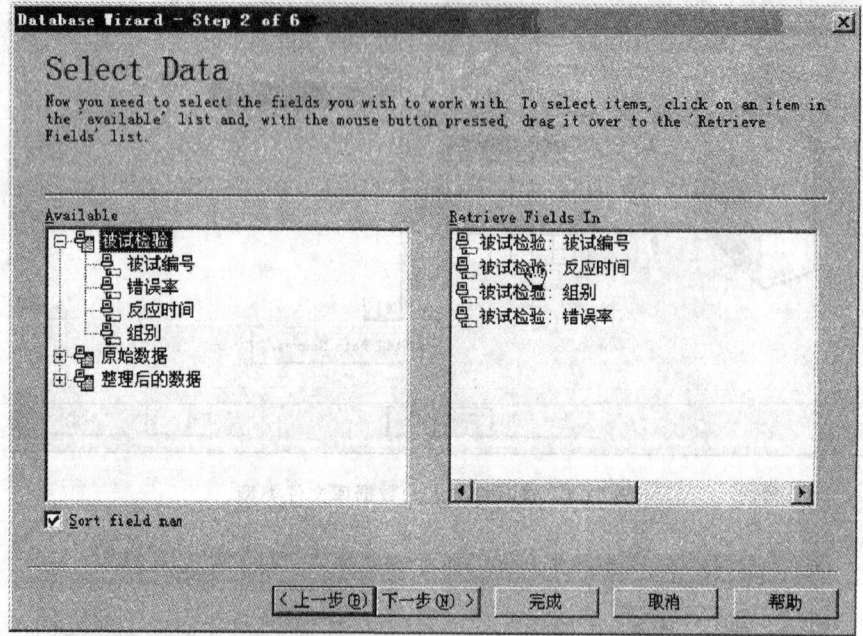

图 4-37 选择将导入的变量

图 4-38 导入完成

4.3 小结

数据窗口和变量窗口各有功用，多种格式的数据都能读入。

　　SPSS 的数据编辑窗口包括数据窗口 Data View 和变量窗口 Variable View 两个子窗口，通过数据窗口可以浏览数据文件中的数据内容，其中每一行显示的是某个案例（个体）的全部信息，即一次观测记录。通过变量窗口可以浏览数据文件中的变量属性，每一行显示的是某个变量的相关信息。SPSS 有很多方法读入数据，本章向大家介绍了：如何在 SPSS 数据窗口中直接录入数据；如何读入 Excel 数据文件；如何读入纯文本数据文件；以及如何读入数据库文件。

第 5 章 使用 SPSS 管理数据(二)

单元目标

通过学习本章,您可以了解:
- 如何增添、删减、变更数据,生成新变量
- 如何对 SPSS 中的数据进行整理、排序、分类汇总等
- 如何合并、分割数据文件

5.1 数据转换

在数据分析过程中,为了达到特定的目的,分析者常常需要利用已有的数据生成新数据。而且,很多时候是无法直接用原始数据进行分析的,需要对原始数据进行进一步的整理,这就需要用到数据转换的一些方法。熟练掌握并应用这些方法,可以在数据处理中收到事半功倍的效果,尤其可以省去大量手工录入数据的时间与精力。经常用到的数据转换方法主要有 Compute、Recode、Count 等几种。更多命令可以在主菜单 Transform 中找到。

5.1.1 Compute:通过数学计算生成新变量

例 5-1 一家幼儿园使用百分制评价孩子的表现,相应的 SPSS 数据文件包含 5 个班共 100 个孩子的分数,全部变量有三个,分别是"学生编号""成绩""班级"。由于特殊的原因,幼儿园的老师决定给一班的孩子每人追加 5 分,其他班的孩子分数不变。怎样在 SPSS 中实现呢?

操作过程

(1)单击主菜单 Transform,选中 Compute,弹出计算新变量的对话框。

(2)由于加分的条件是只给一班的孩子加分,所以单击 If...按钮打开子对话框,如图 5-1 所示,选中 Include if case satisfies condition,然后把变量"班级"选入右边的方框,通过键盘或方框下方的一组计算器用的按钮输入"=1"。单击 Continue 返回。

(3)在主对话框中(图 5-2),在 Target Variable 框中输入"新成绩"。然后从下面的变量列表中选中"成绩",并单击 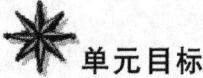 把它选入 Numeric Expression 框中,然后输入"+5"。

(4)单击 OK 运行程序,SPSS 将生成一个新的变量"新成绩"。

"新成绩"中的数据只有一班学生的成绩,没有其他班学生的成绩,怎么把其他班的成绩原封不动地搬到"新成绩"这个变量中呢? 有多种办法。利用 Compute 同样可以实现。

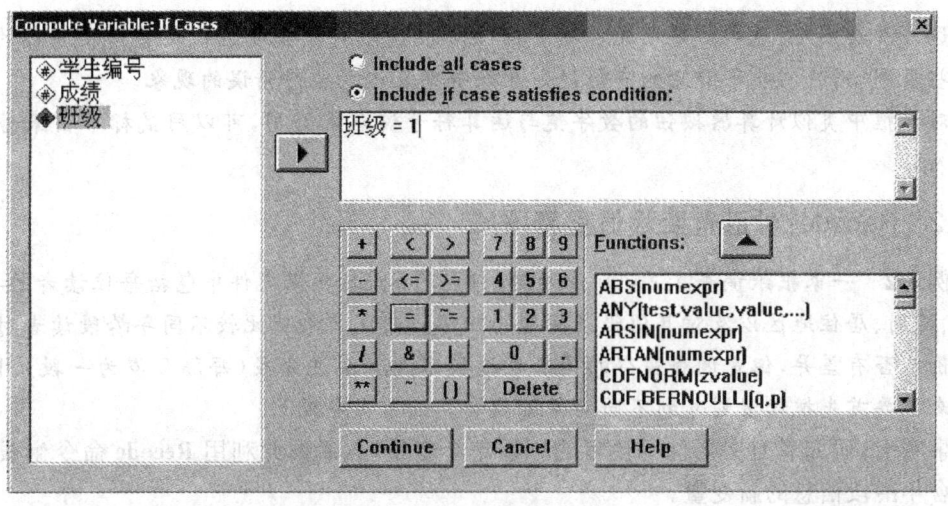

图 5-1　Compute 的条件对话框

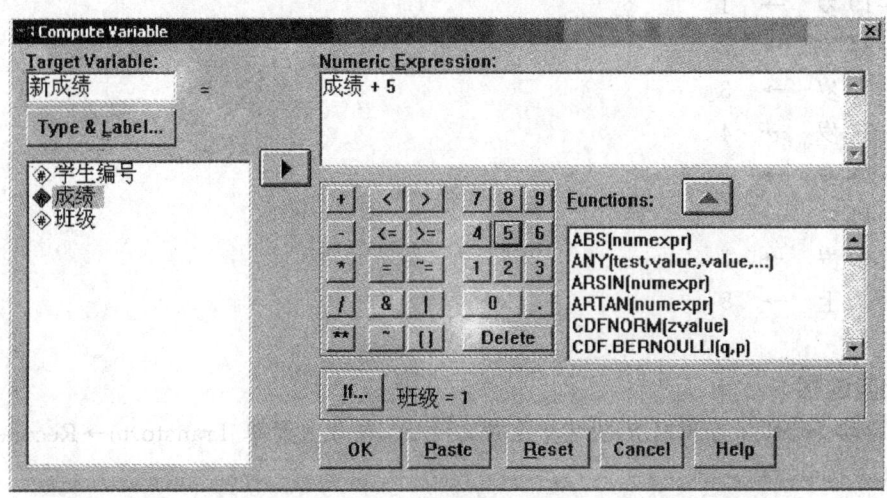

图 5-2　Compute 的主对话框

再次启动 Compute 对话框,在 If 引导条件表达式中输入"班级~=1",在 Target Variable 中依然使用"新成绩",在 Numeric Expression 框中输入"成绩"。运行程序,弹出的小窗口询问"Change existing variable?",单击确定即可。这样,新变量"新成绩"既包含了调整后的一班学生的成绩,也包含其他各班的成绩,而原有的各班成绩也仍保留在变量"成绩"中。

提示　生成新变量常见的错误

如果您在 Target Variable 框中输入这个文件中已经存在的变量名,等您单击 OK 按钮的时候,会弹出一个提示,告诉您这是已经存在的变量名,需要重新命名一个。Target 方框下方还有一个较大的方框,里面是本文件中的变量。单击某个变量时,有蓝色条遮住它,表示已被选中。然后单击旁边一个向右的小三角,您会看到该变量名出现在右上方 Numeric Expression 方框里面。

这个方框允许用户写一个数学表达式,对已有的数值型变量进行数学运算。如果您写的表达式没有成功,请参阅帮助或其他资料,因为 SPSS 对数据表达式或逻辑表达式的书写有一些限制,用户需要了解它的一般规则才能避免表达式执行错误的现象。

对话框中类似计算器按钮的数字键与运算符号键非常好用,可以用鼠标单击来替代键盘输入。

5.1.2 Recode:对已有变量值重新编码

例 5-2 一家报纸调查了 2 000 位读者,相应的 SPSS 数据文件中包括每位读者的年龄、收入、性别、居住地区以及对其他很多问题的回答。研究者希望比较不同年龄段读者对报纸的评价是否有差异,但是调查获得的读者年龄数据没有经过分段(每隔 5 岁为一段),因此,研究者需要首先把读者划分到不同的年龄段中。如何实现呢?

事实上,研究者有必要保留读者的原始年龄变量,然后据此利用 **Recode** 命令生成一个只包含年龄段信息的新变量。

具体转换要求是:

15～19 岁　→　1
20～24 岁　→　2
25～29 岁　→　3
30～34 岁　→　4
35～39 岁　→　5
40～44 岁　→　6
45～49 岁　→　7
50 岁以上　→　8

操作过程

(1)启动 SPSS 并打开相应的调查数据文件后,单击主菜单 Transform→Recode→Into Different Variables...

(2)在 Recode 对话框中(图 5-3),从左边变量列表中选变量"年龄",然后单击向右的小三角,选中的变量进入右边的状态窗口中(只有数值型变量才能进行这种操作)。

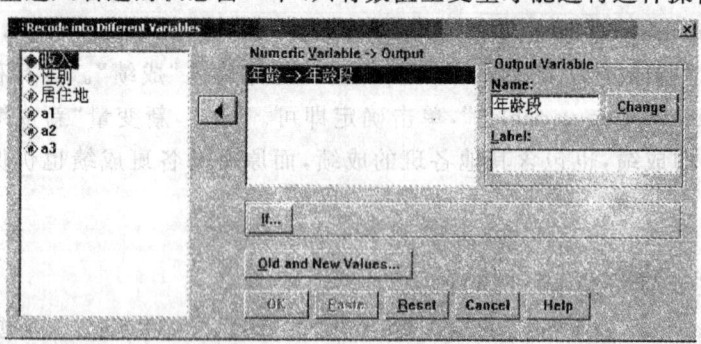

图 5-3　Recode:主对话框

(3)在右边 Output Variable 项下的 Name 框中填入新变量名"年龄段",然后单击 Change 按钮。

(4)单击"Old and New Values..."按钮,进入子对话框(图 5-4)。在左边 Old Value 面

板的 Range:through 项中输入一个下限和上限变量值,例如 15 和 19,然后在右边 New Value 面板中选中 Value 项,并输入 1。单击 Add 按钮。

(5)依此操作,分别完成其他年龄段的重编码过程。50 岁以上的重编码过程需要在 Range:through highest 中输入 50 作为下限变量值,不需要指定上限。

(6)单击 Continue 继续,单击 OK 运行程序,SPSS 将在原有数据的最后一列生成新变量"年龄段",包含从 1~8 共 8 个变量值。

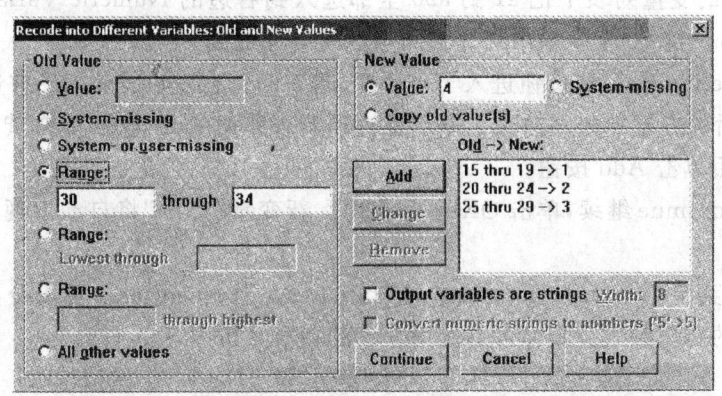

图 5-4 Recode:Old and New Values 对话框

Old and New Values 对话框中的其他几项 **Old Values** 选项说明:

- **Value**   对指定的某一个值重新编码。
- **System-missing**   对系统缺失值重新编码。
- **System-or user-missing**   对系统缺失值与用户缺失值重新编码。具体可参阅本章前文。
- **All other values**   对指定数值以外的所有其他数值重新编码。

New Value 中选项的含义:

- **Value**   指定一个新的变量值。
- **System-missing**   把选中的变量值编码为系统缺失值。
- **Copy old value(s)**   复制原先的变量值到新变量中。

5.1.3 Count:计算指定变量值的出现次数,并保存为新变量

例 5-3   人大正在讨论修改现行婚姻法,一家民意调查机构通过电话实施了一次调查,就新婚姻法中若干正在讨论的条例征询成年公民的意见。调查问卷中有 20 个与新条例有关的问题用来征询受访者的赞同程度,研究者设置了 5 点量表供受访者选择符合自己的态度,分别是"非常赞同""比较赞同""无所谓""比较反对""非常反对"。另有 10 项与个人信息有关的问题。SPSS 数据文件包含 1 500 位受访者,30 个变量。在数据分析过程中,研究者希望了解受访者中有多少人对 20 项新条例持赞同态度,有多少人反对,有多少人部分赞同。

解决这个问题的办法是使用 Count 命令,统计 20 个变量中"完全赞同"或"比较赞同"的出现次数,并保存为一个新变量,然后使用 Frequencies 命令进行分析。

Count 命令允许用户从一些指定的变量中数出某个或某些数值在每份调查问卷中的出现次数,并把这些次数作为新变量的值存放起来。

操作过程

(1)单击主菜单 Transform→Count,打开对话框(图 5-5)。Target Variable 框中可以输入存放新变量的名称,在此我们输入"态度",并在右边 Target Label 中输入"受访者对 20 个问题的态度"作为新变量的标签。

(2)从左边的变量列表中把 a1 到 a20 全部选入到右边的 Numeric Variables 框中。我们将要求 SPSS 从这 20 个变量中统计赞同态度的出现次数。

(3)单击 Define Values 按钮进入子对话框(图 5-6)。在左边 Value 下方选中 Range,并在 through 前后的方框中分别输入 1 和 2(在这项调查数据中,1 代表"非常赞同",2 代表"比较赞同")。然后单击 Add 按钮。

(4)单击 Continue 继续,单击 OK 运行程序。新变量"态度"将自动出现在数据窗口中原有变量之后。

(5)单击主菜单 Analyze→Descriptive Statistics→Frequencies…可以分析"态度"变量中各个变量值的出现频次。具体可参阅第 6 章的频次分析内容。

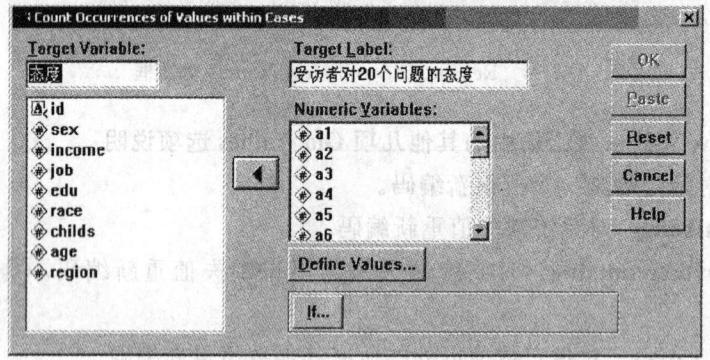

图 5-5 Count:主对话框

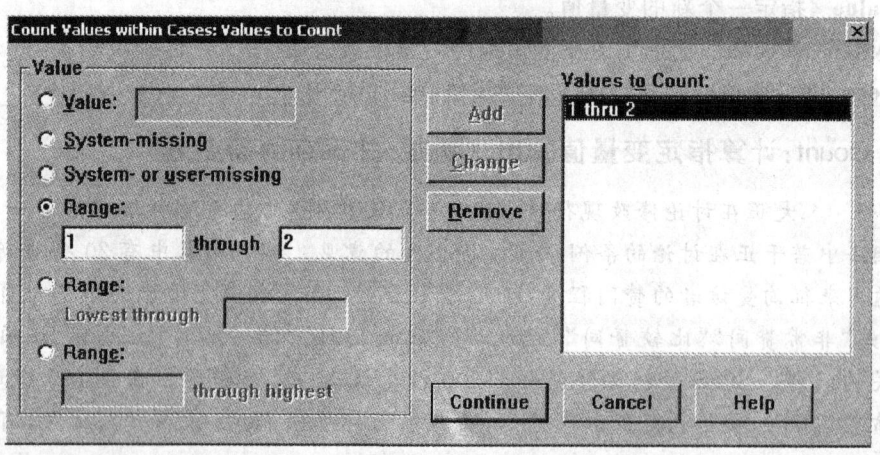

图 5-6 Count:Define Values 对话框

对子对话框中 value 其他选项的说明:

● **Value** 计算用户指定的单个数值出现的次数。

- **System-missing** 计算系统缺失值出现的次数。
- **System-or user-missing** 计算系统缺失值与用户缺失值出现的次数。
- **Range：Lowest through** 计算从最小值到用户指定的最大值范围内任意数值出现的次数。
- **Range：through Highest** 计算从用户指定的最小值到所有数据中最大值范围内任意数值出现的次数。

5.2 数据管理

本部分介绍对变量的操作和对观测记录(Case)的操作。这种操作包括变量或观测记录的插入、移动及删除等，相对应的菜单是 Edit 以及鼠标右键菜单。

对数据进行排序、数据聚合、变量与观测记录的合并、选择部分观测记录（数据子集）、观测记录与变量的位置互换、文件的虚拟分割等等，都由 Data 主菜单下的各项命令来完成。

5.2.1 对变量(Variable)与观测记录(Case)的操作

对变量及观测记录的操作必须在已有文件的基础上进行。因此首先请打开一个已经保存过的数据文件，或者新建一个文件。对变量及观测记录的操作可以通过鼠标右键菜单完成，也可以在主菜单 Edit 下找到相应的命令，部分功能也可以通过键盘完成。

（1）插入新变量　对任意一个已有的变量名单击鼠标右键，并在弹出菜单中选择"Insert Variables"，即可在该变量所在位置插入一个新的变量。用户可以自行定义新变量的名字、标签、格式及缺失值等。

（2）删除变量　对欲删除的变量名单击鼠标右键，在弹出菜单中选择 Clear 即可。也可以对变量名单击鼠标左键，并在键盘上按 Delete 键。

（3）移动变量（剪切并粘贴）　对欲移动的变量单击鼠标右键，在弹出菜单上选择 Cut，然后将鼠标移动到目标位置并单击右键，在弹出菜单上选择 Paste，即可把剪切掉的变量粘贴到目标位置。

> 提示　观测记录的操作与变量操作相同

观测记录的插入、删除和移动与变量操作相同，不同之处在于需要在数据窗口最左侧的观测记录编号上进行鼠标右键操作。

（4）按指定变量排序　在数据整理过程中，我们经常需要按某一个指定的变量把所有的数据按大小顺序排列。也可以应用这种方法检查数据录入中的失误，例如重复录入了同一个受访者数据的情况。这就需要用到 Sort Cases 命令。

单击主菜单 Data→Sort Cases，会出现一个对话框（图 5-7）。在图中所示的例子中，我们要求 SPSS 按两个变量 a4 和 a5 同时排序，其中 a4 排序的标准是升序，即按变量值从小到大的顺序排列，如果有多个观测记录在 a4 变量上的值相同，则按 a5 从大到小（降序）排列。

如果需要改变指定变量的排序类型，只需要单击选中 Sort by 框中的变量，然后选择升序或降序类型即可。

如果只需要按一个变量排序,用户可以直接在数据窗口中对指定变量名单击右键,并在弹出的菜单中选择 Ascending 或 Descending,即可完成对整个数据文件的排序。

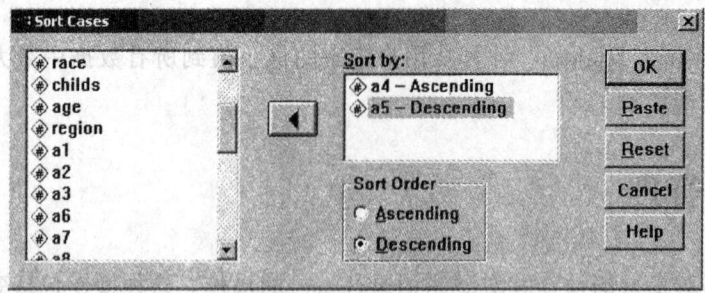

图 5-7　Sort Cases:主对话框

5.2.2　数据聚合(Aggregate)

例 5-4　一家报纸的绩效评估系统包括对记者工作量的考核,每天有专人记录每位记者每天的发稿量。每月月底需要计算每位记者的工作总量。Aggregate 命令此时非常有用。在原始数据中,记者每发一篇报道就会被记录一次。利用 Aggregate 求和即可统计每位记者当月的发稿量之和。

操作过程

(1)单击主菜单 Data→Aggregate 打开对话框(图 5-8)。把变量"记者姓名"选入 Break Variables 作为分类变量,把"稿件数量"和"字数"选入 Aggregate Variable(s)框中。

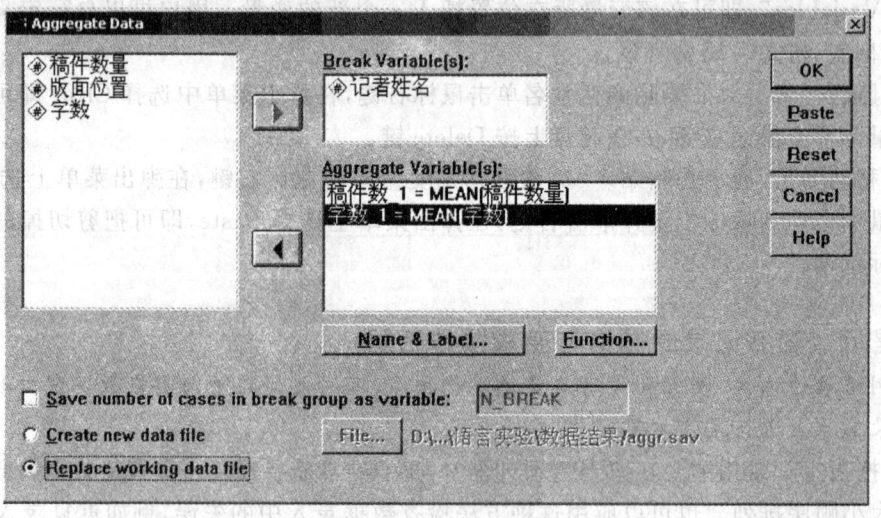

图 5-8　Aggregate:主对话框

(2)选中 Aggregate Variable(s)框中两个变量表达式(按下 Ctrl 键并单击鼠标左键可连续选中变量),单击 Function...按钮打开子对话框(图 5-9),我们看到默认的函数是 Mean,我们改选为 Sum。单击 Continue 返回主对话框。这时两个变量表达式中的函数都已变成求和,不再是默认的求均值表达式。

(3)选中主对话框下方的 Replace working data file,意在要求 SPSS 立即打开聚合数据后生成的数据文件。单击 OK 运行程序,SPSS 自动打开经过聚合后的数据。新的数据文件共有三个变量分别是"记者姓名""稿件数_1"和"字数_1"。

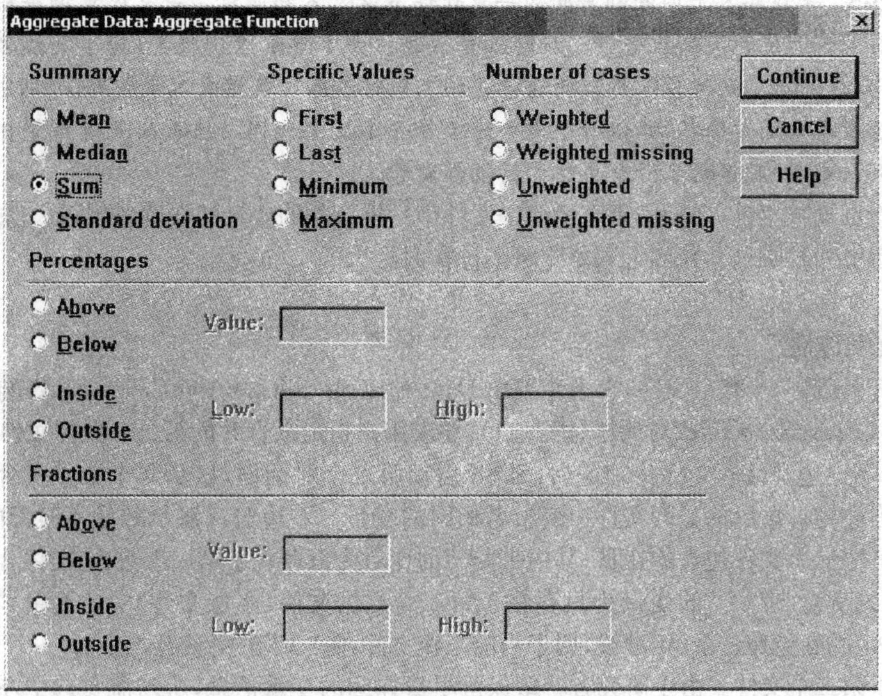

图 5-9 Aggregate:Function 对话框

5.2.3 数据转置(Transpose)

可用于 SPSS 分析用的数据都必须符合特定的数据结构,例如每位受访者的全部数据只能录入成一行,我们称为一个观测记录;受访者对每个问题的回答必须录入为一列,我们称为变量。但有时我们获得的数据并不总能满足这种条件。有的时候您可能遇到的极端情况是变量错误地按观测记录方式录入,而观测记录变成了变量,即行与列的位置是颠倒的,这时,利用数据转置(Transpose)命令可以轻松地还原数据。

操作过程

把录入格式错误的数据读入 SPSS 后,单击主菜单 Data→Transpose 打开对话框(图 5-10),把全部变量选入到右边的变量窗口中,然后单击 OK 运行程序即可。

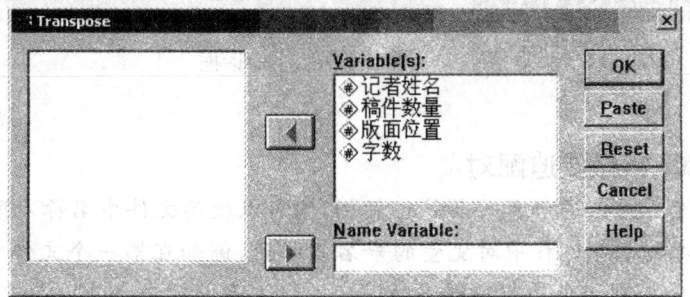

图 5-10 Transpose:主对话框

5.2.4 合并两个数据文件

1. 合并观测记录(Add Cases)

例 5-5 未成年人上网的利弊问题一直让许多家长不知所措。一家民意调查机构就这个问题在北京市的八大城区进行了抽样入户调查。由于样本量比较大,为了加快数据录入速度,研究者聘请了两位录入员在两台计算机上同时录入。数据录入完成后,分别进行了一部分数据整理与简单分析,所以两个文件的变量并不完全相同。现在研究者希望把两个文件合并到一起,而且保留了两个文件中的全部变量。

在合并文件之前,我们必须保证两个文件中打算合并的变量的变量名相同。当然,录入完成后因分析数据而生成的个别新变量不计在内。

操作过程

(1)打开第一个数据文件,单击主菜单 Data→Merge Files→Add Cases,SPSS 将显示打开"Add Cases:Read File"对话框(图 5-11),要求用户指定欲合并的第二个数据文件。

(2)用户选定目标文件并确定后,SPSS 启动第二个对话框,显示两个文件所含的变量信息。右边窗口显示的是两文件中变量名相同的变量。左边窗口显示的是不匹配的变量,即只有其中一个文件包含的变量,其中带"*"的变量为只存在于第一个数据文件(当前工作文件)中的变量,带"+"的变量为只存在于第二个数据文件(添加文件)中的变量。在本例中,附"*"的变量有一个:年龄段,属于当前工作文件,附"+"的变量有八个:a1~a7 和 new_a1,属于第二个文件。由于研究者希望保留尽量详细的变量信息,所以需要选中左边全部9 个变量,并全部加入到右边合并后的工作文件中。

(3)单击 OK 运行程序。

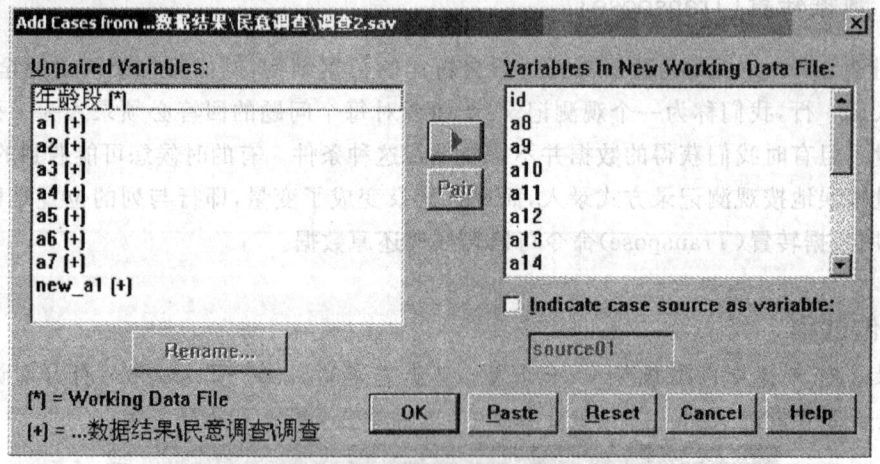

图 5-11 Add Cases:主对话框

提示 Pair 按钮强迫配对

上面的文件合并对话框中有一个 Pair 按钮,它可以把两文件中名称不同的变量强迫配对。如果用户在数据录入过程中对变量的命名不一致,例如在第一个文件中使用 a1,但在第二个文中使用 a_1,则这个功能可以帮助用户方便地完成数据合并。在操作过程中,用户

必须同时按下 Ctrl 键,然后再用鼠标左键才能同时选中两个待匹配的变量,最后单击 Pair 完成操作过程。

如果用户需要把原先一些不匹配的变量换名保存到合并文件中,则在选中这个变量后,单击"Rename"按钮,即可打开重新命名对话框,并输入新的变量名。

2. 合并变量(Add Variables)

例 5-6　一位研究者测试了一组受访者对象的情绪状况,并录入为一个 SPSS 数据文件。第二天,他又补测了这组受访者对象的健康状况,又获得了第二个 SPSS 数据文件。现在,他希望合并两个文件,以便研究人的情绪与健康的关系。完成这项办法是根据受访者对象的编号合并变量。

提示　**变量合并的关键**

两个文件合并的前提条件是它们共有一个标志变量,在本例中是变量"ID"。

操作过程

(1)两个文件分别按照变量"ID"排成升序。

(2)打开第一个文件,单击主菜单 Data→Merge Files→Add Variables…,SPSS 启动"Add Variables:Read File"对话框(图 5-12),要求指定欲合并的第二个文件。

(3)用户选定目标文件并确定后,SPSS 启动第二个对话框,显示两个文件所含的变量信息。右边窗口是合并后新的工作文件包含的变量列表,左边窗口是被排除在自动合并后的文件中的变量。这些变量被排除的原因在于它们的名称与第一个文件中的变量重名。附有"+"的变量属于第二个文件,附有"*"的变量属于第一个文件。

(4)选中复选框"Match cases on key variables in sorted files",然后选中"External files is keyed table"。我们的用意在于保持第一个文件的数据不动,把第二个文件(外部文件)加入进来。

(5)从 New Working Data File 框中选中变量"ID",并把它选入左边 Excluded Variables 框中,然后再把"ID"选入到 Key Variables 框中(图 5-13)。

(6)单击 OK 运行程序。SPSS 显示警告窗口,如果在合并之前没有按照标志变量排序,操作将失败。单击 OK,继续执行程序。

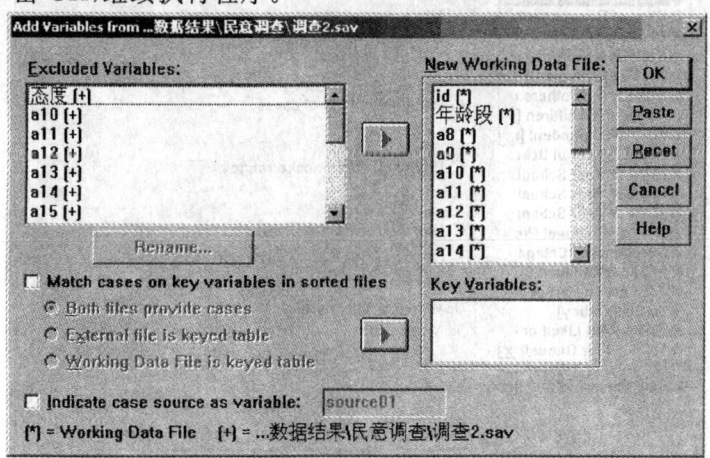

图 5-12　Add Variables:主对话框

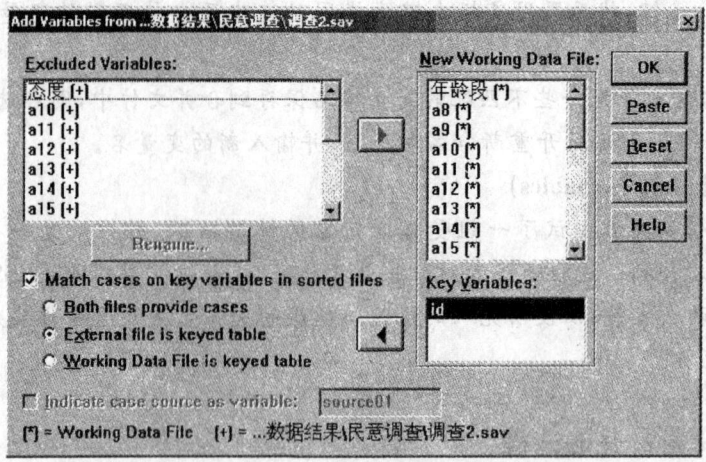

图 5-13　Add Variables：选择关键变量

> **提示　有缺失值怎么处理**
> 数据文件中如果含有缺失值,则必须按照关键变量合并变量。
> **合并原则说明：**
> ● Both files provide cases　合并后的文件只保留两个文件共有的观测记录。
> ● External file is keyed table　以第一个文件(工作文件)的数据结构为基础,把外部文件中的独特变量加入到第一个文件中。
> ● Working Data file is keyed table　以第二个文件(外部文件)的数据结构为基础,把第一个文件(工作文件)中的独有变量加入到第二个文件中。

5.2.5　选择部分观测记录(Case 子集)

在数据分析中我们常常需要选择满足特定条件的一部分观测记录进行分析。这时,使用 Select Cases 命令是一个很方便的办法。

请打开 SPSS 自有数据文件 1991 U. S. General Social Survey.sav。单击主菜单 Data → Select Cases...,打开主对话框,如图 5-14 所示。

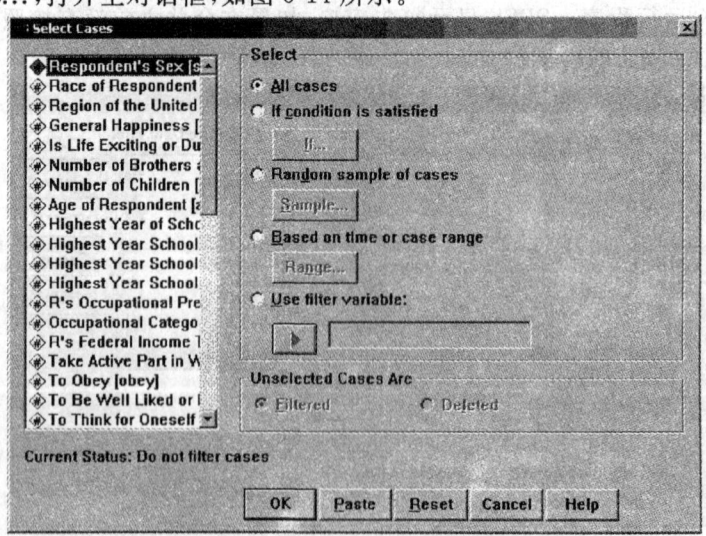

图 5-14　Select Cases：主对话框

大家肯定注意到,对话框右面有许多可选项,如果您需要用到哪一项,就先单击选中它才能使用该项目附带的按钮。现在默认的选项是第一项 All cases,即选择全体观测记录。

其他几项的说明如下

1. If condition is satisfied

选中此项并单击 if 按钮,进入到如图 5-15 所示对话框。用户可以从左边变量列表中选择所需的条件变量如 age…,然后写一个表达式如图中所示,我们的用意在于选出年龄大于或等于 60 岁的受访者进行数据分析。

单击 Continue 回到主对话框。注意窗口下方还有两个可选项 Filtered 与 Deleted,如果选中前者,则不符合筛选条件的观测记录的编号将附有"/",用户进行的任何数据分析都不包括这部分数据。当需要取消筛选时,可以使用 Select Cases 中的 All cases 恢复全部数据。

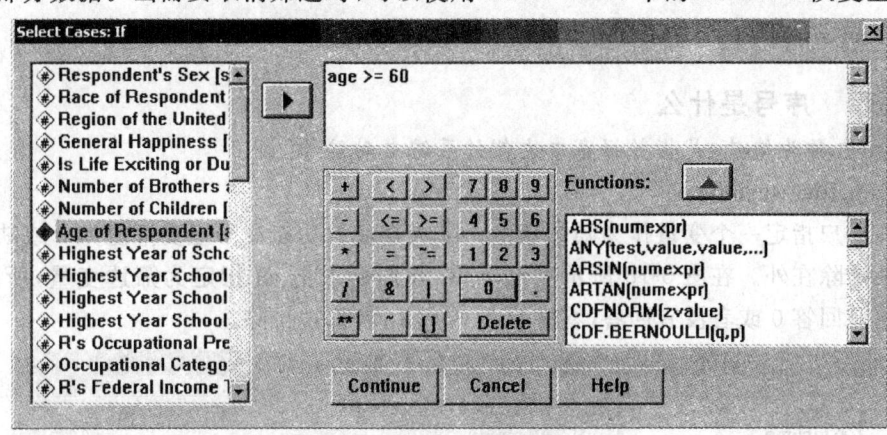

图 5-15　Select Cases:if 对话框

如果选中了 Deleted,则命令执行之后不符合筛选条件的观测记录将被彻底删除,而且不可恢复。

2. Random sample of cases

从全部观测记录中随机抽取部分数据。请选中该项并单击 Sample 按钮,打开它的对话框,如图 5-16 所示。

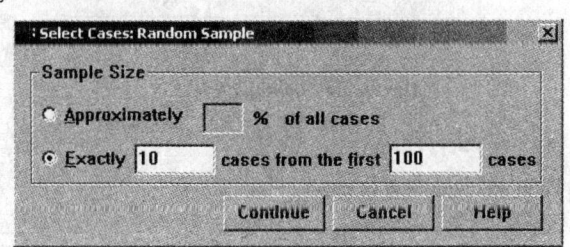

图 5-16　Select Cases:Random Sample 对话框

第一个选项表示从全部观测记录中随机抽取百分之多少的数据。第二个单选项表示从前多少个观测记录中抽取指定数量的数据。本例中我们从前 100 个观测记录中随机抽取 10 个。

3. Based on time or case range

允许用户选择从一个序号开始,到另外一个序号结束的观测记录。选择并单击打开它的对话框如图 5-17 所示,在此我们选择从序号第 50 到第 100 之间的观测记录。用户可以在执行完后在数据窗口中检查结果。

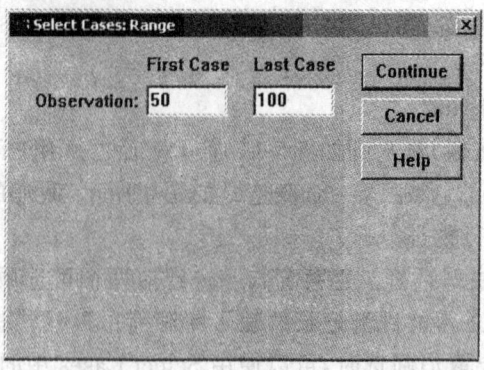

图 5-17　Select Cases:Range 对话框

 提示　序号是什么

序号,也称为编号,是指数据窗口左侧的系统自动编号。

4. Use filter variable

允许用户指定一个变量作为筛选变量。筛选变量的功能在于把变量值为 0 或缺失值的观测记录排除在外。在图 5-18 所示的例子中,我们要求把 a3 指定为筛选变量,所有在 a3 这个问题上回答 0 或者没有回答(答案缺失)的受访者都被排除。

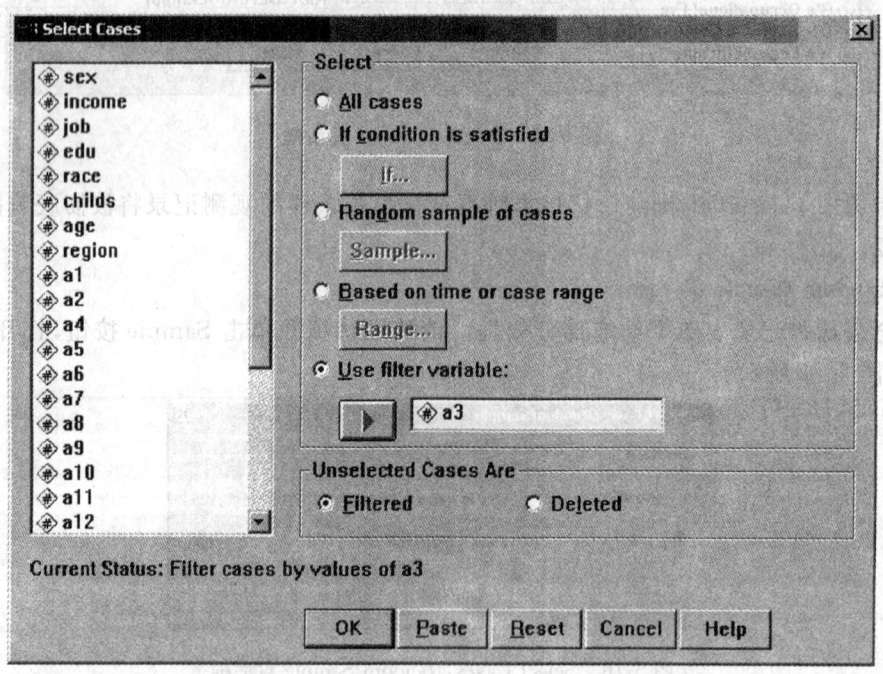

图 5-18　Select Cases:Filtered 对话框

5.2.6　分割文件(Split File)

例 5-7　不同年龄段的人对待婚姻法的新规定可能持不同态度。在这项民意调查的数据分析过程中,研究者验证这个假设是否成立,一个直观的办法是分别统计各个年龄段受访者的态度。这时,可以使用分割文件的办法,分别对各个年龄段的数据进行统计。

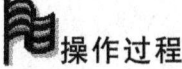操作过程

(1)单击主菜单 Data→Split File 打开对话框(图 5-19)。默认的文件状态是全部观测记录都参与数据分析,相应的,对话框下方的状态信息显示为:Analysis by groups is off。

(2)选中 Organize output by groups,同时把变量"age"选入右边的 Groups Based on 框中。

(3)单击 OK。

查看数据窗口,用户会发现全部数据已经按年龄段从低到高排序。再次打开 Split File 对话框,状态信息显示为"Organize outputs by:age"。此后,用户进行任何数据统计时,SPSS 会按年龄段逐个进行统计并输出结果。

提示

当文件关闭后重新打开时,文件分割功能自动消失。如果用户想继续使用这种功能,则必须重新定义。

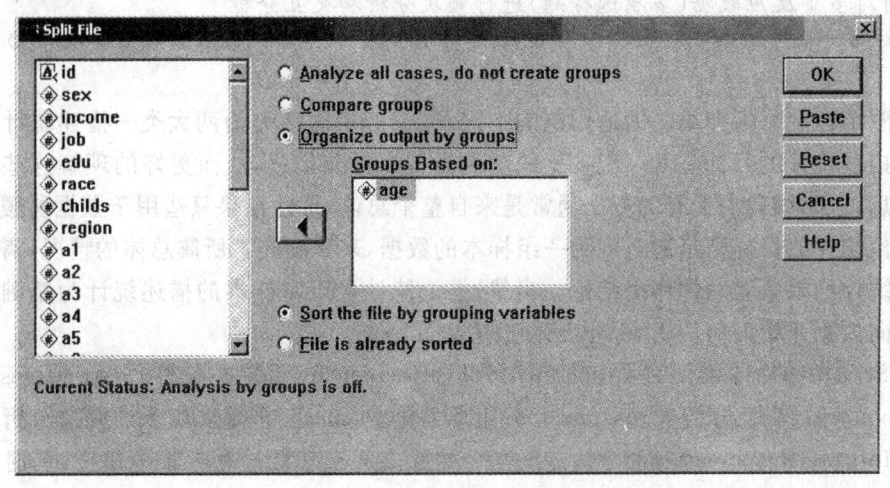

图 5-19 Split File:主对话框

提示

Data 菜单还有其他一些数据整理的功能,请读者自己尝试并阅读相应的帮助文件。

5.3 小结

数据转换、数据管理可以随心所欲。

SPSS 有强大的数据管理功能,这些功能包括在已有的数据文件中增添、删减、变更数据,生成新变量,对相应的数据进行整理、排序、分类汇总等,以及把多个数据文件进行合并,或把一个数据文件分割成几个小的数据文件等。

第 6 章 数据的描述统计

单元目标

通过学习本章，您可以了解：
◆ 如何用 SPSS 软件进行各类描述统计分析，包括频次分析，计算描述统计量(如平均数、标准差)，了解数据的分布特点等
◆ 如何进行交互分析(列联表分析)
◆ 如何对多重反应数据(多项选择题)进行频次分析和交互分析

按照统计的目标和结论的适用范围不同，数据分析通常分为两大类——描述统计与推论统计。描述统计的目标是对一组数据的全貌进行概括和描述，从而更好的理解这些数据包含的信息，这时候我们拥有的数据通常是来自整个总体，统计结果只适用于数据所覆盖的群体。推论统计的目标则是通过观测一组样本的数据，来推测样本所属总体的情况，需要依靠样本的统计结果来对总体作出结论。当然，推论统计是以对样本的描述统计为基础的。本章主要向大家介绍如何使用 SPSS 进行描述统计。

SPSS 提供的描述统计主要包括频次分析(Frequencies)、数据描述(Descriptives)、数据探测(Explore)、交互分析(Crosstabs)、分组求均值(Means)、多重反应下的频次分析及交互分析(Multiple Response)等命令。这些命令相互之间在功能上存在很多重叠，同时又有自己的特色，每一个命令都可以同时输出多种结果。在实际的数据分析过程中，研究者可以根据自己的需要来选用。

6.1 频次分析(Frequencies)

● 基本功能：分析每个变量值出现的次数以及所占百分比。
● 菜单位置：Analyze→Descriptive Statistics→Frequencies

频次分析(Frequencies)不仅能够输出每个变量值出现的次数以及所占百分比，还可以计算平均值、中位数、众数等反映数据集中趋势的统计量，标准差、方差、全距、极大值极小值、标准误等反映数据离散程度的统计量，同时也可以计算各种百分位数及数据分布的峰度与斜度，以及输出直条图、直方图和饼图。

数值型变量和类别变量都可以进行频次分析。例如性别变量可以输入 1 代表男性，2 代表女性，也可以直接输入"男"和"女"。当利用互联网进行调查时，网络工程师提供给数据分析人员的数据往往是类别变量，而不是传统的数值或标签形式。

6.1.1 网民媒体接触习惯调查的频次分析(实例)

例 6-1 一家大型门户网站调查了网民的媒体接触习惯,获得了一个 SPSS 数据文件,文件名为"6 章_数据 1.sav"(数据文件可在本教材所附素材内找到,见图 6-1)。研究人员首先对几乎全部变量都进行了一次频次分析,以便对网民的媒体接触习惯有直观认识。

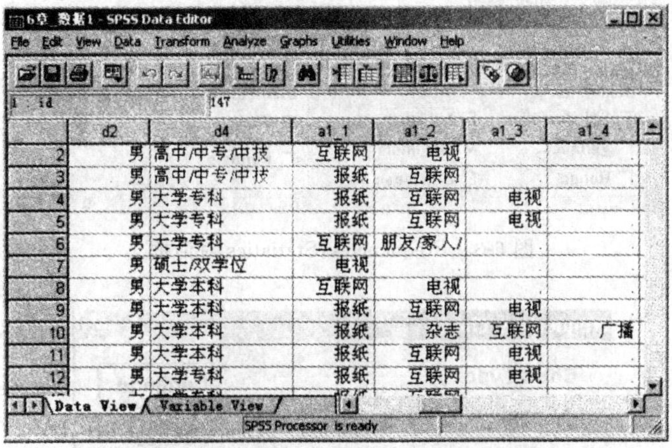

图 6-1 网民媒体接触习惯的数据浏览

操作过程

(1)单击主菜单 Analyze→Descriptive Statistics→Frequencies 打开对话框(图 6-2),把需要统计的变量选入右边窗口中。

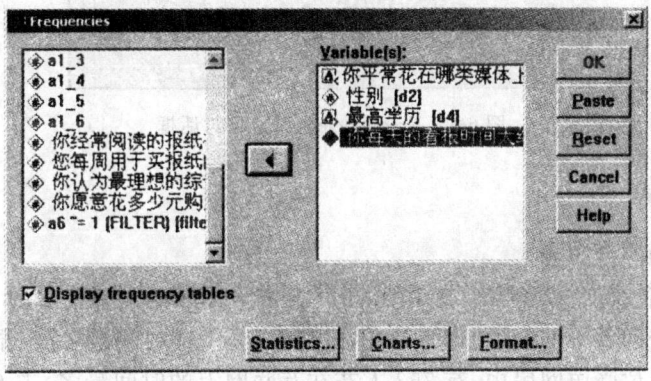

图 6-2 Frequencies:主对话框

(2)单击 Statistics 按钮打开子对话框(图 6-3),在 Percentile Values 中选中 Quartiles,在 Central Tendency 中选中 Mean、Median、Mode,在 Dispersion 中选中 Std. deviation、Minimum、Maxmum。单击 Continue 返回主对话框。

(3)单击 Charts 按钮打开子对话框(图 6-4),选中 Histograms,并选中下面的复选框 With normal curve。单击 Continue 返回主对话框。

(4)单击 OK 运行程序。

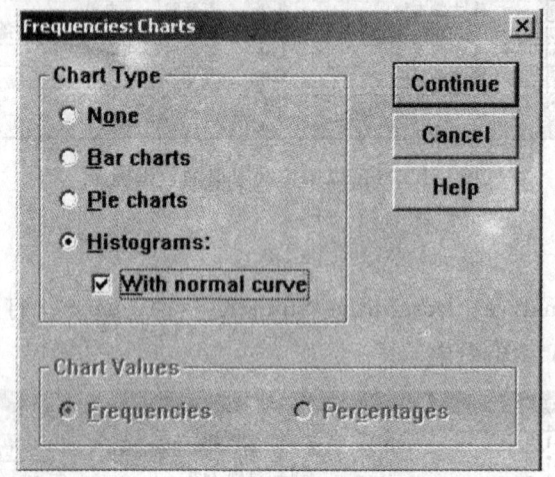

图 6-3 Frequencies：Statistics 对话框

图 6-4 Frequencies：Charts 对话框

6.1.2 输出结果

1. 各变量的频次分布表

SPSS 输出了各个变量的频次分布表，各个表格的标题是变量名及标签。例如变量 a3 的标签实际是调查问卷中的问题"你平常花在哪类媒体上的时间最多"。根据表 6-1 的结果可以知道，在 1110 位受访网民中，有 753 人花在互联网上的时间最多，占 67.8%。报纸、电视和广播对大多数网民来说显然不是最花时间的媒体，这三类媒体累计吸引的网民只占 30%。

表 6-1 A3：你平常花在哪类媒体上的时间最多

		Frequency	Percent	Valid Percent	Cumulative Percent
Valid	报纸	123	11.1	11.1	11.1
	电视	203	18.3	18.3	29.4
	广播	7	.6	.6	30.0
	互联网	753	67.8	67.8	97.8
	杂志	24	2.2	2.2	100.0
	Total	1110	100.0	100.0	

表6-2显示,受访网民中男性有900人,占81.1%。有14位网民没有填答自己的性别,占1.3%,在SPSS数据中它们被定义为用户缺失值。在报告调查结果时,通常研究人员会使用有效百分比(Valid Percent)而不是百分比,所以男性网民所占的百分比应该是82.1%。表6-3显示了受访网民的学历信息。

表6-2 D2:性别

		Frequency	Percent	Valid Percent	Cumulative Percent
Valid	男	900	81.1	82.1	82.1
	女	196	17.7	17.9	100.0
	Total	1096	98.7	100.0	
Missing	9	14	1.3		
Total		1110	100.0		

表6-3 D4:最高学历

		Frequency	Percent	Valid Percent	Cumulative Percent
Valid		1	.1	.1	.1
	博士	11	1.0	1.0	1.1
	初中及以下	14	1.3	1.3	2.3
	大学本科	488	44.0	44.0	46.3
	大学专科	352	31.7	31.7	78.0
	高中/中专/中技	166	15.0	15.0	93.0
	硕士/双学位	78	7.0	7.0	100.0
	Total	1110	100.0	100.0	

注:其他变量的频次分布表略。

2. 数值型变量的统计量

除了频次分布表,SPSS还按我们的要求输出了多个统计量。由于前三个变量是字符型变量,SPSS不能统计,所以我们实际得到的只是C5即每天看报时间的各个统计量,见表6-4。从表中可以看出,受访网民平均每天看报的时间是42.2分钟,看报时间的中值和众数都是30分钟,其他几个统计量还包括标准差、最小值、最大值以及三个百分位数。

表6-4 Statistics

		A3 你平常花在哪类媒体上的时间最多	D2 性别	D4 最高学历	C5 你每天的看报时间大约有多少分钟?(请填数字)
N	Valid	1110	1096	1110	1019
	Missing	0	14	0	91
Mean					42.21
Median					30.00
Mode					30
Std. Deviation					29.664
Minimum					0
Maximum					234
Percentiles	25				30.00
	50				30.00
	75				60.00

3. 数值型变量的统计图

SPSS最后输出了数值型变量即网民每天看报时间的直方图(图6-5)。SPSS自动以20分钟为一组绘图,并按照平均值为42.2,标准差为29.66绘出了正态曲线。观察这个直方图，我们可以认为网民的每天看报时间不属于正态分布。实际研究中,140分钟以上的读者数量极少,极端读者,不纳入统计范围之内。这样,网民的看报时间仍近似于正态分布。

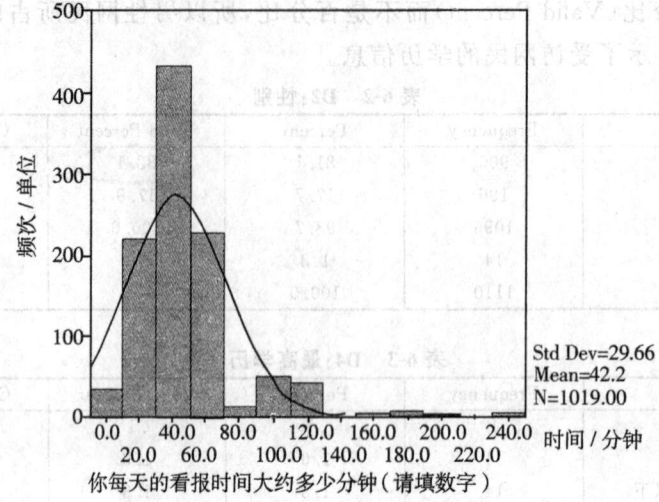

图 6-5 网民每天看报时间的直方图

6.2 数据描述(Descriptives)

- 基本功能:分析各种描述统计量,如平均数、标准差等。
- 菜单位置:Analyze→Descriptive Statistics→Descriptives

数据描述(Descriptives)的绝大多数功能都可以由频次分析(Frequencies)来实现,其操作过程、输出结果与频次分析(Frequencies)输出的统计量也近似,因此在这儿就不作详细解释了。在具体的数据处理过程中,分析者可以根据自己的需要选择 Frequencies 或 Descriptives 中的一种。

6.3 分组求均值(Means)

- 基本功能:对数据分组描述,可以输出分组数据的均值、标准差、极值等。
- 菜单位置:Analyze→Compare Means→Means

在实验或调查中,性别、年龄段、收入水平、职业类别等变量通常称为人口统计学变量,是市场研究领域用于细分市场的常用标准。当变量非常多,数据量非常大的时候,我们通常希望对调查结果有初步的认识,然后再对重要的问题进行深入分析。前文所介绍的频次分析和数据描述可以对整个变量加以描述,但是不能直接描述被性别、年龄段或收入水平等因素分组后的数据。

Means 命令提供了对数据分组描述的功能。它可以输出分组数据的均值、标准差、极值等描述统计量。

6.3.1 网民媒体接触习惯分析(实例)

例 6-2 仍以网民媒体接触习惯为例(数据文件见本书附带素材内"6章_数据1.sav"),目前为自己的电子信箱定制新闻信息是一种比较常见的获取信息的方式,我们想简单比较不同性别、不同获取信息方式的网民每周买报花费的高低。

操作过程：

（1）单击主菜单 Analyze→Compare Means→Means 打开对话框。把变量 C2"每周买报纸的个人花费"选入右侧的 Dependent List 框中，把"性别"选入 Independent List 框中作为第一层自变量。

（2）然后单击按钮 Next 显示第二层自变量的定义框，并把变量 B4"您现在的电子信箱是否定制有新闻信息"选入这个框中（图 6-6）。

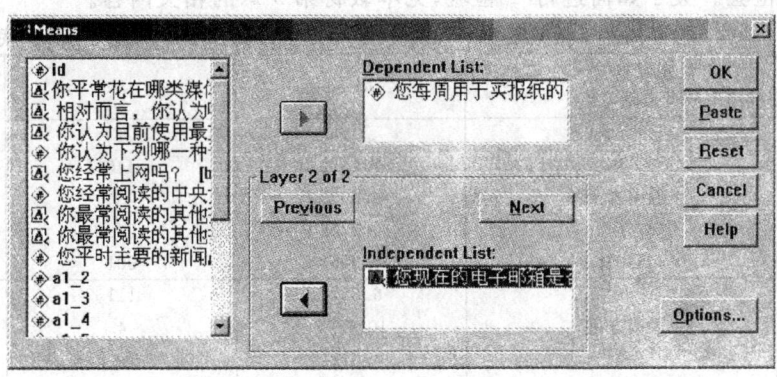

图 6-6　Means：主对话框

（3）单击 Options 按钮打开子对话框（图 6-7）。左侧 Statistics 列表是备选的统计量，用户可以从中选择需要输出的统计量放入右侧 Cell Statistics 框中。默认的输出结果是平均值、观测记录个数、标准差。单击 Continue 返回主对话框。

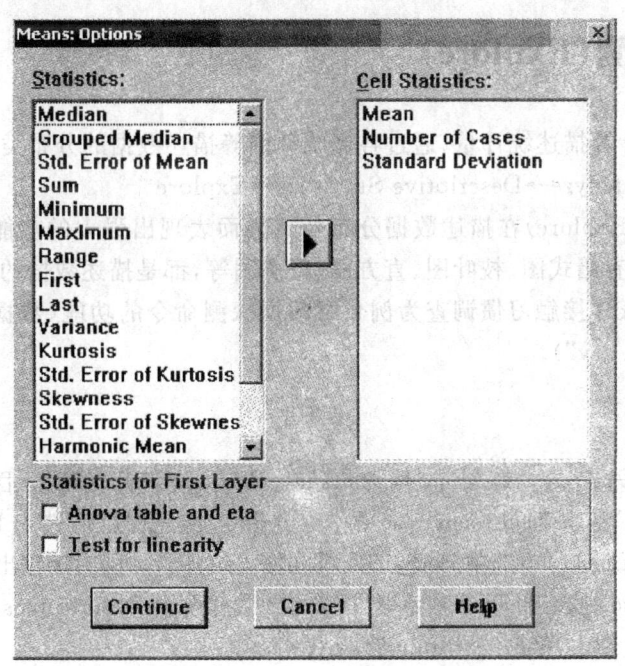

图 6-7　Means：options 对话框

(4)单击 OK 运行程序。

6.3.2 输出结果

Means 输出的报告显示(表 6-5),男性网民中,定制新闻的人每周买报的花费平均 9.3 元,没有定制新闻的人平均花费 7.6 元,前者花费水平高于后者。女性网民中,定制新闻者与没有定制新闻者每周买报的花费基本相等。另外,这个结果还表明,男性网民的平均花费高于女性受访网民。

上述结论仅仅是一种直观印象,判断两组数据的均值差异是否达到统计上的显著水平,需要进行 T 检验。关于如何进行 T 检验,见本教材第 9 章的相关内容。

表 6-5 C2 您每周用于买报纸的个人花费(包括自费订阅费用)约有多少元(人民币)?

D2 性别	D4 您现在的电子邮箱是否定制有新闻或信息?	Mean	N	Std. Deviation
男		.5000	1	.
	否	7.6372	446	6.43400
	没有邮箱	9.0053	19	7.88391
	是	9.3236	335	7.17643
	Total	8.3661	801	6.83331
女	否	6.8874	111	6.29202
	没有邮箱	10.0000	4	7.07107
	是	6.5121	58	5.50936
	Total	6.8335	173	6.04315
Total		.5000	1	.
	否	7.4878	557	6.40737
	没有邮箱	9.1783	23	7.60406
	是	8.9087	393	7.02080
	Total	8.0939	974	6.72242

6.4 数据探测(Explore)

● 基本功能:计算描述统计量,通过各类统计图等描述数据的分布类型。
● 菜单位置:Analyze→Descriptive Statistics→Explore

数据探测命令(Explore)在描述数据分布特点方面表现出强大的功能。它能够输出常见的描述统计量,还有箱式图、枝叶图、直方图、正态图等,都是描述数据的有力工具。

我们仍以网民媒体接触习惯调查为例介绍数据探测命令的功能(数据文件见本书附带素材内"6 章_数据 1.sav")。

操作过程

(1)单击主菜单 Analyze→Descriptive Statistics→Explore 打开对话框(图 6-8),把变量"每周用于买报纸的费用"选入 Dependent List 中作为分析变量,把"性别"选入 Factor List 中作为因素,注意在下方的 Display 中选中 Both,即要求在输出统计量的同时还输出统计图。

(2)单击 Statistics 按钮打开子对话框(图 6-9),注意选中 Descriptives,即要求输出分析变量的多项描述统计量。单击 Continue 返回主对话框。

(3)单击 Plots 按钮打开子对话框(图 6-10),在 Boxplots 中选中 Factor levels together,即要求 SPSS 把不同性别的网民每周花在买报纸上的费用绘制成两个箱式图。在 Descriptives 中选中 Stem-and-leaf 和 Histogram,即要求 SPSS 输出枝叶图和直方图。选中 Nomality plots with tests,即要求输出正态图以及正态性检验的结果。单击 Continue 返回主对话框。

(4)单击 OK 运行程序。

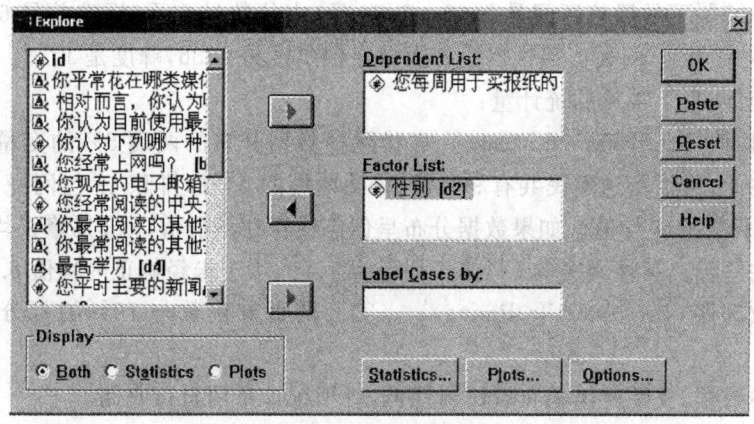

图 6-8 Explore：主对话框

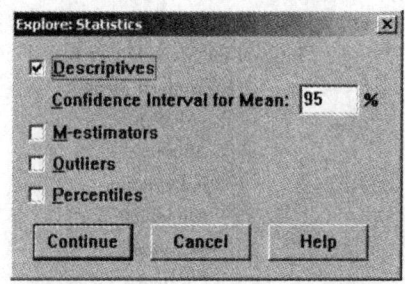

图 6-9 Explore：Statistics 对话框

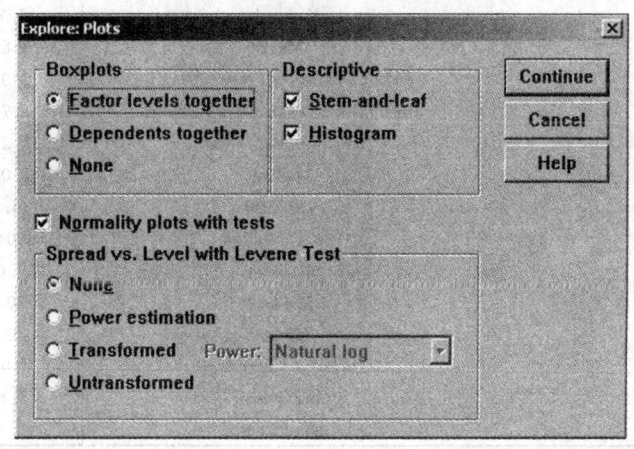

图 6-10 Explore：Plots 对话框

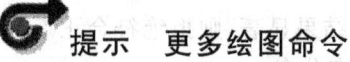 **更多绘图命令**

除了 Plots 对话框可以选择绘图方式来实现绘图功能外,主菜单 Graphs 中还有专门的

绘图命令可以完成相同的功能。

部分输出结果如下所述。

1. 各组的描述统计量

SPSS 首先输出不同性别网民的费用统计结果,见表 6-6。男性网民每周买报的平均费用是 8.37 元,95% 下的置信区间是 7.89~8.84 元,中位数是 6 元,标准差是 6.83 元,最小费用为 0,最大费用为 30 元。男性网民费用分布的斜度是 1.36,峰度是 1.73。

此外,还有两个不常见的统计量:

5% 修正均值(5% Trimmed Mean)——排除掉数据分布的两端 5% 的变量值之后计算的平均值。在此,男性受访网民共有 900 位,排除两端的 5% 即排除 45 位网民,根据剩余的 855 位受访者计算修正均值。如果数据分布呈偏态或存在离群值,则 5% 修正均值与未经修正的均值存在差异。男性网民的 5% 修正均值为 7.75,小于未经修正的均值 8.37。

四分位数间距(Interquartile Range)——25% 的百分位数与 75% 的百分位数之间的距离。

根据表中数据,女性网民的花费比男性低,各项统计量请自行查阅。

表 6-6 Descriptives

	D2 性别		Statistic	Std. Error
C2 您每周用于买报纸的个人花费(包括自费订阅费用)约有多少元(人民币)?	男	Mean	8.3661	.24144
		95% Confidence Interval for Mean Lower Bound	7.8921	
		95% Confidence Interval for Mean Upper Bound	8.8400	
		5% Trimmed Mean	7.7463	
		Median	6.0000	
		Variance	46.694	
		Std. Deviation	6.83331	
		Minimum	.00	
		Maximum	30.00	
		Range	30.00	
		Interquartile Range	7.0000	
		Skewness	1.363	.086
		Kurtosis	1.730	.173
	女	Mean	6.8335	.45945
		95% Confidence Interval for Mean Lower Bound	5.9266	
		95% Confidence Interval for Mean Upper Bound	7.7404	
		5% Trimmed Mean	6.2954	
		Median	5.0000	
		Variance	36.520	
		Std. Deviation	6.04315	
		Minimum	.00	
		Maximum	30.00	
		Range	30.00	
		Interquartile Range	7.0000	
		Skewness	1.546	.185
		Kurtosis	2.408	.367

2. 正态检验结果

SPSS 对分析变量分组检验数据分布的正态性,如果统计结果显著,则拒绝符合正态的零假设。也就是说,当显著性水平 $p < 0.05$ 时,数据就不是正态分布。

由表 6-7 可以看出,男性网民与女性网民的费用分布均不符合正态分布的假设。两种检验的显著性水平均为 0，在 95％ 置信度下都小于 0.05 的显著性水平。

数据呈多元正态分布是方差分析的必要前提，Explore 正是检验实验设计中各单元内的数据是否符合正态分布的合适工具。下面将要介绍的正态图也可作为判断正态分布的一个方法，但是要准确判断数据分布的特点必须依靠检验结果而不能仅仅依靠正态图。Explore 输出两种方法的检验结果，Kolmogorov-Smirnov 方法和 Shapiro-Wilk 方法，后者在只有当样本量小于 50 时才比较精确。

表 6-7　Tests of Normality

	D2 性别	Kolmogorov-Smirnov(a)			Shapiro-Wilk		
		Statistic	df	Sig.	Statistic	df	Sig.
C2 您每周用于买报纸的个人花费（包括自费订阅费用）约有多少元（人民币）？	男	.216	801	.000	.857	801	.000
	女	.243	173	.000	.832	173	.000

注：a Lilliefors Significance Correction

3. 直方图

SPSS 分别输出男女网民每周买报费用的直方图。从图 6-11 中看，男女网民的数据分布均呈正偏态。

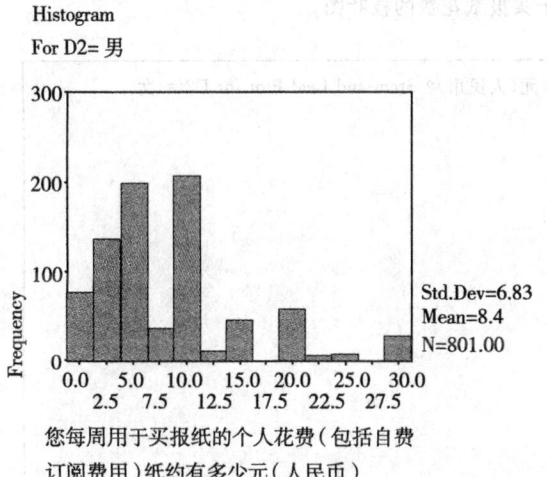
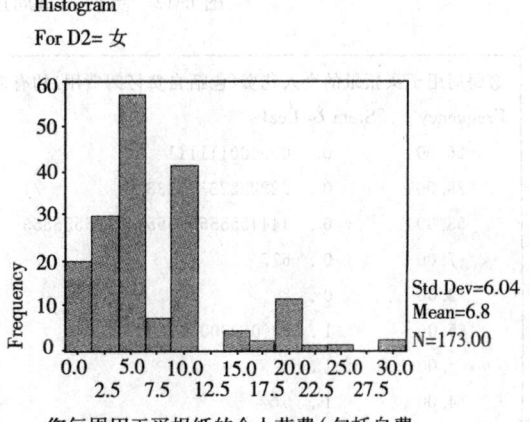

图 6-11　男女网民每周买报费用的直方图

4. 枝叶图（Stem-and-Leaf Plots）

枝叶图（Stem-and-Leaf Plot）看起来与直方图很相似，但是枝叶图显示的变量信息却远比直方图详细。枝叶图中的 Stem & Leaf 列显示的是具体的变量值，只需要把小数点前面的数字乘以列宽（Stem Width，此处为 10）再加入小数点之后的每个数字就是原始变量值。Frequency 列显示的是变量值的频次。例如图 6-12 中有一行是：

11.00　　1.　223

这表示有 11 个变量值，查阅原始数据可得知为 1.223，分别是 8 个 12 和 3 个 13。虽然图下方的注解表示，每片叶子代表 5 个观测值，但 SPSS 显然并不完全拘泥于此。

如果数据分布呈正态，枝叶图应该与旋转 90 度后的直方图相同，即中间聚集的变量值最多，越向两端变量值越少。从男女网民的每周花费枝叶图（图 6-12、13）看，数据分布显然都不属于正态分布。

```
您每周用于买报纸的个人花费(包括自费订阅费用)约有多少元(人民币)? Stem-and-Leaf Plot for D2= 男
 Frequency    Stem &  Leaf
    78.00     0 .  000000001111111
   133.00     0 .  2222222222223333333333333
   183.00     0 .  4444555555555555555555555555555
    35.00     0 .  6667777
    21.00     0 .  8889
   201.00     1 .  0000000000000000000000000000000000000&
    11.00     1 .  223
    43.00     1 .  55555555&
     1.00     1 .  &
      .00     1 .
    57.00     2 .  00000000000
    38.00 Extremes    (>=21)
 Stem width:      10.00
 Each leaf:       5 case(s)
 & denotes fractional leaves.
```

图 6-12　男网民每周用于买报纸花费的枝叶图

```
您每周用于买报纸的个人花费(包括自费订阅费用)约有多少元(人民币)? Stem-and-Leaf Plot for D2= 女
 Frequency    Stem &  Leaf
    26.00     0 .  000000111111
    29.00     0 .  22222223333333
    53.00     0 .  44445555555555555555555555
     7.00     0 .  677
     2.00     0 .  8
    35.00     1 .  00000000000000000
      .00     1 .
     4.00     1 .  5&
     1.00     1 .  &
      .00     1 .
    11.00     2 .  00000
     5.00 Extremes    (>=21)
 Stem width:      10.00
 Each leaf:       2 case(s)
 & denotes fractional leaves.
```

图 6-13　女网民每周用于买报纸花费的枝叶图

5. 正态图

Explore 命令会输出两种正态图,一种是 Normal Q-Q 图,另一种是 Detrended Normal Q-Q 图。

正态图(Normal Q-Q Plots)使用变量的实际观测值作为横坐标,以变量的期望值作为纵坐标,绘制变量值的落点。期望值来自于根据原始变量的百分等级在标准正态分布下换算成的 Z 分数。例如,原始变量中的中位数换算为百分等级后为 50,转换为 Z 分数后变成

0.25%的百分位数的Z分数是－0.68,75%的百分位数的Z分数是0.68。请注意,标准正态分布的平均值为0,标准差为1。

如果数据呈正态分布,以变量的实际观测值与期望值为坐标的点应该落在趋势线附近,即图6-14中从左下角延伸到右上角的直线,并且应该表现出一定的集中趋势,即平均数附近应该聚集较多的落点,越靠近两端落点越少。

从本例所示的男女网民每周买报的花费看,显然都不符正态分布假设。

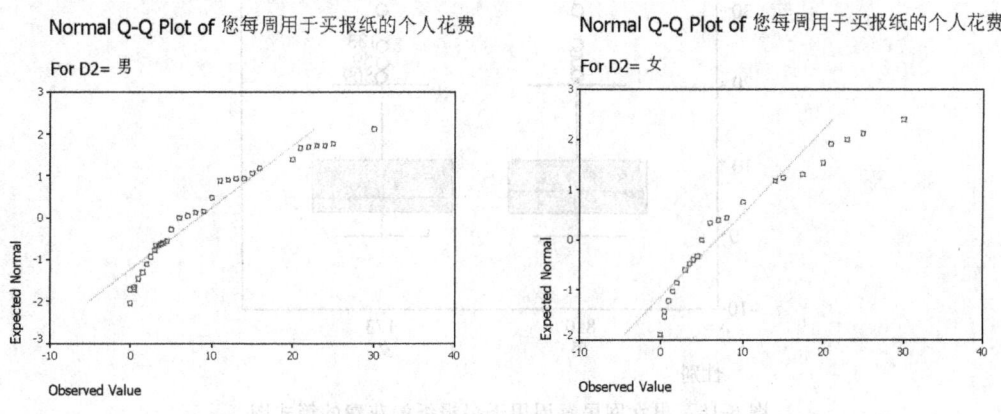

图 6-14　男女网民每周用于买报纸的花费的 Normal Q－Q 图

非趋势正态图(Detrended Normal Q－Q Plot)以实际观测值为横坐标,以实际观测值与期望值的差为纵坐标。在符合正态分布的情况下,图中的落点应该分布在中央横线的附近,甚至完全落到这条横线上,而且也应表现出集中在平均数周围的趋势。在本例中,由图6-15可以看出这两个条件均未得到满足,因此男女网民的花费不属于正态分布。

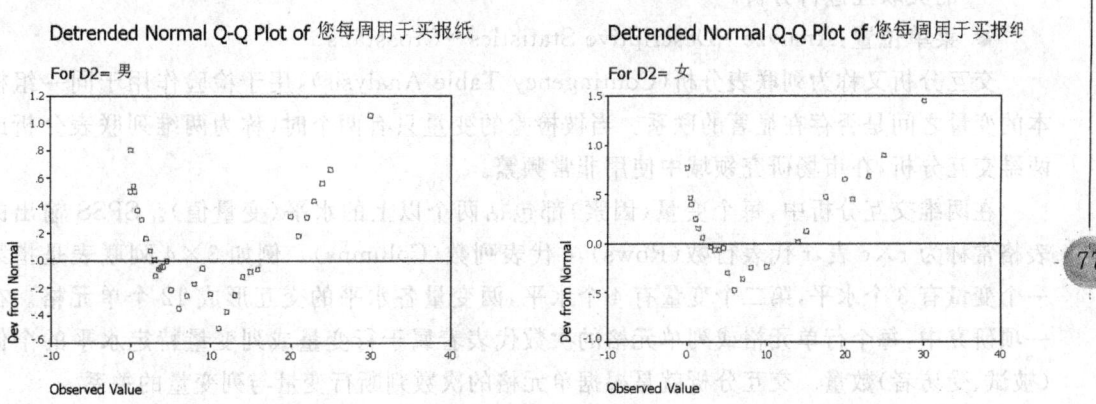

图 6-15　男女网民每周用于买报纸的花费的 Detrended Normal Q－Q 图

6. 箱式图

箱式图(Boxplot),又称为盒式图或盒须图。图6-16中方框内的区域(盒距)代表了变量中间50%的观测值,方框的上下边线分别为上四分位数和下四分位数,即75%百分位数对应的观测值和25%百分位数对应的观测值。方框中的粗黑横线为中位数。方框之外的上下两条细横线称为须线,是除了离群值(Outlier)和极值(Extreme Value)之外的最大值和最小值。

离群值是指距离方框上限(或下限)超过1.5倍于盒距的大的变量值(或小的变量值),在图中用"O"表示。极值是指距离方框上限(或下限)超过3倍于盒距的大的变量值(或小的变量值),在图中用"E"表示。

在图6-16中,男女网民在每周花费方面都有一些离群值存在,表明有个别网民的花费明显高出普通网民。

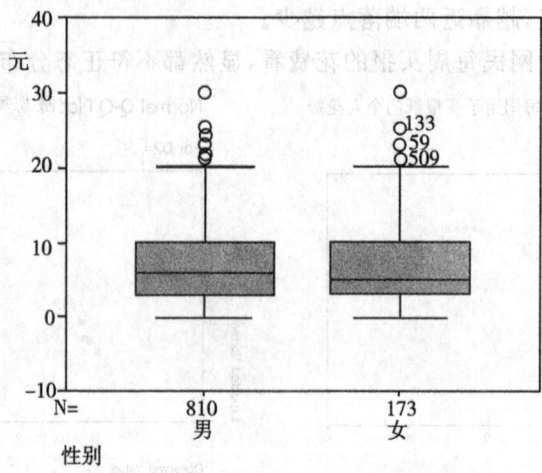

图6-16 男女网民每周用于买报纸的花费的箱式图

6.5 交互分析(Crosstabs)

- 基本功能:适用于由两个或两个以上变量进行交叉分类形成的列联表,对变量之间的关联性进行分析。
- 菜单位置:Analyze→Descriptive Statistics→Crosstabs

交互分析又称为列联表分析(Contingency Table Analysis),用于检验作用于同一组样本的变量之间是否存在显著的联系。当被检验的变量只有两个时,称为两维列联表分析或两维交互分析,在市场研究领域中使用非常频繁。

在两维交互分析中,每个变量(因素)都包括两个以上的水平(变量值)。SPSS输出的表格常称为r×c表,r代表行数(Rows),c代表列数(Columns)。例如3×4列联表是指第一个变量有3个水平,第二个变量有4个水平,两变量各水平的交互形成12个单元格。在一项研究中,每个行单元格或列单元格的次数代表着属于行变量或列变量特定水平的个体(被试、受访者)数量。交互分析就是根据单元格的次数判断行变量与列变量的关系。

数量变量与类别变量都可以用于交互分析。交互分析常用于检验两类假设,即变量间的独立性假设(Independence between variables)与比例一致性假设(Homogeneity of proportions)。

独立性假设检验同一群被试(样本)在两个变量上的反应,目的是判断在总体范围内两个变量之间的关系。比例一致性假设检验的过程通常分两步,首先从两个总体中分别抽样获得两个样本,也可以从同一总体中随机抽样形成两个样本,但两样本接受不同的实验处理;然后根据两个样本在同一变量上的反应推论两个总体是否相同。

如果检验结果显示两变量不独立或者两总体存在差异,通常需要作进一步检验,找出具体差异所在。

6.5.1 不同性别网民的选择是否一致(实例)

例 6-3 在网民媒体接触习惯调查中,有一个问题是"您认为下列哪一种读物更适合在周末阅读?",有三个选项供选择:日报的周末版、杂志、周报。研究者想知道不同性别网民的选择是否一致(数据文件见本书附带素材:"cdrom\数据 & 结果\6 章_数据 1.sav")。

这个问题是一个典型的比例一致性假设的检验问题。

操作过程

(1)单击主菜单 Analyze→Descriptive Statistics→Crosstabs 打开主对话框,把变量 d2"性别"选入 Row(s)框中作为行变量,把变量 a6"你认为下列哪一种读物更适合周末阅读"选入 Column(s)框中作为列变量(图 6-17)。

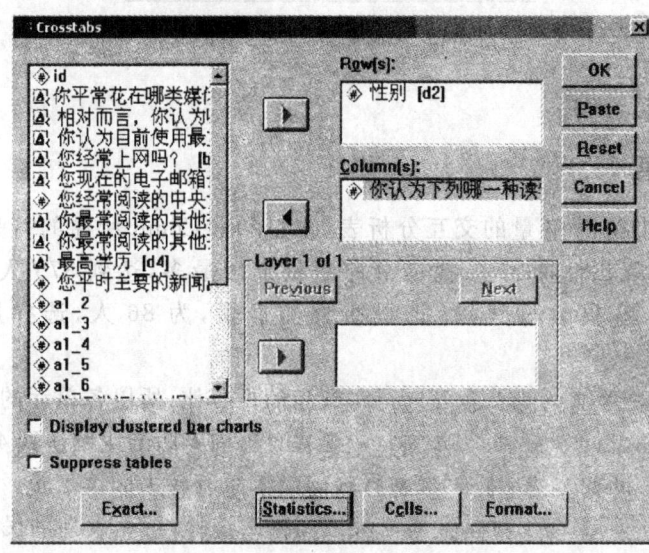

图 6-17 Crosstabs:主对话框

(2)单击 Statistics 按钮打开子对话框(图 6-18)。选中 Chi-Square,同时在 Nominal 中选中 Phi and Cramer's V,目的是要求输出两项统计量。单击 Continue 返回主对话框。

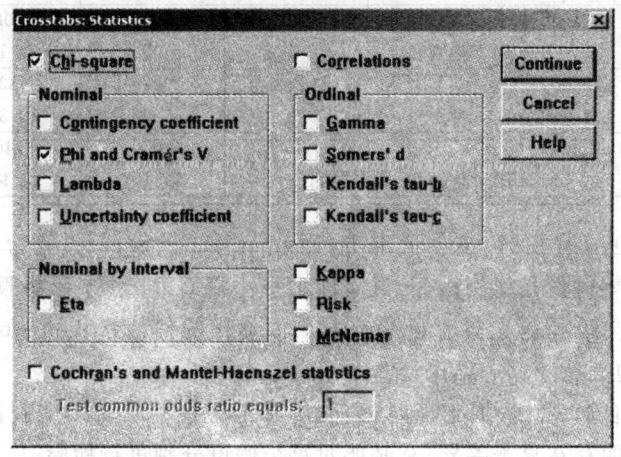

图 6-18 Crosstabs:Statistics 对话框

(3)单击 Cells 按钮打开子对话框(图 6-19)。除了选中默认的 Observed,同时还在 Percentages 中选中 Row,目的在于要求输出各单元格的观测次数以及在行变量内的百分比。单击 Continue 返回主对话框。

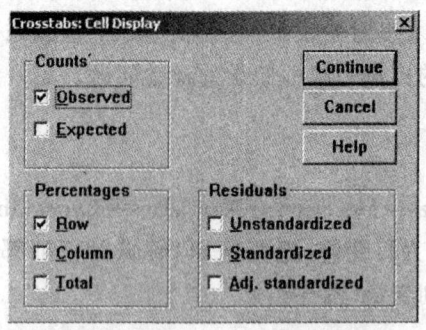

图 6-19 Crosstabs:Cells 对话框

(4)单击 OK 运行程序。

6.5.2 输出结果

SPSS 首先输出两个变量的交互分析表(表 6-8)。Count 所在的行是各单元格的实际观测次数,其中在男性网民中,选择日报的周末版最多,达到 379 人,选择周报的最少,只有 208 人。在女性网民中,选择杂志的最多,为 86 人,选择周报的最少,为 32 人。

%所在的行是各单元格的次数占每行次数和的百分比,所以各单元的百分比横行合计为 100%。从表 6-8 中可以看到,男性网民中选择日报周末版的比例达到 42.1%,高于对杂志或周报的选择率,可见多数男性网民对日报的周末版有较大阅读需求。女性网民中选择杂志的比例高达 43.9%,高出对日报周末版或周报的选择,可见女性网民与男性网民对周末读物的需求并不相同。

表 6-8　D2　性别 * A6 你认为下列哪一种读物更适合在周末阅读？　　Crosstabulation

			A6 你认为下列哪一种读物更适合在周末阅读?			Total
			日报的周末版	杂志	周报	
D2 性别	男	Count	379	313	208	900
		% within D2 性别	42.1%	34.8%	23.1%	100.0%
	女	Count	78	86	32	196
		% within D2 性别	39.8%	43.9%	16.3%	100.0%
Total		Count	457	399	240	1096
		% within D2 性别	41.7%	36.4%	21.9%	100.0%

在卡方检验表中(表 6-9),皮尔逊卡方(Pearson Chi-Square)值为 7.25,p=0.027<0.05。卡方检验的零假设是比例相等,显著性水平小于 0.05 意味着零假设不成立,因此不同性别的网民对周末读物的选择有显著差异。似然比的估计(Likelihood Ratio)结果与卡方估计值相近似,也证明了同一结论。

当卡方检验的自由度(df)大于 1 时,表明本次卡方检验是对多个假设的综合检验。因此如果检验结果证明存在显著差异,有必要对每个假设分别进行检验。

表6-9 Chi-Square Tests

	Value	df	Asymp. Sig. (2-sided)
Pearson Chi-Square	7.251(a)	2	.027
Likelihood Ratio	7.337	2	.026
N of Valid Cases	1096		

注:a 0 cells (.0%) have expected count less than 5. The minimum expected count is 42.92.

Φ值(phi)和Cramer's V值是衡量交互分析中两个变量关系强度的常用指标。Φ值是皮尔逊积矩相关在2×2交互分析中的特殊形式,最小值是-1,最大值是1。当两个变量均为类别变量时,Φ值的正负号没有意义,SPSS仅输出正值。Φ值大小反应出其效应度的大小,即两变量的关系强度,其中0.10表示低,0.30表示一般,0.50表示高。

Φ值和Cramer's V值只适用于2×2、2×3或3×2交互分析表,一旦两个变量的水平都超过2,结果将难以解释。

从表6-10看,Φ值和Cramer's V都是0.08,效应度较低,即性别与周末读物的选择没有明显关系。但由于上述卡方检验结果显著,我们不妨进一步两两比较,查看一下三类周末读物中哪两类读物存在显著差别。

表6-10 Symmetric Measures

		Value	Approx. Sig.
Nominal by Nominal	Phi	.081	.027
	Cramer's V	.081	.027
N of Valid Cases		1096	

注:a Not assuming the null hypothesis.
b Using the asymptotic standard error assuming the null hypothesis.

6.5.3 进一步的两两比较

1. 比较日报周末版与杂志在男女网民中的需求

单击主菜单 Data→Select Cases 打开对话框,通过条件表达式选择日报周末版与杂志,然后再次进行交互分析。结果如表6-11到表6-13所示(用户选择Case子集的操作如有疑难问题,请参看前文相关介绍)。其中表6-11为列联表的基本描述内容,表6-12为相应的卡方检验结果,根据统计结果可以看出,在日报周末版与杂志之间,不同性别与这两类报刊的选择之间的相关未达到显著(P>0.05),但表现了一定的趋势。表6-13输出了Φ值和Cramer's V值,同样数值较低,未达到显著水平。

表6-11 D2 性别 * A6 你认为下列哪一种读物更适合在周末阅读? Crosstabulation

			A6 你认为下列哪一种读物更适合在周末阅读?		Total
			日报的周末版	杂志	
D2 性别	男	Count	379	313	692
		% within D2 性别	54.8%	45.2%	100.0%
	女	Count	78	86	164
		% within D2 性别	47.6%	52.4%	100.0%
Total		Count	457	399	856
		% within D2 性别	53.4%	46.6%	100.0%

表 6-12 Chi-Square Tests

	Value	df	Asymp. Sig. (2-sided)	Exact Sig. (2-sided)	Exact Sig. (1-sided)
Pearson Chi-Square	2.768(b)	1	.096		
Continuity Correction(a)	2.486	1	.115		
Likelihood Ratio	2.762	1	.097		
Fisher's Exact Test				.099	.058
Linear-by-Linear Association	2.765	1	.096		
N of Valid Cases	856				

注: a Computed only for a 2x2 table
b 0 cells (.0%) have expected count less than 5. The minimum expected count is 76.44.

表 6-13 Symmetric Measures

		Value	Approx. Sig.
Nominal by Nominal	Phi	.057	.096
	Cramer's V	.057	.096
N of Valid Cases		856	

注: a Not assuming the null hypothesis.
b Using the asymptotic standard error assuming the null hypothesis.

2. 比较日报周末版与周报在男女网民中的需求 单击主菜单 Data→Select Cases 打开对话框,通过条件表达式选择日报周末版与周报,然后进行交互分析。

3. 比较杂志与周报在男女网民中的需求 单击主菜单 Data→Select Cases 打开对话框,通过条件表达式选择杂志与周报,然后进行交互分析。

上述操作的输出结果请读者自行查看,在这儿就不一一列出了。表 6-14 是对三次分析的输出进行整理后的结果。从表中可以看出,不同性别与选择报刊之间的差异主要表现在杂志和周报上。

表 6-14 根据三次交互分析结果整理的网民周末读物选择

两两比较	X^2	p	Cramer's V
日报的周末版—杂志	2.78	.096	.057
日报的周末版—周报	1.65	.199	.049
杂志—周报	6.73	.010	.103

6.5.4 输出统计图

操作过程

(1)单击主菜单 Graphs→Bar 打开对话框,选择 Clustered,注意选中下方的 Summaries for groups of cases。

(2)单击 Define 按钮打开下一级对话框。把 a6 周末读物选入 Category Axis 框中,把性别变量选入 Define Clusters by 框中。

(3)单击 Options 按钮打开子对话框。取消 Display groups defined by missing values。单击 Continue 返回主对话框。

(4)单击 OK 运行程序,可以得到如图 6-20 所示的结果。

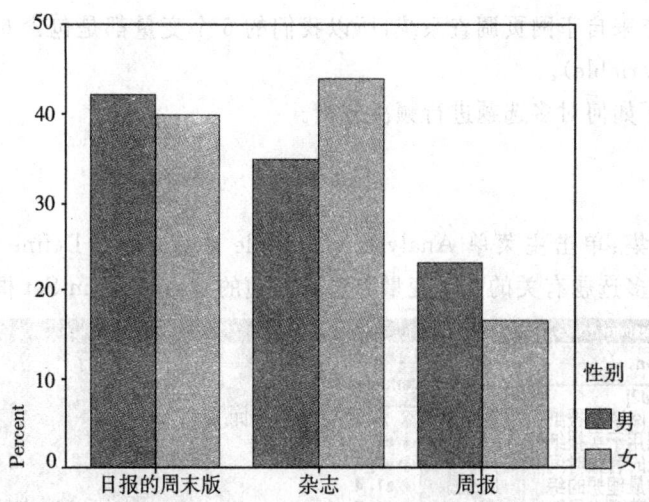

你认为下列哪一种读物更适合在周末阅读?

图 6-20 周末读物调查的条形图

6.5.5 对结果的解释

三次两两比较的结果表明,不同性别的网民对杂志与周报的阅读需求存在统计意义上的显著差异,$X^2=6.73$,$p=.010<0.05$,$V=0.103$。但是,由于 V 值非常小,连 0.3 的一般效应度都没有达到,表明性别变量与周末读物之间的关系比较弱。综合前面的交互分析表及条形图,我们可以发现,不同性别的网民对杂志的阅读需求都高于周报,只不过女性网民选择杂志的比例更高一点,所以性别因素还不足以对周末读物的选择产生实际影响。

6.6 多重反应下的频次分析(Multiple Response:Frequencies)

- 基本功能:对每一项目对应多个反应(如多项选择题)的数据进行频次分析。
- 菜单位置:Analyze→Multiple Response→Frequencies

实验或调查问卷中的多项选择题可以借助 SPSS 的多重反应(Multiple Response)命令进行数据分析。多项选择题的数据在录入到 SPSS 中时,必须把每个选项视为一个变量,因此变量的数目与选项的数目相等。同时,最好把每个多选题的选项统一编码,以方便分析数据。

6.6.1 网民的新闻信息渠道主要是哪些(实例)

例 6-4 在上述网民的媒体接触习惯调查中,研究者设置了这样一个多选题:
你主要的新闻信息渠道包括哪些?(可多选)
1. 报纸 2. 电视 3. 杂志 4. 广播 5. 互联网 6. 朋友/家人/同事

使用网页调查系统与传统的问卷调查获得的数据格式有所不同。网页调查系统通过网页编程的办法,由网站服务器接实时接收受访者的填答信息。数据分析人员最终获得的数据虽然也包括 6 个变量,但每个变量都是由上述 6 个选项组成的单选题。而传统的问卷调查结束时,通常需要手工录入数据,这时研究人员通常定义 6 个变量,但每个变量都是二分变量,例如使用 1 表示该项被选中,0 表示没有选中。

由于这项调查来自于网页调查系统,所以我们的 6 个变量都是包含 6 个选项的基本变量(Elementary Variable)。

让我们看一下如何对多选题进行频次分析。

 操作过程

(1)定义变量集:单击主菜单 Analyze→Multiple Response→Define Sets 打开对话框(图 6-21),把与该多选题有关的 6 个变量都选入右边的 Variables in Set 框中。

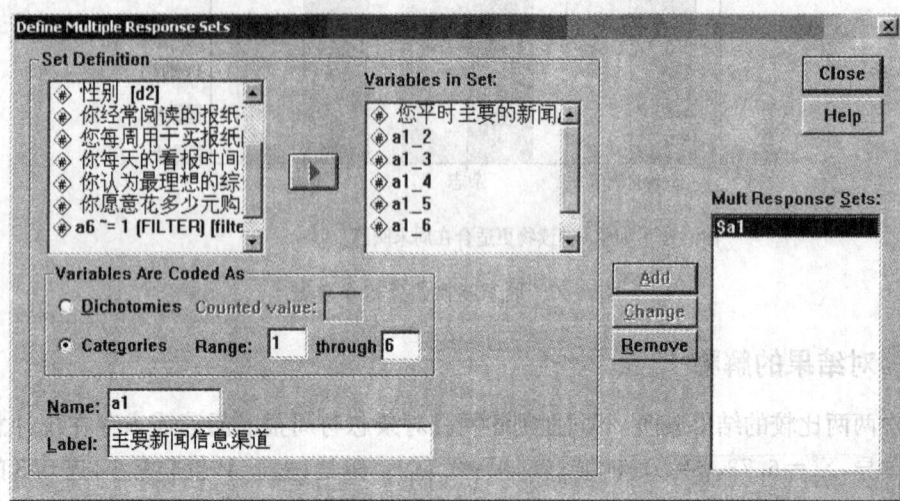

图 6-21　Multiple Response:Define sets 对话框

(2)选中 Variables Are Coded As 项中的 Categories,并输入最小变量值 1 和最大变量值 6。

(3)在最下方的 Name 及 Label 框中为变量集命名并加注标签,在此我们直接输入"a1",标签内容为"主要新闻信息渠道"。

(4)单击窗口右侧的 Add 按钮,变量集名称显示在右侧窗口中,多选题的定义过程顺利完成。单击 Close 按钮关闭对话框。

(5)频次分析:单击主菜单 Analyze→Multiple Response→Frequencies 打开对话框(图 6-22),把变量集 a1 选入右侧 Table(s) for 框中。请注意不能选中下方的两个复选框。单击 OK 运行程序。

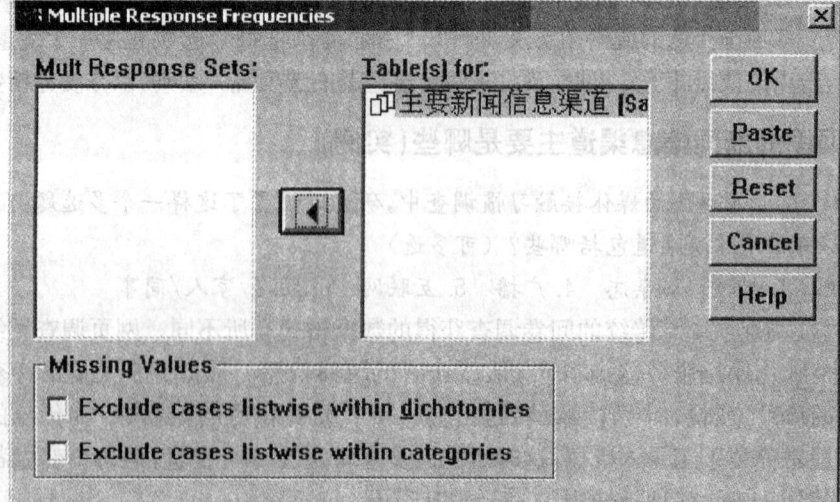

图 6-22　Multiple Response:Frequencies 对话框

> **提示　网页调查系统输出的数据存在缺陷**
>
> （1）SPSS只允许把数值型变量指定为多重反应的变量集。现在有许多网页调查系统通常对选择题直接输出字符型变量，使用SPSS分析时需要提前进行变量类型的转换。转换方法可以参照Recode命令、变量定义以及其他相关操作。
>
> （2）对多选题进行频次分析时通常不应排除缺失值。因为几乎所有的多选题都遵循默认的假设：受访者选择某些选项是基于选项内容符合其观点或事实，不选择某些选项是基于选项内容不符合其观点或事实。在传统的问卷调查中，多选题通常都没有缺失值，因为录入数据时研究人员通常把没有选中的行为编码定为特定的变量值。但是在网页调查系统中，没有被选中的选项通常是空值，在SPSS数据中表现为系统缺失值。

6.6.2　输出结果

在多选题的频次分析表中（表6-15），第一列是变量值的标签，第二列是变量值，第三列是每个变量值在全部6个变量中出现的次数，第四列是每个变量值次数在全部变量值总次数中所占的百分比，最后一列是每个变量值的次数在全部受访者中所占的百分比。

具体来说，92.9%的受访网民以互联网为主要信息渠道，这部分网民有1031人。以报纸或电视为主要信息渠道的网民分别达到72.3%和71.5%，人数分别达到802和794。我们可以推论，网民主要依靠三大渠道获得新闻信息，即互联网、报纸和电视，而且三条渠道的的地位都很重要。

表6-15　网民的新闻信息渠道频数表

Group $A1 主要新闻信息渠道

Category label	Code	Count	Pct of Responses	Pct of Cases
报纸	1	802	25.2	72.3
电视	2	794	24.9	71.5
杂志	3	243	7.6	21.9
广播	4	171	5.4	15.4
互联网	5	1031	32.4	92.9
朋友/家人/同事	6	145	4.6	13.1
Total responses		3186	100.0	287.0

0 missing cases; 1,110 valid cases

6.7　多重反应下的交互分析（Multiple Response:Crosstabs）

- 基本功能：对每一项目对应多个反应的数据进行交互分析。
- 菜单位置：Analyze→Multiple Response→Crosstabs

6.7.1　不同性别网民的新闻渠道是否相同（实例）

例6-5　多选题组成的变量集也可以与其他变量共同进行交互分析。仍以上面介绍过的网民主要新闻信息渠道为例，现在研究者希望进一步分析不同性别网民的新闻信息渠道是否完全相同。

操作过程

(1) 定义变量集(具体过程同本章上一节"多重反应下的频次分析"过程的第一步)。如果用户已经根据网民新闻信息渠道的多选题定义了变量集 a1，而且没有关闭相应的数据文件，就可以直接进入下一步。因为定义过的变量集属于临时变量，一旦关闭了数据文件就会自动消失。

(2) 定义用于交互分析的变量(集)：单击主菜单 Analyze→Multiple Response→Crosstabs 打开对话框(图 6-23)。从左上方的变量列表中把变量 d2"性别"选入右侧的 Column(s) 框中，从左下方的变量集列表中把 a1"主要新闻信息渠道"选入右侧的 Row(s) 框中。

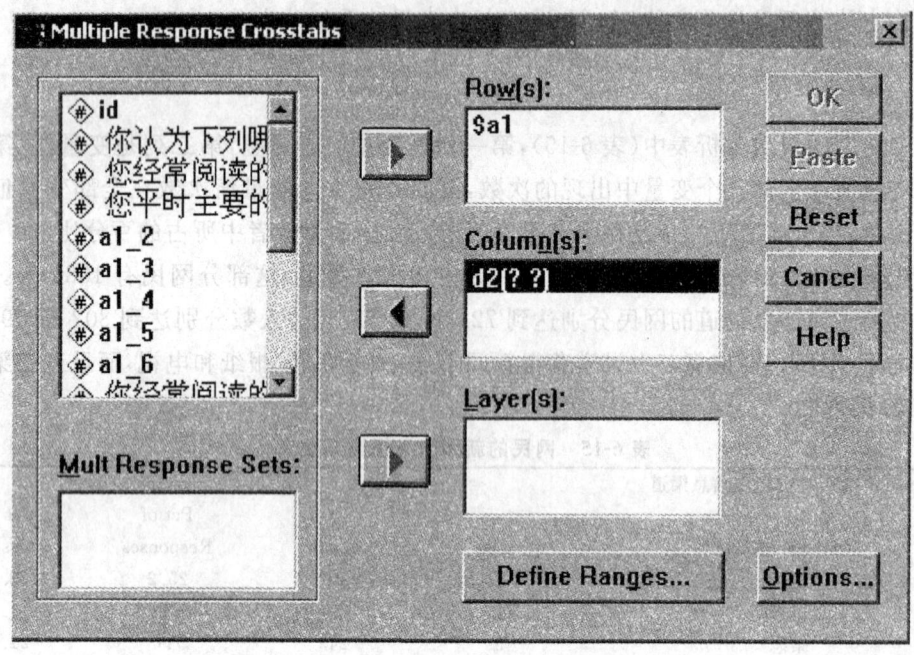

图 6-23 Multiple Response：Crosstabs 对话框

(3) 定义变量的取值范围：单击选中 Column 框中的性别变量，附后的两个问号表示还没有定义该变量用于交互分析的取值范围。单击 Define Ranges 按钮打开子对话框(图 6-24)，在 Minimum 与 Maximum 框中分别输入性别变量的两个值 1 和 2。单击 Continue 返回主对话框。

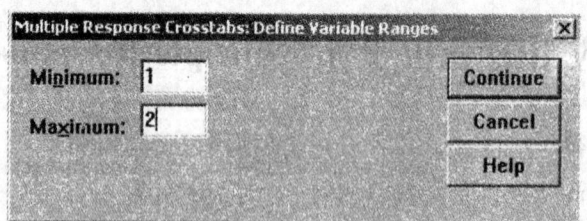

图 6-24 Multiple Response Crosstabs：Define Ranges 对话框

(4) 定义输出内容：单击 Options 按钮打开子对话框(图 6-25)，在 Cell Percentages 中选中 Column，即要求输出基于列变量即性别变量的单元百分数。同时注意在 Percentages Based on

中选中 Cases,即要求输出基于受访者人数的百分比。单击 Continue 返回主对话框。

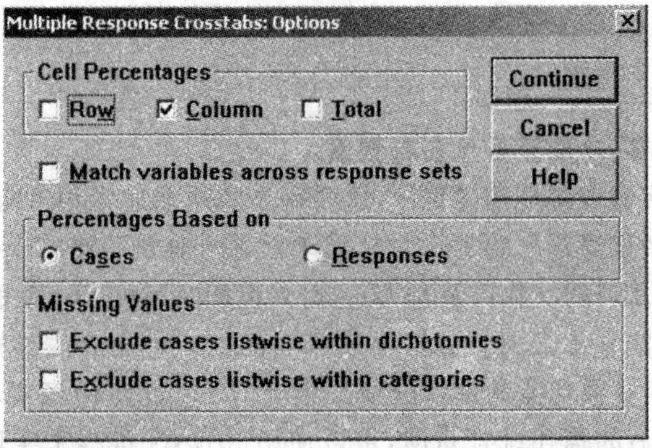

图 6-25 Multiple Response Crosstabs：Options 对话框

(5) 单击 OK 运行程序。

6.7.2 输出结果

根据下面的交互分析表（表 6-16），我们发现，不同性别网民主要的新闻信息渠道相同，即互联网的使用都非常广泛，均有 90% 以上的使用率；报纸和电视的使用率也比较高，大约在 70% 左右。

此外，不同性别的网民在渠道的利用方面有自己的独特性。女性网民借助报纸获得信息的普遍程度相对较低，比男性网民低了 6 个百分点；女性网民对杂志的使用率高于男性 8 个百分点。同时，女性网民相对更愿意通过家人朋友同事获得信息，比男性高出 5 个百分点。

表 6-16 不同性别网民的新闻信息渠道交互分析表

```
* * * C R O S S T A B U L A T I O N * * *
$ A1（group）  主要新闻信息渠道     by D2   性别
```

		D2 男	女	Row Total
	Count Col pct	1	2	
$ A1 报纸	1	663 73.7	133 67.9	796 72.6
电视	2	649 72.1	139 70.9	788 71.9
杂志	3	187 20.8	55 28.1	242 22.1
广播	4	140 15.6	30 15.3	170 15.5
互联网	5	840 93.3	179 91.3	1019 93.0
朋友/家人/同事	6	110 12.2	34 17.3	144 13.1
Column Total		900 82.1	196 17.9	1096 100.0

注：Percents and totals based on respondents
  1,096 valid cases; 14 missing cases

6.8 小结

描述统计命令众多,功能重叠且各有侧重。

SPSS 提供了众多命令进行描述统计,这些命令的功能通常相互有很多重叠,同时又各有特点,因此需要读者根据自己的实际情况选择合适的命令。频次分析(Frequencies)主要用于计算每个变量值出现的次数以及所占百分比,但同时还可以计算很多其他指标,如平均值、中位数等,因此功能非常强大。数据描述(Descriptives)命令主要输出平均值、标准差、样本量等指标,其绝大多数功能都可以由频次分析(Frequencies)来实现。当需要输出按一个或几个变量分组之后的描述统计量时,可以使用 MEAN 过程来实现。而数据探测命令(Explore)可以描述数据分布特点,对深入了解数据的各种特性很有帮助。同时本章还向大家介绍了一些特殊的统计方法,如交互分析(Crosstabs),多重反应下的频次分析(Multiple Response:Frequencies)和多重反应下的交互分析(Multiple Response:Crosstabs)等。

第 7 章 样本及总体分布特征的判断和检验[一]

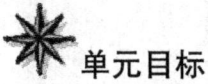

单元目标

通过学习本章,您可以了解:
- 如何用非参数方法对样本所属总体的分布特征进行检验,包括正态分布和二项分布的检验
- 通过统计图查看数据是正态分布、正偏态分布还是均匀分布

SPSS 的许多统计程序虽然能按用户要求输出丰富的统计结果,但是这些结果并不总是正确的。有些数据的统计结果只有当数据总体呈正态分布时才正确。但在调查研究中所获得的数据,有时其总体分布函数不能确定,有时其总体分布甚至不可知,此时,就需要用到非参数检验的方法来确定样本是否来自正态分布总体,或者其他特定的总体。下面介绍如何通过非参数检验方法检验一个样本数据是否来自正态分布总体、均匀分布总体或普阿松分布总体,也介绍如何检验二项分布中数据分布是否符合预期。

7.1 正态分布的检验

对于参数检验,如 T 检验和 F 检验,都要求数据的总体分布为正态分布。在大多数情况下,总体分布对于研究者来说是已知的,因此并不需要事先进行总体分布的检验。但是,有时研究者也不清楚数据的总体分布是什么,需要在执行统计分析前,先确定样本是否来自一个正态分布的总体。在此我们介绍一种非参数检验的方法及相应的图形检验法。

7.1.1 单样本的 K-S 检验

国民的受教育程度是否属于正态分布

例 7-1 下面我们以 SPSS 目录下之 GSS93 subset.sav 数据文件为例,说明如何检验数据的分布是否为正态分布。该文件中有一个变量 educ,是受访者的教育程度。假如我们欲检验这些受访者的教育程度的数据是否来自正态分布的总体,检验过程如下。

操作过程

(1)单击主菜单 **Analyze/Nonparametrics Test /1－Sample K－S…**,进入主对话框,在左侧变量栏内选中变量 **Highest year of schoolp[educ]**,移入右侧 **Test Variables list** 栏

[一] 建议本章为选修内容。

内。在左下角的 **Test Distribution** 栏内选中 **Normal**(图7-1)。

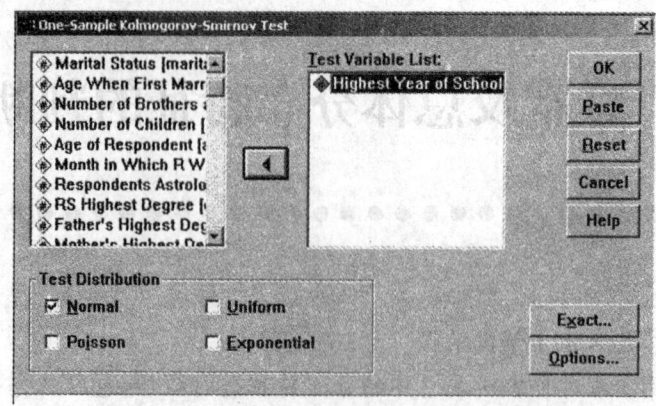

图7-1 1—Sample K—S…过程的主对话框

(2)单击 **Exact**，可进入选择检验方法的对话框，我们采用缺省设置(图7-2)。

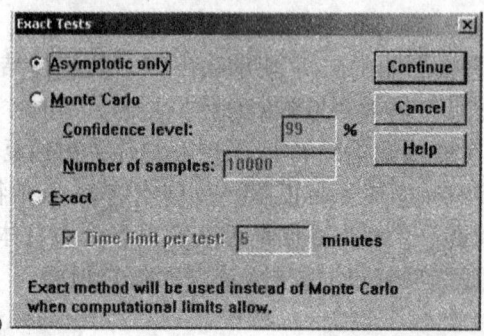

图7-2 1—Sample K—S…:Exact 对话框

(3)单击 **Options** 按钮可以进入对话框。选择是否输出描述统计量和百分位数，以及缺失值的处理。由于与以前所用过的程序相差无几，所以在此不再赘述，请读者参阅上一章的相关内容。

以下是对 **Exact** 界面上各选项的解释：

● **Asymptotic only** 是一种基于渐近分布的显著性水平的检验指标，通常显著性水平小于 0.05 则认为显著，适于大样本。如果样本过小或分布不好，该指标的适用性会降低。

● **Monte Carlo** 精确显著性水平的无偏估计，适用于样本过大无法使用渐近方法估计显著性水平的情况，可以不必依赖渐近方法的假设前提。

● **Exact** 精确计算观测结果的概率值，通常小于 0.05 即被认为显著，表明行变量与列变量之间存在相关。同时允许用户键入每次检验的最长时间限制，可以键入 1 到 9,999,999,999 之间的数字，但只要一次检验超过指定时间的 30 分钟，就应该使用 **Monte Carlo** 方法(注：只要有可能，程序会提供显著性水平的精确值，而不是 **Monte Carlo** 估计值)。

提示

1—Sample K—S…过程不仅可以检验正态分布，也可以检验其他类型的分布。图7-1 的界面上列出了程序所能检验的四种分布：Normal 正态分布、Uniform 均匀分布、Poisson 普阿松分布、Exponential 指数分布。

结果输出

程序执行结果如表 7-1 和表 7-2 所示。表 7-1 列出了指定检验变量的描述统计量,包括检验变量的标签、样本容量、平均数、标准差、最大值、最小值及三个百分位数。

表 7-1 Descriptive Statistics

	N	Mean	Std. Deviation	Minimum	Maximum	Percentiles		
						25th	50th (Median)	75th
Highest Year of School Completed	1496	13.04	3.07	0	20	12.00	12.00	15.75

表 7-2 列出了 One-Sample K—S Test 的检验结果。该表输出了指定检验变量的正态参数,包括平均数与标准差、极端差的最大绝对值、正值及负值、K—S Z 值、双侧检验的显著性水平。由于渐近方法所检验的显著性水平小于 0.05,所以变量 educ 的值并非来自一个正态分布的总体。

表 7-2 One-Sample Kolmogorov-Smirnov Test

		Highest Year of School Completed
N		1496
Normal Parameters	Mean	13.04
	Std. Deviation	3.07
Most Extreme Differences	Absolute	.163
	Positive	.134
	Negative	−.163
Kolmogorov-Smirnov Z		6.317
Asymp. Sig. (2-tailed)		.000

注:a Test distribution is Normal.
 b Calculated from data.

7.1.2 检验正态分布的图形

1. Q—Q 正态检验图

为了更形象地说明例 7-1 的结果,我们下面将介绍一种图形检验方法。所用数据文件及目的如前面的例 7-1。单击主菜单 Graphs/Q—Q…,请保持对话框如下图 7-3 所示的设置(即把欲检验的变量选入到指定变量表列中去,在 Test Distribution 选项中选择 Normal 即正态分布检验,其他设置保持默认)。

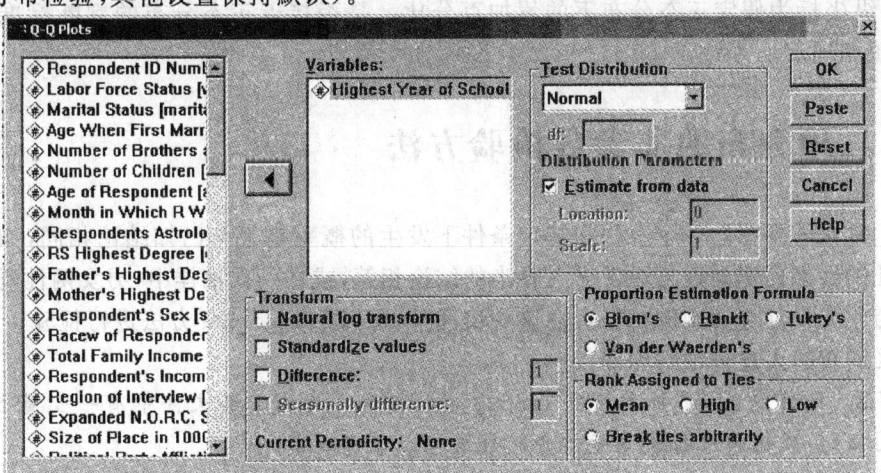

图 7-3 Q—Q 过程的主对话框

单击完成后输出两个统计图如下所示。图7-4为正态分布Q-Q检验图,横坐标为实际观测值,按从小到大的顺序排列,纵坐标为正态分布下的期望值。如果实际观测值取自正态分布的总体,那么图中所示的落点应该分布在趋势线的附近,并且应该表现出一定的集中趋势,即平均数附近应该聚集较多的落点,越靠近两个极端落点越少。现在图中落点的分布尽管呈现出线性状态,但由于没有表现出集中趋势,所以可以判断它并非正态分布或接近正态分布。

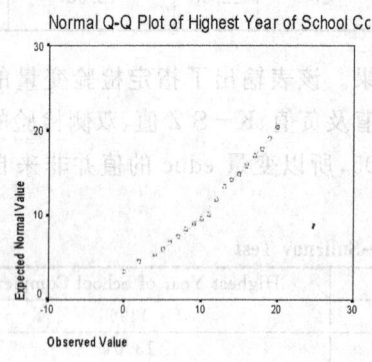 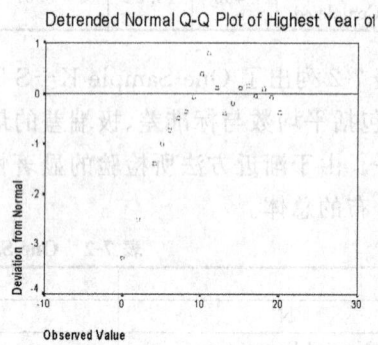

图7-4 正态分布Q-Q检验图　　　　　图7-5 无趋势正态分布Q-Q检验图

图7-5为无趋势正态检验图,它以实际观测值为横坐标,以实际观测值与期望值的差为纵坐标。在符合正态分布的情况下,图中的落点应该分布在中央横线的附近,甚至完全落到这条横线上,而且也应表现出集中在平均数周围的趋势。现在图中所示的落点分布离散性较大,不符合正态分布标准,所以我们可以说该样本属于非正态分布。从这个图中,我们还可以发现极端值的存在,例如图中离中央线最远的几个落点都落在下方,表明样本数据中存在极端小的观测值,这时,需要检查数据录入是否有误。如果变量分布明显地呈现非正态,在进行一些要求正态分布前提下的分析以前,应当考虑对数据进行必要的变换。

2. P-P正态检验图

单击主菜单Graphs/P-P…,进入主对话框,设置与Q-Q程序相同,它的输出图形也与Q-Q极相似,请读者自行查看结果,在这儿就不列出了。P-P正态检验图与Q-Q图的不同之处在于图形的横纵坐标都变成了累加百分比,横坐标为实际观测值的累加百分比,纵坐标为假定正态分布下的累加百分比。是否接近正态分布的判断标准与Q-Q输出图相同。

7.2 二项分布的非参数检验方法

我们常常需要检验一个事件在特定条件下发生的概率是否与已知结论相同,如某地区出生婴儿的性别比例是否与通常男女各半的结论相符,或在一次抽样中,男女两性所占的比例是否与原先设计好的比例相符。在这些情况下,可以用Binomial方法进行检验。

接受调查的人是否性别均衡

例7-2 同样以SPSS目录下之GSS93 subset.sav为例。该文件中有一变量SEX,是受访者的性别,我们想检验这些受访者的性别是否各占一半。

操作过程

(1)单击菜单 Analyze→Nonparametrics Tests→Binomial 打开对话框。

(2)把 SEX 变量选入到检验变量表列中,其他选项请保持默认(图 7-6),把需要统计的变量选入右边窗口中。

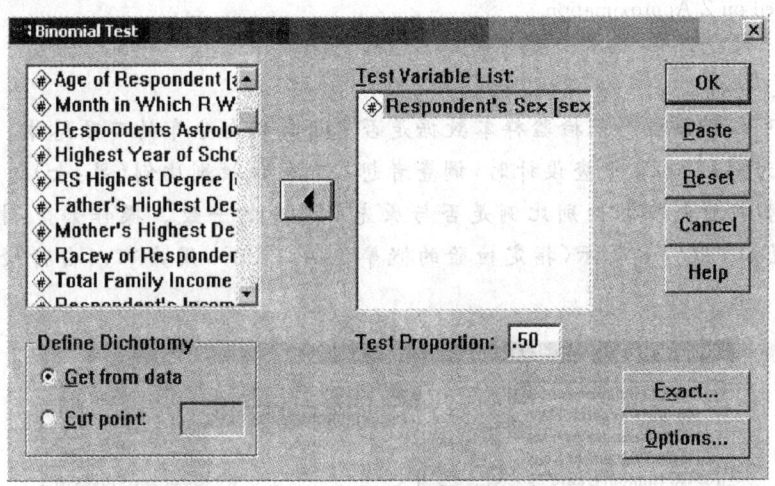

图 7-6 Binomial 过程的主对话框

(3)单击 Options…按钮,打开对话框并进行设置,如图 7-7 所示,这样可以在结果中同时输出一些描述统计量及百分位数。

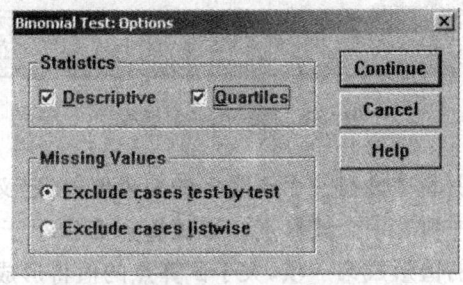

图 7-7 Binomial:Option 对话框

(4)单击 Continue 按钮回到主对话框,并运行程序。

输出结果

程序运行结果如表 7-3 和表 7-4 所示。在表 7-3(描述统计表)中,程序提供了样本容量、平均数、标准差、极值及三个百分位数。表 7-4(Binomial Test)表是所检验变量的有关信息,如男女两性的数目及比例,最后一项是双侧检验的显著性水平值.000,显著小于.05,所以我们可以说男女两性回答者比例相同的假设不能成立,从表中可以看出,女性被试远多于男性被试。

表 7-3 NPar Tests Descriptive Statistics

	N	Mean	Std. Deviation	Minimum	Maximum	Percentiles		
						25th	50th (Median)	75th
Respondent's Sex	1500	1.57	.49	1	2	1.00	2.00	2.00

表 7-4 Binomial Test

	Category	N	Observed Prop.	Test Prop.	Asymp. Sig. (2-tailed)
Group 1	Male	641	.43	.50	.000a
Group 2	Female	859	.57		
Total		1500	1.00		

注：a Based on Z Approximation.

提示

我们也可以用该程序来检验样本数据是否来自非均匀分布的二项总体。以刚才我们用过的数据为例，假如在调查设计时，调查者想控制被试性别比例（男：女）为 2:8，在调查结束后分析数据资料中的性别比例是否与原先所设想的一致。操作如下：打开 Binomial 对话框，设置如下图 7-8 所示（指定检验的概率值为 0.20），用户可以自行检验程序运行的结果。

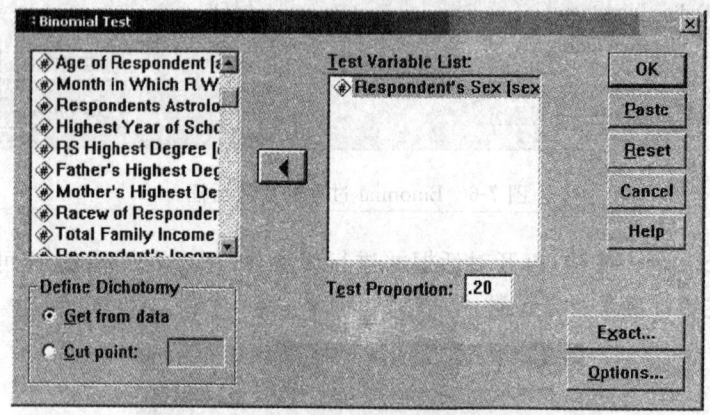

图 7-8 Binomial 对话框

如果用户指定分析的变量中含有三个或更多的变量值，在定义二分值时，需要选择 Cut point 项，并在后面的方框中填入一个试算点。该试算点必须小于最大变量值，大于最小变量值。小于或等于试算点的值形成第一项，大于试算点的值将形成第二项。此时请注意，如果指定检验概率值，它所对应的将是第一项的概率值。请用户自行检验该程序。

7.3 通过统计图查看样本的数据分布

正态分布（Normal Distribution）、偏态分布（Skewed Distribution）和均匀分布（Uniform Distribution）是三种比较典型的分布。借助统计图能看出，它们的分布形状存在明显差别。

7.3.1 直方图

可以通过以下途径获得直方图：

◆ 途径 1：Graphs→Histogram
◆ 途径 2：Analyze→Descriptive Statistics→Explore→plots→Histogram
◆ 途径 3：Analyze→Descriptive Statistics→Frequencies→charts→Histogram

图 7-9 显示了在直方图中这三种分布类型的情形。可以看出正态分布的峰值居中,两侧逐渐下降,左右对称。偏态分布的峰值不居中,而是偏向一侧。均匀分布没有明显的峰值,在横坐标的各个值上数据分布都基本相同。

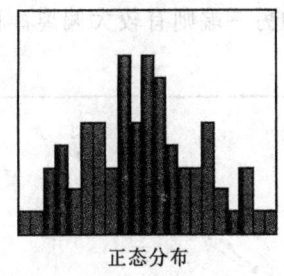
正态分布

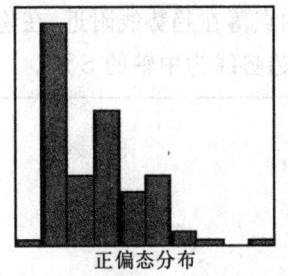
正偏态分布

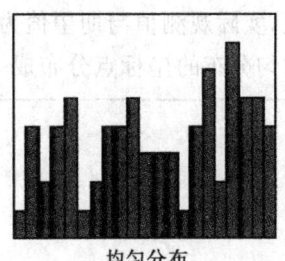
均匀分布

图 7-9 不同分布类型的直方图

7.3.2 枝叶图

获得枝叶图的途径为:

◆ $Analyze \rightarrow Descriptive\ Statistics \rightarrow Explore \rightarrow plots \rightarrow Stem-and-leaf$

图 7-10 显示了正态分布、偏态分布和均匀分布的枝叶图,其图形的形状如同把直方图进行横放的样子。枝叶图在保持了图形基本形状的同时,还可以看出具体数值的分布,其中树干(stem)显示了数值中高位数的分布,而树叶(leaf)则显示了数值中低位数的分布。

```
NORMAL Stem-and-Leaf Plot
Frequency  Stem & Leaf

10.00    -0 . 5566667788
24.00    -0 . 000011111111122223333344
28.00     0 . 00000111111111222223333344444
12.00     0 . 566666688999
 1.00     1 . 0

Stem width:  10.00
Each leaf:   1 case(s)
```
正态分布

```
SKEWED Stem-and-Leaf Plot
Frequency  Stem & Leaf

11.00    1 . 78888899999
21.00    2 . 000000001112222222333
12.00    2 . 666777888999
15.00    3 . 000111111223444
 8.00    3 . 57788899
 5.00    4 . 11124
 2.00    4 . 58
 1.00 Extremes    (>=58)

Stem width:  10.00
Each leaf:   1 case(s)
```
正偏态分布

```
UNIFORM Stem-and-Leaf Plot
Frequency  Stem & Leaf

 7.00    0 . 1122234
 8.00    0 . 66788899
 3.00    1 . 014
 8.00    1 . 56778889
 7.00    2 . 1111234
 7.00    2 . 5577789
 6.00    3 . 133444
 6.00    3 . 667788
11.00    4 . 00111112344
12.00    4 . 555666788999

Stem width:  1.00
Each leaf:   1 case(s)
```
均匀分布

图 7-10 不同分布类型的枝叶图

7.3.3 正态图

获得正态图的途径为:

◆ 途径 1:$Graphs \rightarrow Q-Q$

◆ 途径 2:$Analyze \rightarrow Descriptive\ Statistics \rightarrow Explore \rightarrow Plots \rightarrow Normality\ plots\ with\ tests$

图 7-11 显示了正态分布、偏态分布和均匀分布的正态图。正态图使用变量的实际观测值作为横坐标,以变量的期望值作为纵坐标,绘制变量值的落点。如果数据分布呈正态,以变量的实际观测值与期望值为坐标的点应该落在趋势线附近。而偏态分布为在趋势线的一段,实际观测值与期望值为坐标的点落在趋势线附近,在趋势线的另一端则有较大偏离。而均匀分布的坐标点分布成一个以趋势线为中轴的 S 形。

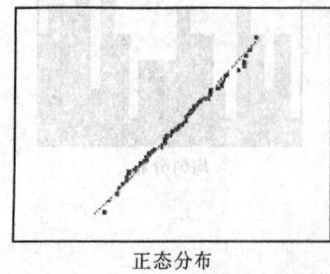
正态分布

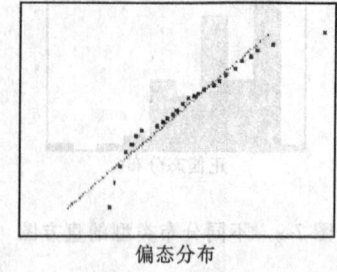
偏态分布

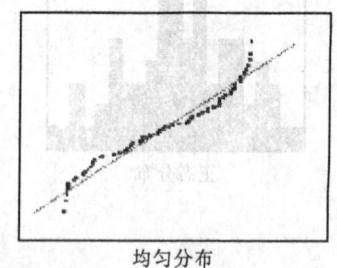
均匀分布

图 7-11 不同分布类型的正态图

7.3.4 非趋势正态图

获得非趋势正态图和获得正态图的途径相同:

◆ 途径 1:*Graphs*→*Q*－*Q*
◆ 途径 2:*Analyze*→*Descriptive Statistics*→*Explore*→*Plots*→*Normality plots with tests*

图 7-12 显示了正态分布、偏态分布和均匀分布的非趋势正态图。非趋势正态图以实际观测值为横坐标,以实际观测值与期望值的差为纵坐标。在符合正态分布的情况下,图中的落点应该分布在中央横线的附近,甚至完全落到这条横线上,而且也应表现出集中在平均数周围的趋势。偏态分布为在中央横线线的一段,坐标点落在中央横线附近,在中央横线的另一端则有较大偏离。而均匀分布的坐标点是一个以趋势线为中轴的 S 形。可以看出,非趋势正态图的中央横线相当于把正态图中的趋势线转换为水平方向,所以两者的形状很相似。

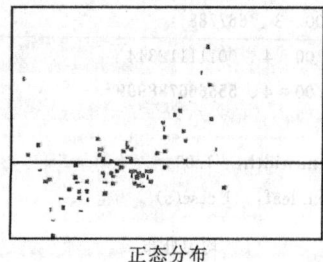
正态分布

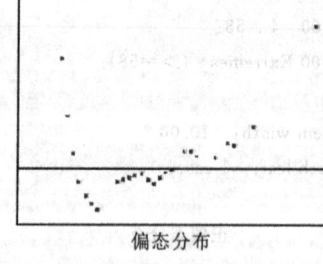
偏态分布

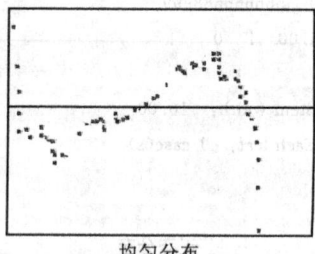
均匀分布

图 7-12 不同分布类型的非趋势正态图

7.3.5 箱式图

获得箱式图的途径:

◆ 途径 1:*Graphs*→*Boxplot*
◆ 途径 2:*Analyze*→*Descriptive Statistics*→*Explore*→*Plots*→*Boxplots*

图 7-13 显示了三种分布的箱式图。箱式图中方框内的区域(盒距)代表了变量中间

50%的观测值,方框的上下边线分别为上四分位数和下四分位数。方框中的粗黑横线为中位数,方框之外的上下两条细横线称为须线,是除了离群值和极值之外的最大值和最小值(关于离群值和极值的定义,请参考第六章对 Explore 模块的介绍内容)。

在符合正态分布的情况下,箱式图应该是以中位线为轴上下对称的,而且上下须线之间的距离应该是盒距(方框上下边缘)的三倍左右。偏态分布中方框不居中,或偏上或偏下。而均匀分布中上下须线之间的距离和盒距(方框上下边缘)的距离之差要比正态分布小得多。

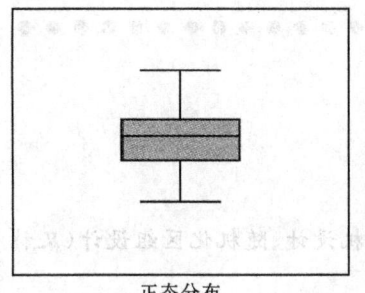
正态分布

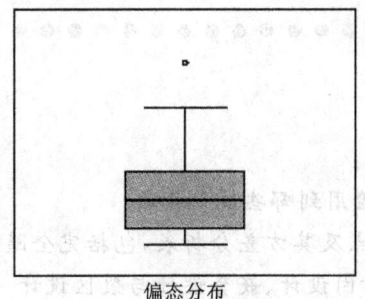
偏态分布

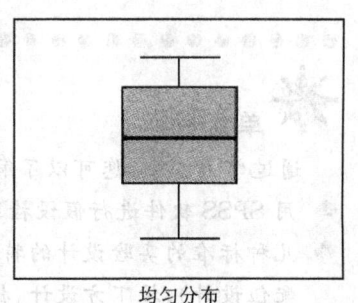
均匀分布

图 7-13　不同分布类型的非趋势正态图

7.4　小结

P 值和图形都可以检验数据属于何种分布。

非参数检验可以判断某一样本是否来自一个特定分布的总体,或者样本是否符合某一种方式的分布。单样本 K-S 检验可以检查样本是否来自正态分布总体、均匀分布总体或普阿松分布总体,Binomial 方法可以检验二项分布中数据的实际分布是否符合某一假设、预期或特定的形式。另外我们也可以通过统计图来查看数据的分布形式。

第 8 章 假设检验及不同实验设计的方差分析概论①

单元目标

通过学习本章,您可以了解:
- 用 SPSS 软件进行假设检验用到哪些统计模块
- 几种标准的实验设计的特点及其方差分析表,包括完全随机设计、随机化区组设计(又称配伍设计)、拉丁方设计、析因设计、嵌套设计与裂区设计

在很多情况下,对事物和现象进行全部观测是比较困难的,这时就需要从部分数据中估计全部的情况,这就是推论统计。推论统计是研究如何通过样本的数据所提供的信息,来推论样本所属的总体的情形。在推论统计中,假设检验(统计检验)是应用极为广泛的一类统计形式。在假设检验中,最常见的是 T 检验和 F 检验,后者又称为方差分析。方差分析是在假设检验中应用最广泛、功能也最强大的统计手段。因此,这一部分是本教材重点讲解的内容。

本章将概括地介绍 SPSS 提供的假设检验统计模块,以及几种常见的实验设计类型及其方差分析表。而在随后几章中,我们将结合实际案例,详细介绍如何使用这些统计模块进行各种情况下的统计检验。本教材假设您在学习本章之前已经具有了一定的实验设计和数理统计的基础知识。

8.1 SPSS 统计检验模块一览

假设检验最常用的 SPSS 统计模块包括:①Compare Means(均值比较);②General Linear Model(一般线性模型);③Nonparametric Test(非参数检验)。

◆ **Compare Means**(均值比较):
● **One-Sample T Test**(单个样本的 T 检验):
  ■ 菜单位置:Analyze→Compare Means→One-Sample T Test
  ■ 基本功能:检验样本所在总体的均值是否与已知总体的均值相同,要求数据为连续变量。
  ■ 本教材对该模块不作具体介绍。

---
① 建议本章为选修内容。

- **Independent-Samples T Test**(两个独立样本的 T 检验)：
  - 菜单位置：Analyze→Compare Means→Independent-Samples T Test
  - 基本功能：通过对两个独立样本的均值进行比较，检验两个样本是否来自同一总体。要求数据为连续变量，来自两个随机样本，数据之间不存在对应关系。
  - 应用实例见第 9 章。
- **Paired-Samples T Test**(两个配对样本的 T 检验)：
  - 菜单位置：Analyze→Compare Means→Paired-Samples T Test
  - 基本功能：通过对两个配对样本的均值进行比较，检验两个样本是否来自同一总体。数据为连续变量，适合单因素两个水平的配对设计，两个样本的数据之间是一一对应的关系。
  - 应用实例见第 9 章。
- **One-Way ANOVA**(单因素方差分析)：
  - 菜单位置：Analyze→Compare Means→One-Way ANOVA
  - 基本功能：是 T 检验的扩展，适合对三组以上(含三组)的样本进行均值比较，检验这些样本是否来自同一总体。要求数据为连续变量，来自随机样本。
  - 应用实例见第 10 章。

（在 Compare Means 菜单下，还有 Means 过程来计算综合的描述统计量，该功能的介绍及使用方法请参见第 6 章）

- ◆ **General Linear Model**（一般线性模型）
- **Univariate**（一元方差分析）
  - 菜单位置：Analyze→General Linear Model→Univariate
  - 基本功能：对单因变量的数据进行各类方差分析，功能相当强大。适用于多种标准的单因素或多因素设计，可以分析固定因素效应和随机因素效应。要求数据为连续变量。
  - 应用实例见第 11 章到第 13 章。
- **Multivariate**（多元方差分析）
  - 菜单位置：Analyze→General Linear Model→Multivariate
  - 基本功能：适用于因变量不止一个时的方差分析。
  - 应用实例见第 14 章。
- **Repeated Measures**（重复测量）
  - 菜单位置：Analyze→General Linear Model→Repeated Measures
  - 基本功能：适用于对同一个体(case)进行多次观测时(例如，被试内设计)的方差分析。
  - 应用实例见第 15 章到第 18 章。
- **Variance Components**（方差成分）
  - 菜单位置：Analyze→General Linear Model→Variance Components
  - 基本功能：计算方差成分，把总变异分解为不同层次的变异。
  - 本教材对该模块不作具体介绍。

- ◆ **Nonparametric Tests**（非参数检验）
- **Chi-Square Test**（卡方检验）

- 菜单位置：Analyze→Nonparametric→Chi-Square Test
- 基本功能：适用于分类变量（通常包含两个或两个以上的类别），用于检验个体分布在不同类别中的比例是否符合某一假设（即期望值）；或者分析变量值的实际频数与理论频数是否一致（即配合度检验）。数据类型为计数数据。
- 应用实例见第6章的Crosstab分析和第19章的配合度检验。

● **Binomial**（二项分布检验）
- 菜单位置：Analyze→Nonparametric→binomial
- 基本功能：适用于二分变量（只有两种类别的变量，比如性别：男/女，打靶：成功/失败，投掷硬币：正面/反面等），用于检验个体分布在不同类别（数值）中的比例是否符合某一假设（即期望值）。数据类型为计数数据。
- 应用实例见第7章的对总体是否为二项分布的检验。

● **Runs**（游程检验）
- 菜单位置：Analyze→Nonparametric→Runs
- 基本功能：用于检验一个变量的两个值的出现顺序是否是随机的。
- 本教材对该模块不作具体介绍。

● **1-Sample K-S**（单样本K-3检验）
- 菜单位置：Analyze→Nonparametric→1-Sample K-S
- 基本功能：检验样本是否来自特定分布的总体，如正态分布、均匀分布或普阿松分布。
- 应用实例见第7章的对总体是否为正态分布的检验。

● **2 Independent Samples**（两独立样本的非参数检验）
- 菜单位置：Analyze→Nonparametric→2 Independent Samples
- 基本功能：当总体分布不清楚时，检验两个随机样本是否来自同一总体。与Independent-Samples T Test 相对应（应用于总体分布为正态分布时）。
- 应用实例见第19章。

● **k Independent Samples**（多个独立样本的非参数检验）
- 菜单位置：Analyze→Nonparametric→k Independent Samples
- 基本功能：当总体分布不清楚时，检验多个随机样本是否来自同一总体。与One-Way Anova 相对应（应用于总体分布为正态分布时）。
- 应用实例见第19章。

● **2 Related Samples**（两相关样本的非参数检验）
- 菜单位置：Analyze→Nonparametric→2 Related Samples
- 基本功能：当总体分布不清楚时，检验两个相关样本是否来自同一总体。与Paired-Samples T Test 相对应。
- 应用实例见第19章。

● **k Related Samples**（多个相关样本的非参数检验）
- 菜单位置：Analyze→Nonparametric→k Related Samples
- 基本功能：当总体分布不清楚时，检验多个相关样本是否来自同一总体。
- 应用实例见第19章。

提示　选择统计模块必读

要正确地选择 SPSS 统计模块进行相应的统计检验，需要特别注意以下几点：

(1) 当前数据总体的分布特征是什么？像 T 检验、F 检验等都要求数据的总体分布为正态分布或接近正态分布，如果数据不符合正态分布，则应该使用非参数检验的方法。

(2) 得到数据的实验设计是什么？包含几个自变量，几个因变量？有没有协变量？是随机样本还是相关样本？不同的实验设计，对数据组织方式的要求不同，而且统计模块的选择和使用也不同。

(3) 数据类型是什么？是离散型数据还是连续型数据？一般的参数检验要求数据为连续型数据。

8.2　不同实验设计的方差分析及统计模块的选择

方差分析通常用于检验两个以上的样本均值之间是否存在差异，从而推断样本是否来自同一总体。按照因变量的数量，方差分析可分为一元方差分析和多元方差分析。一元方差分析只包含一个因变量，可以有一个或多个因素；多元方差分析包含多个相关因变量，可以有一个或多个因素。

按照因素的数量，方差分析又可分为只有一个因素的单因素设计和包含多个因素的多因素设计。

在方差分析中，根据实验设计的特点，因素可以区分为被试间因素和被试内因素两种。被试间因素(between-subjects factor)用于把被试分为不同的组分别接受不同的实验处理。例如，可以按性别因素分为两组被试接受两种不同的实验处理。被试内因素(within-subjects factor)拥有多个实验水平，所有被试必须接受全部水平的实验处理。

如何进行方差分析与实验的设计方式有直接关系。本章将简要谈一下几种常见的实验设计的特点和相应的方差分析表，以及如何根据设计方案选择合适的统计模块，使读者形成一个初步的印象。在随后的几章中，我们将结合具体实例对这些方法作进一步的讲解。这些设计包括：完全随机化设计、随机化区组设计(又称配伍设计)、拉丁方设计、析因设计、嵌套设计与裂区设计。

8.2.1　单因素完全随机化设计

1. 设计特点

这是最基本的一类实验设计方法，只包含一个因素，该因素有两个或多个水平。被试通过随机化的方法被分配到各个处理组中，每个被试只接受一个水平的处理。接受各个水平的被试数可以相等，也可以不等。例如，表 8-1 中给出了一个单因素三水平完全随机化设计的被试分配方法，33 个被试随机分成三组，分别为 10 人、12 人和 11 人。不过在实际的实验设计中，最好保证不同处理水平的被试数相同，以便获得最好的统计效率。

表 8-1　完全随机化设计的被试分配

处理	观测值									
1	S1	S2	S3	S4	S5	S6	S7	S8	S9	S10
2	S11	S12	S13	S14	S15	S16	S17	S18	S19	S20	S21	S22

处理				观测值							(续)
3	S23	S24	S25	S26	S27	S28	S29	S30	S31	S32	S33

2. 方差分析表

对于一个含有 t 个处理的单因素完全随机化设计，并获得了 N 个观测值（比如 N 个人参加了实验）。表 8-2 给出了该设计的方差分析表（关于方差分析的基本原理，请读者参见有关的统计学教材）。

表 8-2　单因素完全随机化设计的方差分析表

变异来源	平方和	自由度	均方和	F 值
处理	SST	t−1	MST=SST/(t−1)	MST/MSE
误差	SSE	N−t	MSE=SSE/(N−t)	
总和	TSS	N−1		

注：SST：处理间平方和，表示来源于实验处理之间的变异。

SSE：误差平方和，表示来源于实验处理内部误差的变异，即总平方和中不能被实验处理所解释的那部分变异。

TSS：总平方和，TSS=SST+SSE。

MST：处理间均方和，由处理间平方和除以处理间自由度得到。

MSE：误差均方和，由误差平方和除以误差自由度得到。

提示

通过方差分析表可以了解针对某一实验设计类型进行方差分析的基本思路。有些时候读者可能不能断定自己所采用的 SPSS 方差分析模块是否正确，这时可以对照 SPSS 的输出内容和本章所列出的相应设计的方差分析表，看看二者的结构是否吻合。

3. SPSS 建议

对于单因素完全随机化设计，统计检验的目标是不同处理的观测结果（总体）是否存在差异。当只有两个处理水平时，可以采用两个独立样本的 T 检验（Independent-Samples T Test）。实际上，T 检验可以看作是方差分析的一种特例。当处理水平超过两个时，可以采用单因素方差分析（One-Way ANOVA 或 General Linear Model:Univariate）。其应用实例分别见第 9 章和第 10 章。

8.2.2　随机化区组设计

1. 设计特点

该设计也称作配伍设计，可以分离出一个可能的干扰变量带来的效应。例如，在上述完全随机设计中，被试是以随机方式分配到各个水平的。由于被试之间通常存在差异，这些差异可能对实验结果有影响。我们把研究者并不关心，但对实验结果有影响的变量，称为干扰变量。随机化的方式并不能完全抵消被试本身的差异对实验结果的干扰。通过区组设计，则可以分离出被试差异这一干扰变量对结果的影响。

随机化区组设计可以通过下面的方法来实现，首先将被试按照其相似性进行配伍（配对），相似的被试形成一个区组。每个区组内的人数取决于处理水平的个数，可以是两个、三个或更多。在进行实验时，区组内的每一个成员分别接受一个处理水平，不同的区组随机进行分配。例如，表 8-3 中，30 个被试先分成 10 个区组（B1~B10），每个区组三人。然后这 10

个区组随机接受实验处理,区组内的每个成员分别接受一种处理。在这种设计中,接受各个水平的被试数完全相同。

表 8-3 随机区组设计的被试分配

处理	B1	B2	B3	B4	B5	B6	B7	B8	B9	B10
1	S1	S4	S7	S10	S13	S16	S19	S22	S25	S28
2	S2	S5	S8	S11	S14	S17	S20	S23	S26	S29
3	S3	S6	S9	S12	S15	S18	S21	S24	S27	S30

2. 方差分析表

对于一个含有 t 个处理、b 个区组的随机区组设计,并获得了 b*t 个观测值,表 8-4 给出了该设计的方差分析表。

表 8-4 随机区组设计的方差分析表

变异来源	平方和	自由度	均方和	F 值
处理	SST	t−1	MST=SST/(t−1)	MST/MSE
区组	SSB	b−1	MSB=SSB/(b−1)	MSB/MSE
误差	SSE	(b−1)(t−1)	MSE=SSE/(b−1)(t−1)	
总和	TSS	bt−1		

注:SST:处理间平方和,表示来源于实验处理之间的变异。

SSB:区组间平方和,表示来源于区组之间的变异。

SSE:误差平方和,没有被处理和区组所解释那部分变异。

TSS:总平方和,TSS=SST+SSB+SSE。

MST:处理间均方和,由处理间平方和除以处理间自由度得到。

MSB:区组间均方和,由区组间平方和除以区组间自由度得到。

MSE:误差平方和,由误差平方和除以误差自由度得到。

3. SPSS 建议

对于区组设计,当只有两个处理水平时,一般采用两个配对样本(相关样本)的 T 检验(**Paired-Samples T Test**)即可。当处理水平超过两个时,可以采用一般线性模型(GLM)的 **Univariate** 模块或 **Repeated Measures** 模块进行方差分析。使用 **Univariate** 模块时,区组是作为一个独立的因素来对待的,其分析过程与两因素析因设计的方差分析类似。但是,与两因素析因设计(见下文)不同的是,区组设计不允许计算实验处理和区组之间的交互作用。当因变量不止一个时,需要使用 **Multivariate** 模块。对区组设计进行方差分析的应用案例见第 12 章。

提示

(1)区组设计并非只是用来控制被试差异这一干扰变量的,其他的干扰变量也可以通过区组设计进行控制。更多的内容请参照有关实验设计的教材。

(2)对被试进行配伍时,要控制的变量需要根据具体实验设计来定,常见的有性别、年龄、智商、文化程度、学习成绩等。

8.2.3 拉丁方设计

1. 设计特点

随机区组设计可以有效地排除实验变量以外的一个干扰变量的影响,如上面所谈的被试差异这一变量。但是当影响实验结果的干扰变量不止一个时,要通过实验设计的方

法来控制这些变量,随机区组设计就无能为力了,这时可以采用拉丁方设计。拉丁方设计可以有效地控制两个以上的干扰变量的影响,其中最适合当干扰变量为两个时的情形。举例如下。

例 8-1 研究者想在全国范围内考察四种语文教学方法(分别为 A、B、C、D)对学习成绩的影响是否存在差异,同时要控制学校所在地区以及学生的智力水平的影响。可以采用如表 8-5 所示的设计方案。

表 8-5 拉丁方设计举例

学生的智商 \ 学校所在地区	偏远农村	近郊农村	小城镇	大城镇
120 以上	方法 A	方法 B	方法 C	方法 D
100~120	方法 B	方法 C	方法 D	方法 A
80~100	方法 C	方法 D	方法 A	方法 B
80 以下	方法 D	方法 A	方法 B	方法 C

这是一个典型的拉丁方设计。在拉丁方设计中,行与列分别是需要控制的两个无关变量,实验变量则均匀分布在行与列相交的各个单元中。在表 8-6 中,不同的学习方法被均衡地分配给不同地区的学校中不同智力水平的学生,因此可以避免地区差异和学生的智力差异对学习成绩的影响。

提示

在拉丁方设计中,行数、列数与实验变量的处理数(水平数)相同。

2. 方差分析表

对于一个含有 t 行和 t 列,共包含 t 个实验处理,并获得了 t*t 个观测值的拉丁方设计。表 8-6 给出了该设计的方差分析表。

表 8-6 t*t 拉丁方设计的方差分析表

变异来源	平方和	自由度	均方和	F 值
处理	SST	$t-1$	$MST=SST/(t-1)$	MST/MSE
行	SSR	$t-1$	$MSR=SSR/(t-1)$	MSR/MSE
列	SSC	$t-1$	$MSC=SSC/(t-1)$	MSC/MSE
误差	SSE	$(t-1)(t-2)$	$MSE=SSE/(t-1)(t-2)$	
总和	TSS	t^2-1		

注:SST:处理间平方和,表示来源于实验处理之间的变异。

SSR:行间平方和,表示来源于行变量的变异。

SSC:列间平方和,表示来源于列变量的变异。

SSE:误差平方和,没有被实验处理、行变量和列变量所解释那部分变异。

TSS:总平方和,$TSS=SST+SSR+SSC+SSE$。

MST:处理间均方和,由处理间平方和除以处理间自由度得到。

MSR:行间均方和,由行间平方和除以行间自由度得到。

MSC:列间均方和,由列间平方和除以列间自由度得到。

MSE:误差均方和,由误差平方和除以误差自由度得到。

3. SPSS 建议

对于拉丁方设计,两个干扰变量同样被视作两个因素,其数据分析采用一般线性模型进行三因素方差分析,可以采用 **Univariate** 过程(当因变量只有一个时,菜单位置:**Analyze** →

General Linear Model → Univariate),或 **Multivariate** 过程(当因变量多于一个时,菜单位置:Analyze → General Linear Model →Multivariate)。同区组设计一样,拉丁方设计不允许计算因素间的交互作用。应用案例见第12章。

8.2.4 析因设计(多因素完全随机化设计)

1. 设计特点

当研究者考察的因素超过一个,而且希望考察不同因素之间可能存在的交互作用时,应该采用析因设计。析因设计又叫多因素完全随机设计,在心理与语言研究中应用相当广泛。其特点是各因素的不同水平互相组合,形成不同的处理条件,被试随机接受这些处理。例如,一个2×2析因设计的因素组合方式,如表8-7所示。

表8-7 2×2析因设计

因素B \ 因素A	A1	A2
B1	A1B1	A2B1
B2	A1B2	A2B2

其中因素A有A1、A2两个水平,因素B有B1、B2两个水平,不同因素的各个水平之间互相组合,共形成A1B1、A2B1、A1B2、A2B2四个处理,被试随机接受这些处理,一个被试只接受一种实验处理。

析因设计可以包含多个因素,以及每个因素包含多个水平,各个因素的水平数可以相同,也可以不同。例如,一个包含3个因素、各因素的水平数分别为2、3、4的析因设计,可以称作一个2×3×4的三因素析因设计。该设计共有2×3×4=24个处理。

2. 方差分析表

对于一个两因素析因设计,假设因素A有a个水平,因素B有b个水平,这样共形成a*b个处理,每种处理包含n个观测值(整个实验的观测值数是a*b*n),表8-8给出了该设计的方差分析表。

表8-8 a*b两因素析因设计的方差分析表

变异来源	平方和	自由度	均方和	F 值
因素A	SSA	a−1	MSA=SSA/(a−1)	MSA/MSE
因素B	SSB	b−1	MSB=SSB/(b−1)	MSB/MSE
交互作用 AB	SSAB	(a−1)(b−1)	MSAB=SSAB/(a−1)(b−1)	MSAB/MSE
误差	SSE	ab(n−1)	MSE=SSE/ab(n−1)	
总和	TSS	Abn−1		

注:SSA:因素A平方和,表示来源于因素A的变异。

SSB:因素B平方和,表示来源于因素B的变异。

SSAB:因素A和因素B的交互作用。

SSE:误差平方和,没有被因素A、因素B以及二者的交互作用所解释那部分变异。

TSS:总平方和,TSS=SSA+SSB+SSAB+SSE。

MSA:因素A的均方和,由因素A平方和除以因素A的自由度得到。

MSB:因素B的均方和,由因素B平方和除以因素B的自由度得到。

MSAB:因素A、B交互作用的均方和,由AB交互作用平方和除以相应的自由度得到。

MSE:误差平方和,由误差平方和除以误差自由度得到。

上述方差分析表还可以扩展为多个因素的情况。例如,对于一个三因素的析因设计,因素A有a个水平,因素B有b个水平,因素C有c个水平,在a*b*c个处理中,每个处理包含 n 个观测值,其方差分析表如表 8-9 所示。

表 8-9　a*b*c 三因素析因设计的方差分析表

变异来源	平方和	自由度	均方和	F 值
因素 A	SSA	a-1	MST=SSA/(a-1)	MSA/MSE
因素 B	SSB	b-1	MSB=SSB/(b-1)	MSB/MSE
因素 C	SSC	c-1	MSB=SSC/(c-1)	MSC/MSE
交互作用 AB	SSAB	(a-1)(b-1)	MSAB=SSAB/(a-1)(b-1)	MSAB/MSE
交互作用 BC	SSBC	(b-1)(c-1)	MSBC=SSBC/(b-1)(c-1)	MSBC/MSE
交互作用 AC	SSAC	(a-1)(c-1)	MSAC=SSAC/(a-1)(c-1)	MSAC/MSE
交互作用 ABC	SSABC	(a-1)(b-1)(c-1)	MSABC=SSABC/(a-1)(b-1)(c-1)	MSABC/MSE
误差	SSE	abc(n-1)	MSE=SSE/ab(n-1)	
总和	TSS	Abcn-1		

3. SPSS 建议

对于析因设计的假设检验,通常要根据因素的多少采用一般线性模型进行方差分析,可以选用 Univariate、Multivariate 过程。析因设计可以考察各个因素的主效应、因素间的交互作用。对于析因设计,首先要看因素之间有没有交互作用,如果因素之间存在交互作用,这时主效应的意义就不是很大了。如果交互作用的统计意义不显著,再看主效应是否显著。如果存在交互作用或主效应,则应该进一步考察因素的简单效应,即某一因素在其他因素的特定水平上的效应。另外,当考察的因素超过三个时,因素间的交互作用就会相当复杂,没有太大的实际意义。应用案例见第 11 章。

8.2.5　嵌套设计

1. 设计特点

在有些设计中,一个因素嵌套在另一个因素之内,这被称为嵌套设计。例如,下面例 8-2 中的情况。

例 8-2　研究者想测试不同类型的复读机在语音回放时音质是否有差异,首先选择了三种品牌,分别为品牌 1、品牌 2、品牌 3,然后每种品牌随机挑选了两种规格,每种规格随机挑选 10 台复读机进行测试。这个设计可以用图 8-1 来表示。

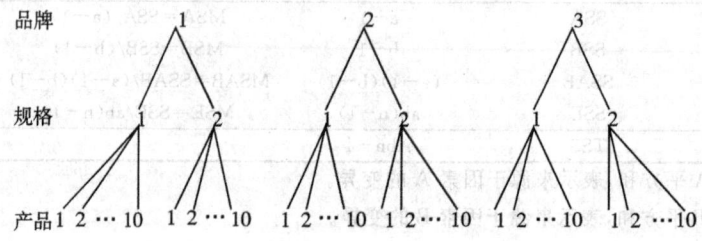

图 8-1　规格嵌套在品牌内的两因素设计

这个设计看起来有点像 3×2 的两因素析因设计,因素 A 是"品牌",因素 B 是"规格"。但是,"规格"这个因素是嵌套在"品牌"这个因素内的,在这种情况下,品牌 1 的两种规格和品牌 2 的两种规格是不同的。因此,这时不能衡量"品牌"和"规格"之间的交互作用。

当因素超过两个时,嵌套设计会比较复杂。例如,三因素嵌套设计可以分为不同的情况。一种是完全嵌套的三因素设计,在这种情况下,B 因素嵌套在 A 因素中,C 因素嵌套在 B 和 A 中。另一种是部分嵌套的设计,例如,A 和 B 是交叉分类设计,C 因素是嵌套在 A 和

B 的水平内。下面我们只是给出了两因素嵌套设计的方差分析表,对于超过两个因素的嵌套设计应该如何进行方差分析,请读者参考专门的统计书籍。

2. 方差分析表

对于一个两因素嵌套设计,因素 A 有 a 个处理,因素 B 有 b 个处理,因素 B 嵌套在因素 A 中,每个单元有 n 次观察(整个实验的观测数是 a*b*n),表 8-10 给出了该设计的方差分析表。

表 8-10　因素 B 嵌套在因素 A 中的两因素设计的方差分析表

变异来源	平方和	自由度	均方和	F 值
A	SSA	a−1	MSA	MSA/MSE 或 MSA/MSB(A)
B(A)	SSB(A)	a(b−1)	MSB(A)	MSB(A)/MSE
误差	SSE	ab(n−1)	MSE	
总和	TSS	abn−1		

注:1. 表中的 SSB(A) 的计算方法为:首先计算在 A 的各个水平上,B 因素的处理间平方和,然后把这些平方和相加。

2. 除了 SSB(A) 之外,其他平方和的计算方法与前面的平方和计算方法相同。

3. 对于 A 因素,F 值的计算方法取决于实验设计是固定效应模型还是随机效应模型,对于固定效应模型,A 的 F 值=MSA/MSE,对于随机效应模型和混合效应模型,A 的 F 值=MSA/MSB(A)。

3. SPSS 建议

对于嵌套设计的方差分析,可以采用混合模型中的 **Linear** 过程(菜单位置:**Analyze → Mixed Models → linear**)。在进行分析时,要先根据实验设计中因素之间的关系建构嵌套模型,然后进行检验。也可以采用一般线性模型(General Linear Model)的 **Univariate** 过程(菜单位置:**Analyze → General Linear Model → Univariate**),但是需要读者自己通过修改程序语句来完成分析。应用实例见第 17 章。

8.2.6　裂区设计

1. 设计特点

裂区设计与嵌套设计看上去有些类似。我们先看下面的例子。

例 8-3　研究者想考察在使用两种不同的教材(因素 A)的情况下,比较三种学习方法(因素 B)的优劣。对此我们可以采用 2×3 析因设计,根据智商、年龄、知识水平、学习动机等综合指标把学生每六个人形成一个配伍组,配伍组中每个学生随机接受教材和教学方法的一种组合。但是,由于教材通常是在学习前就需要事先确定,所以在具体实施过程中,让学生随机接受教材和学习方法的组合会很不方便。一个替代的办法是,首先根据智商、年龄、知识水平、学习动机等综合指标把学生每三人配成一伍,以配伍组为单位来选择教材,随机选择两种教材中的一种,然后再将三种学习方法随机分配给每个配伍组中的三个成员。这个设计可以用图 8-2 来表示。

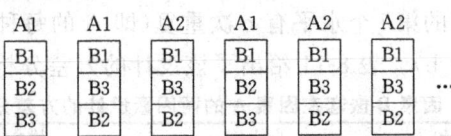

图 8-2　完全随机化裂区设计的因素分配举例

因为在整区水平上和小区水平上的随机化都是依据完全随机化设计进行的,所以这种设计被称为完全随机化裂区设计。注意完全随机化裂区设计和 2×3 析因设计之间的不同。

对于裂区设计来说,有两个阶段的随机化:首先,因素 A(教材)两个水平随机分配给各配伍组,这时配伍组是作为整体进行随机化的;然后,因素 B 的三个水平随机分配给各个配伍组内的三个成员。在这种情况下,每个配伍组可以看成一个整区,配伍组内的各个成员(学生个体)看成一个个小区。因素 A 在整区水平上进行随机分配,因素 B 在小区水平上进行随机分配。而对于 2×3 析因设计来说,对实验处理(教材与学习方法的一种组合为一个实验处理)的随机化分配是一次性完成的。也就是说,对于析因设计,因素 A 和因素 B 的组合是以学生个体为单位随机分配的,没有整区和小区的差别。

上述设计还可以作一些改进。比如,学习动机的强弱对学习成绩会有影响。在上面的设计中,尽管我们对配伍组内部的成员之间的智商、年龄、知识水平、学习动机等综合指标进行了匹配,但是当以配伍组为单位时,配伍组之间的这些指标并没有匹配。当把教材随机分配给这些配伍组时,这些指标的差异会成为一个潜在的干扰变量。这时可以对例 8-3 的设计进一步改进如下。

例 8-4 研究者想考察在使用两种不同的教材(因素 A)的情况下,比较三种学习方法(因素 B)的优劣。首先,根据智商、年龄、学习自觉性等综合指标把学生每三人配成一伍,然后又根据各配伍组的特点进一步进行配对,每两组构成一个组对。在选择教材时,先以组对为单位,将两种教材随机分配给每个组对中的配伍组。然后再将三种学习方法随机分配给每个配伍组中的三个成员。这个设计可以用图 8-3 来表示。

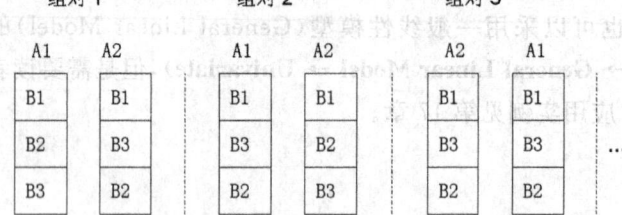

图 8-3 随机化区组裂区设计的因素分配举例

这个设计与例 8-3 不同的一点是,整区水平的因素分配方式是依据随机化区组设计进行的,相同的一点是整区内每个小区的因素分配完全遵循完全随机化设计,所以这种设计被称为随机化区组裂区设计。

同样,当因素增加时,裂区设计也会变得非常复杂。特别是不同的处理方式可以在因素间互相组合,形成复杂的混合设计。下面仅给出两因素完全随机化裂区设计和随机化区组裂区设计的方差分析表,更复杂的设计请参考其他书籍。

2. 方差分析表

(1)完全随机化裂区设计 对于一个两因素完全随机化裂区设计,因素 A 有 a 个处理,因素 B 有 b 个处理,因素 A 的第 i 个水平有 n 次重复(即 A 的每种处理下的整区数量为 n,整个实验的观测数是 a*n*b)。表 8-11 给出了该设计的方差分析表。

表 8-11 因素 B 嵌套在因素 A 的两因素设计的方差分析表

变异来源	平方和	自由度	均方和	F 值
A(整区)	SSA	a−1	MSA	MSA/MS(A)
整区误差	SS(A)	a(n−1)	MS(A)	
B(小区)	SSB	b−1	MSB	MSB/MSE
AB	SSAB	(a−1)(b−1)	MSAB	MSAB/MSE
小区误差	SSE	A(b−1)(n−1)	MSE	

(续)

变异来源	平方和	自由度	均方和	F 值
总和	TSS	abn−1		

注：1. 均方和＝平方和/自由度。

2. 表中的 SS(A)的计算方法为：以整区为单元的各个观测值与整区均值之间的差值的平方和。

3. 除了 SSB(A)之外其他平方和的计算方法与前面的平方和计算方法相同。

（2）随机化区组裂区设计　对于一个两因素随机化区组裂区设计,因素 A 有 a 个处理,因素 B 有 b 个处理,共形成了 t 个组对（即 A 的每种处理下的整区数量为 t,整个实验的观测数是 a∗b∗t）。表 8-12 给出了该设计的方差分析表。

表 8-12　因素 B 嵌套在因素 A 的两因素设计的方差分析表

变异来源	平方和	自由度	均方和	F 值
A（整区）	SSA	a−1	MSA	MSA/MSTA
T 区组	SST	t−1	MST	MSA/
AT（整区误差）	SSAT	(a−1)(t−1)	MSAT	
B（小区）	SSB	b−1	MSB	MSB/MSE
AB	SSAB	(a−1)(b−1)	MSAB	MSAB/MSE
小区误差	SSE	a(b−1)(t−1)	MSE	
总和	TSS	abn−1		

3. SPSS 建议

对于裂区设计的假设检验,通常要根据因素的多少采用一般线性模型的 **Univariate** 进行方差分析,要先根据因素之间的关系建构用户模型。实际案例见第 17 章。

8.2.7　重复测量设计及交叉设计

1. 被试内设计

在前面讨论的这些设计中,对于每个实验个体（例如心理学研究中每个被试）,我们只得到一次观测结果。例如,我们想比较三种不同的学习方法对学习成绩的影响,可以找三组被试来参加实验,每组被试使用一种方法。最后,对每一个被试,我们只得到一个实验观测值。但是,在很多情况下,我们希望由同一被试完成所有的实验处理,在同一实验中获得多个观测值,这种设计也被称为被试内设计。

采用被试内设计的优势很明显。首先,可以很好地控制由被试之间的不同带来的随机变异。其次,可以节省被试量,从而节省研究费用并提高研究效率。例如,前面介绍随机化区组设计时,曾经把 30 个被试进行配伍,然后随机接受三种实验处理中的一种（见表 8-3）。现在,我们改用被试内设计,每个被试接受三种实验条件,其结果如表 8-13 所示。比较表 8-3 和表 8-13,会发现在采用被试内设计后,只需要 10 个被试就可以采集到同样多的数据。

实际上,上述设计可以看作随机化区组设计的一种极端的情况,每个被试就相当于一个区组,以区组为单位接受所有的实验处理。因此,这类设计的方差分析与随机化区组设计是相同的。

表 8-13　重复测量设计的一种形式：被试内设计

处理	观测值									
1	S1	S2	S3	S4	S5	S6	S7	S8	S9	S10
2	S1	S2	S3	S4	S5	S6	S7	S8	S9	S10
3	S1	S2	S3	S4	S5	S6	S7	S8	S9	S10

对于一个含有 a 个处理、n 个被试，每个被试都接受所有处理的被试内设计，并获得了 a*n 个观测值。表 8-14 给出了该设计的方差分析表。

表 8-14　被试内设计的方差分析表

变异来源	平方和	自由度	均方和	F 值
处理（被试内）	SSA	$a-1$	$MSA=SSA/(a-1)$	MSA/MSE
被试变异	SSP	$n-1$	$MSP=SSP/(n-1)$	MSP/MSE
误差	SSE	$(a-1)(n-1)$	$MSE=SSE/(a-1)(n-1)$	
总和	TSS	$an-1$		

2. 重复观测设计

被试内设计只是重复测量设计的一种形式。我们来看另外一种形式：在不同的时间点对每个被试的同一实验处理进行多次观测。例如在表 8-15 所示的实验设计中，每个被试只接受了一种实验处理，但是在不同的时间点上进行了多次观测。这时实验处理是被试间因素，而不同时间点上的重复观测则是被试内因素。

表 8-15　重复测量设计的另一种形式：重复观测设计

处理	时间				
	1	2	3	…	t
1	S1_1	S1_1	S1_1		S1_1
	…	…	…		…
	S1_n	S1_n	S1_n		S1_n
2	S2_1	S2_1	S2_1		S2_1
	…	…	…		…
	S2_i	S2_i	S2_i		S2_i
3	S3_1	S3_1	S3_1		S3_1
	…	…	…		…
	S3_j	S3_j	S3_j		S3_j

对于一个含有 a 个处理、每个处理含有 n 个被试，每个被试在时间上有 b 次重复测量的两因素混合重复观测设计，并获得了 a*n*b 个观测值。表 8-16 给出了该设计的方差分析表。

表 8-16　两因素混合重复观测设计的方差分析表

变异来源	平方和	自由度	均方和	F 值
处理（被试间）	SSA	$a-1$	$MSA=SSA/(a-1)$	MSA/MSP(A)
处理内被试变异	SSP(A)	$n-1$	$MSP(A)=SSP(A)/(n-1)$	
时间（被试内）	SSB	$b-1$	$MSB=SSB/(b-1)$	MSB/MSE
处理×时间	SSAB	$(a-1)(b-1)$	$MSAB=SSAB/(a-1)(b-1)$	MSAB/MSE
误差	SSE	$a(b-1)(n-1)$	$MSE=SSE/a(b-1)(n-1)$	
总和	TSS	$anb-1$		

需要读者特别注意的是，在上述方差分析表中，被试间变量（处理）和被试内变量（时间）在计算 F 值时存在差异。对于处理（被试间）变量，计算 F 值的分母为处理内部被试变异的均方和。对于时间（被试内）变量，计算 F 值的分母为误差均方和。

3. 交叉设计

在重复测量设计中，由于被试同时接受多种处理，接受处理的顺序有时可能会成为一个干扰变量。这时可以采用一种类似拉丁方设计的实验设计方法。例如，对于一个单因素两种处理（分别为处理 A 和处理 B）的设计，可以采用表 8-17 所示的实验设计，首先把被试分为两组，其中一组被试的实验顺序为 A—B，另一组被试的实验顺序为 B—A。这种设计可以称为两阶段交叉设计。

表 8-17 两阶段交叉设计的条件分配

被试分组	实验阶段	阶段1	阶段2
1		处理 A	处理 B
2		处理 B	处理 A

4. SPSS 建议

对于被动试内设计,既可以采用一般线性模型(GLM)的 **Univariate** 模块,也可以采用 **Repeated Measures** 模块进行方差分析。对于重复观测设计,主要采用 **Repeated Measures** 模块进行分析。对于交叉设计,其方差分析方法同区组设计,可以采用一般线性模型(GLM)的 **Univariate** 模块,其中阶段和被试分组分别视作单独的因素,但不能计算交互作用。具体实例见第17章。

8.3 小结

正确选用检验方法需考虑实验设计、数据分布等要素。

假设检验的常见 SPSS 统计模块包括:Compare Means、General Linear Model、Nonparametric Test,其中每个模块又包含了一系列统计检验的方法。想要正确选用检验方法,必须考虑相应的实验设计、数据分布、数据结构和数据类型等要素。

方差分析的设计模型与 SPSS 对应的统计程序见表 8-18。

表 8-18 方差分析的设计模型与 SPSS 对应的统计程序

设计模型	变量要求	具体菜单(Analyze→)
● 单因素设计的一元方差分析 ● 独立样本的 T 检验(因素只有两个水平的一元方差分析)	一个或多个相互独立的因变量,一个因素变量	Compare Means → One-Way ANOVA
多因素设计的一元方差分析	一个因变量,多个固定效应因素、随机效应因素、协变量、权重变量(Weighting Variable)	General Linear Model→Univariate
多元方差分析	多因变量、一个或多个固定因素、协变量、权重变量	General Linear Model→Multivariate
重复测量(Repeated Measures): ● 一元设计的重复测量 ● 多元设计的重复测量	一组或多组相关因变量(被试内因素),一个或多个被试间因素或协变量	General Linear Model → Repeated Measures
混合效应模型: ● 裂区设计(Split Plot Design) ● 一元重复测量(Univariate Repeated Measures) ● 随机区组设计(Random Block Design)	一个因变量,一个或多个固定因素、自由因素、协变量、权重变量	General Linear Model→Univariate 或 Variance Components
线性混合模型: ● 多水平模型(Multilevel Model) ● 多层线性模型(Hierarchical Linear Model) ● 随机系数模型(Random Coefficient Model)	一个或多个被试变量、重复测量变量,一个因变量,一个或多个因素变量、协变量	Mixed Models→Linear

第9章 两个均值差异的显著性检验——T 检验

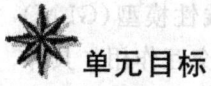
单元目标

通过学习本章,您可以了解:

◆ 进行独立样本的 T 检验需要满足什么条件,如何通过界面菜单逐步完成检验过程
◆ 进行配对样本的 T 检验需要满足什么条件,如何逐步完成检验过程
◆ 怎样使用误差图、箱式图查看样本分布

T 检验通常用于比较两个均值是否相同,或者说两个均值之差是否等于零,以此来推断两个样本是否来自于同一个总体。在很多研究领域,独立样本的 T 检验和配对样本的 T 检验使用很频繁,这也是我们重点介绍的部分。

9.1 独立样本的 T 检验(Independent-Samples T Test)

9.1.1 前提假设及适用的实验设计

独立样本的 T 检验是指按随机原则确定两个相互独立的样本,然后检验两个样本的平均值是否存在显著差异,并借此推断两个样本所属的总体是否一样。

适用于独立样本 T 检验的实验设计必须满足三个前提假设:

(1)正态性　被检验变量在两总体中都属于正态分布。如果总体不属于正态分布,只要样本量足够大,T 检验的结果也能接受。通常认为每个样本的容量达到 15 个观测值即属于大样本。

(2)方差齐性　被检验变量方差齐性。如果这个假设不满足,T 检验的结果不可信,但是 SPSS 同时会计算方差不齐时的 T 检验估计值。

(3)独立样本　两个样本必须从总体中随机抽样获得,而且两个样本互相独立,否则独立样本的 T 检验结果不可信。

从上面的适用条件中我们可以发现,这种检验方法适用的实验设计必须包括两个相互独立的样本。在使用 SPSS 进行 T 检验时,样本数据必须包括两个变量,一个是测量得到的被检验变量,另一个是用于区分两个样本的分组变量。

下面用到的实例是本书第 2 章用过的,它的第二个问题恰好适用独立样本的 T 检验。

9.1.2 两个平行班的教学方法不同,哪个班的教学效果更好(实例)

例 9-1　某对外汉语教学中心进行了一项汉字教学实验,同一年级的两个平行班参与了该实验。两个班分别采用两种不同的教学方式学习40个生字,其中一班采用的是集中识字的方式,安排外国留学生在学习课文以前集中学习生字,然后再学习课文;二班采用的是分散识字的方式,安排留学生一边学习课文一边学习生字。为了考察两种教学方式对生字读音的记忆效果是否有影响,教学效果是否有差异,分别从一班和二班随机抽取了20个人,要求他们对40个学过的汉字进行注音,每注对一个得1分,注错不得分。表9-1是两个班的同学的得分情况。问:

(1)两个班的平均成绩、标准差、最高分、最低分分别是多少?

(2)两种教学方式对汉字读音的记忆效果是否有差异,哪一种教学方式更有效?

表9-1 两个班的测试成绩

学生编号(一班)	成 绩	学生编号(二班)	成 绩
1	22	1	29
2	26	2	36
3	34	3	27
4	33	4	19
5	34	5	37
6	11	6	28
7	29	7	38
8	32	8	36
9	26	9	33
10	35	10	22
11	17	11	36
12	40	12	32
13	29	13	40
14	27	14	29
15	32	15	19
16	11	16	35
17	23	17	27
18	37	18	34
19	24	19	36
20	17	20	40

相关数据已保存到数据文件"9章_数据1.sav"。您可能还记得,在第2章中我们已经按照这个实例的实验设计建立了SPSS数据文件"2章_数据1.sav"。实际上这两个数据完全相同。现在请打开数据文件"9章_数据1.sav"。

分析思路:

(1)实验设计方法 在这个实例中,实验者使用同一年级的两个平行班,分别采用不同的教学方法,并随机从两个班各制取20人进行测试。属于单因素两个处理水平的完全随机设计,符合独立样本T检验的基本条件。

(2)SPSS数据格式 数据文件"9章_数据1.sav"共有三个变量,其中"成绩"变量包含了两个样本的测量数据(两个班学生的测试成绩),"班级"变量包含了用于区分两个样本的数据,即分组变量。

操作过程

(1)单击主菜单Analyze,选择Compare Means,然后选择Independent-Samples T Test…(图9-1),即开入对话框(图9-2)。

(2) 把左边变量列表中的"成绩"通过小三角选入右上方的 Test Variable(s) 框中,把"班级"选入右下方的 Grouping Variable 框中。

(3) 单击 Define Groups… 按钮,进入定义分组变量的对话框(图 9-3)。分别在 Group1 和 Group 2 后面的文本框中输入 1 和 2。单击 Continue。这是因为在"班级"变量中,我们使用 1 和 2 表示两个平等班。

(4) 在主对话框中单击 OK 按钮,即可启动独立样本的 T 检验程序(图 9-4)。

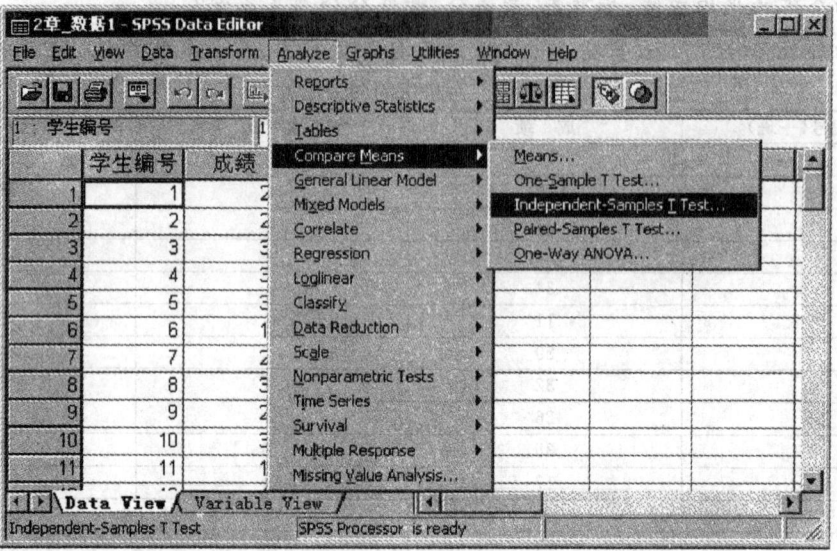

图 9-1　在 SPSS 工作界面选择分析过程

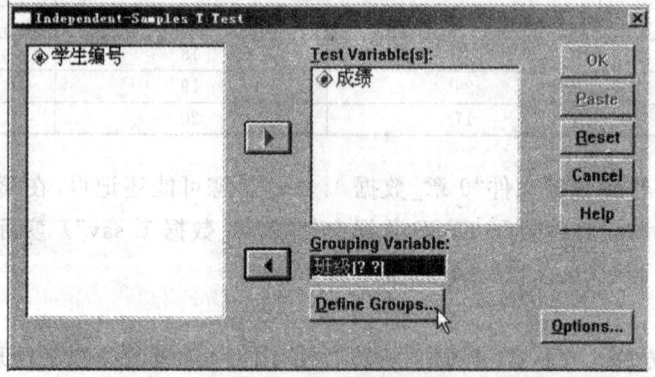

图 9-2　Independent-Samples T Test 的主对话框

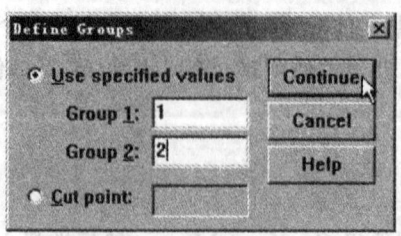

图 9-3　Independent-Samples T Test：Define Groups 对话框

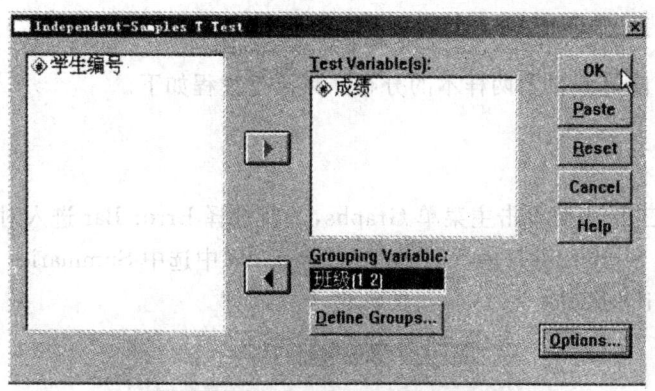

图 9-4 回到主对话框,点击 OK,运行程序

9.1.3 结果输出

执行一次独立样本的 T 检验会得到两个表格:样本统计量和 T 检验结果(见表 9-2 和表 9-3)。表 9-2Group Statistics 列出了两个班参与测试的学生人数、平均分数(Mean)、标准差(Std. Deviation)和标准误(Std. Error Mean)。

表 9-2 Group Statistics

	班级	N	Mean	Std. Deviation	Std. Error Mean
成绩	1	20	26.95	8.236	1.842
	2	20	31.65	6.434	1.439

表 9-3 Independent Samples Test

		Levene's Test for Equality of Variances		t-test for Equality of Means						
		F	Sig.	t	df	Sig. (2-tailed)	Mean Difference	Std. Error Difference	95% Confidence Interval of the Difference	
									Lower	Upper
成绩	Equal variances assumed	.892	.351	-2.011	38	.051	-4.70	2.337	-9.431	.031
	Equal variances not assumed			-2.011	35.897	.052	-4.70	2.337	9.440	.040

表 9-3 Independent Samples Test 共显示了两个 T 检验的结果,分别是方差齐性假设成立(Eaual varian assumed)的结果和方差不齐(Eaual varian not assumed)的结果。究竟以哪一个结果为准,还需要依赖方差齐性检验的结果,即 Levene's Test for Eaquality of Variances 的结果。在这里,齐性检验的显著性水平为 0.351>0.05,表明方差齐性。因此,方差齐性假项成立(Equal Variaces Assumed)所对应的一行 T 检验结果是正确的。

这样,我们可以认为本次 T 检验结果表明,显著性水平为 0.051>0.05,所以在 95% 的置信度下,两种教学方法没有显著性差异。但是由于 0.051 和 0.05 十分接近,所以研究者在面临这种情况时,通常是作为差异显著来对待的,或者再增加一些样本使检验结果更可靠。因为统计检验的显著水平与样本量有关,如果样本量较小,适当增加样本量可以使检验结果更明确。即使不增加样本,通常研究者在这种情况下会报告统计检验"接近显著"或"边缘显著"。

9.1.4 利用误差图查看两个样本的数据分布

通过误差图,能直观显示两样本的分布。其执行过程如下。

操作过程

(1)在 SPSS 工作界面单击主菜单 Graphs,选择选择 Error Bar 进入对话框(图 9-5)。

(2)单击选中 Simple,并注意在 Data in Chart Are 中选中 Summaries for groups of cases,然后单击 Define 按钮。

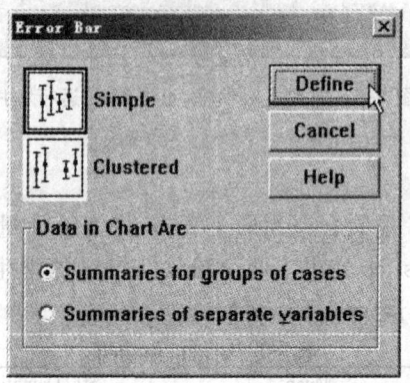

图 9-5　Error Bar 主对话框

(3)在如图 9-6 所示的界面上,把"成绩"选入 Variable 框中,把"班级"选入 Category Axis 框中。然后,在 Bars Represent 中选择 Confidence of interval for mean。

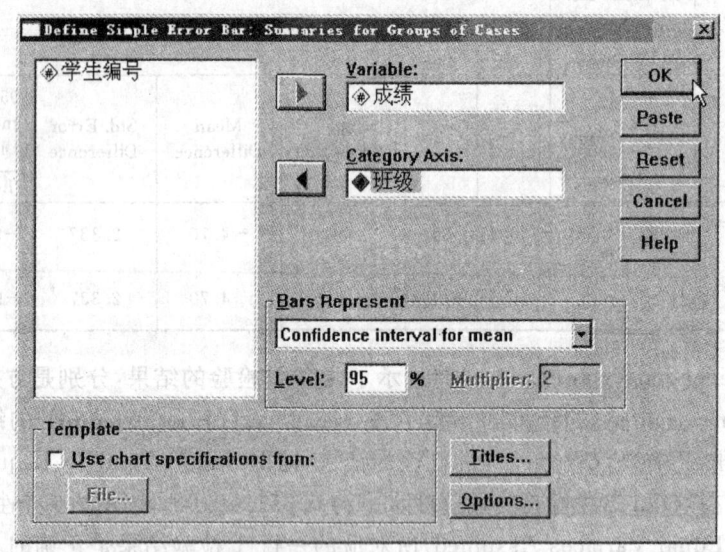

图 9-6　Error Bar:Define 对话框

(4)单击 OK 按钮执行程序。

误差图(图 9-7)显示了两个班的平均成绩在 95% 的置信度下的置信区间,图中的小方格代表两个班的平均成绩。虽然误差图显示二班的平均成绩略高一点,但由于 T 检验的结果差异不显著,所以我们仍然认为两种教学方法效果一样。

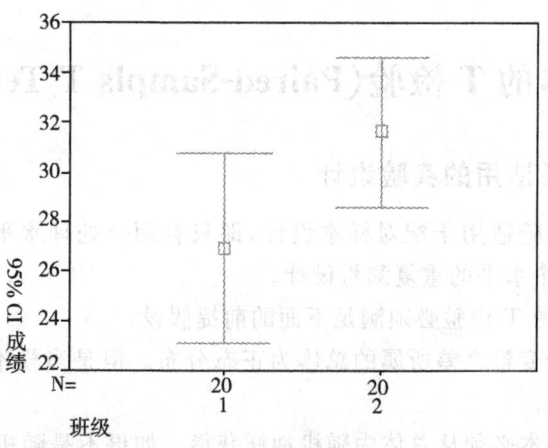

图 9-7　数据的误差图

 小诀窍：分组变量可以包含多个变量值

T检验所用的分组变量可以只包括两个变量值，也可以包含三个或更多的变量值。如果参加上述教学实验的共有10个平行班，前5个班采用一种教学方法，后5个班采用另一种教学方法，而且录入到SPSS的数据每个班都使用自己的班名，这样"班级"这个变量共有10个变量值，最小的是1，最大的是10。如果现在我们进行检验，同样也会很方便。所不同的地方是，当定义分组变量时，在Define Groups 对话框中选择Cut point，而不是Use specified values，如图 9-8 所示。

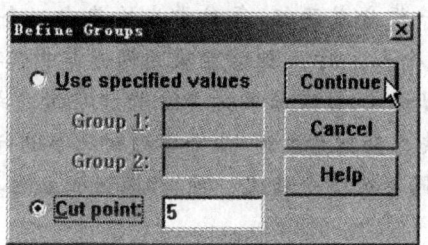

图 9-8　使用 Cut point 来进行分组

9.1.5　其他备选的处理方法

对于例 9-1 的数据，也可以使用单因素一元方差分析（One-Way ANOVA）进行处理（见第10章）。当方差齐性假设被满足时，独立样本的 T 检验与 One-Way ANOVA 的统计检验结果（p值）相同。对于 One-Way ANOVA 来说，必须在方差齐性假设被满足时才能使用，而进行独立样本的 T 检验就不需要满足该假设，这是 T 检验优于 One-Way ANOVA 的地方。但是 One-Way ANOVA 可以提供其他的统计量，如 η^2(eta squared)，T 检验则不能提供。

例 9-1 的数据也可以使用非参数方法（见第18章）进行检验。但非参数检验的统计检验力不及 T 检验，所以当条件满足时，应该尽量使用 T 检验。

 **提示**

在上述实例中（见表 9-3），如果方差齐性检验的结果为方差不齐，我们该对实验结果作何判断？

9.2 配对样本的 T 检验(Paired-Sampls T Test)

9.2.1 前提假设及适用的实验设计

配对样本的 T 检验适用于配对样本设计,即只有两个处理水平的单因素随机区组设计,另外,也适用于两个水平的重复测量设计。

适用于配对样本的 T 检验必须满足下面的前提假设:

(1)正态性　两个变量之差所属的总体为正态分布。但是当样本量足够大,超过 30 个时,允许总体为非正态。

(2)随机样本　样本必须从总体中随机抽样获得。如果不是随机样本,T 检验给出的 p 值不可信。

在进行配对样本 T 检验时,SPSS 要求每个被试必须有两个测量结果(重复测量设计),如果通过事前测试对被试两两配对,则每对被试被视为一个案例(case)。

9.2.2 挑选学生配对组班,更精确地评估教学效果(实例)

例 9-2　在例 9-1 的研究中,研究者考虑到没有对 A 班和 B 班的外国留学生本身的基础、智力水平等无关因素进行有效的控制,重新设计了实验方案。新方案如下(方案 2):首先从同年级的外国留学生中挑选了 40 个人,这 40 个人两两配对,共形成 20 对。其中对每对学生的年龄、性别、智力水平、汉语水平、学习汉语的年限等无关因素进行了匹配,使之尽可能相同。这 20 对学生进一步分成两组,每对学生的其中一个分到 A 组,另一个分到 B 组。这样,A 组和 B 组各 20 个人。对 A 组学生采用的是集中识字的方式,即在学习课文以前集中学习生字,然后再学习课文;B 班采用的是分散识字的方式,即一边学习课文一边学习生字。在随后的测试中,要求两组学生对 40 个学过的汉字进行注音,每注对一个得 1 分,注错不得分。表 9-4 是两组同学的得分情况。问:根据测试成绩,两种教学方式对汉字读音的记忆效果是否有差异?

表 9-4　学生的原始成绩单

学生编号(A组)	成　绩	学生编号(B组)	成　绩
1	25	1	15
2	30	2	27
3	18	3	22
4	27	4	25
5	25	5	30
6	23	6	19
7	39	7	15
8	23	8	26
9	23	9	23
10	17	10	12
11	39	11	30
12	16	12	24
13	33	13	23
14	20	14	25
15	30	15	32
16	29	16	23

(续)

学生编号(A组)	成 绩	学生编号(B组)	成 绩
17	36	17	27
18	33	18	25
19	16	19	22
20	19	20	21

注：A组编号和B组编号是一一对应的关系。

分析思路：

(1)实验设计　这个实例是典型的包含两个水平的随机区组设计，即配对设计。每一对学生的年龄、性别、智力等因素基本相同，惟一不同之处在于他们分别接受不同的教学方法。

(2)数据格式　把上面原始成绩单按配对样本设计录入到 SPSS 中，共有三个变量："学生编号"、"A组成绩"、"B组成绩"。

操作过程：

(1)数据录入，并保存为"9章_数据2.sav"。

(2)单击主菜单 Analyze，选择 Compare Means，然后选择 Paired-Samples T Test，进入图9-9所示对话框。

(3)在左边的变量列表中单击选中"a组成绩"，再单击选中"b组成绩"，通过小三角把它们同时选入右边的 Paired Variables 框中见(图9-10)。

(4)单击 OK 按钮运行程序。

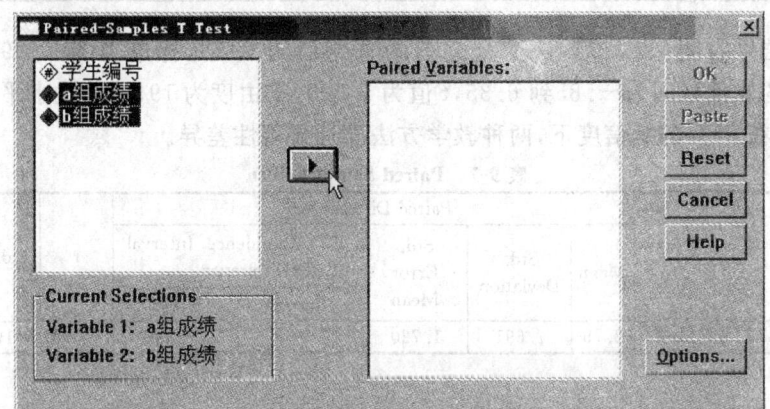

图 9-9　Paired-Samples T Test 的主对话框

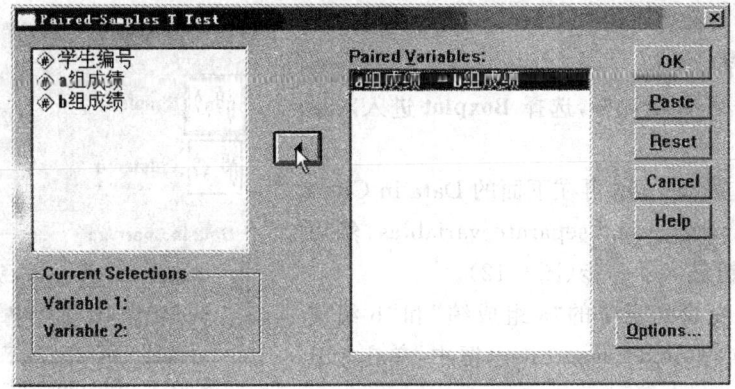

图 9-10　变量选择完成

> **提示：**
> 在配对设计中，SPSS数据要求每一对学生共用一个学生编号。比较数据文件"9章_数据1.sav"和"9章_数据2.sav"中的数据组织方式有什么不同？

9.2.3 输出结果

配对样本的T检验程序输出三个主要表格：样本统计量、相关分析表、T检验表（分别见表9-5至表9-7）。

样本统计量表格（Paired Samples Statistics）（表9-5）分别显示两组的平均值（Mean）、样本容量、标准差（Std. Deviation）和标准误（Std. Error Mean）。我们发现，A组的平均成绩略高于B组平均成绩。但是A组的标准差更大，成绩分布范围相对更大。

表9-5 Paired Samples Statistics

	Mean	N	Std. Deviation	Std. Error Mean
Pair1 A组成绩	26.05	20	7.388	1.652
A组成绩	23.30	20	5.141	1.150

相关分析表（Paired Samples Correlations）（表9-6）显示两变量的相关系数为0.288，相关显著性水平为0.218＞0.05，说明相关不显著。

表9-6 Paired Samples Correlations

	N	Correlation	Sig.
Pair1 A组成绩 & B组成绩	20	.288	.218

T检验结果表明（表9-7），两变量之差的平均值为2.75，标准差为7.691，标准误为1.720，95%的置信区间为-.85到6.35，t值为1.599，自由度为19，显著性水平p=0.126＞0.05。所以，在95%的置信度下，两种教学方法没有显著性差异。

表9-7 Paired Samples Test

	Paired Differences					t	df	Sig. (2-tailed)
	Mean	Std. Deviation	Std. Error Mean	95% Confidence Interval of the Difference				
				Lower	Upper			
Pair1 A组成绩 & B组成绩	2.75	7.691	1.720	-.85	6.35	1.599	19	.126

9.2.4 利用箱式图查看样本分布

操作过程

(1) 单击主菜单 **Graphs**，选择 **Boxplot** 进入对话框（图9-11）。

(2) 注意选择 Simple，再在下面的 Data in Chart Are 中选择 Summaries of separate variables，然后单击 Define 按钮进入下一步（图9-12）。

(3) 把左面变量列表中的"a组成绩"和"b组成绩"选入右上方的 Boxes Represent 框中，单击 OK 按钮运行程序。

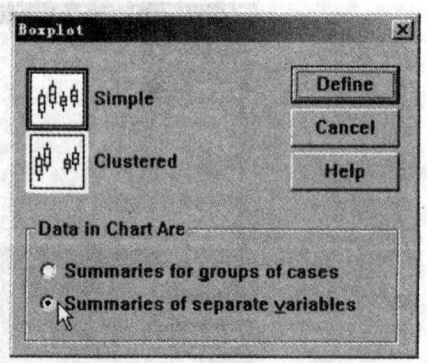

图9-11 Boxplot...主对话框

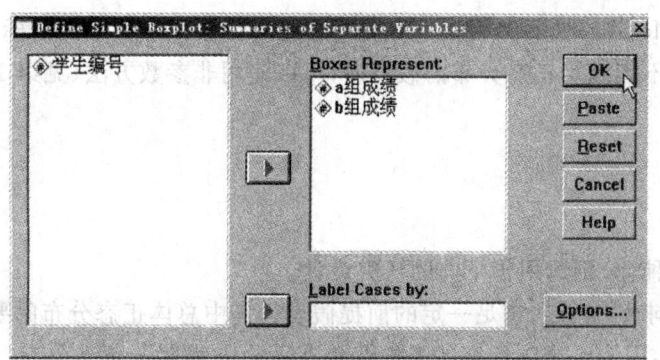

图 9-12　Boxplot…定义变量对话框

图形解释：

箱式图（图 9-13）中间方框内的粗黑线为每个变量的中位数，方框代表四分位数的间距，方框之外的上下两条细线到方框边界的距离是四分位数间距的 1.5 倍。超出细线之外的变量值代表离群值（outliers）或极值（extremes）。

在本实例的箱式图中，我们会发现 A 组成绩的中位数略高于 B 组，同时 A 组学生的成绩分布范围更广一些。此外，B 组还有一个学生编号为 10 的离群值。

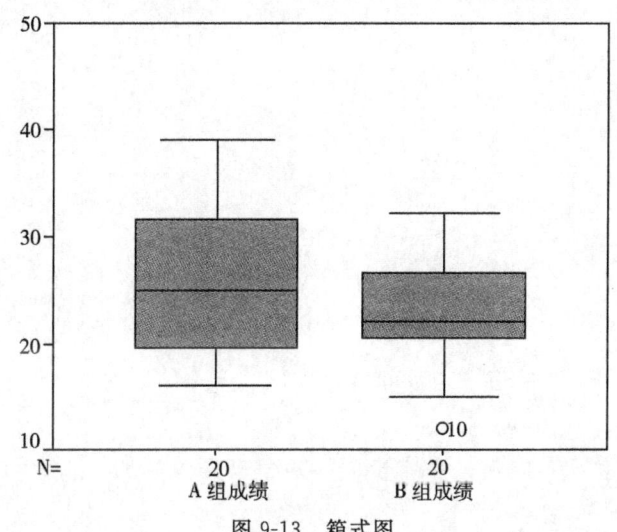

图 9-13　箱式图

小诀窍：怎样控制箱式图的显示细节

在 SPSS 的结果输出窗口中双击箱式图，即可进入图形编辑窗口，继续双击箱式图会打开图形控制对话框，如图 9-14 所示。Display 项目有两个可选项，分别控制箱式图中离群值及极值的显示。

9.2.5　其他备选的处理方法

对于例 9-2 的数据，除了配对样本的 T 检验外，也可以使用一般线形模型中的 Repeat Measure 进行处理（见第 15 章），两种方法得到的统计检验结果（p 值）相

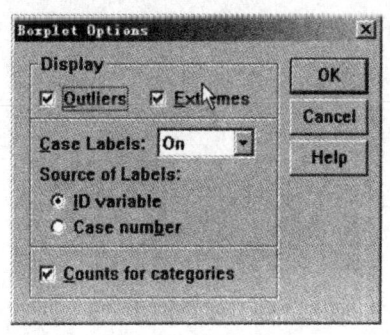

图 9-14　图形控制对话框

同。用 Repeat Measure 进行处理的优点是可以计算因素效应大小的指标 η^2（Eta squared）。当例 9-1 的数据不能满足正态分布的假设时，可以使用非参数方法（见第 19 章）进行检验。

9.3 小结

T 检验分两种，分别适用于不同的研究设计。

T 检验均要求数据必须满足一定的前提假设。其中总体正态分布的要求通常少有研究者事先加以检验，因为心理学研究的多数变量在理论上都属于正态分布。不同的实验设计需要不同的数据分析方法。独立样本的 T 检验适用于独立样本设计的实验，配对样本的 T 检验适用于配对设计。

第10章 单因素完全随机设计的方差分析

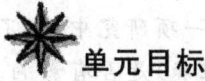
单元目标

通过学习本章,您可以了解:
◆ 用 One-Way ANOVA 进行方差分析的前提假设
◆ 如何对单因素完全随机设计进行方差分析
◆ 以被试为随机变量的方差分析(F1)和以项目为随机变量的方差分析(F2)的区别和意义
◆ 对原始数据进行预处理的一般步骤

单因素完全随机设计的方差分析(One-Way ANOVA)可检验单因素各个水平下的因变量均值是否存在显著差异,或者说检验各个水平的数据是否来自同一个总体。这种设计要求被试随机分组后,分别接受不同的实验处理。在其实验数据中,一定包含一个因素(自变量)、一个或多个相互独立的因变量。因素用于把被试分为不同的组,因变量必须是连续型变量。

10.1 前提假设

进行 One-Way ANOVA 分析需要满足以下假设:

(1)正态分布 因变量总体在因素的各个水平上都呈正态分布。如果不能保证正态分布,每组的样本量应不少于 15 人。

(2)方差齐性 因变量在因素的各个水平上方差齐性。如果各组方差不齐而且各组的样本量也不同,方差分析的结果会变得不可信。

(3)独立性 各组被试必须是从总体中随机抽样构成,各组的因变量值彼此独立。

10.2 维生素C治疗感冒的效果实验(实例)

例 10-1 一位医学院的研究者想确定维生素 C 在治疗感冒过程中的效果。他设计了一个为期两年的实验,并从本科生中招募到 30 位志愿参加实验。30 位学生随机分为三组:第一组服用安慰剂,第二组服用低剂量 Vc,第三组服用高剂量 Vc。

实验的第一年和第二年,30 位学生患感冒的天数都有严格记录。但是第一年学生不能服用任何药物。第二年,三组学生分别服用不同的药物:第一组服用无活性成分的药物,第二组服用低剂量 Vc,第三组服用高剂量 Vc。

研究者的 SPSS 数据含有 30 个被试和 2 个变量,一个是用于区分三组学生的被试间因素,另一个是把学生第一年与第二年患感冒天数的差值作为因变量。在这种情况下,适合用 One-Way ANOVA 进行方差分析。

 提示　实际的实验设计可能会有不同

注意,有的研究者可能会把第一年和第二年的感冒天数作为两个变量,这时实验设计就变成了一个两因素设计,一个因素是服用维生素的水平(药量),另一个因素是测量时间,因变量是感冒的天数。这时需要检验的就是两个因素之间的交互作用是否显著。

例10-2　形声字是由声旁和形旁组成,占汉字总数的80%以上。在一项研究中,为了考察声旁提供的信息对汉字命名时间(即迅速读出该汉字,要求又快又准确)是否有影响。实验设计如下:研究者选择了三类字,一类是规则形声字,这类字的声旁读音与整字读音相同(如:簧),一类是不规则形声字,这类字的声旁读音与整字读音不相同(如:怡),第三类是非形声字(如:韭)。每类汉字20个,这三类汉字形成三组实验材料,这三组材料的字频、笔划数和声旁频率等因素进行了组间的总体匹配(即三组材料在每一项上的平均数和标准差都相同或相近,材料匹配的具体情况见附带素材内的文件"各章实验材料.doc")。从某高校随机抽取了45个本科生参加了实验,并随机分为3组,每组15人,每一组被试仅对一组实验材料进行命名。实验得到的原始数据见 Excel 数据文件"10章_原始数据.xls"的第一个工作表"raw"。问:根据实验结果,声旁提供的信息对汉字命名时间是否有影响?

分析思路

上述问题也可以另换一个问法:汉字声旁提供的信息与汉字命名时间是什么关系?解答此问题只需要检验各组汉字的命名时间均值是否存在显著差异即可。

打开数据文件"10章_原始数据.xls",浏览一下第一个工作表"raw"中的原始数据。对大多数语言研究的反应时间实验来说,由实验得到的原始数据通常不能直接用 SPSS 进行统计检验,而是需要事先对数据进行整理。关于数据预处理的基本步骤,请读者参考本章后面所附的补充内容。

10.3　方差分析

10.3.1　定义变量及标签

我们以上述例10-2的数据为例介绍用 One-Way ANOVA 进行方差分析的过程。经过整理并准备进行 SPSS 分析的数据保存在文件"10章_数据1.sav"。为了方便实验数据及结果的管理,我们把用于被试分析和项目分析的数据放在同一数据文件中(关于被试分析和项目分析的说明见本章所附的补充内容)。因此,需要在 SPSS 的 Variable View 窗口中定义六个变量(图10-1),前三个用于被试分析,后三个用于项目分析。变量名及其含义如下:

组别:用于区分三组被试。每组各15名被试。
反应时 S:被试的反应时平均值。
错误率 S:被试反应的错误率,包含一位小数。
形声字:用于区分三组实验材料。每组各20个汉字。
反应时 I:汉字被命名的反应时平均值。
错误率 I:汉字被命名的错误率,包含一位小数。

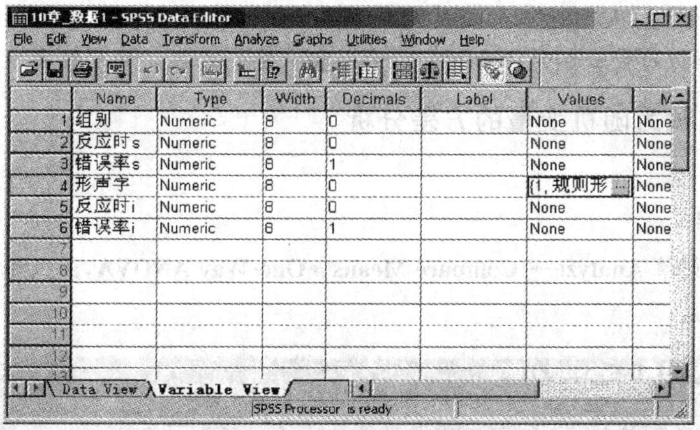

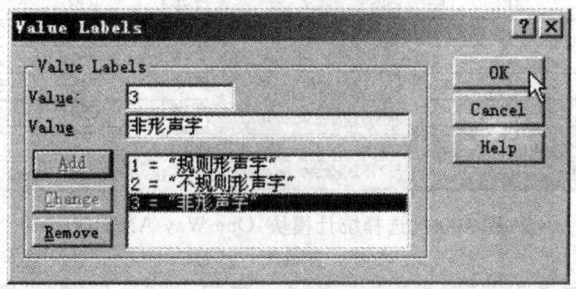

图 10-1　对变量进行定义的窗口

另外,变量"形声字"共有三个变量值,为了方便查看结果,分别给变量值赋予标签(图 10-2):
1　代表"规则形声字"
2　代表"不规则形声字"
3　代表"非形声字"

图 10-2　定义变量值标签的窗口

10.3.2　录入数据并保存

数据录入完成后,保存为"10 章_数据 1.sav"。这时可以在数据窗口对数据和变量进行浏览,如图 10-3 所示。

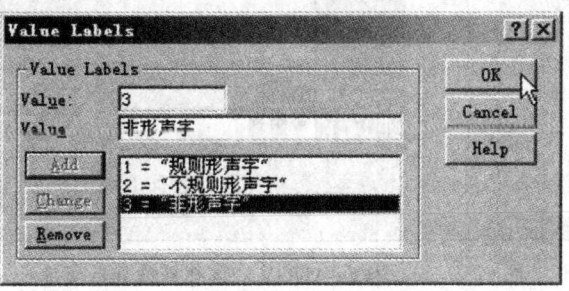

图 10-3　数据浏览窗口

提示

在数据文件"10 章_数据 1.sav"中,前三个用于被试分析的变量的样本量为 45,与被试

数量相同,后三个用于项目分析的变量的样本量为60,与用于实验的汉字数量相同。也可以把用于被试分析的数据和用于项目分析的数据分别保存在不同的数据文件中。

10.3.3 以被试为随机变量的方差分析

操作过程

(1)单击主菜单 **Analyze**→ **Compare Means**→**One-Way ANOVA**,进入单因素方差分析对话框(见图 10-4)。

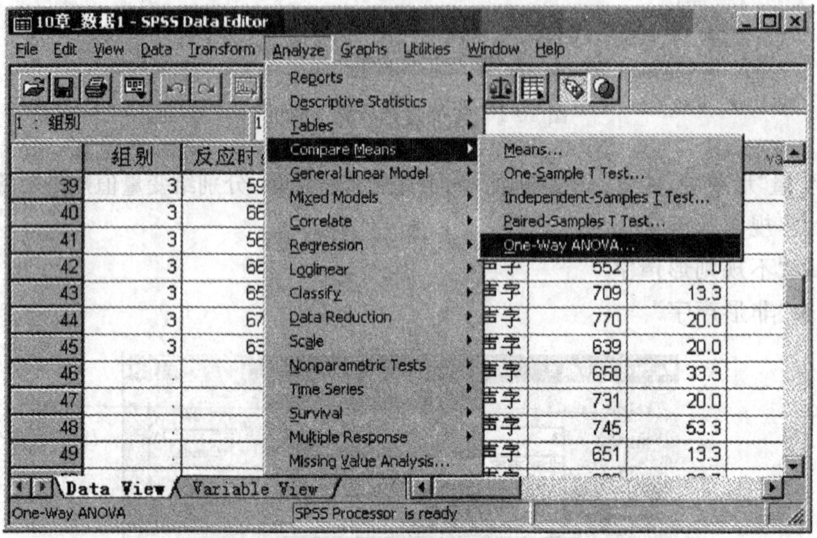

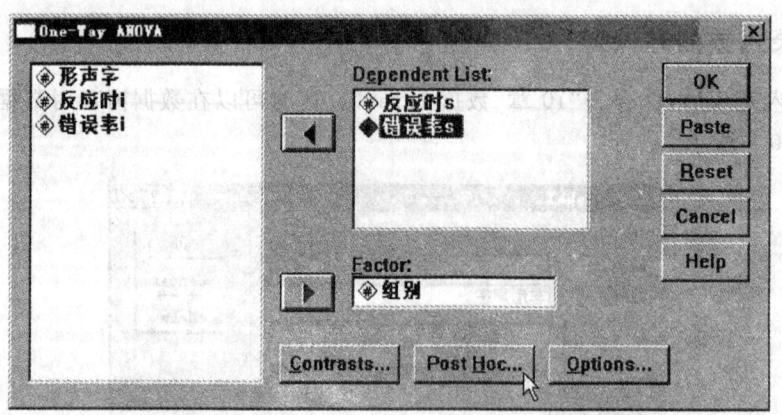

图 10-4 选择统计模块:One-Way ANOVA

(2)从左边变量列表中把"组别"选入 **Factor** 框中,把"反应时 S"和"错误率 S"逐一选入 **Dependent List** 框中(图 10-5)。

图 10-5 One-Way ANOVA:选择被试分析变量

(3)单击 **Post Hoc** 按钮,进入多重比较对话框(图 10-6)。在 **Equal Variances Assumed** 下选中 **R－E－G－W Q** 和 **Tukey** 两种方法,在 **Equal Variances Not Assumed** 下选中 **Dunnett's C** 方法。单击 **Continue** 按钮回到主对话框。

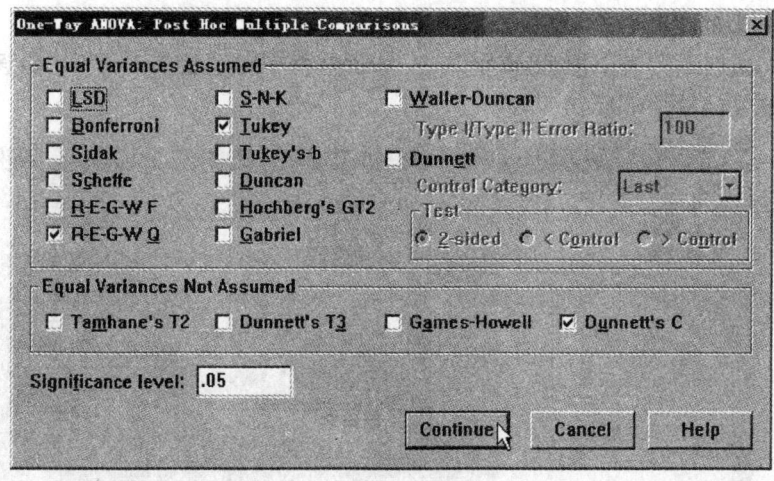

图 10-6 One-Way ANOVA:定义事后检验(Post Hoc Multiple Comparisons)

(4)单击 **Options** 按钮,进入子对话框(图 10-7),并选中 **Describtive** 和 **Homogeneity of variance test**,单击 Continue 按钮回到主对话框。

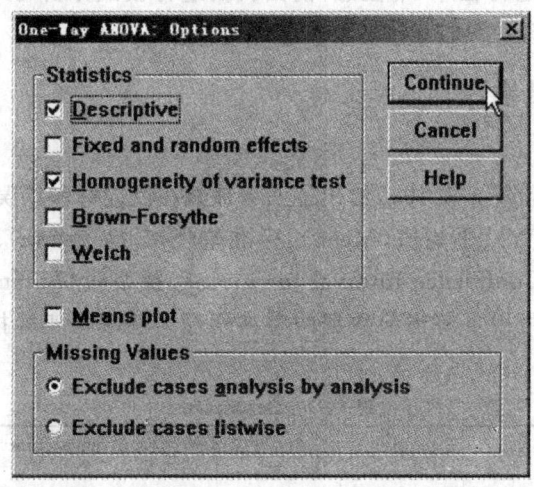

图 10-7 One-Way ANOVA:定义选项(Option)

(5)单击 **OK** 按钮运行程序。

提示

One Way ANOVA 在对话框中允许用户同时选定多个因变量,但这些因变量必须相互独立(如果多个因变量之间存在相关,则属于多元方差分析,见本教材第14章),而且 SPSS 也是分别处理后输出到相互独立的表格中。

10.3.4 以项目为随机变量的方差分析

操作过程

(1)重新进入 **One-Way ANOVA** 对话框。把刚才用于被试分析的因素和因变量通过小三角恢复到左边的变量列表,保持初始状态(如果刚才没有进行被试分析,则不需要初始

化,直接指定变量即可)。

(2)从左边变量列表中把"形声字"选入 Factor 框中,把"反应时 I"和"错误率 I"逐一选入 Dependent List 框中(图 10-8)。

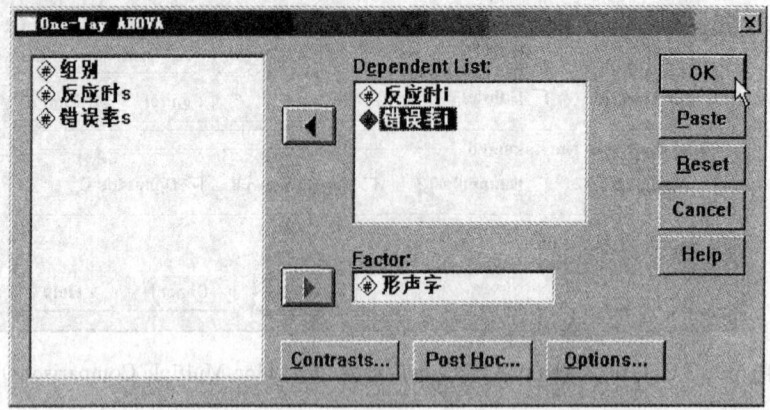

图 10-8 One-Way ANOVA:选择项目分析变量

(3)单击 OK 按钮运行程序(请注意,前面我们进行被试分析时对 Post Hoc 和 Options 的设置现在仍然有效,现在我们直接运行程序即可)。

10.3.5 查看输出结果

1. 被试分析结果

(1)各组的描述统计量 表 10-1 给出了三组被试在反应时和错误率两个因变量上的描述统计量,例如样本量(N)、平均值(Mean)、标准差(Std. Deviation)、校准误(Std. Error)、95%的置信区间(95% Confidence Interval for mean)、最小值(Minimun)和最大值(Maximum)。通过这些信息可以了解当前数据的整体概况。在书写实验报告时,通常需要报告平均数、标准差等数据。

表 10-1 Descriptives

		N	Mean	Std. Deviation	Std. Error	95% Confidence Interval for Mean		Minimum	Maximum
						Lower Bound	Upper Bound		
反应时 S	1	15	586.40	80.895	20.887	541.60	631.20	467	732
	2	15	643.67	94.858	24.492	591.14	696.20	504	821
	3	15	620.33	50.374	13.006	592.44	648.23	520	691
	Total	45	616.80	79.485	11.849	592.92	640.68	467	821
错误率 S	1	15	5.000	5.3452	1.3801	2.040	7.960	.0	15.0
	2	15	18.000	9.0238	2.3299	13.003	22.997	5.0	35.0
	3	15	13.667	8.1211	2.0969	9.169	18.164	.0	30.0
	Total	45	12.222	9.2660	1.3813	9.438	15.006	.0	35.0

(2)方差齐性检验结果 表 10-2 给出了进行方差齐性检验的结果。如表中所示,两个因变量的显著性水平均大于 0.05,表明两个因变量在三组被试上的方差均为齐性。因此,假如组间效应显著,则据此可采用方差齐性假设下的多重比较的结果。

表 10-2 Test of Homogeneity of Variances

	Levene Statistic	df1	df2	Sig.
反应时 S	3.192	2	42	.051

	Levene Statistic	df1	df2	Sig.
错误率 S	2.201	2	42	.123

(3)方差检验表 表 10-3 给出了分别对"反应时 S"和"错误率 S"进行方差分析的结果。"反应时 S"的方差分析结果表明,显著性水平为 0.140>0.05,方差检验的零假设成立,即三组被试在形声字命名反应时间上没有显著差异。

"错误率 S"的方差分析结果表明,显著性水平为 0.000<0.05,方差检验的零假设不成立,即三组被试在形声字命名反应上的错误率存在显著差异。在这种情况下,通常还需要对各个水平之间进行多重比较。

表 10-3 ANOVA

		Sum of Squares	df	Mean Square	F	Sig.
反应时 S	Between Groups	24876.93	2	12438.467	2.064	.140
	Within Groups	253112.3	42	6026.483		
	Total	277989.2	44			
错误率 S	Between Groups	1314.444	2	657.222	11.206	.000
	Within Groups	2463.333	42	58.651		
	Total	3777.778	44			

(4)多重比较 我们在 Post Hoc 对话框中选中了 R－E－G－W Q、Tukey 和 Dunnett's C 三种事后检验的方法,其中前两种方法适合方差齐性的情况,而第三种方法适合方差不齐的情况。表 10-4 给出了 Tukey 和 Dunnett's C 选项输出的多重比较结果。因为在方差检验中(见表 10-3),"反应时 S"的各个水平之间的差异不显著,所以无需再进行各组的多重比较,这一部分多重比较的结果可以忽略不计。实际上从表 10-4 中也可以看出,"反应时 S"的各个水平之间的两两比较结果均不显著。

在方差检验中(表 10-3),"错误率 S"达到了显著水平,因此需要进一步比较,以找出具体差异所在。据方差齐性检验结果,"错误率 S"的各组方差齐性,所以使用 R－E－G－W Q 和 Tukey 方法计算的多重比较结果是可信的。我们可以直接考察表 10-4 中 Tukey 方法的检验结果,而忽略 Dunnett's C 的检验结果。从表 10-4 中可以看出,1 组与 2、3 两组的均值之差带有*,表示在.05 的水平上 1 组和 2 组、1 组和 3 组的差异显著。

表 10-4 Multiple Comparisons

Denendent Variable		(I)组别	(J)组别	Mean Difference (I－J)	Std. Error	Sig.	95%Confidence Interval	
							Lower Bound	Upper Bound
反应时 S	Tukey HSD	1	2	－57.27	28.347	120	－126.13	11.60
			3	－33.93	28.347	461	－102.80	34.93
		2	1	57.27	28.347	120	－11.60	126.13
			3	23.33	28.347	691	－45.53	92.20
		3	1	33.93	28.347	461	－34.93	102.80
			2	－23.33	28.347	691	－92.20	45.53
	Dunnett C	1	2	－57.27	32.189		－141.51	26.98
			3	－33.93	24.606		－98.33	30.47
		2	1	57.27	32.189		－26.98	141.51

(续)

Denendent Variable		(I)组别	(J)组别	Mean Difference (I-J)	Std. Error	Sig.	95% Confidence Interval	
							Lower Bound	Upper Bound
			3	23.33	27.731		-49.25	95.91
		3	1	33.93	24.606		-30.47	98.33
			2	-23.33	27.731		-95.91	49.25
错误率 S	Tukey HSD	1	2	-13.000*	2.7964	.000	-19.794	-6.206
			3	-8.667*	2.7964	.009	-15.461	-1.873
		2	1	13.000*	2.7964	.000	6.206	19.794
			3	4.333	2.7964	.297	-2.461	11.127
		3	1	8.667*	2.7964	.009	1.873	15.461
			2	-4.333	2.7964	.279	-11.127	2.461
	Dunnett C	1	2	-13.000*	2.7080		-20.088	-5.912
			3	-8.667*	2.5103		-15.237	-2.097
		2	1	13.000*	2.7080		5.912	20.088
			3	4.333	3.1345		-3.871	12.537
		3	1	8.667*	2.5103		2.097	15.237
			2	4.333	3.1345		-12.537	3.871

注: * The mean difference is significant at the .05 level.

R-E-G-W Q方法和Tukey方法还会输出如表10-5和表10-6所示的题为Homogenious Subset的表格(注:Tukey选项可以输出两种形式的表格,而R-E-G-W Q和Dunnett's C仅输出一种表格形式)。该表格根据因素的各个水平之间的差异对水平进行分类,如果水平间没有差异,就形成一类,否则根据差异的大小分成两个或更多的小类。

表10-5列出了自变量的不同水平在"反应时S"指标的分类情况,可以看出,R-E-G-W Q和Tukey两种方法的输出结果一致,自变量的各个水平是同一类(见表中最后一列),即它们之间没有差异。这一结果与表10-4输出的结果是一致的。

表10-6列出了以"错误率S"指标时,自变量的不同水平的分类情况,同样,R-E-G-W Q和Tukey两种方法的输出结果一致,自变量的三个水平分为了两类(见表中最后两列),一类包含了第一个水平(组1),另一个小组包含了第二、三个水平(组2和组3)。表明组1分别和组2、组3之间存在显著差异,而组2和组3之间没有差异。因此,该结果和表10-4输出的结果是一致的。另外我们从表10-6中还可以发现,组1的均值仅为5.000,而组3和组2的均值高达13.667和18.000,显示出很大的差距。

表10-5 Homogeneous Subsets

反应时S

	组别	N	Subset for alpha=.05
			1
Tukey HSD①	1	15	586.40
	3	15	620.33
	2	15	643.67
	Sig.		.120
Ryan-Einot-Gabriel-Welsch Range	1	15	586.40
	3	15	620.33
	2	15	643.67
	Sig.		.120

注:Means for groups in homogeneous subsets are displayed.
① Uses Harmonic Mean Sample Size=15.000.

表 10-6 Homogeneous Subsets
错误率 S

组别		N	Subset for alpha=.05	
			1	2
Tukey HSD①	1	15	5.000	
	3	15		13.667
	2	15		18.000
	Sig.		1.000	.279
Ryan-Einot-Gabriel-Welsch Range	1	15	5.000	
	3	15		13.667
	2	15		18.000
	Sig.		1.000	.129

注：Means for groups in homogeneous subsets are displayed.
① Uses Harmonic Mean Sample Size=15.000.

提示

Post Hoc 对话框提供了众多进行事后检验的方法，我们在这儿选择了 R—E—G—W Q、Tukey 和 Dunnett's C 三种方法进行演示。从上文也可以看出，这些方法得到的结果基本上是相同的。因此，在实际的分析过程中，只需要选择其中的一种方法进行事后检验即可。

2. 项目分析结果

(1) 各组的描述统计量　表 10-7 给出了项目反应时的描述统计结果，包括规则形声字、不规则形声字和非形声字三组项目在两个反应时和错误率两个因变量上的样本量(N)、均值(Mean)、标准差(Std. Deviation)、标准误(Std. error)、95% 的置信区间(95% Confidence Interval for Mean)以及最小值(Minimum)和最大值(Maximum)。

表 10-7 Descriptives

		N	Mean	Std. Deviation	Std. Error	95% Confidence Interval for Mean		Minimum	Maximum
						Lower Bound	Upper Bound		
反应时 I	规则形声字	20	589.10	52.763	11.798	564.41	613.79	509	732
	不规则形声字	20	666.65	101.671	22.734	619.07	714.23	519	946
	非形声字	20	630.65	78.306	17.510	594.00	667.30	527	770
	Total	60	628.80	84.977	10.970	606.85	650.75	509	946
错误率 I	规则形声字	20	5.005	6.7948	1.5194	1.825	8.185	.0	20.0
	不规则形声字	20	18.000	17.0490	3.8123	10.021	25.979	.0	66.7
	非形声字	20	13.665	14.7351	3.2949	6.769	20.561	.0	53.3
	Total	60	12.223	14.4247	1.8622	8.497	15.950	.0	66.7

(2) 方差齐性检验结果　表 10-8 给出了对"反应时 I"和"错误率 I"进行方差齐性检验的结果。结果表明，"反应时 I"和"错误率 I"在三组材料的方差齐性显著性水平均小于 0.05，表明这两个因变量在三组材料上的方差均不齐。因此，假如因素的组间效应显著，据此可采用方差不齐假设下的多重比较的结果，即 Dunnett'C 的检验结果。

表 10-8 Test of Homogeneity of Variances

	Levene Statistic	df1	df2	Sig.
反应时 I	5.063	2	57	.009

(续)

	Levene Statistic	df1	df2	Sig.
错误率 I	3.874	2	57	.026

(3)方差检验表　表 10-9 给出了对"反应时 I"和"错误率 I"进行方差分析的结果。结果表明,"反应时 I"的方差分析的显著性水平为 0.013<0.05,方差检验的零假设不成立,即三类汉字的命名反应时间存在显著差异。

"错误率 I"的显著性水平为 0.012<0.05,方差检验的零假设不成立,即三类汉字的命名错误率存在显著差异。

表 10-9　ANOVA

		Sum of Squares	df	Mean Square	F	Sig.
反应时 I	Between Groups	60242.70	2	30121.350	4.694	.013
	Within Groups	365800.9	57	6417.560		
	Total	426043.6	59			
错误率 I	Between Groups	1751.052	2	875.526	4.741	.012
	Within Groups	10525.28	57	184.654		
	Total	12276.33	59			

(4)多重比较　表 10-10 给出了进行多重比较的结果。据方差齐性检验结果,"反应时 I"和"错误率 I"的各组方差均不齐,所以 Dunnett's C 计算的多重比较结果可信。从表 10-10 中可以看出,规则形声字与不规则形声字的反应时均值之差和错误率均值之差都带有 *,表示这两种条件在 0.05 的水平上差异显著。而非形声字分别和规则形声字、不规则形声字之间的差异均未达到显著水平。

这一结果同样表现在表 10-11 和表 10-12 的 Homogeneous Subset 表中。从表 10-11 中可以看出,规则形声字的反应时均值为 589.10,而不规则形声字的均值为 666.65,是差距最大的两组。而变量水平的分类也同样如此,规则形声字分在第一类,不规则形声字分在第二类,而非形声字则两类中都有。这一结果同样说明,规则形声字与不规则形声字存在差异,而二者与非形声字之间均无差异。表 10-12 表现了完全相同的模式:规则形声字与不规则形声字是差距最大的两组,前者为 5.005,后者为 18.000。

表 10-10　Multiple Comparisons

Denendent Variable		(I)形声字	(J)形声字	Mean Difference (I−J)	Std. Error	Sig.	95%Confidence Interval Lower Bound	Upper Bound
反应时 I	Tukey HSD	规则形声字	不规则形声字	−77.55 *	25.333	.009	−138.51	−16.59
			非形声字	−41.55	25.333	.237	−102.51	19.41
		不规则形声字	规则形声字	77.55 *	25.333	.009	16.59	138.51
			非形声字	36.00	25.333	.337	−24.96	96.96
		非形声字	规则形声字	41.55	25.333	.237	−19.41	102.51
			不规则形声字	−36.00	25.333	.337	−96.96	24.96
	Dunnett C	规则形声字	不规则形声字	−77.55 *	25.613		−142.62	−12.48
			非形声字	−41.55	21.114		−95.19	12.09
		不规则形声字	规则形声字	77.55 *	25.613		12.48	142.62
			非形声字	36.00	28.696		−36.90	108.90
		非形声字	规则形声字	41.55	21.114		−12.09	95.19
			不规则形声字	−36.00	28.696		−108.90	36.90

(续)

Denendent Variable		(I)形声字	(J)形声字	Mean Difference (I−J)	Std. Error	Sig.	95%Confidence Interval Lower Bound	Upper Bound
错误率 I	Tukey HSD	规则形声字	不规则形声字	−12.995*	4.2971	.010	−23.336	−2.654
			非形声字	−8.660	4.2971	.118	−19.001	1.681
		不规则形声字	规则形声字	12.995*	4.2971	.010	2.654	23.336
			非形声字	4.335	4.2971	.574	−6.006	14.676
		非形声字	规则形声字	8.660	4.2971	.118	−1.681	19.001
			不规则形声字	−4.335	4.2971	.574	−14.676	6.006
	Dunnett C	规则形声字	不规则形声字	−12.995*	4.1039		−23.421	−2.569
			非形声字	−8.660	3.6283		−17.878	.558
		不规则形声字	规则形声字	12.995*	4.1039		2.569	23.421
			非形声字	4.335	5.0388		−8.466	17.136
		非形声字	规则形声字	8.660	3.6283*		−.558	17.878
			不规则形声字	−4.335	5.0388		−17.136	8.466

注: * The mean difference is significant at the .05 level.

表 10-11 Homogeneous Subsets
反应时 I

	形声字	N	Subset for alpha=.05	
			1	2
Tukey HSD[a]	规则形声字	20	589.10	
	非形声字	20	630.65	630.65
	不规则形声字	20		666.65
	Sig.		.237	.337
Ryan-Einot-Gabriel-Welsch Range	规则形声字	20	589.10	
	非形声字	20	630.65	630.65
	不规则形声字	20		666.65
	Sig.		.106	.161

Means for groups in homogeneous subsets are displayed.
a. Uses Harmonic Mean Sample Size=20.000.

表 10-12 Homogeneous Subsets
错误率 I

	形声字	N	Subset for alpha=.05	
			1	2
Tukey HSD①	规则形声字	20	5.005	
	非形声字	20	13.665	13.665
	不规则形声字	20		18.000
	Sig.		.118	.574
Ryan-Einot-Gabriel-Welsch Range	规则形声字	20	5.005	
	非形声字	20		13.665
	不规则形声字	20		18.000
	Sig.		1.000	.317

注: Means for groups in homogeneous subsets are displayed.
① Uses Harmonic Mean Sample Size=20.000.

提示

目前很多以实验为基础的研究论文都要求同时报告以被试为随机变量的方差分析

(F1)和以项目为随机变量的方差分析(F2)的结果(我们简称为被试分析和项目分析),那么当这两种方差分析的结论不一致时,该如何理解呢?有关讨论见本章所附的补充内容。

10.4 其他备选的 SPSS 分析方法

面对同一份数据,一般可以采用多种 SPSS 方法和命令进行分析。对例 10-2 的数据,除了文中介绍的方法,也可以使用一般线性模型的 Univariate 过程进行方差分析。与 One-Way ANOVA 相比,Univariate 过程功能要强大得多,比如可以处理多因素设计的方差分析等(其详细功能见第 11 章到第 14 章的内容)。

当正态分布或方差齐性的假设不能满足时,该数据可以使用非参数方法(见第 19 章)进行检验,相对应的非参数检验方法是 k Independent Samples 过程。

10.5 习题

一位学校教育学家认为,行为不良的学生在那些能够人性化管理且班级控制严格的班主任教师的班中表现最好。为了验证这一观点,他联系到一所大的中学,选择了 40 位班里有行为问题学生的班主任教师,并把他们区分为三类:第一组是能够人性化管理且班级控制严格的教师(9 位),第二组是纪律严明的教师(21 位),第三组是纵容学生行为的教师(10 位)。

研究者阅读了 40 个班全部学生(每个班 40 人)一学年的档案资料,确定出每个班需要训诫的学生。

问:研究者的 SPSS 数据包含多少观测记录(被试)?因变量与因素变量各是什么?

答案提示:

研究者的 SPSS 数据包含 40 个观测记录,两个变量,一个是用于区分班主任教师类型的因素变量,另一个是每个班需要训诫的学生人数,作为因变量。

10.6 补充内容

10.6.1 以被试为随机变量的分析 VS 以项目为随机变量的分析

您在阅读一些研究论文的过程中,可能会留意到研究者对数据在进行统计分析时,经常同时作两种分析:以被试为随机变量的方差分析(subject analysis,通常用 F1 表示)和以项目为随机变量的方差分析(item analysis,通常用 F2 表示)。为了行文的方便,我们在本书中有时简称被试分析和项目分析。那么,为什么要进行两种分析呢?它们分别代表的含义又是什么?

统计检验的目的是通过样本的数据推论总体情况。被试分析与项目分析的不同,表现在它们代表了两种不同性质的采样,因此可推论的总体也是不同的。例如,在本章实例 10-2 中,我们可以发现有两种不同性质的采样,一种采样是从人群中随机挑选了 45 名被试个体参加实验,样本所在的总体是整个人群,另一种采样是对每一种类型的汉字随机挑选了 20 个作为实验材料,这时样本所在的总体是属于该类型的所有汉字。那么在进行统计分析时,如果把被试个体的反应时作为随机单元进行统计检验(即 F1 检验),可推论的总体是整个人群,而如果把每个汉字的反应时作为随机单元进行统计检验(即F2检验),可推论的总体是属于该类型的所有汉字。前者便是被试分析,后者是项目分析。因此,两种分析是对两种不同性质的总体进行检验,不能互相替代。

在多数情况下,两种分析的结果是一致的,即都达到了显著水平,或都没有达到显著水平。但有时也会遇到这种情况,在一种分析里统计检验达到了显著水平,在另一种分析里则不显著,这常使初学者感到困惑,不知道该如何对结果进行说明和讨论。实际上,由于两种分析是针对不同总体的推论统计,所以即使分析的结果不一致,也是正常的(比如在本章的实例中,反应时数据在被试分析与项目分析中的结果就存在差异)。但是如果统计结果和预期相距很大,需要考虑实验设计是否严格,是否有额外变异的混淆等。关于被试分析和项目分析的进一步讨论,读者可参考王才康(2000)("基于项目的方差分析探讨",心理学报,2000.32(2):224~228)。

10.6.2 数据的预处理

在多数情况下,由实验得到的原始数据通常不能直接用SPSS进行统计检验,而是需要事先对数据进行整理。实际上数据的预处理过程往往占用了数据处理的绝大多数时间。事实上,当数据预处理的过程完成后,用SPSS进行统计检验是非常方便快捷的。

数据预处理的过程并没有统一的步骤,通常由研究者根据自己的需要对数据进行初步整理,为进一步的SPSS统计作准备。SPSS本身提供了很多功能,可以帮助您完成这些数据准备工作,具体用法请参考有关数据管理的内容(见本教材的第4章和第5章)。下面我们介绍一种通过微软公司的Excel软件进行数据预处理的步骤及其操作方法,供大家参考。Excel提供了大量的公式和函数功能,使用起来相当方便。尽管SPSS的数据管理命令同样能完成相应的处理过程,但在操作上没有Excel软件方便。

下面的预处理步骤以例10-2的原始数据(数据文件"10章_原始数据.xls")为例,过程如下。

1. 删除错误反应的数据

在基于电脑的实验研究中,所得到的原始数据通常不需要我们逐个输入,而是由相应的实验软件自动生成。这样得到的原始数据,既包括正确反应的数据,也包括错误反应的数据。例10-2的数据为心理学的反应时数据。一般认为,个体作出错误反应的认知过程可能与正确反应的过程是不相同的。因此,对反应时的统计处理一般是只包括正确反应的数据,而不包括错误反应。错误反应一般通过计算被试的错误率进行分析。

那么数据整理的第一步,是先删除错误反应的数据(如果你的数据没有错误反应数据,或者已经删除了错误反应数据,则直接进行第二步工作)。如何删除错误反应的数据呢?最直接的办法是人工将错误数据(带负号的数据)逐一删除。但这样做会比较辛苦,而且容易误删数据,特别是当数据量很大时。在Excel中通过调用相应的公式,则可以很容易完成。方法如下:打开Excel数据文件"10章_原始数据.xls"。文件的第一个工作表,我们取名为"raw",用于存放原始数据,第二个工作表取名为"right",用于存放正确反应的数据,即错误反应得以删除的数据。

图10-9显示了原始数据的存放样式,通常行代表不同被试在同一实验项目上的反应时,列代表同一被试在不同实验项目上的反应时。

SPSS 统计教程——从研究设计到数据分析

第10章 单因素完全随机设计的方差分析

图10-9 存放于 Excel 表格中的原始数据

图10-10 则显示了如何调用 Excel 公式（函数）IF 来删除错误数据。IF 是一个条件函数，其句法是：IF(condition, x, y)。当条件语句（condition）成立时，单元格赋值 x，否则赋值 y。在本例中，工作表"right"的 B3 填入公式"=if(raw! B3<0,"",raw! B3<0)"，敲入回车键，这个单元格的值显示为"529"，即 raw! B3 的值。这个公式表示工作表"raw"（用声叹号"！"表示工作表）中 B3 单元格的数值如果小于 0，当前单元格（right! B3）赋值为"空"，否则赋值为 raw! B3 的数值。将该单元格进行复制，然后用鼠标选中其他单元格进行粘贴。结果就如图10-10 所显示，大于 0 的反应时得以保留，小于 0 的数据则替换为空。

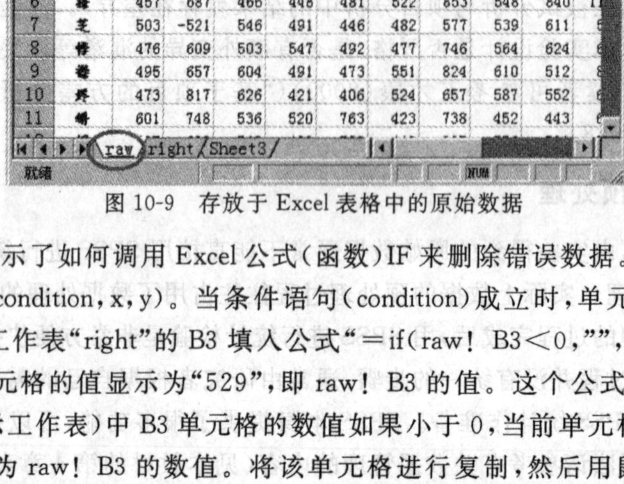

图10-10 通过公式删除错误反应（负值）

2. 替换极端数据（可选项）

有时候被试的一些不太正常的反应时会使结果变得不可靠，为此，可以考虑把很大或很小的反应时数据（极端数据）替换成合理数据。实际研究中，通常是把被试超过其反应时的两个标准差之外的数据视为极端值，可以用平均数加、减两个标准差来替换。

需要说明的是，这一步骤在数据处理中不是必需的，有的研究者主张使用实际得到的数据进行处理，而不应事先对极端值进行替换。

替换极端值应用到公式 AVERAGE, STDEV, 和 IF。其基本思路是，先计算出每个被试在不同项目上的平均反应时(AVERAGE)和标准差(STDEV),然后使用公式 IF 对超出平均数加、减两个标准差之外的数值进行替换。替换极端数据后的数据片断见图 10-11(有阴影的数据是被替换后的数据)。公式的具体调用过程见我们的数据样例文件"10 章_原始数据.xls",在此就不展开介绍。

	s1	s2	s3	s4	s5	s6	s7	s8	s9	s10	s11	s12	s13	s14	s15
愈	529	673	527	467	558	426	801	574	586	710	481	573	556	557	428
鞭	460	530	482	440	505	386	548	729	533		507	597	486	538	383
怖		631	522	398	446	426	1090	521	579		518	736	587	536	444
搽	457	687	466	448	481	522	853	548	757	1003	531	480	494	643	452
芝	503		546	491	446	482	577	539	611	561	566	784	593	701	612

图 10-11 极端值被替换后的数据样式

3. 为被试分析与项目分析作准备

经过上述处理的数据仍然不能直接进行统计分析,原因是这些数据混淆了被试采样和项目采样两种不同的采样方式。同时,错误率作为反应时实验的一种重要统计指标,我们还没有得到。所以在使用 SPSS 之前,还需要完成如下工作。

(1) 被试分析的数据准备 计算每个被试对某种实验条件下的各个汉字(项目)的反应时平均值(Mean(s))、错误率(错误反应数占总反应数的百分比(ER(s))。这样每种条件下得到的样本数量与被试数相同。整理后的数据将用于被试分析。

(2) 项目分析的数据准备 计算每个汉字(项目)被所有被试命名的反应时平均值(Mean(i))、错误率(ER(i))。这样每种实验条件下得到的样本数量与用于该实验条件的汉字数目(即项目数)相同。整理后的数据将用于项目分析。

	s1	s2	S3	s4	s5	s6	S7	s8	s9	s10	s11	s12	s13	s14	s15	Mean(i)	ER(i)
愈	529	673	527	467	558	426	801	574	586	710	481	573	556	557	428	**563**	0.0
鞭	460	530	482	440	505	386	548	729	533		507	597	486	538	383	**509**	6.7
怖		631	522	398	446	426	1090	521	579		518	736	587	536	444	**572**	13.3
搽	457	687	466	448	481	522	853	548	757	1003	531	480	494	643	452	**588**	0.0
芝	503		546	491	446	482	577	539	611	561	566	784	593	701	612	**572**	6.7
悸	476	609	503	547	492	477	746	564	624	604	707	686	563	682	478	**584**	0.0
襟	495	657	604	491	473	551	824	569	512	842	712	622	598	632	465	**606**	0.0
烬	473	817	626	421	406	524	657	587	572	607	680	734	1059	484		**616**	0.0
蝌	601	748	536	520	677	423	738	452	443	620	571	672	742	709	682	**609**	0.0
椴	495	698	548	402	523	442	937	556	501	732	644	539	566	619	593	**586**	0.0
镁	542	570	686	477	508	394	551	425	565	626	598	520	613	610	727	**561**	0.0
铭	455	606	650	502	462	522	567	620	590	540	611	648		621	495	**564**	6.7
沐	500	519	525	385	401	413	522	476	586	698	580	520	446	502	676	**517**	0.0
柿	529	631	594	509	455	482	858	468	584	724	889	670		701		**623**	13.3
泗	534	500	493	415	496	490	631	441	526	825		617	494	856	505	**559**	6.7
悻	563	604	500	523	508	425	538	1054	522	668	620	544	661	632		**597**	6.7
邮	476	567	562	550	668	468	586	516	507	535	731	587	563	573	542	**562**	0.0
蚓	510	471	532	430	412	426	1131	513	565	676	500	709	555	488	471	**559**	0.0
屿	526	700			529	450	730	820	637	823	868	621	715	1013		**703**	20.0
佐	667	940		598		610	757	1028	750		920	683	635	661	537	**732**	20.0
Mean(s)	**515**	**640**	**550**	**474**	**497**	**467**	**732**	**602**	**576**	**694**	**641**	**624**	**589**	**667**	**528**		
ER(s)	5.0	5.0	10.0	5.0	5.0	0.0	0.0	0.0	0.0	15.0	5.0	0.0	10.0	0.0	15.0		

图 10-12 分别计算用于被试分析的数据和用于项目分析的数据

计算平均反应时用到公式 AVERAGE，计算错误率用到公式 COUNT，具体使用过程参加数据文件"10章_原始数据.xls"（随书附带素材内）。图 10-12 显示了计算后的部分结果（见最后两行和最后两列），其中最后两行是用于被试分析的平均反应时、错误率，最后两列是用于项目分析的平均反应时和错误率。至此，实验数据的预处理大功告成，可以把这两类数据转入 SPSS 中进行统计检验分析了。具体统计过程见本章前面的介绍。

 小诀窍：Excel 处理数据的快捷办法

很多时候，研究者通常需要同时处理很多组数据，这些数据可能来自相同或相似的实验设计。这时研究者在使用 Excel 进行数据整理时，不需要对每一组数据都逐步进行上述预处理，可以在一组数据的预处理完成后，仅仅替换一下原始数据的内容，Excel 就可以随即生成用于被试分析的平均值、错误率，以及项目分析的平均值和错误率。当然，这样做的前提是预处理的中间计算过程应该是用公式调用相应的单元格，而不是对单元格的绝对数值进行计算。

第11章　两(多)因素析因设计的方差分析

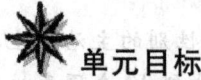

单元目标

通过学习本章,您可以了解:
◆ 进行多因素设计的方差分析的前提假设
◆ 对数据是否符合前提假设进行检验
◆ 对两因素析因设计的数据进行主效应和交互作用检验
◆ 如何进行多重比较和简单效应分析

多因素方差分析包含一个因变量,至少两个自变量(因素)。每个因素把被试区分为至少两个实验水平,因变量必须是连续型变量。

多因素设计的方差分析过程通常分两步,首先对因素主效应和交互效应进行综合检验,如果效应显著,然后再作进一步检验。以两因素析因设计的方差分析为例,方差分析首先需检验的效应如下:

(1)第一因素的主效应　在平衡第二因素各水平之间效应的前提下,因变量在第一因素各水平上的均值是否存在显著差异。

(2)第二因素的主效应　在平衡第一因素各水平之间效应的前提下,因变量在第二因素各水平上的均值是否存在显著差异。

(3)两因素的交互效应　因变量在第一因素各水平上的均值差异是否是第二因素各水平的变异函数。也就是说,在两个因素共同作用下,因变量在因素各水平上的差异是否显著。

上述三类效应只要有一类显著,都需作事后检验。如果仅有因素主效应显著而交互效应不显著,需要进行多重比较,以发现具体差异发生在哪些水平之间。如果仅有交互效应显著,通常不需要解释因素主效应,而应对交互效应作进一步检验。

11.1　前提假设

(1)正态分布　因变量在每个实验单元内都必须呈正态分布。如果正态分布的条件不满足,使用大样本可以提高方差分析结果的可信度。每个实验单元的被试达到15个为大样本。

(2)方差齐性　因变量在所有实验单元内的方差齐性。如果各组方差不齐,而且各单元内的样本量不等,则方差分析结果不可信。

(3)独立性　被试必须从总体中随机抽取,因变量在各个单元内的得分相互独立。如果因变量得分不独立,方差分析的结果不可信。

(4)连续变量　因变量为连续型变量(尺度变量)。

11.2　医患性别关系是否影响治疗效果,笔画数和字频是否影响汉字识别速度(实例)

例 11-1　有假设认为,医生和患者的性别关系会影响治疗效果,同性别的主治医生与病人搭配会取得最佳疗效。一位心理医生通过一个大型的医疗资料库找到 40 个医患性别搭配案例,每种性别搭配的案例相等,即男医生男患者的案例 10 个,男医生女患者的案例 10 个,女医生男患者的案例 10 个,女医生女患者的案例 10 个。所有患者都被诊断为应付日常压力有困难,所有医生都确认自己在治疗过程中使用了折衷方案。同时,所有案例的治疗期都超过 5 个疗程。

这位心理医生的 SPSS 数据包含两个因素变量和一个因变量。第一个因素是主治医生的性别,有两个水平(男、女)。第二个因素是患者的性别,也有两个水平(男、女),因变量是治疗效果。这种设计称为 2×2 设计的方差分析,即两个因素,每个因素含有两个水平。

例 11-2　笔画数和字频是影响汉字识别时间的重要变量,一项研究综合考察了这两个变量对汉字识别的影响。研究者设计了 3×2 两因素设计的实验。第一个因素笔画数有三个水平,分别为多笔画字(12 画以上)、中等笔划数(6 画~12 画)和少笔画字(1 到 6 画);第二个因素字频有两个水平,分别为高频字和低频字。两因素各个实验水平交叉后形成 6 个条件单元。研究者使用的实验材料是 60 个汉字,每个条件单元中有 10 个汉字。参加实验的被试来自某高校随机抽取的 60 名本科生,他们被随机分成 6 组,每组 10 人,每一组被试仅对一组实验材料进行命名。

问:笔画数和字频对汉字命名时间有什么影响?

11.2.1　分析思路

虽然研究者想知道的问题只有一个,但在方差分析中,我们可以按效应类型把例 11-2 中的问题细分为三个:

(1)笔画数的因素主效应　三类笔画的汉字的反应时间均值是否存在显著差异?

(2)字频的因素主效应　两类不同字频的汉字的反应时间均值是否存在显著差异?

(3)笔画数与字频的交互效应　不同字频的汉字当笔画数也不同时,其反应时间均值是否存在显著差异?

11.2.2　数据结构

下面将详细说明例 11-2 的 SPSS 数据分析过程。经过数据预处理后(关于数据预处理的具体过程可参考第 10 章的补充内容),用于被试分析和项目分析的数据保存在文件"11章_数据 1.sav"中。

1.变量及标签

为了方便实验数据及结果的管理,我们把被试分析和项目分析的数据放在同一数据文件中。因此,在 SPSS 的 Variable View 窗口中有六个变量:

● **字频**:有两个水平,1 表示高频,2 表示低频。

- **笔画数**：有三个水平，1表示2～6画，2表示7～11画，3表示12画以上。
- **反应时S**：被试的反应时平均值。
- **错误率S**：被试反应的错误率，包含一位小数。
- **反应时I**：汉字被命名的反应时平均值。
- **错误率I**：汉字被命名的错误率，包含一位小数。

前两个变量"字频"和"笔画数"将同时用于被试分析和项目分析的自变量，"反应时S"、"错误率S"用于被试分析的因变量，"反应时I"、"错误率I"用于项目分析的因变量。

提示

在本例中，由于被试分析和项目分析的单元格样本量相同，都为10，所以在被试分析和项目分析中，可以共用字频和笔画数作为分组变量。但是如果两者的单元格样本量不同，则被试分析和项目分析需要分别有字频变量和笔画数变量作为分组变量。

2. 数据浏览

图11-2显示了用SPSS数据浏览窗口查看数据的情形。

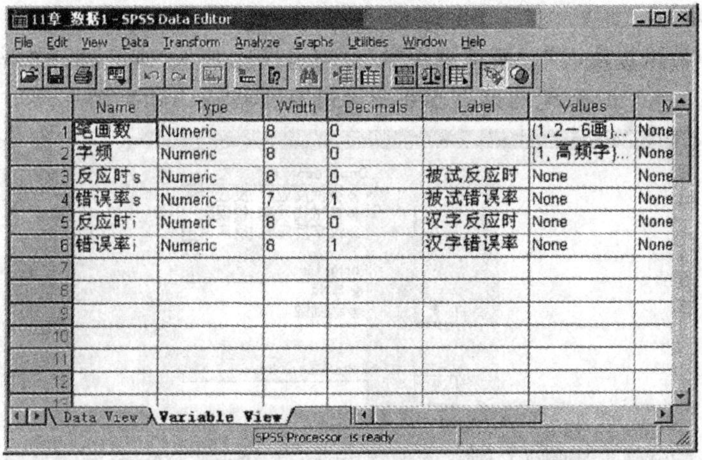

图11-1 变量浏览窗口

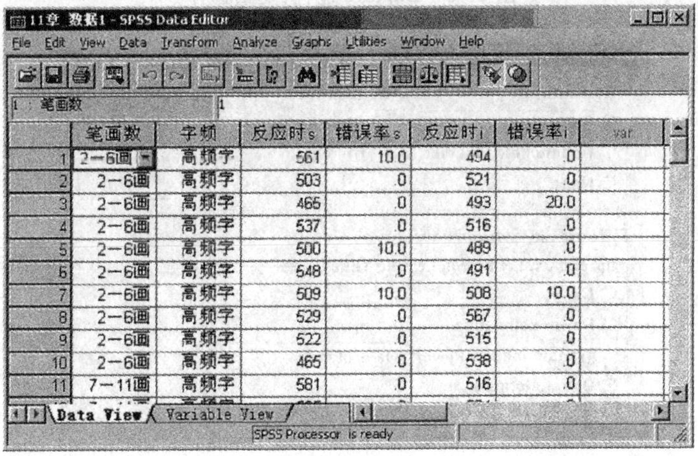

图11-2 数据浏览窗口

11.3 方差分析

11.3.1 检查数据是否满足方差分析的前提假设

1. 正态分布

进行方差分析首先需要保证每个实验单元格内的数据为正态分布。因此在本例中,需要检验 6 个单元格的数据分布特性。可以用 Explore 模块进行正态性检验,但是由于 Explore 的缺省功能是对因素的主效应进行检验,在本例中,当把字频和笔画数都添加到因素列表(**Factor List**)中时,运行 Explore 将在字频的两个水平上分别检验数据是否符合正态性,以及在笔画数的三个水平上检验数据的正态性,它并不对每个实验单元格的数据进行检验,因此我们需要使用句法命令进行相应的检验。最简单的办法是先用菜单命令生成一个句法语句的模版,然后在此基础上进行少许改动。

操作过程

(1)选择菜单 Analyze→Descriptive Statistics→Explore,(关于 Explore 过程的使用说明,请参见第 6 章)。

(2)将变量"被试反应时"、"被试错误率"、"项目反应时"、"项目错误率"添加到因变量列表(Dependent List),字频、笔画数添加到因素列表(Factor List)(图 11-3)。

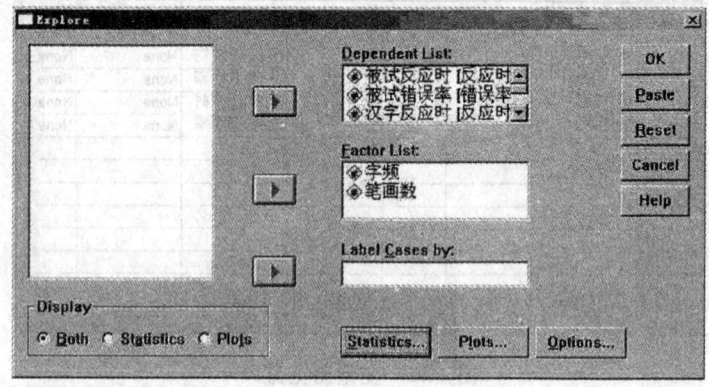

图 11-3 Explore 过程:变量选择

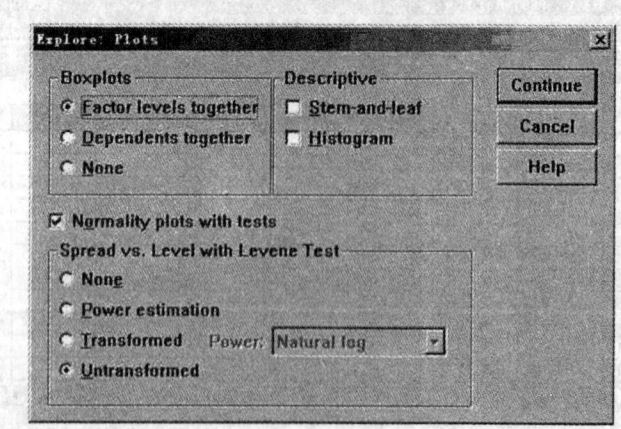

图 11-4 Explore 过程:定义统计图选项

(3) 点击 Plots...，在弹出界面上，Boxplots 一栏内选中"Factor Levels together"，选中"Normality Plots with tests"，在 Spread vs. Level with Levene Test 一栏选择"Untransformed"（图 11-4）。这时候您可以运行 Explore，看看输出的结果是否符合我们的要求，你会发现结果报告的是在每个因素的不同水平上的检验结果，并没有对单元格内的数据进行检验。

(4) 回到 Explore 界面，点击 Paste，将弹出一个程序语句窗口（如图 11-5 所示）。

(5) 在这个语句窗口内，只需要在"VARIABLES=反应时 s 错误率 s 反应时 i 错误率 i BY 字频 笔画数"语句中"字频"和"笔画数"之间插入一个"by"，就可以检验每个单元格内的数据分布，改动后的程序语句如图 11-6 所示。然后选中这段语句，点击主菜单 Run→Selection 运行。

```
EXAMINE
  VARIABLES=反应时 s 错误率 s 反应时 i 错误率 i BY 字频 笔画数
  /PLOT BOXPLOT NPPLOT SPREADLEVEL(1)
  /COMPARE GROUP
  /STATISTICS DESCRIPTIVES
  /CINTERVAL 95
  /MISSING LISTWISE
  /NOTOTAL.
```

图 11-5　SPSS 生成的程序语句

```
EXAMINE
  VARIABLES=反应时 s 错误率 s 反应时 i 错误率 i BY 字频 by 笔画数
  /PLOT BOXPLOT NPPLOT SPREADLEVEL(1)
  /COMPARE GROUP
  /STATISTICS DESCRIPTIVES
  /CINTERVAL 95
  /MISSING LISTWISE
  /NOTOTAL.
```

图 11-6　修改后的 SPSS 程序语句

输出结果

表 11-1 到表 11-3 给出了关于各个变量的正态性检验结果。可以看出，"反应时 s"和"反应时 i"在绝大多数实验单元内的正态检验显著性水平均不显著，表明属于正态分布。唯一不符合正态分布的是"反应时 s"（被试反应时）在低频字中的 7～11 画单元，$p=0.01<0.05$，但是其数据分布的斜度还不足以大到超过其标准误的两倍（斜度 1.302，比其标准误 0.687 的 2 倍略小），所以其分布仍属于对称分布，适于方差分析。

但被试错误率和汉字错误率在所有的单元内都不符合正态分布，所以两种错误率的方差分析不宜进行。可选的办法是增大样本量，保证每个实验单元的被试量或汉字数达到 15。因为大样本的方差分析并不要求正态分布，后面进行的错误率分析结果因此不可信，其操作过程及统计结果仅供演示，特此说明。

表 11-1　Tests of Normality 正态检验

	字频	笔画数	Kolmogorov-Smirnov[a]			Shapiro-Wilk		
			Statistic	df	Sig.	Statistic	df	Sig.
被试反应时	高频字	2～6 画	.136	10	.200*	.948	10	.644
		7～11 画	.163	10	.200*	.967	10	.861
		12 画以上	.245	10	.091	.870	10	.099
	低频字	2～6 画	.155	10	.200*	.933	10	.474
		7～11 画	.329	10	.003	.787	10	.010

(续)

字 频		笔画数	Kolmogorov-Smirnov[a]			Shapiro-Wilk		
			Statistic	df	Sig.	Statistic	df	Sig.
		12画以上	.189	10	.200*	.945	10	.606
被试错误率	高频字	2~6画	.433	10	.000	.594	10	.000
		7~11画	.381	10	.000	.640	10	.000
		12画以上	.272	10	.035	.802	10	.015
	低频字	2~6画	.272	10	.035	.802	10	.015
		7~11画	.281	10	.025	.791	10	.011
		12画以上	.248	10	.082	.805	10	.017
汉字反应时	高频字	2~6画	.182	10	.200*	.876	10	.118
		7~11画	.130	10	.200*	.977	10	.949
		12画以上	.116	10	.200*	.979	10	.961
	低频字	2~6画	.189	10	.200*	.880	10	.130
		7~11画	.179	10	.200*	.902	10	.232
		12画以上	.246	10	.087	.882	10	.138
汉字错误率	高频字	2~6画	.472	10	.000	.532	10	.000
		7~11画	.381	10	.000	.640	10	.000
		12画以上	.302	10	.010	.781	10	.008
	低频字	2~6画	.400	10	.000	.623	10	.000
		7~11画	.308	10	.008	.756	10	.004
		12画以上	.260	10	.054	.829	10	.033

注：*. This is a lower bound of the true significance.
a. Lilliefors Significance Correction

表 11-2 Descriptives 描述统计量

低频字	2~6画	Mean		584.90	8.991
		95% Confidence Interval for Mean	Lower Bound	564.56	
			Upper Bound	605.24	
		5% Trimmed Mean		583.50	
		Median		578.50	
		Variance		808.322	
		Std. Deviation		28.431	
		Minimum		550	
		Maximum		645	
		Range		95	
		Interquartile Range		41.00	
		Skewness		.919	.687
		Kurtosis		.943	1.334
	7~11画	Mean		670.10	12.160
		95% Confidence Interval for Mean	Lower Bound	642.59	
			Upper Bound	697.61	
		5% Trimmed Mean		668.50	
		Median		665.50	
		Variance		1478.767	
		Std. Deviation		38.455	
		Minimum		606	
		Maximum		763	
		Range		157	
		Interquartile Range		17.75	
		Skewness		1.302	.687
		Kurtosis		4.788	1.334

表 11-3 Test of Homogeneity of Variance 方差齐性检验

		Levene Statistic	df1	df2	Sig.
被试反应时	Based on Mean	.177	5	54	.970
	Based on Median	.134	5	54	.984
	Based on Median and with adjusted df	.134	5	42.946	.984
	Based on trimmed mean	.176	5	54	.970
被试错误率	Based on Mean	1.541	5	54	.193
	Based on Median	1.192	5	54	.325
	Based on Median and with adjusted df	1.192	5	50.545	.326
	Based on trimmde mean	1.591	5	54	.178
汉字反应时	Based on Mean	1.103	5	54	.370
	Based on Median	.788	5	54	.563
	Based on Median and with adjusted df	.788	5	33.344	.566
	Based on trimmde mean	1.007	5	54	.423
汉字错误率	Based on Mean	1.380	5	54	.246
	Based on Median	.711	5	54	.618
	Based on Median and with adjusted df	.711	5	27.220	.621
	Based on trimmde mean	1.188	5	54	.327

图 11-7 到图 11-10 是各个变量的盒状图，从中可以直观地看到变量的分情况。例如图 11-7 中的 7～11 画的低频字单元的盒状图明显有异于其他单元，盒体部分（25%和 75%百分位数之间的距离）过于狭窄，且存在极大值和极小值，最值得研究者注意。

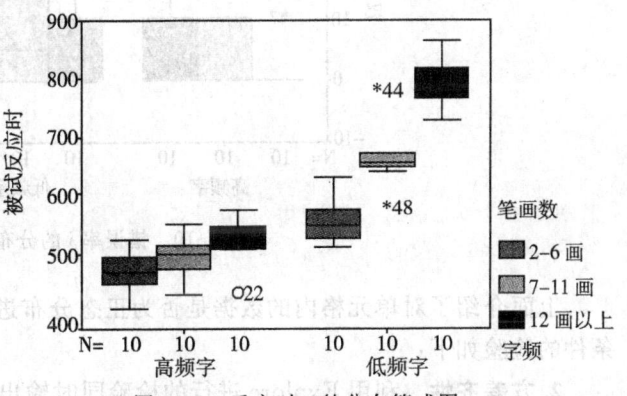

图 11-7 反应时 s 的分布箱式图

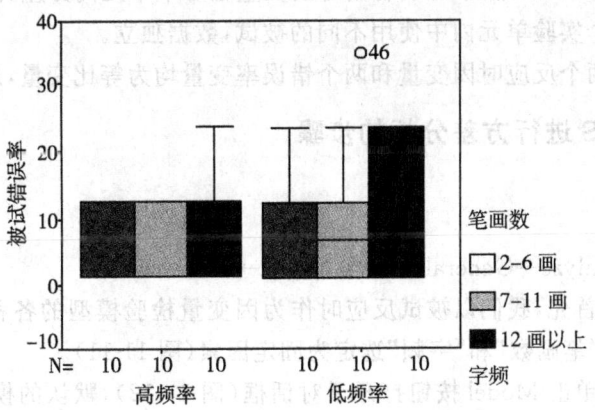

图 11-8 错误率 s 的分布箱式图

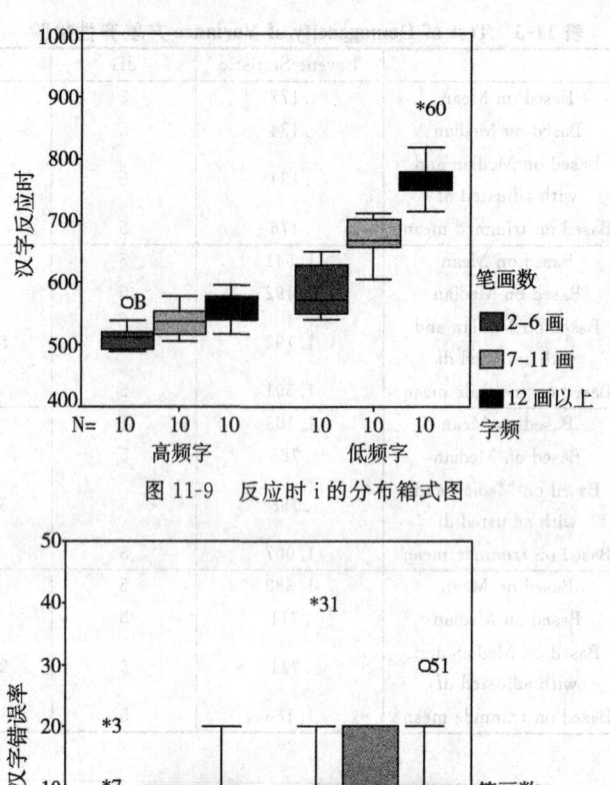

图 11-9　反应时 i 的分布箱式图

图 11-10　错误率 i 的分布箱式图

上面介绍了对单元格内的数据是否为正态分布进行检验的过程进行了介绍,其他假设条件的检验如下：

2. 方差齐性　利用 Explore 进行的检验同时输出了方差齐性检验表 Test of Homogeneity of Variance(表 11-3),从中可以看出各因变量在每个单元内方差齐性。

3. 独立性　每个实验单元内中使用不同的被试,数据独立。

4. 连续变量　两个反应时因变量和两个错误率变量均为等比变量,属于连续型变量。

11.3.2　用 SPSS 进行方差分析的步骤

操作过程

选择主菜单 Analyze→General Linear Model→Univariate。

(1)定义变量。首先,我们以被试反应时作为因变量检验模型的各种效应。把"反应时 s"选定为因变量,把"笔画数"和"字频"选定为固定因素(图 11-11)。

(2)定义模型。单击 Model 按钮打开子对话框(图 11-12),默认的模型是 Full Factorial,表示方差分析的模型包括所有因素的主效应,也包括因素之间的交互效应。

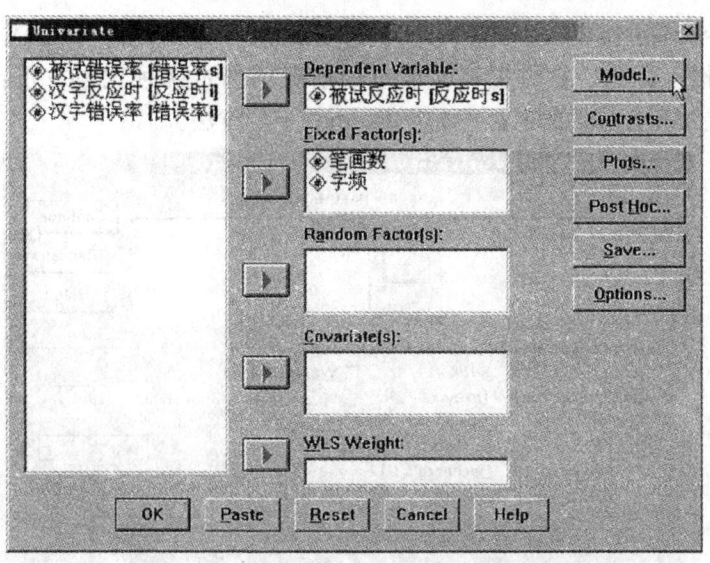

图 11-11 GLM：Univariate 过程：选择变量

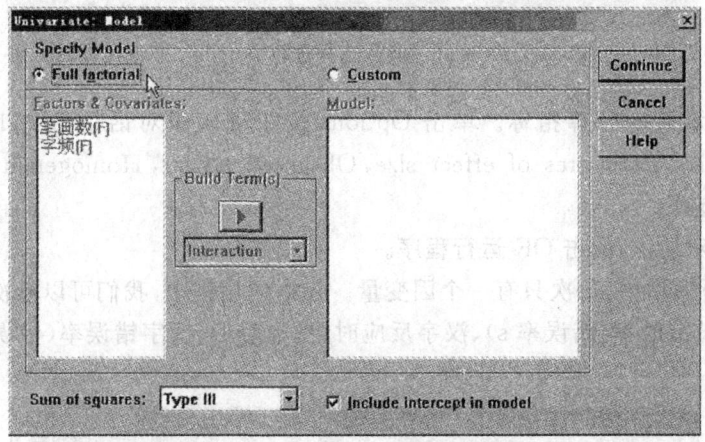

图 11-12 GLM：Univariate 过程：定义模型

(3)定义平均值显示图。单击 Plots 按钮打开子对话框(图 11-13)，选定"字频"为横坐标，选"笔画数"为独立折线。单击 Add 按钮完成定义过程。

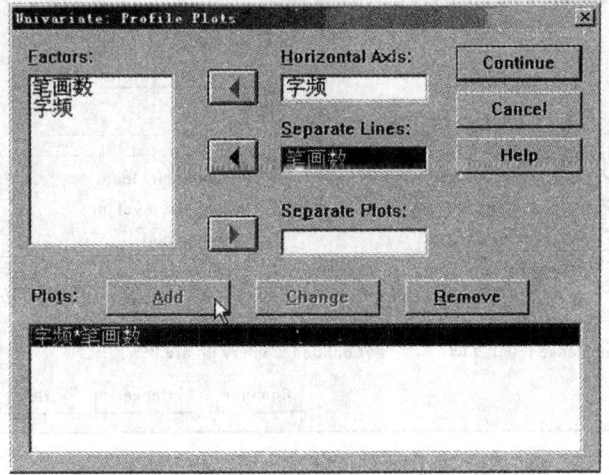

图 11-13 GLM：Univariate 过程：定义统计图

(4)要求事后多重比较。单击 Post Hoc 按钮进入子对话框(图 11-14)。选定"笔画数"作为多重比较惟一因素。在方差齐性假设的前提下选定两种比较方法:R-E-G-W Q 和 Turkey;在方差非齐性假设的前提下选定 Dunnett's C 方法。

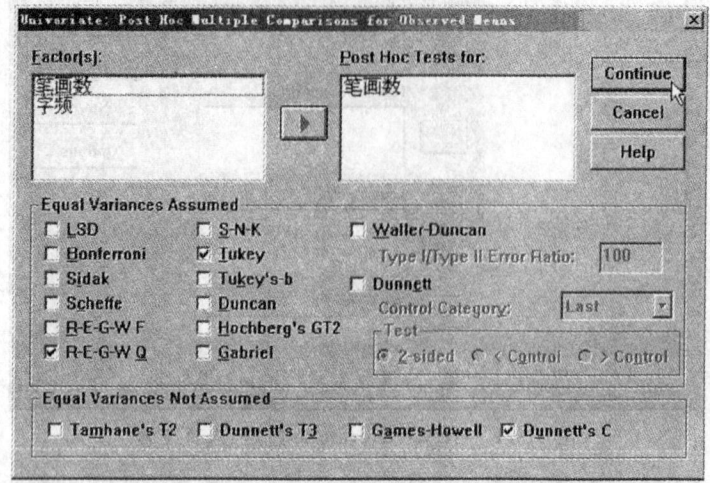

图 11-14　GLM:Univariate 过程:选择进行 post hoc 多重比较的方法

(5)要求显示其他计算指标。单击 Options 按钮进入子对话框(图 11-15),选中 Descriptive statistics,Estimates of effect size,Observed power,Homogeneity test,Resdual plot 等五个复选项。

(6)回到主对话框,单击 OK 运行程序。

在方差分析模型中,每次只有一个因变量。在上述实例中,我们可以依次把被试反应时(反应时 s)、被试错误率(错误率 s)、汉字反应时(反应时 i)、汉字错误率(错误率 i)作为因变量逐一检验。

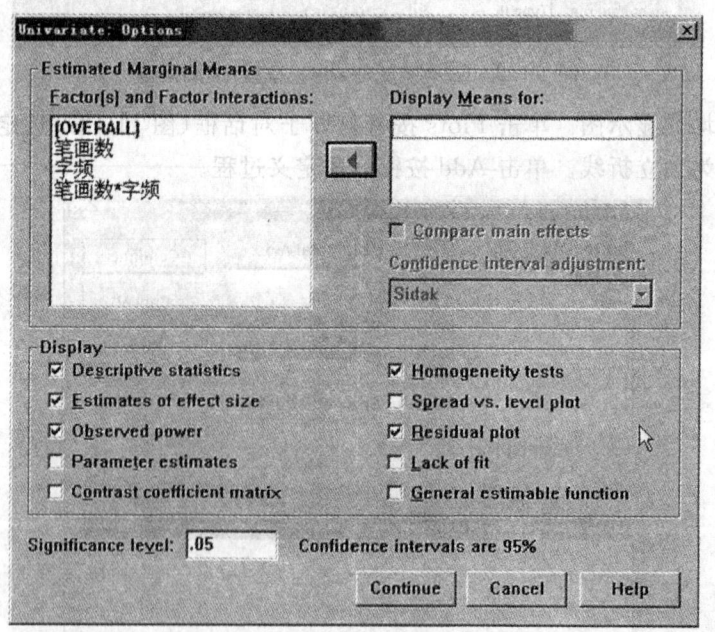

图 11-15　GLM:Univariate 过程:定义输出选项

> **提示**
>
> 当实验因素超过两个时，只要把所有实验因素都选入固定因素栏即可，Univariate 过程将自动计算各因素的主效应和交互作用。

11.3.3 结果输出

1. 组间因素的信息

表 11-4 显示了两个组间因素的水平数、变量值的标签、各实验单元的样本量。

表 11-4 Between-Subjects Factors

		Value Label	N
笔画数	1	2～6 画	20
	2	7～11 画	20
	3	12 画以上	20
字频	1	高频字	30
	2	低频字	30

2. 因变量在各实验单元的描述统计量

表 11-5 给出了被试反应时作为因变量在各个条件单元下的均值、标准差及样本量。SPSS 同时输出每个因素单独区分的因变量均值。表 11-5 显示，低频字在每种笔画数下的平均反应时都高出高频字。

表 11-5 Descriptive Statistics

Dependent Variable: 被试反应时

	笔画数		字 频	Mean	Std. Deviation	N
1	2～6 画	1	高频字	513.90	32.192	10
		2	低频字	584.90	28.431	10
		Total		549.40	46.908	20
2	7～11 画	1	高频字	537.80	28.027	10
		2	低频字	670.10	38.455	10
		Total		603.95	75.357	20
3	12 画以上	1	高频字	559.00	30.026	10
		2	低频字	771.00	34.445	10
		Total		665.00	113.210	20
Total		1	高频字	536.90	31.588	30
		2	低频字	675.33	84.044	30
		Total		606.12	94.509	60

3. 因变量方差齐性检验

表 11-6 显示，方差齐性检验的显著性水平 $p=0.970>0.05$，表明因变量在各单元内的方差齐性。如需事后多重比较，则采用方差齐性前提下的结果，即 R-E-G-W Q 和 Tukey 两种方法计算的结果。

表 11-6 Levene's Test of Equality of Error Variances[a]

Dependent Variable: 被试反应时

F	df1	df2	Sig.
.177	5	54	.970

注：Tests the null hypothesis that the error variance of the dependent variable is equal across groups.

a. Design: Intercept + 笔画数 + 字频 + 笔画数 * 字频

4. 被试间效应检验（方差分析表）

方差分析结果显示（表11-7），笔画数的因素主效应显著，$F(2,54)=64.762$，$p=0.000<0.001$，$partial\eta2=0.706$；字频的主效应显著，$F(1,54)=278.3$，$p=0.000<.001$，$partial\eta2=0.838$；笔画数与字频的交互效应显著，$F(2,54)=24.198$，$p=0.000<0.001$，$partial\eta2=0.473$。

表 11-7 Tests of Between-Subjects Effects

Dependent Variable: 被试反应时

Source	Type III Sum of Squares	df	Mean Square	F	Sig.	Partial Eta Squared	Noncent. Parameter	Observed Power[a]
Corrected Model	471215.883[b]	5	94243.18	91.248	.000	.894	456.242	1.000
Intercept	22042645	1	22042645	21342.2	.000	.997	21342.186	1.000
笔画数	133774.433	2	66887.22	64.762	.000	.706	129.523	1.000
字频	287456.817	1	287456.8	278.322	.000	.838	278.322	1.000
笔画数 * 字频	49984.633	2	24992.32	24.198	.000	.473	48.396	1.000
Error	55772.300	54	1032.820					
Total	22569633	60						
Corrected Total	526988.183	59						

注：a. Computed using alpha= .05
b. R Squared= .894(Adjusted R Squared= .884)

统计量解释：

Partial Eta Squared(partial η^2) 效应度（Effect Size），对应的因素变量能够解释因变量变异的百分比。计算公式：$\eta^2 = (SS_{effect})/(SS_{effect} + SS_{error})$，即用每个因素的平方和除以因素平方和与误差平方和之和。

例如交互效应的效应度：
$$\eta^2 = (49984.633)/(49984.633+55772.3) = 0.473$$

Observed Power 统计检验力，正确拒绝零假设的概率。例如字频的统计检验力为1.00，这意味如果我们重复进行100次这样的汉字反应时实验，正确拒绝字频效应不明显的零假设的实验次数占总次数的100％。本次实验中各项统计检验力都极高，这与实验中测量汉字反应时间的单位（毫秒）有关，所以效应值特别大。但是其他研究中，通常需要利用多种办法提高统计检验力，例如增大样本量，或者在实验中更严格地控制误差变异，或者提高效应值（平方和）等办法都很有效。

Noncentrality Parameter 用于计算统计检验力。SPSS在要求计算统计检验力指标时会一起输出。

方差分析表中各行信息的解释：

笔画数 因素变量"笔画数"的主效应检验结果。

字频 因素变量"字频"的主效应检验结果。

笔画数 * 字频 两个因素的交互效应检验结果。

Intercept(截距) 检验因变量的总均值是否与0有差异。$P<0.05$表明在95％的置信度下拒绝总均值为零的假设。

Corrected Model 校正模型，包括笔画数和字频两个因素的主效应以及交互效应导致的总变异。两个因素的主效应及交互效应的平方和的总和，等于校正模型的平方和。

R Squared R的平方（简称R方），与校正模型有关，显示模型所解释的因变量的变异量。在本例中，笔画数、字频的主效应及交互效应总共解释了汉字反应时 89.4% 的变异。Adjusted R Squared 即校正后的 R 方，也称为缩减 R 方(shrunken R squqred)，显示了模型在总体中的估计值。

Corrected Total 是模型所解释的变异与误差变异的总和。通常心理学研究更关心因素主效应和交互效应，而不关心模型的整体效应。

 提示 什么情况下需要进一步的多重比较

由于前面的方差分析表显示各因素主效应及交互效应都显著，所以我们只需要就交互效应作进一步检验即可。但是为了介绍因素主效应显著的情况下多重比较的方法，接下来我们仍然介绍了操作过程。交互效应进一步检验的操作过程随后单独介绍。

5. 因变量的总均值估计(区间估计)

表 11-8 显示，因变量"被试反应时"的总均值为 606.117。在 95% 的置信度下，总均值的上限及下限分别是 614.435 和 597.779。

表 11-8 Grand Mean

Dependent Variable：被试反应时

Mean	Std. Error	95% Confidence Interval	
		Lower Bound	Upper Bound
606.117	4.149	597.799	614.435

6. 多重比较

表 11-9 显示了被试反应时在笔画数的三个水平的均值比较结果。我们发现三类笔画数两两之间都在 0.05 的水平上差异显著。

但是由于交互效应显著，所以因素主效应的进一步检验没有意义，我们更关心在两因素交互作用下，字频与笔画数有什么影响。

表 11-9 Multiple Comparisons

Dependent Variable：被试反应时

	(I)笔画数		(J)笔画数	Mean Difference(I-J)	Std. Error	Sig.	95% Confidence Interval	
							Lower Bound	Upper Bound
Tukey HSD	1	2～6画	2	7～11画	−54.55(*)	10.163	.000	−79.04	−30.06
			3	12画以上	−115.60(*)	10.163	.000	−140.09	−91.11
	2	7～11画	1	2～6画	54.55(*)	10.163	.000	30.06	79.04
			3	12画以上	−61.05(*)	10.163	.000	−85.54	−36.56
	3	12画以上	1	2～6画	115.60(*)	10.163	.000	91.11	140.09
			2	7～11画	61.05(*)	10.163	.000	36.56	85.54
Dunnett C	1	2～6画	2	7～11画	−54.55(*)	19.848		−104.97	−4.13
			3	12画以上	−115.60(*)	27.401		−185.21	−45.99
	2	7～11画	1	2～6画	54.55(*)	19.848		4.13	104.97
			3	12画以上	−61.05	30.410		−138.30	16.20
	3	12画以上	1	2～6画	115.60(*)	27.401		45.99	185.21
			2	7～11画	61.05	30.410		−16.20	138.30

注：Based on observed means.

* The mean difference is significant at the 0.05 level.

7. 均值显示图(Profile Plots)

均值显示图(图 11-16)把两因素各水平下的被试反应时(因变量)的均值绘制成图,是整个实验数据的直观显示。

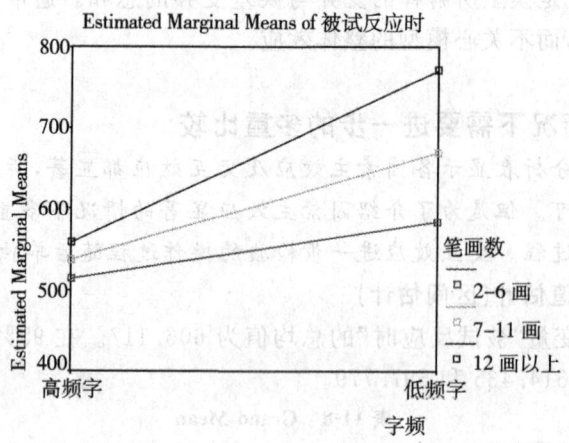

图 11-16 被试反应时的均值显示图

通常情况下,如果两因素的交互效应不明显,图中的三条线应该显示为一组平行线。但是现有的三条线根本不呈平行状,是因素之间存在交互效应的表现。

从图中三条线的走势,我们推测在低频字当中,笔画数对汉字反应时间影响更大,2～6画的汉字反应时间远远低于 7～11 画的汉字,而 7～11 画的汉字反应时间又远远低于 12 画以上的汉字。这种情况在高频字中也存在,但显然没有低频字这么明显。为了证实这个推测,我们将在交互效应显著时进行的检验部分继续介绍分析过程。

11.3.4 交互效应显著时的进一步检验

交互效应显著时,通常需要进行简单主效应(Simple main effect)分析,如果某因素在另一因素的同一个水平内的简单主效应显著,还需要进行实验单元间的两两比较,以发现具体差异何在。

1. 选用统计语句

SPSS 没有提供用于交互效应显著时需进行分析的菜单,所以必须通过编写程序语句来实现。

(1)编写语句　利用 快捷按钮打开 Univariate 对话框。前文我们进行方差分析时所作的一切设置不变,单击 Paste 按钮,SPSS 会把全部操作转换为语句并粘贴到新打开的程序语句窗口中(图 11-17)。

(2)指定分析要求　保留前三行语句和最后两行语句,改写 EMMEANS 引导的语句。我们在语句中加入笔画数*字频的交互效应,通过 COMPARE(笔画数)ADJ(SIDAK)语句要求分析笔画数在字频变量内每个水平上的简单主效应。我们改写过的语句:/EMMEANS = TABLES(笔画数*字频)compare(笔画数)ADJ(SIDAK)。见图 11-18。

(3)选中我们编写好的语句,单击菜单 Run→Selection 运行程序。

```
UNIANOVA
    反应时 s  BY 笔画数 字频
    /METHOD=SSTYPE(3)
    /INTERCEPT=INCLUDE
    /PLOT=PROFILE( 笔画数＊字频 字频＊笔画数)
    /EMMEANS=TABLES(笔画数＊字频)
    /EMMEANS=TABLES(笔画数) COMPARE ADJ(SIDAK)
    /PRINT=DESCRIPTIVE ETASQ OPOWER
    /PLOT=RESIDUALS
    /CRITERIA=ALPHA(0.05)
    /DESIGN=笔画数 字频 笔画数＊字频.
```

图 11-17 SPSS 自动生成的程序语句

```
UNIANOVA
    反应时 s  BY 笔画数 字频
    /METHOD=SSTYPE(3)
    /INTERCEPT=INCLUDE
    /EMMEANS=TABLES(笔画数＊字频)compare(笔画数)ADJ(SIDAK)
    /CRITERIA=ALPHA(0.05)
    /DESIGN=笔画数 字频 笔画数＊字频
```

图 11-18 修改过的 SPSS 程序语句

2. 查看输出结果

对频数影响下的汉字笔画数进行简单主效应分析(Simple main effects)表明,笔画数对低频汉字的反应时间有非常显著的影响,F(2,54)=84.031,p=0.000；同时笔画数对高频汉字的反应时间也有显著影响,F(2,54)=4.929,p=0.011。见表 11-10(这样的表述可以直接用于研究报告)。

表 11-10 Univariate Tests

Dependent Variable：被试反应时

字频		Sum of Squares	df	Mean Square	F	Sig.
高频字	Contrast	10182.20	2	5091.100	4.929	.011
	Error	55772.30	54	1032.820		
低频字	Contrast	173576.9	2	86788.433	84.031	.000
	Error	55772.30	54	1032.820		

注：Each F tests the simple effects of 笔画数 within each level combination of the other effects shown. These tests are based on the linearly independent pairwise comparisons among the estimated marginal means.

对简单主效应显著的笔画数使用 Sidak 调整方法作进一步的多重比较,结果发现高频汉字中,被试对 2～6 画汉字的反应时间(M=513.9,SE=10.163)显著低于 12 画以上的汉字(M=559,SE=10.163,p=0.008),7～11 画汉字的反应时间(M=537.8,SE=10.163)处于两者之间,但是与两者相比均无显著性差异。

低频汉字中,被试对 2～6 画汉字的反应时间(M=584.9,SE=10.163)显著低于 7～11 画汉字(M=670.1,SE=10.163,p=0.000),7～11 画汉字的反应时间显著低于 12 画以上的汉字(M=771,SE=10.163,p=0.000)。见表 11-11 和表 11-12。

表 11-11 Estimates

Dependent Variable：被试反应时

笔画数	字频	Mean	Std. Error	95% Confidence Interval	
				Lower Bound	Upper Bound
2~6画	高频字	513.900	10.163	493.525	534.275
	低频字	584.900	10.163	564.525	605.275
7~11画	高频字	537.800	10.163	517.425	558.175
	低频字	670.100	10.163	649.725	690.475
12画以上	高频字	559.000	10.163	538.625	579.375
	低频字	771.000	10.163	750.625	791.375

表 11-12 Pairwise Comparisons

Dependent Variable：被试反应时

字频	(I)笔画数	(J)笔画数	Mean Difference (I-J)	Std. Error	Sig.a	95% Confidence Interval for Difference^a	
						Lower Bound	Upper Bound
高频字	2~6画	7~11画	-23.900	14.372	.276	-59.314	11.514
		12画以上	-45.100*	14.372	.008	-80.514	-9.686
	7~11画	2~6画	23.900	14.372	.276	-11.514	59.314
		12画以上	-21.200	14.372	.377	-56.614	14.214
	12画以上	2~6画	45.100*	14.372	.008	9.686	80.514
		7~11画	21.200	14.372	.377	-14.214	56.614
低频字	2~6画	7~11画	-85.200*	14.372	.000	-120.614	-49.786
		12画以上	-186.100*	14.372	.000	-221.514	-150.686
	7~11画	2~6画	85.200*	14.372	.000	49.786	120.614
		12画以上	-100.900*	14.372	.000	-136.314	-65.486
	12画以上	2~6画	186.100*	14.372	.000	150.686	221.514
		7~11画	100.900*	14.372	.000	65.486	136.314

注：Based on estimated marginal means

*. The mean difference is significant at the .05 level.

a. Adjustment for multiple comparisons: Sidak.

11.4 小结

发现效应显著时，还需要进一步检验差异来源。

进行方差分析之前必须查看四项前提假设。如果数据不符合条件，须对数据加以转换，或者增大样本量。在实验设计中，每个单元 15 个以上的被试构成大样本，可以不受正态假设的限制。方差分析对对称分布的数据有很强的检验力。

因素主效应显著时需进行多重比较，即直接比较同一因素内多个水平之间的均值差异。SPSS 提供有多种相应的计算方法。

交互效应显著时同样需作进一步检验，包括简单主效应分析和因素内各实验单元间的两两比较。虽然 SPSS 未提供菜单，但可以利用 EMMEANS 命令编写程序语句来实现。另一种进行简单主效应分析的方法是 LMATRIX 命令。与 EMMEANS 的功能略有不同的是，LMATRIX 命令可以对任意关心的一对条件进行比较。限于篇幅，本章不再具体介绍 LMATRIX 命令的使用方法，第 13 章有该命令如何使用的说明。

11.5 习题

一位教育心理专业的研究生对记笔记的方法及效果很有兴趣,她认为男生能从第一种方法中受益,而女生可能更适合于第二种方法。她从大学一年级的新生中招募到 60 位志愿参加实验的学生,其中男生 30 人,女生 30 人。她随机指定了 10 位男生和 10 女生使用第一种方法记笔记,10 位男生和 10 位女生使用第二种方法,最后 10 男生和 10 女生作为控制组。在大一第二期开始的头一个月里,被指定使用两种方法的学生每天都接受相应的方法指导,控制组的学生没有指导。研究者最后收集了三组学生第一学期和第二学期的考试总成绩。

问:研究者的 SPSS 数据包含哪两个因素?因变量是什么?如果用 m×n 表示,该设计如何表示?

答案提示:

第一个因素是记笔记的方法,有三个水平;第二个因素是学生的性别,有两个水平;因变量是学生第一学期与第二学期的总成绩之差。整个设计属于 3×2 设计的方差分析。

11.6 补充内容

对被试错误率/汉字错误率/汉字反应时进行分析

上面介绍了对例 11-2 中的反应时数据进行被试分析的具体过程。在实际的科学研究中,通常只进行这些分析是不够的,还需要进行项目分析,以及对错误率进行分析。读者可以自己练习这些分析过程。下面是对错误率的被试分析,以及反应时及错误率的项目分析的过程和相应的结果分析的简要介绍,供读者参考。

🚩 **操作过程**

(1)打开对话框 在快捷工具栏上单击 📋 打开刚刚定义过的 Univariate 对话框,也可以通过菜单 Analyze 打开对话框。

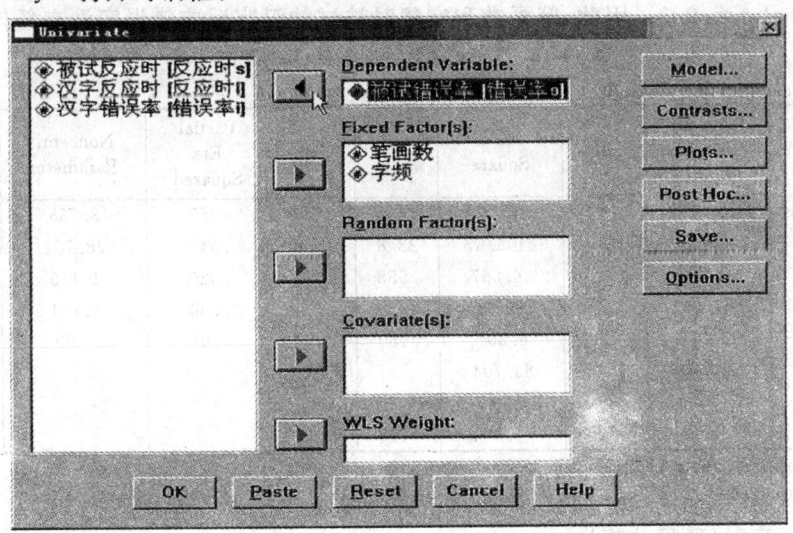

图 11-19 GLM:Univariate 选择分析变量

(2) 重新指定因变量　把 Dependent Variable 栏中原先指定的变量放回到左边的待选变量列表中,把"错误率 S"(被试错误率)选入到因变量框中。其他设置不变,单击 OK 按钮运行程序。

(3) 重复上述操作　把"反应时 i"和"错误率 i"分别作为因变量运行程序。

输出结果(部分)

1. 被试错误率(被试分析)

表 11-13 显示了被试错误率的方差分析结果。从表中可以看出,笔画数的因素主效应不显著,$F(2,54)=0.863,p=0.428>0.05,\text{partial}\eta^2=0.031$;字频的主效应不显著,$F(1,54)=3.082,p=.085>0.05,\text{partial}\eta^2=0.054$;笔画数与字频的交互效应不显著,$F(2,54)=.123,p=.884>0.05,\text{partial}\eta^2=.005$。

表 11-13　Tests of Between-Subjects Effects

Dependent Variable:被试错误率

Source	Type III Sum of Squares	df	Mean Square	F	Sig.	Partial Eta Squared	Noncent. Parameter	Observed Power[a]
Corrected Model	273.333[b]	5	54.667	1.011	.420	.086	5.055	.332
Intercept	2406.667	1	2406.7	44.5	.000	.452	44.507	1.000
笔画数	93.333	2	46.667	.863	.428	.031	1.726	.191
字频	166.667	1	166.67	3.082	.085	.054	3.082	.407
笔画数 * 字频	13.333	2	6.667	.123	.884	.005	.247	.068
Error	2920.000	54	54.074					
Total	5600.000	60						
Corrected Total	3193.333	59						

注:a. Computed using alpha=.05
　　b. R Squared=.086(Adjusted R Squared=.001)

2. 汉字错误率(项目分析)

表 11-14 显示了汉字错误率的方差分析结果。表中显示,笔画数的因素主效应不显著,$F(2,54)=.558,p=.576>0.05,\text{partial}\eta^2=.029$;字频的主效应不显著,$F(1,54)=1.99,p=.164>0.05,\text{partial}\eta^2=.036$;笔画数与字频的交互效应不显著,$F(2,54)=.080,p=.924>0.05,\text{partial}\eta^2=.003$。因此,笔画数和字频对被试的汉字反应错误率没有任何影响。

表 11-14　Tests of Between-Subjects Effects

Dependent Variable:汉字错误率

Source	Type III Sum of Squares	df	Mean Square	F	Sig.	Partial Eta Squared	Noncent. Parameter	Observed Power[a]
Corrected Model	273.333[b]	5	54.667	.653	.660	.057	3.265	.219
Intercept	2406.667	1	2406.67	28.8	.000	.347	28.752	1.000
笔画数	93.333	2	46.667	.558	.576	.020	1.115	.138
字频	166.667	1	166.667	1.99	.164	.036	1.991	.283
笔画数 * 字频	13.333	2	6.667	.080	.924	.003	.159	.061
Error	4520.000	54	83.704					
Total	7200.000	60						
Corrected Total	4793.333	59						

注:a. Computed using alpha=.05
　　b. R Squared=.057(Adjusted R Squared=-.030)

3. 汉字反应时(项目分析)

表 11-15 显示了汉字反应时的方差分析结果,笔画数与字频的交互效应显著,$F(2,54)$

$=22.60$，$p=0.000<0.05$，partial$\eta2=0.456$。

表 11-15　Tests of Between-Subjects Effects

Dependent Variable：汉字反应时

Source	Type III Sum of Squares	df	Mean Square	F	Sig.	Partisl Eta Squared	Noncent. Parameter	Observed Power[a]
Corrected Model	474855.88[b]	5	94971.177	82.38	.000	.884	411.889	1.000
Intercept	21999026	1	21999026	19082	.000	.997	19081.929	1.000
笔画数	136394.03	2	68197.017	59.15	.000	.687	118.308	1.000
字频	286350.42	1	286350.4	248.4	.000	.821	248.380	1.000
笔画数 * 字频	52111.433	2	26055.717	22.60	.000	.456	45.201	1.000
Error	62255.100	54	1152.872					
Total	22536137	60						
Corrected Total	537110.98	59						

注：a. Computed using alpha=.05
　　b. R Squared=.884（Adjusted R Squared=.873）

简单效应分析

表 11-15 所显示的方差分析结果中，笔画数与字频的交互效应显著，因此需要进一步做简单效应的分析。下图是以"反应时 i"为因变量进行简单主效应分析的程序语句：

```
UNIANOVA
反应时 i  BY 笔画数 字频
/METHOD = SSTYPE(3)
/INTERCEPT = INCLUDE
/EMMEANS = TABLES(笔画数 * 字频)compare(笔画数)ADJ(SIDAK)
/CRITERIA = ALPHA(0.05)
/DESIGN = 笔画数 字频 笔画数 * 字频.
```

图 11-20　进行简单效应分析的程序语句

分析结果

对频数影响下的汉字笔画数进行简单主效应分析（Simple main effects）表明（表 11-16），笔画数对低频汉字的反应时间有非常显著的影响，$F(2,54)=77.384$，$p=0.000$；同时笔画数对高频汉字的反应时间也有显著影响，$F(2,54)=4.370$，$p=0.017$。这个结果与被试分析的结果一致。

表 11-16　Univariate Tests

Dependent Variable：汉字反应时

字频		Sum of Squares	df	Mean Square	F	Sig.
高频字	Contrast	10076.87	2	5083.433	4.370	.017
	Error	62255.10	54	1152.872		
低频字	Contrast	178428.6	2	89214.300	77.384	.000
	Error	62255.10	54	1152.872		

注：Each F tests the simple effects of 笔画数 within each level combination of the other effects shown. These tests are based on the linearly independent pairwise comparisons among the estimated marginal means.

对简单主效应显著的笔画数使用 Sidak 调整方法作进一步的多重比较，结果发现（表 11-17），高频汉字中，被试对 2~6 画汉字的反应时间（$M=513.2$，$SE=10.737$）显著低于 12 画以上的汉字（$M=558$，$SE=10.737$，$p=0.014$），7~11 画的汉字反应时间（$M=538.10$，

SE=10.737)处于两者之间,但是与两者相比均无显著性差异。这个结果与被试分析的结果一致。

低频汉字中,被试对2~6画汉字的反应时间(M=582.80,SE=10.737)显著低于7~11画汉字(M=669.50,SE=10.737,p=0.000),7~11画汉字的反应时间显著慢于12画以上的汉字(M=771.50,SE=10.737,p=0.000)。该结果与被试分析的结果一致。

详细结果见下面的表格。

表 11-17 Pairwise Comparisons

Dependent Variable:汉字反应时

字 频	(I)笔画数	(J)笔画数	Mean Difference (I-J)	Std. Error	Sig.a	95% Confidence Interval for Difference a	
						Lower Bound	Upper Bound
高频字	2~6画	7~11画	−24.900	15.185	.288	−62.316	12.516
		12画以上	−44.800*	15.185	.014	−82.216	−7.384
	7~11画	2~6画	24.900	15.185	.288	−12.516	62.316
		12画以上	−19.900	15.185	.479	−57.316	17.516
	12画以上	2~6画	44.800*	15.185	.014	7.384	82.216
		7~11画	19.900	15.185	.479	−17.516	57.316
低频字	2~6画	7~11画	−86.700*	15.185	.000	−124.116	−49.284
		12画以上	−188.700*	15.185	.000	−226.116	−151.284
	7~11画	2~6画	86.700*	15.185	.000	49.284	124.116
		12画以上	−102.000*	15.185	.000	−139.416	−64.584
	12画以上	2~6画	188.700*	15.185	.000	151.284	226.116
		7~11画	102.000*	15.185	.000	64.584	139.416

注:Based on estimated marginal means

*. The mean difference is significant at the .05 level.

a. Adjustment for multiple comparisons:Sidak.

第 12 章　单因素随机化区组设计与拉丁方设计的方差分析

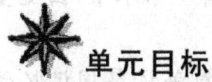
单元目标

通过学习本章,您可以了解:
◆ 如何对区组设计进行方差分析
◆ 如何对拉丁方设计进行方差分析

在单因素随机化区组设计与拉丁方设计中,除了研究者所关心的实验变量之外,通常还通过实验设计控制一个或多个无关变量对实验结果的影响,如区组设计中的区组变量,或拉丁方设计中的行变量和列变量等。在使用 SPSS 软件包对这类设计进行方差分析时,所控制的无关变量是作为一个独立的因素(自变量)来看待的。因此,其分析过程与多因素方差分析(见第 11 章)有些类似,所不同的是,这类设计无法统计因素间的交互效应,所以在统计检验时,只能检验因素的主效应,不能检验因素间的交互效应。

12.1　前提假设

(1)独立性　被试必须从总体中随机抽取,因变量在各个单元内的得分相互独立。如果因变量得分不独立,方差分析的结果不可信。

(2)连续变量　因变量为连续变量(尺度变量)。

方差分析通常还要满足正态分布和方差齐性的前提。由于对这两个条件的考察是以单元格为基本单位的,在区组设计和拉丁方设计中,每个单元格内只有一个元素,因此在这两类设计中不需要考虑正态分布和方差齐性的前提。

12.2　单因素随机化区组设计

12.2.1　睡眠时间对计算能力是否有影响,背景音乐对英语学习是否有影响(实例)

例 12-1　一位心理学家要考察睡眠时间对一个人的简单计算能力的影响。确定了三种睡眠时间:2 小时 每晚, 4 小时 每晚, 6 小时 每晚。在正式实验前,对候选人情况进行调查,从中挑选 30 人,每三人配成一组,每组的三位被试具有相同的睡眠模式,以及年龄、性别和智力水平等,共 10 组。在进行实验时,每组的三位被试分别随机分配给三种睡眠时间中的一种。在接下来的 24 小时内,被试按照自己的日常生活方式生活。

第二天吃过早饭后,对所有参加实验的人进行测试,记录下在 10 分钟以内答对的算术加法的个数。当天晚上,每个人的实际睡眠时间取决于他(她)分配所在的组。第三天早饭后,对每个人再进行一次测试,测试的题目不同但难度相同。用第一次答对的个数减去第二次答对的个数作为研究的因变量。

本研究是一个随机区组设计。在 SPSS 数据中,包含一个自变量、一个区组变量和一个因变量。自变量是睡眠时间,共有三个水平,区组变量是分组的多少,共有十个水平,因变量是两次测试成绩相减的结果。

例 12-2 研究者想考察三种背景音乐(摇滚乐、爵士乐和古典音乐)对英语单词记忆效果的影响。从同一个班级中挑选了 45 人参加实验,事先对他们的智商、英语基础等方面进行了评定,按照评定情况以及其他特点对被试进行了配伍,每三人一伍。在进行实验时,每个配伍组的三个被试分别分配给一种背景音乐,在该背景音乐中学习 40 个陌生的英语单词。30 分钟后进行测试,要求被试根据中文意思默写出刚才学习过的单词,写对一个计一分。被试的测成绩如表 12-1 所示。问:不同背景音乐对英文单词的记忆是否有显著影响?

表 12-1 不同音乐背景的单词学习成绩

分 组	摇滚乐	爵士乐	古典音乐
b1	33	33	37
b2	28	30	34
b3	35	33	35
b4	26	32	37
b5	27	24	40
b6	26	33	38
b7	24	35	26
b8	29	27	27
b9	25	29	39
b10	26	33	31
b11	21	29	38
b12	33	25	36
b13	35	27	31
b14	28	31	37
b15	21	32	32

1. 分析思路

例 12-2 是一个典型的随机化区组设计,其中因变量是单词记忆量,自变量是不同的音乐背景。在 SPSS 的数据文件中,除了这两个变量之外,还需要一个新的变量,用以标记区组信息。数据文件见"12 章_数据 1.sav"(本教材所附素材内),图 12-1 和图 12-2 是分别对该文件进行变量浏览和数据浏览的情形。

2. 变量及标签

该数据文件包括三个变量:

● 音乐类型 包括三个水平:1 表示摇滚乐,2 表示爵士乐,3 表示古典音乐。

● 学习成绩 在单词回忆测试中的回忆量。

● 区组 有 15 个水平,每个配伍组为一个水平。

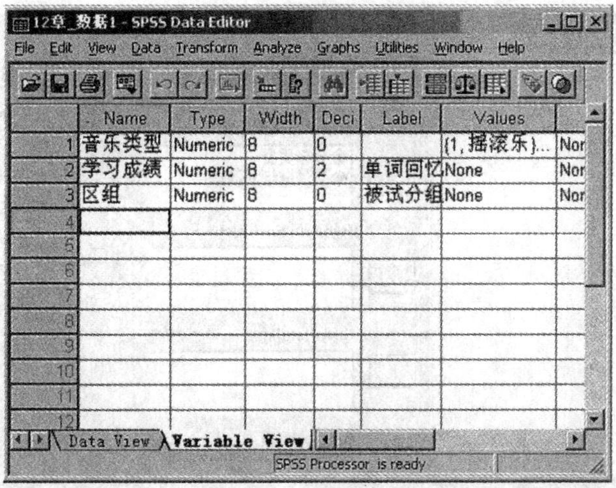

图 12-1　变量浏览

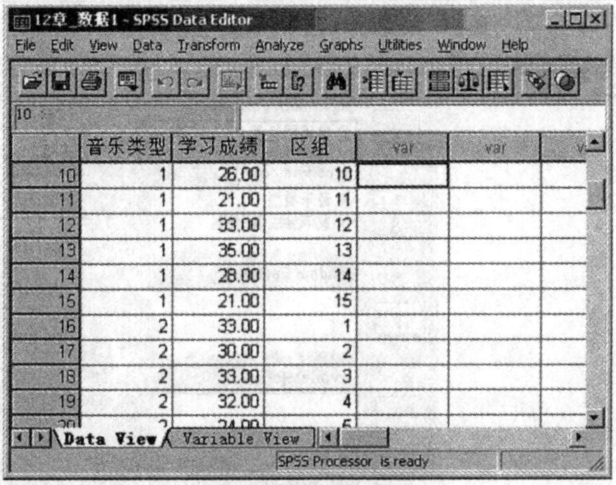

图 12-2　数据浏览

12.2.2　用 SPSS 进行方差分析

1. 查看前提假设是否满足

(1)独立性　每种条件的被试由总体随机抽取,彼此之间相互独立。

(2)连续变量　学习成绩(单词回忆量)可以看作是连续型变量。

2. 进行方差分析

操作过程

(1)选择主菜单 Analyze→General Linear Model→Univariate…。

(2)定义变量。把"学习成绩"选定为因变量,把"音乐类型"和"区组"选定为固定因素(图 12-3)。

(3)定义模型。单击 Model…按钮打开子对话框,选中 Custom。在 Build Term(s)下面的下拉菜单内选择"Main Effect",然后在左侧 Factors & Covariates 栏内选中"音乐类型"和"区组",移入右侧 Models,表示方差分析的模型只包括两个因素的主效应,不包括因素之间的交互效应(图 12-4),单击 Continue 回到主对话框。

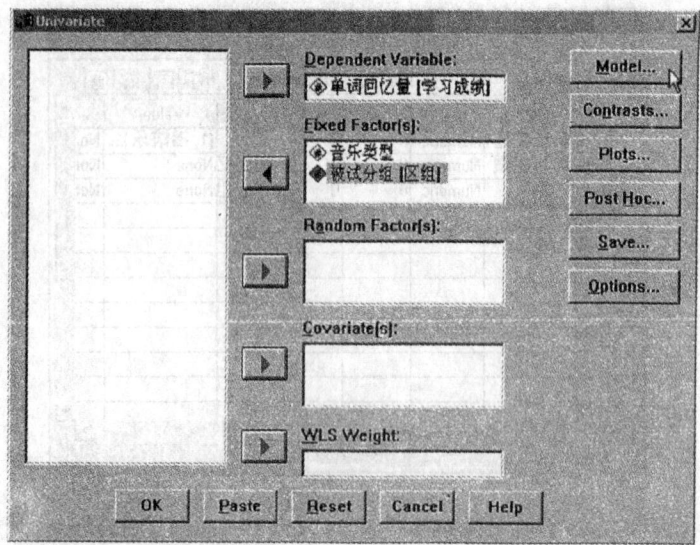

图 12-3　GLM:Univariate 主对话框

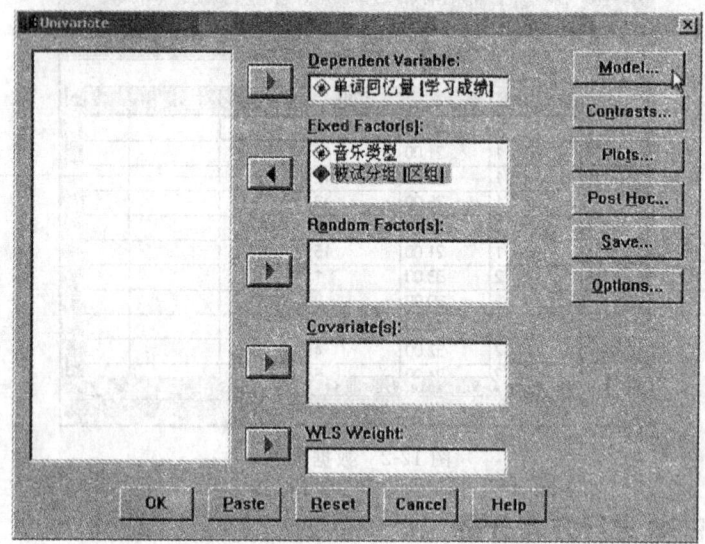

图 12-4　Univariate:Model 子对话框

(4)定义平均值显示图。单击 Plots…按钮打开子对话框,选定"音乐类型"为横坐标。单击 Add 按钮完成定义过程(图 12-5),单击 Continue 回到主对话框。

(5)要求事后多重比较。单击 Post Hoc…按钮进入子对话框,选定"音乐类型",在方差齐性假设的前提下选定 S-N-K(图 12-6),单击 Continue 回到主对话框。

(6)要求显示其他计算指标。单击 Options…按钮进入子对话框,在左

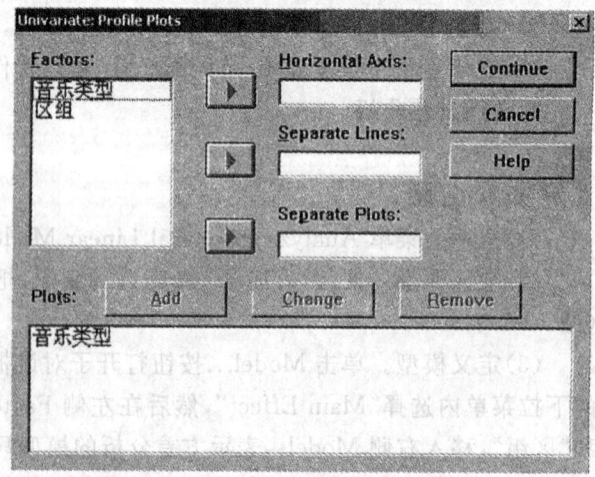

图 12-5　Univariate:Plots 子对话框

侧 Factor(s) & Factor interactions 栏内选中"音乐类型",移入右侧 Display Means for 栏中(图 12-7),单击 Continue 回到主对话框。

(7)在主对话框内,单击 OK 运行程序。

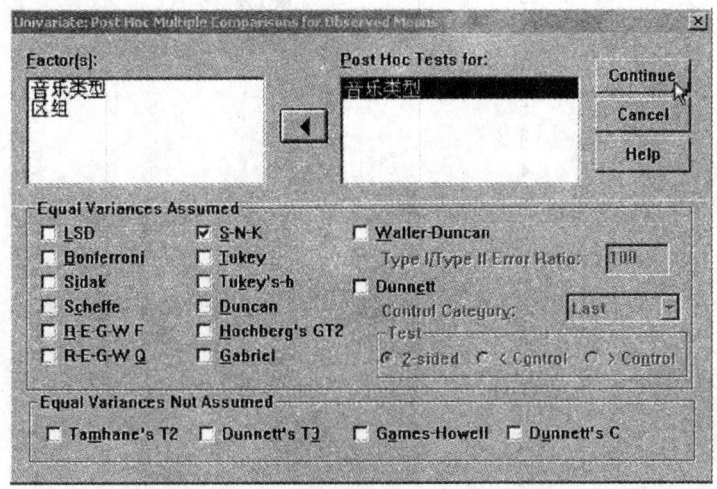

图 12-6　Univariate:Post Hoc 子对话框

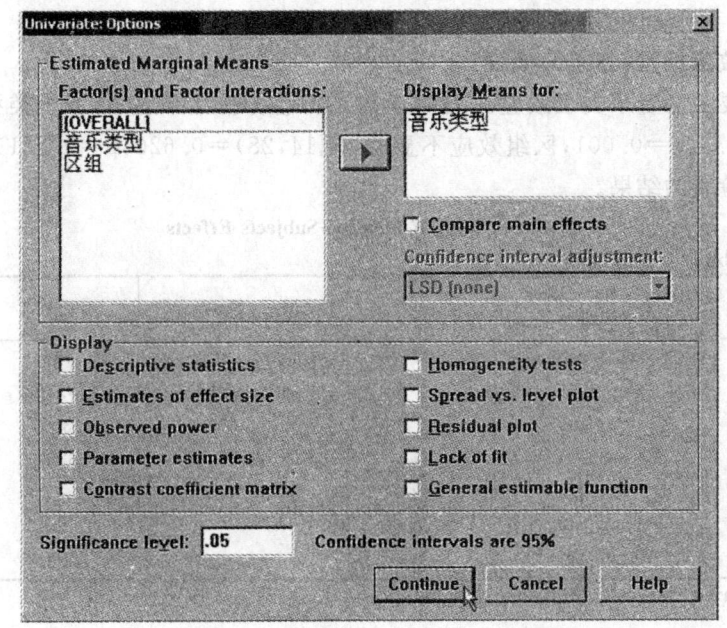

图 12-7　Univariate:Options 子对话框

12.2.3　结果输出

1. 组间因素的信息

表 12-2 显示了两个组间因素的水平数、变量值的标签、各实验单元的样本量。其中音乐类型有三个水平,每个水平的样本量为 15;被试分组有 15 个水平,每个水平的样本量为 3。

表 12-2 Between-Subjects Factors

		Value Label	N
音乐类型	1	摇滚乐	15
	2	爵士乐	15
	3	古典音乐	15
被试分组	1		3
	2		3
	3		3
	4		3
	5		3
	6		3
	7		3
	8		3
	9		3
	10		3
	11		3
	12		3
	13		3
	14		3
	15		3

2. 被试间效应检验(方差分析表)

本研究主要关心音乐类型效应。表 12-3 中的方差分析结果显示,音乐类型的主效应显著,$F(2,28)=9.3, p=0.001$;区组效应不显著,$F(14,28)=0.626, p=0.821>.1$。还需要进一步看事后检验的结果。

表 12-3 Tests of Between-Subjects Effects

Dependent Variable:单词回忆量

Source	Type III Sum of Squares	df	Mean Square	F	Sig.
Corrected Model	513.956(a)	16	32.122	1.710	.104
Intercept	42812.089	1	42812.089	2279.163	.000
音乐类型	349.378	2	174.689	9.300	.001
区组	164.578	14	11.756	.626	.821
Error	525.956	28	18.784		
Total	43852.000	45			
Corrected Total	1039.911	44			

注:a R Squared = .494 (Adjusted R Squared = .205)

提示

如果您对理解表 12-3 有任何困难,请参考第 11 章对表 11-7 内的有关统计量的解释。

3. 变量各水平的平均数

表 12-4 给出了音乐类型变量的不同水平的平均数、标准差以及估计区间。这些数据在写实验报告时将会用到。

表 12-4　各音乐类型的平均单词回记忆量

Dependent Variable：单词回忆量

音乐类型	Mean	Std. Error	95% Confidence Interval	
			Lower Bound	Upper Bound
摇滚乐	27.800	1.119	25.508	30.092
爵士乐	30.200	1.119	27.908	32.492
古典音乐	34.533	1.119	32.241	36.826

4. 事后检验结果(Post-Hoc test)

表 12-5 给出了对音乐类型的各个水平(条件)进行的事后检验结果。表中的前两列给出了变量名、变量的不同水平(条件)及相应的样本量。而第三列(Subset)则给出了不同水平(条件)下的均值，以及行事后检验的情况，当两个水平(条件)没有显著差异时(0.05 置信水平)，将分在同一组，有显著差异时，则分在不同的组。表 12-5 最下面一行中，Sig. 给出了对每个小组内的均值进行检验的 p 值。从表 12-5 可以看出，摇滚乐和爵士乐对单词记忆效果的影响差异不显著，而古典音乐则与这两种音乐之间存在显著差异。从各个条件下的均值可以看出，古典音乐作背景时，单词的记忆效果最好。

表 12-5　单词回忆量的差异显著性检验

Student-Newman-Keuls

音乐类型	N	Subset	
		1	2
摇滚乐	15	27.8000	
爵士乐	15	30.2000	
古典音乐	15		34.5333
Sig.		.141	1.000

注：Means for groups in homogeneous subsets are displayed. Based on Type III Sum of Squares The error term is Mean Square(Error) = 18.784.
　　a　Uses Harmonic Mean Sample Size = 15.000.
　　b　Alpha = .05.

5. 均值显示图(Profile Plots)

图 12-8 把音乐类型的不同水平下的单词回忆成绩(因变量)的均值绘制成图，可以直观显示实验结果。

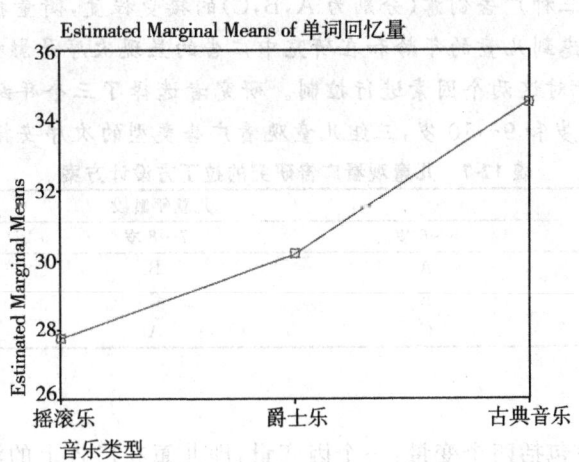

图 12-8　不同音乐背景条件下单词回忆成绩的均值显示图

12.3 拉丁方设计

12.3.1 四种财务软件哪一个最适合公司,三种广告创意谁最受欢迎(实例)

例 12-3 一家外资公司打算在四种财务软件包中选择一种用于本公司的财务管理。这四种软件包均出自国内知名的软件公司,其质量和报价都相差无几,因此,最后购买哪一种软件包取决于哪一种更容易学。公司决策人员注意到,不同财会人员学习软件的速度可能存在个体差异,另外用软件处理的问题类型也会对学习速度产生影响。由于大规模测试软件会影响公司的正常运营,所以公司从财务部门中只挑选了四名财会人员参加软件测试。测试内容为使用不同软件对四类问题的处理速度。该研究包括以下三个因素:

1. 财务软件包:A,B,C,D
2. 财会人员:甲,乙,丙,丁
3. 问题类型:Ⅰ(帐目管理),Ⅱ(工资结算),Ⅲ(统计分析),Ⅳ(图表)

对于公司来说,主要关心的变量是软件包,而财会人员和问题类型尽管不是主要关心的,但是研究必须要考虑到。为了有效的控制这两个外部变异来源的影响,研究者采用了以下方法来安排实验。因变量是对不同问题的处理时间。

表 12-6 财务软件包研究的拉丁方设计方案

问题类型	财会人员			
	甲	乙	丙	丁
Ⅰ	A	B	C	D
Ⅱ	B	C	D	A
Ⅲ	C	D	A	B
Ⅳ	D	A	B	C

这是典型的一个拉丁方设计方案。SPSS 数据中应该包括四个变量:一个因变量,即所有财会人员处理不同问题所用的时间;三个分类变量,分别是 1. 软件包类型(自变量),共有四个水平;2. 财会人员(额外变量),四个水平;3. 问题类型(额外变量),四个水平。

例 12-4 一家广告公司专门制作儿童用品的商业广告。该公司想设计一项研究以调查儿童对同一产品的三种广告创意(分别为 A,B,C)的接受程度,衡量指标为儿童注视该广告的时间。研究者考虑到儿童的年龄和在研究中广告的呈现次序是影响实验结果的重要因素,决定通过实验设计对这两个因素进行控制。研究者选择了三个年龄段的儿童各 15 个,分别为 5~6 岁,7~8 岁和 9~10 岁,三组儿童观看广告类型的次序安排如下:

表 12-7 儿童观看广告研究的拉丁方设计方案

呈现顺序	儿童年龄段		
	5~6 岁	7~8 岁	9~10 岁
1	A	B	C
2	B	C	A
3	C	A	B

分析思路

SPSS 数据中应该包括四个变量:一个因变量,即儿童在广告上的注视时间(单位秒);三个分类变量,分别是 1. 广告类型(自变量),共有三个水平,2. 儿童年龄,三个水平,3. 呈现顺序,三个水平(见图 12-9)。数据文件见"12 章_数据 2.sav"。

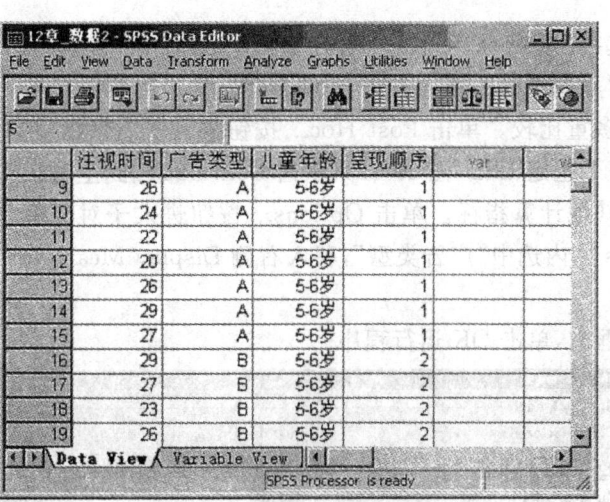

图 12-9 数据浏览

12.3.2 方差分析

1. 查看前提假设是否满足

(1) 独立性 每种条件的被试由总体随机抽取，彼此之间相互独立。

(2) 连续变量 学习成绩（单词回忆量）可以看作是连续变量。

2. 进行方差分析

操作过程

(1) 选择主菜单 Analyze→General Linear Model→Univariate。

(2) 定义变量。把"注视时间"选定为因变量，把"广告类型"、"儿童年龄"、"呈现顺序"选定为固定因素（图 12-10）。

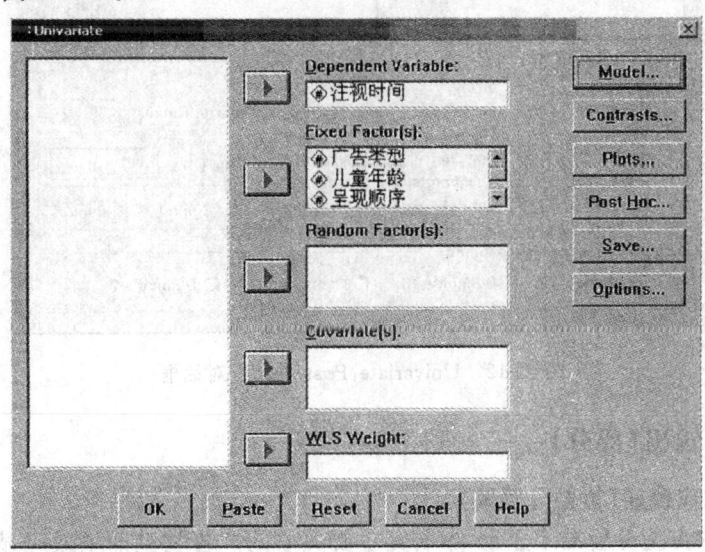

图 12-10 Univariate 主对话框

(3) 定义模型。单击 Model… 按钮打开子对话框，选中 Custom。在 Build Term(s) 下

面的下拉菜单内选择"Main Effect",然后在左侧 Factors & Covariates 栏内选中"广告类型"、"儿童年龄"、"呈现顺序",移入右侧 Models(图 12-11),单击 Continue 回到主对话框。

(4)要求事后多重比较。单击 Post Hoc... 按钮进入子对话框,选定"广告类型"。在方差齐性假设的前提下选定 LSD(图 12-12),单击 Continue 回到主对话框。

(5)要求显示其他计算指标。单击 Options... 按钮进入子对话框,在左侧 Factor(s) & Factor interactions 栏内选中"广告类型",移入右侧 Display Means for 栏中,单击 Continue 回到主对话框。

(6)在主对话框内,单击 OK 运行程序。

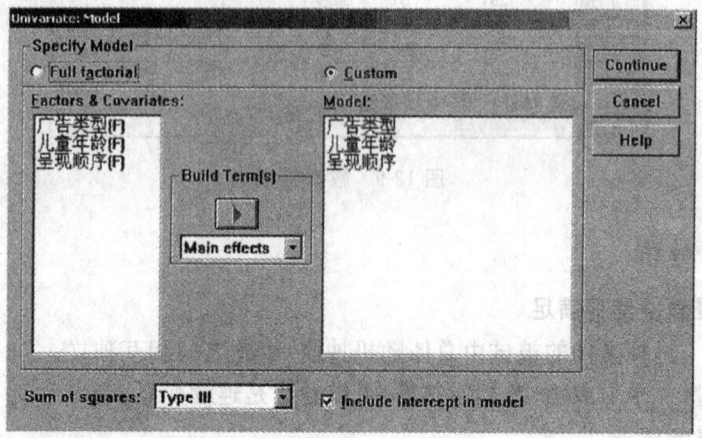

图 12-11　Univariate:Model 子对话框

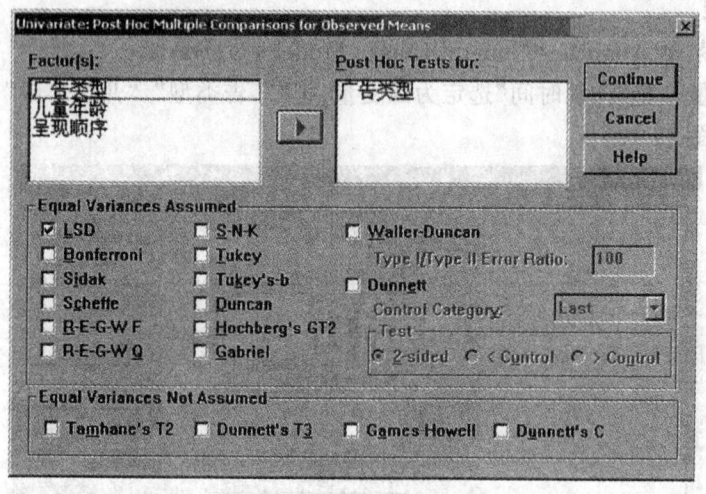

图 12-12　Univariate:Post Hoc 子对话框

12.3.3　结果输出(部分)

1. 被试间效应检验(方差分析表)

表 12-8 中的方差分析结果显示,本研究主要关心的广告类型的主效应显著,$F(2,128)=15.933$,$p<0.001$,其他的效应均不显著,说明儿童注视这几种不同类型的广告时间存在差异。

表 12-8　Tests of Between-Subjects Effects

Dependent Variable：注视时间

Source	Type III Sum of Squares	df	Mean Square	F	Sig.
Corrected Model	327.646(a)	6	54.608	5.754	.000
Intercept	97960.898	1	97960.898	10321.732	.000
广告类型	302.438	2	151.219	15.933	.000
儿童年龄	2.927	2	1.464	.154	.857
呈现顺序	22.281	2	11.140	1.174	.312
Error	1214.815	128	9.491		
Total	99503.358	135			
Corrected Total	1542.461	134			

注：a　R Squared ＝ .212 (Adjusted R Squared ＝ .175)

2. 事后检验结果（Post-Hoc test）

表 12-9 给出了对广告类型的各个水平（条件）逐对进行检验的结果。表中的前两列给出了进行检验的变量水平（条件），第三列（Subset）给出了两种水平（条件）的均值差异，第四列为均值的标准误，第五列是对均值进行检验的 p 值，第六列和第七列给出了 95％ 置信区间的上界和下界。

从表 12-9 可以看出，不同广告类型之间均存在显著差异，其中 A 与 B 之间的显著性水平为 p＝0.007，A 与 C 之间为 0，B 与 C 之间为 0.006。从各个条件下的均值可以看出，儿童对广告 C 的接受程度最高，其次是广告 B，最后是广告 A。

表 12-9　Multiple Comparisons

Dependent Variable：注视时间
LSD

(I) 广告类型	(J) 广告类型	Mean Difference (I-J)	Std. Error	Sig.	95% Confidence Interval	
					Lower Bound	Upper Bound
A	B	-1.79(*)	.649	.007	-3.08	-.51
	C	-3.67(*)	.649	.000	-4.95	-2.38
B	A	1.79(*)	.649	.007	.51	3.08
	C	-1.88(*)	.649	.005	-3.16	-.59
C	A	3.67(*)	.649	.000	2.38	4.95
	B	1.88(*)	.649	.005	.59	3.16

注：Based on observed means.
　　* The mean difference is significant at the .05 level.

12.4　小结

区组设计、拉丁方设计与析因设计的异同。

区组设计与拉丁方设计的方差分析方法中，区组变量或行、列变量是作为一个独立因素对待的。因此数据文件的结构及分析过程与多因素析因设计的分析方法类似，不同之处在于前者需要分析者自定义数据分析模型，只检验因素的主效应，不检验因素间的交互效应。

第 13 章 单因素设计的协方差分析（ANCOVA）

单元目标

通过学习本章,您可以了解:
- 进行协方差分析的前提假设
- 如何对斜率同质性假设进行检验
- 如何进行协方差分析
- 如何利用命令语句窗口进行协方差分析的事后检验（两两比较）

研究者在进行实验设计时,总是尽可能地控制无关变量对实验结果的影响。但在有的实验中,有的变量对实验结果有明显的影响,但很难通过实验设计进行有效的控制,这时可以把该变量看作协变量,采用协方差分析方法。如下面的例子。

例 13-1 研究者打算比较小学三年级的四种儿童阅读教学方法的效果,因变量是三年级小学生在参加完阅读训练后的测验成绩。研究者控制了小学生的家庭背景、对阅读的兴趣等等可能会影响最后的阅读测验成绩的因素,但是,小学生在参加这个训练项目之前的阅读能力本身就存在着差异,为了排除这一因素的影响,研究者在进行数据处理时,将训练前的阅读成绩作为协变量参与 SPSS 统计检验。在该案例中,SPSS 的数据文件包括三个变量:一个是因变量,即训练后的阅读成绩;第二个是自变量(分类变量),即阅读教学方法,有四个水平;第三个是协变量,即训练前的阅读成绩。

13.1 前提假设

协方差分析需要满足下列假设:

(1)**正态分布** 在自变量（因素）的任何水平上,以及对应于协变量的任意值,因变量的值呈正态分布。对于大样本来说,即使正态分布的条件不满足,方差分析也可以得到较为可信的结果。在多数情况下,每个实验条件的被试达到 15 个就可以。如果因变量的分布非常不符合正态分布,则需要更大的被试量。

(2)**方差齐性** 因变量在所有实验条件下的方差齐性。如果各组方差不齐,而且各单元内的样本量不等,则方差分析结果不可信。

(3)**独立性** 样本必须从总体中随机抽取,因变量的值相互独立。如果因变量的值不独立,方差分析的结果不可信。

(4)斜率同质 在自变量(因素)的各个水平上,协变量和因变量是线性关系,而且对于自变量的每个水平,协变量相对于因变量的斜率相同。如果斜率不相同,对协方差分析的结果的解释可能会不正确。

13.2 对阅读有障碍的儿童有不同的培训方式,哪一种效果最好(实例)

例13-2 一位研究者收集到70个阅读障碍儿童的案例,其中的21个参加了一个某语言矫正中心组织的暑期矫正班,22个参加了学校组织的"假日读书会",而其余27个则没有参加任何培训。为了考察这些培训是否能有效提高障碍儿童的阅读能力,同时也为了考察不同培训方式是否有差别,研究者请这些儿童的老师在暑期结束后对儿童阅读水平的变化程度进行评定。但是,考虑到参加暑期培训班的儿童可能会有更好的家庭经济条件,研究者同时计算了这70个儿童的家庭经济条件指数。问:根据评定结果,不同培训形式对提高障碍儿童阅读能力是否存在差异?

13.2.1 数据结构

该案例的数据文件见"13章_数据1.sav"。数据中包含三个变量:一个因变量,一个自变量和一个协变量。 变量名及其含义如下表所示。

表13-1 变量含义培训方式(自变量)

变量	含义
培训方式(自变量)	0="未接受任何培训"
	1="参加暑期矫正班"
	2="参加假日读书会"
评定得分(因变量)	老师对儿童阅读水平变化的评定
家庭指数(协变量)	儿童的家庭经济条件情况

13.2.2 分析思路

(1)检验培训方式的效应是否显著,即检验培训方式的三种水平相对应的评定得分之间是否存在差异。在检验这一效应时,需要把协变量对因变量的影响考虑进去。
(2)如果培训方式的效应显著,则需进行多重比较,以确定效应发生在哪些水平之间。

13.3 用 SPSS 进行协方差分析

进行协方差分析前,通常要先对"斜率同质性"假设(见本章的前提假设)进行检验。如果不符合该假设,则不能进行协方差分析。当协方差分析的结果显示条件间的均数差异显著时,通常还要进行事后检验(Post-Hoc test)。

13.3.1 斜率同质性检验

操作过程
(1)选择主菜单 **Analyze→ General Linear Model→Univariate**。

(2)在主对话框内,选中"评定得分",移入因变量框(**Dependent Variable**);选中"培训方式",移入固定因素(自变量)框(**Fixed Factor(s)**);选中"家庭指数",移入协变量框(**Covariate(s)**)。见图 13-1。

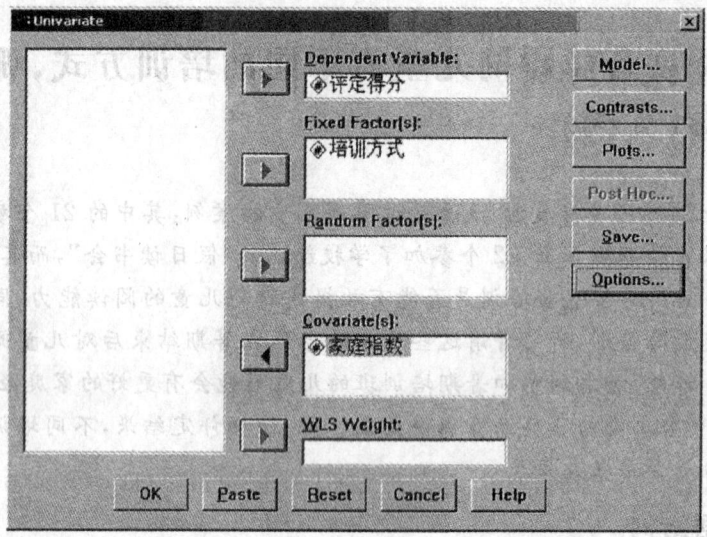

图 13-1　GLM:Univariate 主对话框

(3)单击 **Options** 按钮进入子对话框,在左侧 **Factor(s) & Factor interactions** 栏内选中"培训方式",移入右侧 **Display Means for** 栏中;在 **Display** 栏中选中 **Descriptive statistics**、**Estimates of effect size** 和 **Homogeneity tests**(图 13-2);单击 **Continue** 回到主对话框。

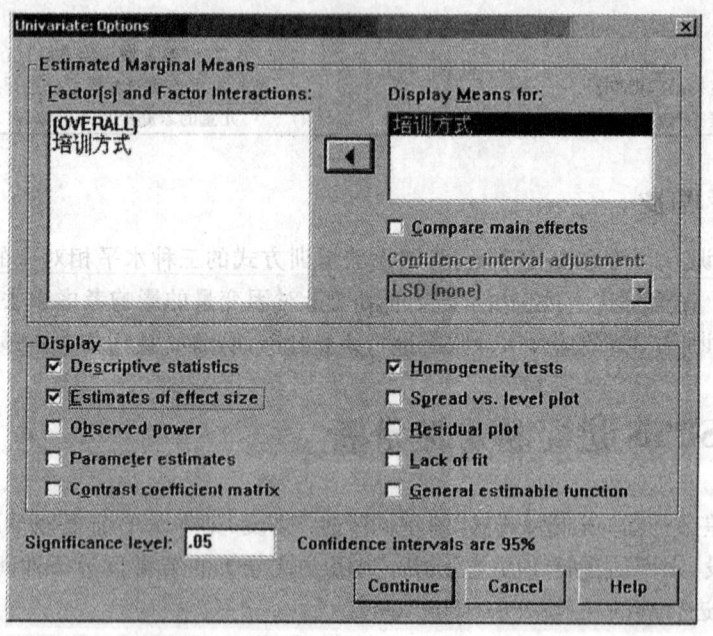

图 13-2　GLM:Univariate,Options 对话框

(4)单击 **Model** 按钮进入子对话框,在 **Specify Model** 下选中 **Custom**。在左侧 **Factor(s) & Covariates** 栏内分别选中"培训方式"和"家庭指数",移入右侧 **Model** 栏(图 12-7);按下

Ctrl,在 Factor(s) & Covariates 栏内同时选中"培训方式"和"家庭指数",(确信在 Built Terms 下的下拉菜单内是"interaction",如果不是,请选中),移入右侧 Model 栏,这时 model 栏内会增加"培训方式 * 家庭指数"(图 13-3);单击 Continue 回到主对话框。

(5)单击 OK 运行程序。

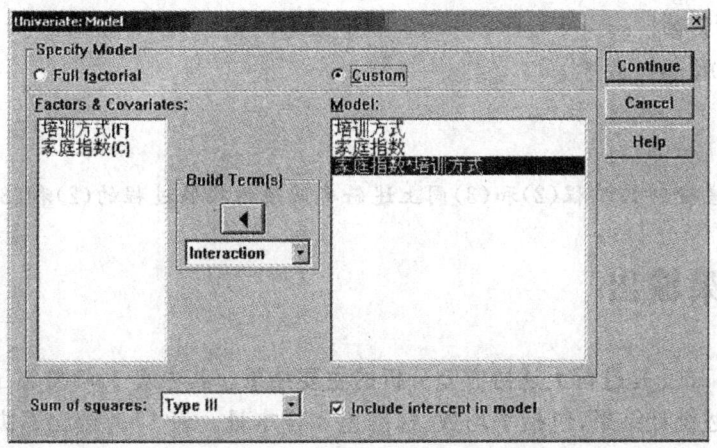

图 13-3 GLM:Univariate,Model 对话框

表 13-2 是分析的部分结果。检验斜率同质性假设的方法是考察自变量和协变量之间是否存在显著的交互作用,如果交互作用显著,说明斜率同质性假设不满足,这时进行协方差分析没有意义。从表 13-2 中可以看出,"培训方式"和"家庭指数"之间的交互作用不显著 (F(2,64)=1.415,P=0.25>0.05),所以可以进行协方差分析。

表 13-2 Tests of Between-Subjects Effects

Dependent Variable:评定得分

Source	Type III Sum of Squares	df	Mean Square	F	Sig.	Partial Eta Squared
Corrected Model	19.683(a)	5	3.937	4.213	.002	.248
Intercept	24.847	1	24.847	26.590	.000	.294
培训方式	4.214	2	2.107	2.255	.113	.066
家庭指数	.383	1	.383	.410	.524	.006
培训方式 * 家庭指数	2.645	2	1.323	1.415	.250	.042
Error	59.804	64	.934			
Total	1630.490	70				
Corrected Total	79.486	69				

注:a R Squared = .248 (Adjusted R Squared = .189)

13.3.2 进行协方差分析

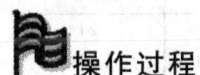操作过程

(1)选择主菜单 Analyze→ General Linear Model→Univariate。

(2)在主对话框内,选中"评定得分",移入因变量框(Dependent Variable);选中"培训方式",移入固定因素(自变量)框(Fixed Factor(s));选中"家庭指数",移入协变量框(Covariate(s))(见图 13-1)。

(3)单击 Options 按钮进入子对话框,在左侧 Factor(s) & Factor interactions 栏内

选中"培训方式",移入右侧 Display Means for 栏中;在 Display 栏中选中 Descriptive statistics、Estimates of effect size 和 Homogeneity tests(图 13-2);单击 Continue 回到主对话框。

(4)单击 Model 按钮进入子对话框,在 Specify Model 下选中 Full Factorial;单击 Continue 回到主对话框。

(5)单击 OK 运行程序。

提示

上述协方差分析的过程(2)和(3)同上述斜率同质性检验过程的(2)和(3)。

13.4 结果输出

表 13-3 至 13-5 是进行上述协方差分析的主要结果。其中表 13-3 给出了有关自变量的不同水平的描述统计结果,包括平均数、标准差和样本量。表 13-4 给出了协方差分析的结果。在本例中,研究要考察的问题是不同的培训方式(未参加任何培训、参加暑期培训班和参加假日读书会)对儿童的阅读水平提高的影响是否存在差异。检验结果显示,当控制了协变量因素时,自变量的效应显著,三种方式下儿童的阅读水平变化的差异达到显著水平($F(2,66)=8.63$, $P<0.001$),这表明三种方式的培训效果之间存在差异。但是为了弄清楚究竟哪些方式之间存在差异,还需要作进一步的分析。表 13-5 进一步给出了根据协变量进行调整后的自变量各条件的均值,及区间估计的结果。通常情况下,调整后的均值与调整前(表 13-3)有一定差异。

协变量(本例中为**家庭指数**)通常不是研究者关心的变量,只是为了控制它对因变量的影响而参与统计分析。但在表 13-4 中,也列出了对协变量与因变量之间的关系的检验。检验结果表明,协变量与因变量之间没有什么关系(($F(1,66)=0.250$, $P=0.619$)。

表 13-3 **Descriptive Statistics**

Dependent Variable:评定得分

培训方式	Mean	Std. Deviation	N
0	4.089	1.0233	27
1	5.095	.9184	21
2	5.095	.9409	22
Total	4.707	1.0733	70

表 13-4 **Tests of Between-Subjects Effects**

Dependent Variable:评定得分

Source	Type III Sum of Squares	df	Mean Square	F	Sig.	Partial Eta Squared
Corrected Model	17.037(a)	3	5.679	6.002	.001	.214
Intercept	23.614	1	23.614	24.956	.000	.274
家庭指数	.237	1	.237	.250	.619	.004
培训方式	16.330	2	8.165	8.629	.000	.207
Error	62.449	66	.946			
Total	1630.490	70				
Corrected Total	79.486	69				

注:a R Squared = .214 (Adjusted R Squared = .179)

表 13-5 Estimated Marginal Means
培训方式

Dependent Variable:评定得分

培训方法	Mean	Std. Error	95% Confidence Interval	
			Lower Bound	Upper Bound
0	4.064(a)	.194	3.678	4.451
1	5.113(a)	.215	4.683	5.542
2	5.109(a)	.209	4.691	5.526

注:a Covariates appearing in the model are evaluated at the following values:家庭指数 = 77.26.

13.5 进行事后两两比较(Post-Hoc Test)

当协方差分析的结果表明自变量效应显著时,还需要进一步事后检验(两两比较)来确定效应的来源(其实在多数情况下,这一过程是可以与协方差分析同时进行的)。以下是进行事后检验的步骤。

13.5.1 两两比较的操作过程

操作过程

(1)选择主菜单 Analyze→ General Linear Model→Univariate。

(2)在主对话框内,选中"评定得分",移入因变量框(Dependent Variable);选中"培训方式",移入固定因素(自变量)框(Fixed Factor(s));选中"家庭指数",移入协变量框(**Covariate(s)**)。

(3)单击 **Options** 按钮进入子对话框,在左侧 **Factor(s) & Factor interactions** 栏内选中"培训方式",移入右侧 **Display Means for** 栏中;在 **Display** 栏中选中 **Descriptive statistics**、**Estimates of effect size** 和 **Homogeneity tests**;单击 Continue 回到主对话框。

(4)单击 **Model** 按钮进入子对话框,在 Specify Model 下选中 Full Factorial;单击 Continue 回到主对话框。

(5)单击 Paste,退出对话框而进入 SPSS 命令编辑窗口(图 13-4)。

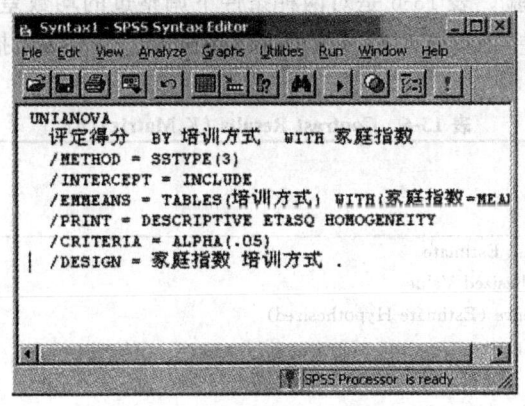

图 13-4 SPSS 自动生成的程序语句

(6)保留前三行语句,删除其他行。删后的语句如下:

```
UNIANOVA
  评定得分  BY 培训方式   WITH 家庭指数
  /METHOD = SSTYPE(3)
```

(7) 添加三行子命令/LMATRIX,以分别比较培训方式 **0**、培训方式 **1** 和培训方式 **2** 之间的差异。具体内容见图 13-5 所示。

(8) 点击 Run,运行命令。

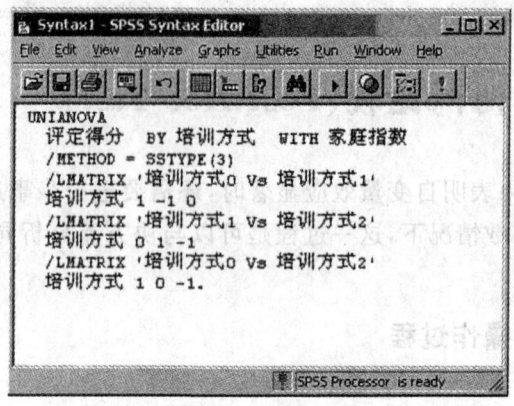

图 13-5　修改后进行两两比较的程序语句

 提示

过程(2)到(4)同上述协方差检验过程的(2)到(4)。如果您刚进行过协方差分析,该过程的设置仍然保留在相应的对话框中。

13.5.2　两两比较的结果输出

在 SPSS 输出表格中(文件名:13 章_输出 3. spo),会依次呈现逐对进行两两比较的结果,分别冠以"Custom Hypothesis Tests #1"、"Custom Hypothesis Tests #2"等名称。表13-6 和表 13-7 显示了上述分析中的第一对两两比较的结果(培训方式 0 Vs 培训方式 1),即对没有参加任何培训的儿童(培训方式 0)和参加暑期矫正班的儿童(培训方式 1)的阅读水平变化之间的差异进行的检验。表 13-6 是对两种条件下调整过的均数差进行估计的结果,包括均数差值、零假设均数差值、以及均数差值的置信区间等;表 13-7 则报告了均数比较的 F 检验值、自由度和 p 值。

表 13-6　Contrast Results (K Matrix)(a)

Contrast			Dependent Variable
			评定得分
L1	Contrast Estimate		−1.049
	Hypothesized Value		0
	Difference (Estimate-Hypothesized)		−1.049
	Std. Error		.295
	Sig.		.001
	95% Confidence Interval for Difference	Lower Bound	−1.638
		Upper Bound	−.459

注:a Based on the user-specified contrast coefficients (L') matrix:培训方式 0 Vs 培训方式 1

表 13-7 Test Results
Dependent Variable:评定得分

Source	Sum of Squares	df	Mean Square	F	Sig.
Contrast	11.927	1	11.927	12.605	.001
Error	62.449	66	.946		

从表 13-6 和表 13-7 中可以看出,培训方式 0 和培训方式 1 之间的均值差异(-10.05)达到了显著水平(F(1,66)=12.89,P=0.001),说明未参加任何培训的儿童(培训方式 1)的阅读水平提高程度不及参加暑期矫正班的儿童(培训方式 1)的阅读水平提高程度。请读者参阅本书所附的素材内的结果文件(文件名:13 章_输出 3.spo),自行解释另外两对两两比较(培训方式 1 VS 培训方式 2 和培训方式 0 VS 培训方式 2)的检验结果。

13.5.3 关于 LMATRIX 子命令的进一步解释

进行协方差分析时,如果需要进行两两比较,则需要用到子命令 LMATRIX。在本章的案例中,对培训方式前两种条件的均值进行检验所用的命令为:

UNIANOVA

　　评定得分　BY 培训方式　WITH 家庭指数

　　/METHOD = SSTYPE(3)

　　/LMATRIX '培训方式 0 Vs 培训方式 1'

　　培训方式 1 -1 0.

其中/LMATRIX 表明后面要使用 L 矩阵进行检验,单引号内的内容是该检验的标签,以便查看结果时易于分辨。在/LMATRIX 的下面一行是对要检验的条件进行定义,"培训方式"后面的三个数分别代表了"培训方式"的三个水平。"1-1 0"表示对"培训方式 0"和"培训方式 1"的均值(调整后)进行比较。如果是想对"培训方式 1"和"培训方式 2"进行比较,上述数字便改为"0 1-1"。

提示

对"培训方式 0"和"培训方式 1"进行比较能不能用数字"-1 1 0"来表示呢?自己尝试一下,并对照表 13-6 和 13-7 看看结果会有什么变化?您会发现,检验的 F 值和 p 值并没有发生变化,但表 13-6 中的均数差值由负值变为正值了。您能解释原因吗?

13.6 小结

进行协方差分析须检验斜率同质性。

进行协方差分析之前,首先要进行斜率同质性检验,如果斜率同质性假设不能满足,则进行协方差分析就没有意义。当自变量效应显著时,通常还需要进行进一步的两两比较,这时要用 SPSS 句法命令来完成,需要用到 Univariate 模块的子命令 LMATRIX。

第14章 单因素设计的多元方差分析(MANOVA)

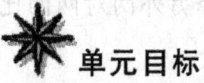

单元目标

通过学习本章,您可以了解:
- 进行多元方差分析的前提假设
- 如何逐步进行多元方差分析
- 如何进行多元方差分析的事后检验(两两比较)

前面的介绍方差分析方法主要是针对因变量只有一个的情况,当因变量多于一个时,则应该使用多元方差分析(MANOVA)进行统计检验。因此,多元方差分析是对一元方差分析的扩展。多元方差分析检验在自变量(即因素)的不同水平上,因变量的均值是否相等。由于因变量不止一个,多元方差分析不仅检验自变量的各个水平上的因变量均值是否相等,而且检验各因变量均值之间的各种线性组合是否也相等。本章将以单因素设计为例,介绍如何进行多元方差分析。

14.1 前提假设

多元方差分析需要满足下列假设:

(1)正态分布 在自变量(因素)的任何水平上,每一因变量的值都呈正态分布,同时每一因变量与其他因变量的任意线性组合也呈正态分布。

(2)各因变量取自同一样本 在自变量(因素)的不同水平上,各因变量(包括变量及协变量)的指标取自同一样本。如果因变量的数值来自不同的样本,多元方差分析的结果会变得不可靠。

(3)独立性 样本必须从总体中随机抽取,来自不同个体的因变量的值相互独立。如果因变量的值不独立,不应该进行多元方差分析。

14.2 三种学习策略对雅思考试成绩有何影响,三种口吃校正方法孰优孰劣(实例)

例14-1 一位语言学系的研究生打算考察三种不同的学习策略对外语学习成绩的影响。他从同等外语水平的大学生中随机抽取了30名作被试,并随机分配给以下三种学习策略:1.语法-单词策略,要求被试重点学习外语的语法知识点和记忆单词;2.阅读策略:要求被试大幅度增加英文阅读量;3.口语策略:要求被试增加英语口语的训练量。在学期末这些学生参加了雅思(IELTS)考试,以雅思考试中听力、阅读、写作、口语等四个部分的得分作为外语成绩的指标。在该案例中,SPSS的数据文件包括五个变量。一个是自变量(因素):是分类变量,共有三个水平(即三种学习策略);四个是因变量:分别是雅思考试的四项成绩。

例14-2 口吃是一种常见的语言表达障碍。研究者想了解以下三种口吃矫正方法的效果是否存在差异。1.慢读训练:要求口吃患者按照一定的节奏逐字发音;2.系统脱敏:要求口吃患者忘掉口吃,把自己看作正常人,克服自己的心理紧张情绪,敢于并积极在公众场合与陌生人交流;3.口吃矫正仪:使用口吃矫正仪,通过增强对自己的发音的反馈,提高发音的连贯性。研究者首先筛选了42名症状和程度类似的口吃患者,并对其语言流畅性进行了前测,分别统计了患者在5分钟谈话过程中的字词重复次数、非正常停顿次数和有效音节量。然后对这些患者随机采用上述三种方法中的一种进行矫正,矫正两周后对其语言流畅性进行了后测,指标同前。用前后测相比较的字词重复次数及非正常停顿次数的减少量和有效音节的增加量作为衡量矫正效果的指标。

该案例的数据文件见"14章数据1.sav"。数据中包含四个变量:一个自变量,三个因变量。变量名及其含义如表14-1所示:

表14-1 数据文件包含的变量列表

变 量	含 义
矫正方式(自变量)	1="慢读训练"
	2="系统脱敏"
	3="口吃矫正仪"
重复减少(因变量1)	与前测相比,后测中字词重复次数的减少
停顿减少(因变量2)	与前测相比,后测中非正常停顿次数的减少
音节增加(因变量3)	与前测相比,后测中有效音节的增加

14.3 用SPSS进行多元方差分析

多元方差分析的报告通常包括以下统计检验的结果:Pillai's Trace, Wilks' Lambda, Hotelling's Trace 和 Roy's Largest Root。这些是通过不同的方法对统计假设(不同条件或水平的均数相等)独立进行检验的结果。如果统计检验结果显著,有的统计学家主张需要针对每个因变量进行一元方差分析,但也有人不同意这种做法,认为单独对因变量进行分析无法对因变量的线性组合假设进行检验,因而没有什么意义。在本例中,我们给出了针对每个自变量的一元方差分析。当检验发现在某一因变量上的统计检验显著,而且自变量包含了两个以上的水平,则还需要进一步进行事后检验(Post-Hoc test)。

操作过程

(1)选择主菜单 Analyze→ General Linear Model→Multivariate。

(2)在主对话框内,在左侧变量框内分别选中"重复减少"、"停顿减少"、"音节增加",移入因变量框(Dependent Variable);选中"矫正方式",移入固定因素(自变量)框(Fixed Factor(s))。见图14-1。

(3) 单击 Options 按钮进入子对话框,在左侧 Factor(s) & Factor interactions 栏内选中"矫正方式",移入右侧 Display Means for 栏中;在 Display 栏中选中 Descriptive statistics、Estimates of effect size 和 Homogeneity tests(图 14-2);把对话框最下边的显著性水平由 0.05 改为 0.017,单击 Continue 回到主对话框(关于为什么把 0.05 改为 .017,见后文关于多重比较内容的讨论)。

(4) 单击 Post Hoc 按钮进入子对话框,在左侧因素栏 Factor(s)内选中"矫正方式",移入右侧 Post Hoc Test for 栏(图 14-3);在 Equal Variances Assumed 栏内选中 LSD,在 Equal Variances Not Assumed 栏内选中 Dunnett's C。单击 Continue 回到主对话框。

(5) 单击 OK 运行程序。

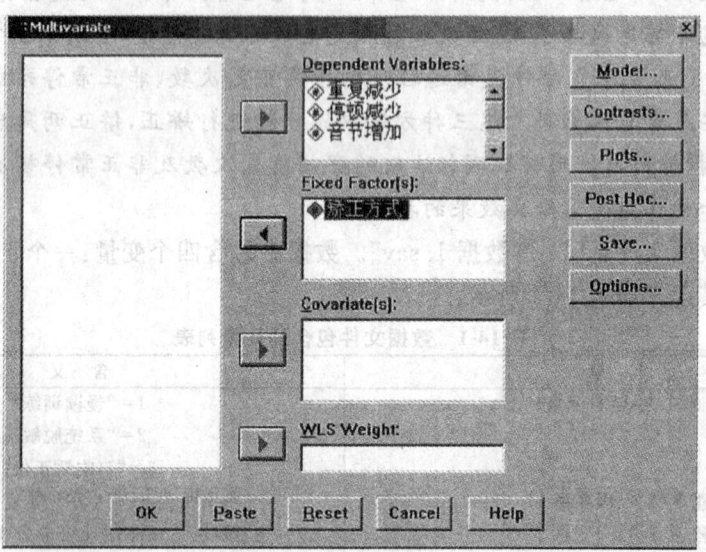

图 14-1 GLM:Multivariate 主对话框

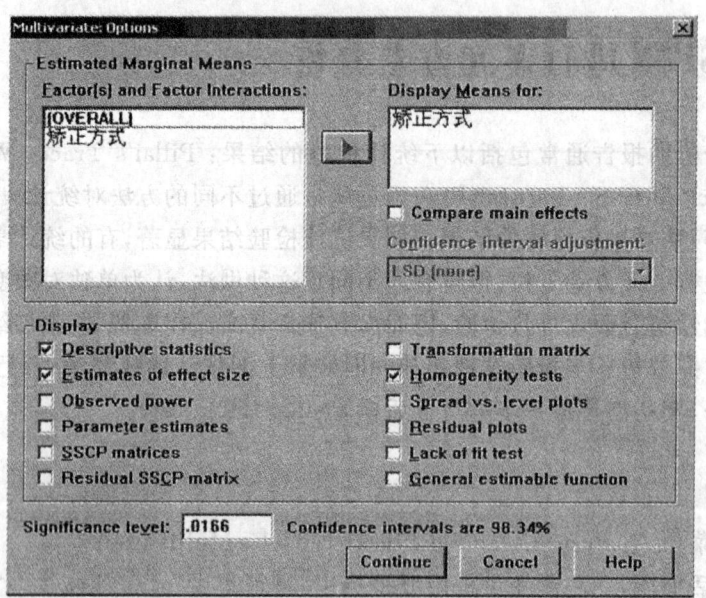

图 14-2 GLM:Multivariate,Options 对话框

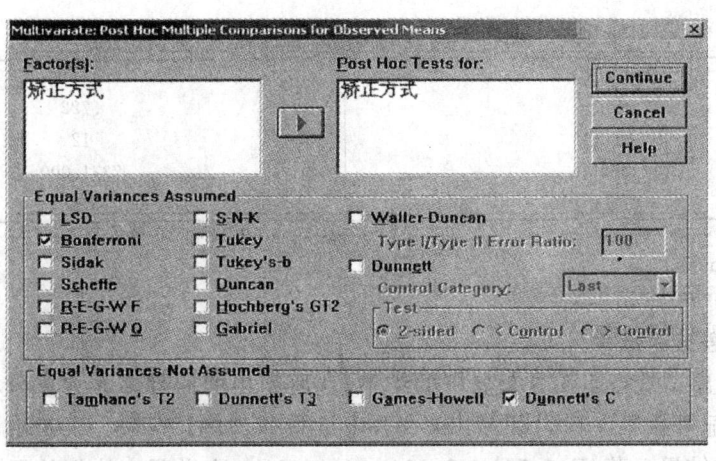

图 14-3　GLM：Multivariate，Post Doc 对话框

14.4　部分输出结果

14.4.1　多元方差分析的结果

1. 描述统计结果

表 14-2 至表 14-4 给出了进行多元方差分析的结果。其中表 14-2 列出了因变量在自变量的不同水平上的描述统计结果，包括平均数、标准差和样本量。

表 14-2　Descriptive Statistics

症　状	矫正方式	Mean	Std. Deviation	N
重复减少	1	4.00	.961	14
	2	4.71	.994	14
	3	5.00	.784	14
	Total	4.57	.991	42
停顿减少	1	5.14	1.460	14
	2	6.64	1.277	14
	3	4.50	.855	14
	Total	5.43	1.500	42
音节增加	1	13.43	2.593	14
	2	17.29	2.400	14
	3	14.57	1.828	14
	Total	15.10	2.775	42

2. 方差齐性检验结果

表 14-3(Box's Test)是对因变量形成的离差矩阵进行多元方差齐性检验的结果，即检验在自变量的不同水平上，因变量的方差和协方差是否相等。如果检验的结果(F 值)达到了显著水平，说明方差齐性的假设不能满足。但是，对该检验结果的解释必须小心，有时候方差检验结果显著可能是因为因变量的正态分布假设不能满足，而不是方差齐性假设不能满足。而在另外一些情况下，即使方差不齐，如果样本量较少，检验结果也可能达不到显著水平。从表 14-3 中可以看出，对方差齐性的检验没有达到显著水平(F(12,7371)＝0.722,p＝0.731＞0.05)。

表 14-3 Box's Test of Equality of Covariance Matrices[a]

Box's M	9.771
F	.722
df1	12
df2	7371.000
Sig.	.731

注：Tests the null hypothesis that the observed covariance matrices of the dependent variables are equal across groups.
    a. Design: Intercept + 矫正方式

3. 多元方差分析结果

表 14-4 给出了进行多元方差分析的结果，在所列出的四种多元方差分析中，统计结果均显示达到了显著水平。我们以 Wilks' Lambda 检验为例，Wilks' Lambda 的统计值为 0.39，方差分析的结果显著（F(6,74)=7.39, p<0.001）。这说明应该拒绝零假设，即拒绝自变量不同水平之间的因变量均值相等的假设。Partial η^2 (Eta squared)的值为 0.375，表示因变量的变异中有 37.5% 与自变量的不同水平有关。

表 14-4 Multivariate Tests[c]

Effect		Value	F	Hypothesis df	Error df	Sig.	Partial Eta Squared
Intercept	Pillai's Trace	.989	1077.143[a]	3.000	37.000	.000	.989
	Wilks' Lambda	.011	1077.143[a]	3.000	37.000	.000	.989
	Hotelling's Trace	87.336	1077.143[a]	3.000	37.000	.000	.989
	Roy's Largest Root	87.336	1077.143[a]	3.000	37.000	.000	.989
矫正方式	Pillai's Trace	.710	6.977	6.000	76.000	.000	.355
	Wilks' Lambda	.391	7.394[a]	6.000	74.000	.000	.375
	Hotelling's Trace	1.299	7.797	6.000	72.000	.000	.394
	Roy's Largest Root	1.054	13.346[b]	3.000	38.000	.000	.513

注：a. Exact statistic
    b. The statistic is an upper bound on F that yields a lower bound on the significance level.
    c. Design: Intercept + 矫正方式

提示　多元方差分析表的内容解释

多元检验的方差分析表列出了各种设计模型的因素（或因素交互）效应检验结果，对每种模型的检验都使用四种方法，其中：

- Pillai's Trace 的值为正值，值越大表明因素效应对模型的贡献越大；
- Wilks' Lambda 的值介于 0 与 1 之间，值越大表明因素效应对模型的贡献越大；
- Hotelling's Trace 的值越小，因素效应对模型的贡献越大；
- Roy's Largest Root 的值越大，因素效应对模型的贡献越大。

判断因素效应显著的依据是四种方法计算的显著性水平 p<0.05，其中 Pillai's Trace 检验力最强。但是值得强调的一点是，p 值并不是万能的，通常研究者必须同时查看其他两类指标才能作出判断。

（1）当 Pillai's Trace 与 Hotelling's Trace 大致相等时，因素效应对模型的贡献不大，此时，即使显著性水平 p<0.05 也没有实际意义。此处两个值分别为 0.71 和 1.30，差距明显。

（2）另一种判断因素效应是否显著的方法是查看效应度指标 η^2（Partial Eta Squared）。它介于 0 与 1 之间，值越大，表明因素效应越显著。

14.4.2 单因变量的一元方差分析结果

表 14-5 是针对逐个因变量进行一元方差分析的结果。如果数据中没有缺失值,表 14-5 中报告的结果等同于利用一般线性模型(GLM)的 Univariate 模块多次进行一元方差分析的结果,读者可以自行尝试用 GLM：Univariate 模块对数据进行分析,并比较二者的结果是否相同。但是当数据中存在缺失值时,二者的结果可能存在一定差异。

从表 14-5 的结果可以看出,对"重复减少"、"停顿减少"和"音节增加"三个因变量单独进行的方差分析均达到了显著性水平(分别为 $F(2,39) = 4.4$, $P<0.05$; $F(2,39) = 11.3$, $P<0.001$; $F(2,39) = 10.4$, $P<0.001$)。不过需要说明的是,这儿并没有考虑多重方差分析(multiple ANOVAs)的问题,即当同时进行多次统计检验时,会导致犯 I 类统计错误的可能性增加,因此在这种情况下通常需要对 p 值进行校正。比较常见的一种校正方法为 Bonferroni 方法。该方法是把显著性水平(如 0.05 水平)除以多重检验的次数(在本例中是 3)作为校正后的显著性水平。因此,在本例中经过 Bonferroni 方法校正后的显著性水平为 0.017(由 0.05/3 得出)。如果按照这一标准,"重复减少"的检验结果没有达到显著水平,而其他两个因变量则达到了显著水平。

但有的统计学家认为当多元方差分析的统计检验显著时,进行随后的一元方差分析并不需要对 p 值进行校正,而当一元方差分析显著时,随后的两两比较则对 p 值进行校正。按照这种观点,本例中三个因变量的一元方差分析结果均达到了显著性水平。因为自变量有三个水平,为了弄清楚究竟哪些水平之间存在差异,还需要作进一步的事后检验。

表 14-5 **Tests of Between-Subjects Effects**

Source	Dependent Variable	Type III Sum of Squares	df	Mean Square	F	Sig.	Partial Eta Squared
Corrected Model	重复减少	7.429[a]	2	3.714	4.409	.019	.184
	停顿减少	33.857[b]	2	16.929	11.300	.000	.367
	音节增加	109.905[c]	2	54.952	10.418	.000	.348
Intercept	重复减少	877.714	1	877.714	1041.809	.000	.964
	停顿减少	1237.714	1	1237.714	826.152	.000	.955
	音节增加	9570.381	1	9570.381	1814.385	.000	.979
矫正方式	重复减少	7.429	2	3.714	4.409	.019	.184
	停顿减少	33.857	2	16.929	11.300	.000	.367
	音节增加	109.905	2	54.952	10.418	.000	.348
Error	重复减少	32.857	39	.842			
	停顿减少	58.429	39	1.498			
	音节增加	205.714	39	5.275			
Total	重复减少	918.000	42				
	停顿减少	1330.000	42				
	音节增加	9886.000	42				
Corrected Total	重复减少	40.286	41				
	停顿减少	92.286	41				
	音节增加	315.619	41				

注:a. R Squared = .184 (Adjusted R Squared = .143)
  b. R Squared = .367 (Adjusted R Squared = .334)
  c. R Squared = .384 (Adjusted R Squared = .315)

14.4.3 事后检验(Post-Hoc Test)

表 14-6 列出了事后检验(两两比较)的结果。按照我们上面的介绍,在多重比较的情况下需要对显著性水平进行校正,经过 Bonferroni 方法校正后的显著性水平为 .017。按照这

一标准,对于因变量"重复减少",三种矫正方法之间的两两比较均未达到显著水平;对于因变量"停顿减少"和因变量"音节增加",矫正方法一(慢读训练)和矫正方法二(系统脱敏)之间,以及矫正方法二和矫正方法三(口吃校正仪)之间的比较均达到了显著水平,但方法一和方法三之间未达到显著水平。

表 14-6 Multiple Comparisons

Dependent Variable		(I)矫正方式	(J)矫正方式	Mean Difference (I-J)	Std. Error	Sig.	98.3% Confidence Interval	
							Lower Bound	Upper Bound
重复减少	Bonferroni	1	2	−.71	.347	.139	−1.73	.30
			3	−1.00	.347	.019	−2.02	.02
		2	1	.71	.347	.139	−.30	1.73
			3	−.29	.347	1.000	−1.30	.73
		3	1	1.00	.347	.019	−.02	2.02
			2	.29	.347	1.000	−.73	1.30
	Dunnett C	1	2	−.71	.370		−1.91	.48
			3	−1.00	.331		−2.07	.07
		2	1	.71	.370		−.48	1.91
			3	−.29	.339		−1.38	.81
		3	1	1.00	.331		−.07	2.07
			2	.29	.339		−.81	1.38
停顿减少	Bonferroni	1	2	−1.50*	.463	.007	−2.85	−.15
			3	.64	.463	.518	−.71	2.00
		2	1	1.50*	.463	.007	.15	2.85
			3	2.14*	.463	.000	.79	3.50
		3	1	−.64	.463	.518	−2.00	.71
			2	−2.14*	.463	.000	−3.50	−.79
	Dunnett C	1	2	−1.50	.518		−3.17	.17
			3	.64	.452		−.82	2.10
		2	1	1.50	.518		−.17	3.17
			3	2.14*	.411		.82	3.47
		3	1	−.64	.452		−2.10	.82
			2	−2.14*	.411		−3.47	−.82
音节增加	Bonferroni	1	2	−3.86*	.868	.000	−6.40	−1.32
			3	−1.14	.868	.587	−3.68	1.40
		2	1	3.86*	.868	.000	1.32	6.40
			3	2.71*	.868	.010	.17	5.26
		3	1	1.14	.868	.587	−1.40	3.68
			2	−2.71*	.868	.010	−5.26	−.17
	Dunnett C	1	2	−3.86*	.944		−6.90	−.81
			3	−1.14	.848		−3.88	1.59
		2	1	3.86*	.944		.81	6.90
			3	2.71*	.806		.11	5.31
		3	1	1.14	.848		−1.59	3.88
			2	−2.71*	.806		−5.31	−.11

注:Based on observed means.
*. The mean difference is significant at the .017 level.

14.5 两因素以上的多元方差分析

多元方差分析的自变量可以只包含一个因素,也可以包含多个因素,或者有协变量。当对于多因素设计的多元方差分析与上述分析过程类似,只是需要在定义变量时,把几个自变量同时选入自变量框内即可(Fixed Factor),其他步骤与单因素设计的执行过程相同。在结果输出部分,SPSS不但检验各个因素的主效应,还检验因素之间的交互作用。当交互作用或主效应显著时,则需要进一步进行简单效应检验和两两比较,从而最终找到效应的来源。

14.6 小结

多元方差分析针对多个因变量。

多元方差分析主要是针对因变量多于一个时的情况。如果多元统计检验结果显著,可能还需要针对每个自变量进行一元方差分析。当检验发现在某一因变量上的统计检验显著,而且自变量包含了两个以上的水平,则需要进行事后两两比较。

第 15 章 重复测量设计的方差分析

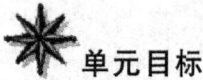

单元目标

通过学习本章,您可以了解:
◆ 进行重复测量设计的方差分析的前提假设
◆ 如何逐步进行重复测量设计的方差分析
◆ 如何进行简单效应分析和多重比较

在重复测量设计中,每个被试需接受所有水平的实验处理,即同一因变量先后被观测多次。用于区分各个实验水平的变量通常是定性变量(Qualitative Variable),顺序变量或名义变量也可以,SPSS 称之为重测因素,或被试内因素。被观测的因变量必须是数量变量(Quantitative Variable)。

单因素的重复测量设计只包括一个被试内因素。多因素的重复测量设计可以有多个被试内因素和被试间因素。本章将重点介绍单因素重复测量设计的方差分析过程,对多因素重复测量设计的分析思路只做简单介绍。

在使用 SPSS 处理重复测量设计(被试内设计)的数据时,其数据的组织方式不同于被试间设计,在数据窗口中不需要定义自变量和因变量。对于单因素设计,数据文件中变量的个数等于自变量(因素)的水平;对于多因素设计,变量的个数等于因素之间的水平组合数,而且变量的性质都是连续型变量。在进行方差分析的过程中,需要对因素的个数及变量间的关系进行定义。

15.1 前提假设

如果被试内因素只有两个水平,则 Repeated Measure 执行一次标准的一元方差分析。如果被试内因素有两个以上的水平,则执行三种检验:标准一元方差分析、备选的一元方差分析和多元方差分析。事实上,三种分析检验的零假设相同,即因素各水平上的均值相同。但具体采用哪一种分析的结果需要浏览全部三种分析的结果之后才能决定。

当因素水平数超过两个时,需要查看球形假设是否能够满足。当球形假设可以满足时,可以使用标准一元方差分析的结果。但是由于球形假设通常无法满足,此时方差分析的显著性水平 p 值不准确,所以标准一元方差分析在这种情况下并不常用。

备选一元方差分析适用于球形假设(Sephericity Assumption)不满足的情况。备选方差分析计算的 F 值与标准方差分析相同,但根据 F 值计算的显著性水平 p 值却有本质上的不同。因为 SPSS 根据样本数据偏离球形假设的程度计算出一个统计量,叫作 Epsilon,然后用它乘以标准检验中自由度的分子和分母,从而校正了自由度,因此,使用校正后的自由度和原始F值得到的显著性水平p值不同于标准一元方差分析的结果。

多元方差分析不要求数据一定符合球形假设。它计算因变量在因素各水平上的分数之差。例如被试内因素有三个水平时,SPSS会计算第一水平与第二水平的因变量分数之差,第二水平与第三水平的因变量分数之差。然后,多元方差分析检验这两组差值的均值是否都等于零,而且它还会自动检验第一水平和第三水平的差值的均值是否为零,这些差值的线性组合是否为零。

在三种方差分析方法中,应用统计学家倾向于多元方差分析。因为当各组均值相等的零假设被拒绝之后,事后检验与多元方差分析在概念上的联系更密切。

15.1.1 标准一元方差分析的假设前提

(1)正态性　因变量在各个实验单元内呈正态分布。每个单元的样本量达到15人可不受正态分布的条件限制。

(2)方差齐性　因变量在因素任意两个水平间的差值变异(方差)相等。这个假设有时候就是指球形假设和差值的方差齐性检验。只有当被试内因素的水平数超过两个时,球形假设才有效。备选方差分析和多元方差分析不受方差齐性条件的限制。

(3)独立性与随机性　样本必须是从总体中随机抽样获得,被试间相互保持独立。

15.1.2 多元方差分析的假设前提

多元方差分析使用的变量实际上是原始变量的差值,所以,其前提假设是针对差值而言的。差值变量的数目等于被试内因素的水平数减1。

(1)多元正态性　每个差值变量都呈正态分布,大样本不受限制。

(2)随机性与独立性　样本来自随机抽样,每个被试的差值与其他被试相互独立。

15.2 部件加工对汉字的识别有什么影响(实例)

例15-1　通常汉字由一个或几个部件组成,前者为独体字,后者为合体字。一项研究采用启动研究范式,考察了部件加工对合体字识别的影响。对于每一个合体字,设置了三种条件:1.部件启动,2.形似启动,3.无关启动。

部件启动条件中,启动字是目标字的一个部件,如页—顾;在形似启动条件中,启动字是与条件1的部件启动字很相似的一个汉字,如员—顾;在无关启动条件中,启动字和目标字没有任何关系,但在字频、笔划数等方面与条件1与条件2进行了匹配,如表—顾。具体实验材料请读者参考本教材所附素材内的文件"各章实验材料.doc"。

从某高校随机抽取了30名本科生参加了实验。三种实验条件为被试内设计,即所有的被试都对这三种条件的材料进行命名,记录被试在该任务中的反应时和错误率。问:部件加工对合体字的识别有什么影响?

15.2.1 分析思路

研究者的问题可以从两个方面理解:

(1)均值差异　三种启动条件下的汉字反应时均值及错误率是否存在显著差异?利用

被试分析数据检验被试反应时和错误率的均值差异,利用项目分析的数据检验汉字反应时和错误率的均值差异。

(2)变量间的关系分析 启动条件与汉字反应时之间存在关系吗?具体分析内容同上。

15.2.2 数据结构

例 15-1 的经过整理后的数据保存在"15 章_数据 1.sav"(该数据用于以被试为随机变量的方差分析)。数据中包含六个变量:其中三个为三种条件下的反应时数据,另三个是错误率的数据。变量名及其含义如下表所示:

表 15-1 数据包含的变量

变 量	含 义
反应时 S1	"部件启动"条件的反应时
反应时 S2	"形似启动"条件的反应时
反应时 S3	"无关启动"条件的反应时
错误率 S1	"部件启动"条件的错误率
错误率 S2	"形似启动"条件的错误率
错误率 S3	"无关启动"条件的错误率

15.3 用 SPSS 进行方差分析

15.3.1 查看前提假设是否满足

(1)正态性 因素各水平的样本量为 30,属于大样本,无需检验正态性。

(2)方差齐性 对方差是否齐性的检验在方差分析过程中提供。该假设只适用于一元方差分析,多元方差分析不需要方差齐性假设。

(3)独立性与随机性 被试间相互独立,随机取样。

15.3.2 方差分析过程

> **提示** 目前汉字识别研究常用的一种方法——重复测量中的双重多元设计

在上述案例 15-1 中,我们获得了两个测量指标,汉字识别的反应时和错误率。在前面几章中的案例中,我们对这两个指标的方差分析是分开进行的。目前多数研究者在实际的数据分析中也是分别对这两个指标进行方差分析。但也有研究者认为,在这种情况下应该采取多元方差分析的思路(见第 14 章),即把反应时和错误率作为两个相互关联的因变量同时进行多元方差分析。在下面的分析过程中,我们采取了后一种思路。这时这种设计被称为重复测量中的双重多元设计(Doubly Multivariate Design)。

操作过程

(1)选择主菜单 Analyze→General Linear Model→Repeated Measures...。

(2)定义一个被试内因素(重测因素)和两次测量:在 Within-Subject Factor Name 框中输入"启动条件"作为被试内因素的名称,定义水平数为 3,单击 Add 按钮完成。

(3)单击 Measure>>按钮,原本隐藏的部分窗口完全展开,在 Measure Name 框中输入"反应时 s",单击下面的 Add 按钮完成定义,再次在 Measure Name 框中输入"错误率 s",

单击 Add 按钮完成第二次测量的定义过程(图 15-1)。

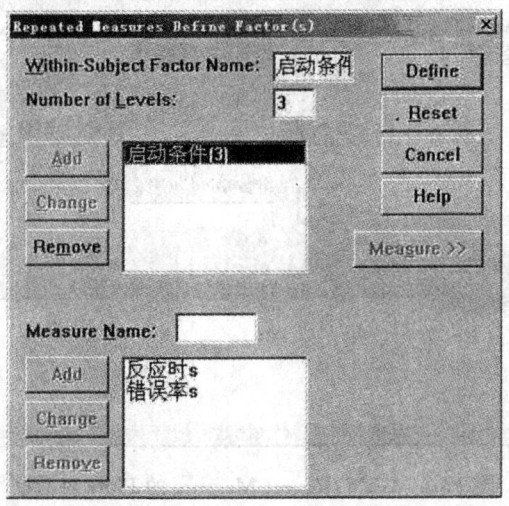

图 15-1　GLM:Repeat Measures 的因素定义对话框

(4)单击 Define 按钮进入子窗口。指定分析变量:把左边变量列表中的全部 6 个变量选中,选入 Within-Subjects Variables 框中(图 15-2)。

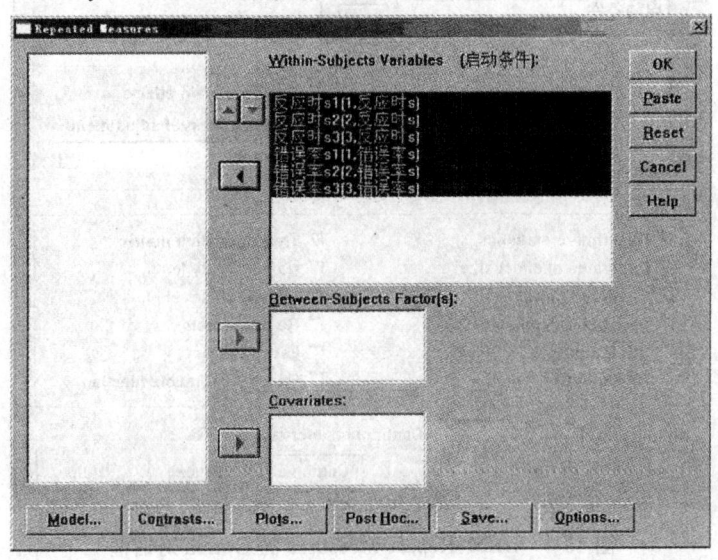

图 15-2　GLM:Repeat Measure 的主对话框

(5)单击 Plots 按钮打开子对话框。要求输出均值的折线图:把"启动条件"选入 Horizontal Axis 框,单击 Add 按钮完成定义过程(图 15-3)。

(6)单击 Options 按钮打开下一级对话框。要求被试内因素各水平间两两比较,显示多个统计量:在 Estimated Marginal Means 下方的因素列表中选中"反应时 s",选入右边 Display Means for 框中,同时选中下方的 Compare main effects,并使用默认的比较方法 LSD (none)。在窗口下方的 Display 部分选中 Descriptive statistics, Estimates of effect size, Observed power (图 15-4)。单击 Continue 按钮回到主对话框。

(7)单击 OK 运行程序。

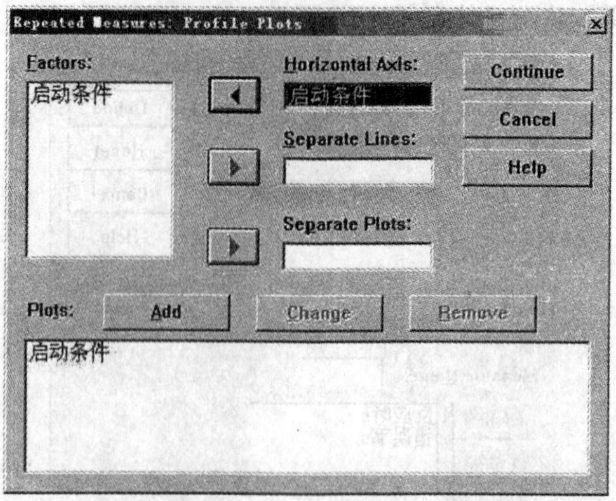

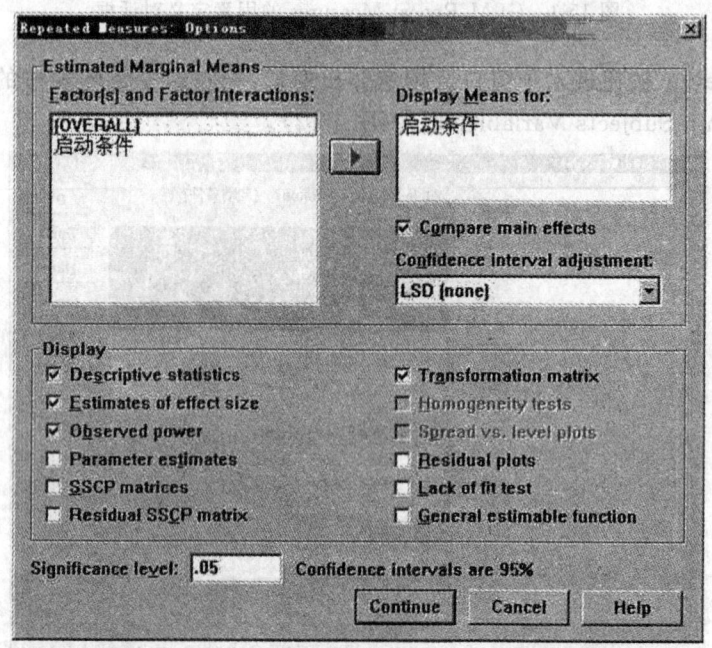

图 15-3 GLM：Repeat Measure 的 Plots 对话框

图 15-4 GLM：Repeat Measures 的 Option 对话框

提示　被试内因素为连续变量时怎么办

如果一个被试内因素是一个连续变量，而且其各个水平之间距离相等，例如 5 年、10 年、15 年、20 年，通常需要通过 Contrasts 按钮进行多项式比较（Polynomial contrasts），以检验是否存在显著的线性效应（linear effect）、二次方效应（quadratic effect）或三次方效应（cubic effect）。

15.4 部分输出结果

1. 被试内因素及因变量信息

表 15-2 给出了参与分析的有关变量的信息,其中"启动条件"是唯一的被试内因素,共包括三个实验水平,按照前面我们定义的变量标签,1 是部件启动,2 是形似启动,3 是无关启动。

表 15-2 中的右列是三种汉字启动条件下的反应时与错误率的测量结果,即因变量。表格左列"Measure"下方对应三种启动条件下的两类测量的名称:即"反应时 s"和"错误率 s"。

表 15-2 **Within-Subjects Factors**

Measure	启动条件	Dependent Variable
反应时 S	1	反应时 S1
	2	反应时 S2
	3	反应时 S3
错误率 S	1	错误率 S1
	2	错误率 S2
	3	错误率 S3

2. 描述统计量

表 15-3 给出了反应时与错误率在三种启动条件下的描述统计量,包括相关变量的均值、标准差及包含的样本量。

表 15-3 **Descriptive Statistics**

		Mean	Std. Deviation	N
反应时 S1	部件启动	657.70	36.597	30
反应时 S2	形似启动	703.77	33.350	30
反应时 S3	无关启动	689.20	56.532	30
错误率 S1	部件启动	4.7223	4.98192	30
错误率 S2	形似启动	5.0003	6.32254	30
错误率 S3	无关启动	4.7227	5.10082	30

3. 多元方差分析结果

表 15-4 给出了对三种条件下的反应时与错误率进行多元方差分析的检验。由于我们一开始定义了两种测量指标:反应时与错误率,因此这是对这两种指标进行综合检验的结果。结果显示,被试内因素"启动条件"的因素主效应显著,四种方法计算的显著性水平均显著,$p=0.000<0.05$,partial $\eta^2=0.769$。

表 15-4 **Multivariate Tests**c

Effect			Value	F	Hypothesis df	Error df	Sig.	Partial Eta Squared	Observed Power[a]
Between Subjects	Intercept	Pillai's Trace	.997	4479.824[b]	2.000	28.000	.000	.997	1.000
		Wilks' Lambda	.003	4479.824[b]	2.000	28.000	.000	.997	1.000
		Hotelling's Trace	319.987	4479.824[b]	2.000	28.000	.000	.997	1.000
		Roy's Largest Root	319.987	4479.824[b]	2.000	28.000	.000	.997	1.000
Within Subjects	启动条件	Pillai's Trace	.769	21.689[b]	4.000	26.000	.000	.769	1.000
		Wilks' Lambda	.231	21.689[b]	4.000	26.000	.000	.769	1.000

(续)

Effect		Value	F	Hypothesis df	Error df	Sig.	Partial Eta Squared	Observed Power[a]
	Hotelling's Trace	3.337	21.689[b]	4.000	26.000	.000	.769	1.000
	Roy's Largest Root	3.337	21.689[b]	4.000	26.000	.000	.769	1.000

注：a. Computed using alpha=.05
　　b. Exact statistic
　　c. Design：Intercept
　　　Within Subjects Design：启动条件

4. 球形检验结果

表 15-5 给出了进行球形检验的结果。对球形假设的检验实际上是对同一个体的多次测量之间是否存在相关性进行检验。如果球形检验结果达到显著水平，说明球形假设不能满足，即多次测量之间存在相关性，这时进行标准的一元方差分析就不合适了，需要采用备选的方差分析结果。由表 15-5 可以看出，反应时变量在球形检验中不显著 $p=.178>0.05$，满足球形假设；而错误率不满足球形假设，$p=.001<..05$。如上所述，对球形假设的检验的结果适用于一元方差分析，而多元方差分析不需要考虑球形假设是否满足。

表 15-5　Mauchly's Test of Sphericity[b]

Within Subjects Effect	Measure	Mauchly's W	Approx. Chi-Square	df	Sig.	Epsilon[a]		
						Greenhouse-Geisser	Huynh-Feldt	Lower-bound
启动条件	反应时 S	.884	3.451	2	.178	.896	.951	.500
	错误率 S	.607	13.991	2	.001	.718	.745	.500

注：Tests the null hypothesis that the error covariance matrix of the orthonormalized transformed dependent variables is proportional to an identity matrix.
　　a. May be used to adjust the degrees of freedom for the averaged tests of significance. Corrected tests are displayed in the Tests of Within-Subjects Effects table.
　　b. Design：Intercept
　　　Within Subjects Design：启动条件

　提示　检验多元正态假设是否成立的方法

如果设计中包含被试间因素，方差齐性检验通常还输出多元正态检验结果 Box's M，如果其显著性水平低于 0.05，则表明多元正态假设不成立。

5. 基于平均变量的多元检验结果

表 15-6 给出的是基于平均变量的多元方差分析。与表 15-4 所示的多元检验结果相比，基于平均变量（based on averaged variables）的多元检验结果可能是更佳选择。在此我们发现，两个多元检验的显著性水平一致。

被试内因素"启动条件"效应显著，四种方法的计算结果一致，其中 Pillai's Trace 结果表明，$p=0.000<0.05$，Partial $\eta^2=0.267$。

表 15-6　Multivariate[d,e]

Within Subjects Effect		Value	F	Hypothesis df	Error df	Sig.	Partial Eta Squared	Noncent. Parameter	Observed Power[a]
启动条件	Pillai's Trace	.535	10.590	4.000	116.000	.000	.267	42.361	1.000
	Wilks' Lambda	.465	13.285[b]	4.000	114.000	.000	.318	53.139	1.000
	Hotelling's Trace	1.149	16.087	4.000	112.000	.000	.365	64.350	1.000
	Roy's Largest Root	1.149	33.313[c]	2.000	58.000	.000	.535	66.626	1.000

注：a. Computed using alpha=.05
　　b. Exact statistic

c. The statistic is an upper bound on F that yields a lower bound on the significance level.
d. Design：Intercept
Within Subjects Design：启动条件
e. Tests are based on averaged variables.

6. 一元方差分析结果

表 15-7 给出了分别对反应时和错误率进行一元方差分析的结果。每项检验的第一行（标签为"Sphericity Assumed"）是标准一元方差分析的结果，适用于球形假设满足的情况。而其他几行是当球形假设不满足时的备选方差分析，包括 Greenhouse-Geisser, Huynh-Feldt 和 Low-bound，通常以 Greenhouse-Geisser 为准。

前面的球形检验结果显示，"反应时 s"满足球形假设。在此前提下对反应时进行的标准一元方差分析表明主效应显著，$p=0.000<0.05$。

"错误率 s"在前面的球形检验中被证明不满足球形假设，它的备选方差分析（例如 Greenhouse-Geisser）结果表明，其主效应在 0.05 的水平上不显著。而且，从 η^2 (Partial Eta Squared) 的值可以看出，在错误率上"启动条件"的效应度仅为 0.001，表明因素"启动条件"对因变量"错误率 s"变异的解释率非常低，可看作随机变异的结果，完全可以忽略不计。

表 15-7 Univariate Tests

Source	Measure		Type III Sum of Squares	df	Mean Square	F	Sig.	Partial Eta Squared	Noncent. Parameter	Observed Power[a]
启动条件	反应时 S	Sphericity Assumed	33265.756	2	16632.878	30.021	.000	.509	60.042	1.000
		Greenhouse-Geisser	33265.756	1.792	18561.469	30.021	.000	.509	53.804	1.000
		Huynh-Feldt	33265.756	1.903	17484.281	30.021	.000	.509	57.119	1.000
		Lower-bound	33265.756	1.000	33265.756	30.021	.000	.509	30.021	1.000
	错误率 S	Sphericity Assumed	1.544	2	.772	.025	.975	.001	.051	.054
		Greenhouse-Geisser	1.544	1.435	1.075	.025	.939	.001	.036	.053
		Huynh-Feldt	1.544	1.490	1.036	.025	.944	.001	.038	.053
		Lower-bound	1.544	1.000	1.544	.025	.875	.001	.025	.053
Error（启动条件）	反应时 S	Sphericity Assumed	32134.244	58	554.039					
		Greenhouse-Geisser	32134.244	51.974	618.280					
		Huynh-Feldt	32134.244	55.176	582.399					
		Lower-bound	32134.244	29.000	1108.077					
	错误率 S	Sphericity Assumed	1768.512	58	30.492					
		Greenhouse-Geisser	1768.512	41.628	42.483					
		Huynh-Feldt	1768.512	43.202	40.936					
		Lower-bound	1768.512	29.000	60.983					

注：a. Computed using alpha=.05

7. 因素各水平间的多重比较

由于启动条件对"错误率 S"的变异解释率低（表 15-7 中的 3 个 η^2 (**Partial Eta Squared**) 的值均为.001)，所以我们重点查看三种启动条件下汉字的反应时之间的比较。

表 15-8 给出了使用 LSD 方法对反应时进行两两比较的结果，包括"反应时 s"在启动条件的三个水平上的均值差异及其显著性检验。结果发现三种启动条件下的反应时均有显著差异，所有的 p 值都小于 0.05（具体差异可在后面的均值显示图发现）。

表 15-8 Pairwise Comparisons

Measure	(I)启动条件	(J)启动条件	Mean Difference (I-J)	Std. Error	Sig.a	95% Confidence Interval for Differencea	
						Lower Bound	Upper Bound
反应时 S	1	2	−46.067*	4.942	.000	−56.174	−35.959
		3	−31.500*	6.488	.000	−44.769	−18.231
	2	1	46.067*	4.942	.000	35.959	56.174
		3	14.567*	6.655	.037	.955	28.178
	3	1	31.500*	6.488	.000	18.231	44.769
		2	−14.567*	6.655	.037	−28.178	−.955
错误率 S	1	2	−.278	1.634	.866	−3.620	3.064
		3	.000	.871	1.000	−1.781	1.780
	2	1	.278	1.634	.866	−3.064	3.620
		3	.278	1.634	.866	−3.064	3.620
	3	1	.000	.871	1.000	−1.780	1.781
		2	−.278	1.634	.866	−3.620	3.064

注:Based on estimated marginal means
*. The mean difference is significant at the .05 level.
a. Adjustment for multiple comparisons:Least Significant Difference(equivalent to no adjustments).

  提示 多重比较方法 Post Hoc 的适用条件

Post Hoc 是常用的一种进行多重比较的方法。但是 Post Hoc 按钮只能用于被试间因素(同时必须是固定因素)各水平均值间的多重比较,而且用于多重比较的均值未经加权,如果遇到非平衡设计(各实验单元的样本量不相等)而且有多个被试间因素时,多重比较的结果并不准确。因为本实例中没有被试间因素,程序不允许用 Post Hoc…对话框来进行多重比较。

本实例采用估计边缘平均数(Estimated Marginal Means)过程来比较主效应,这是一种更常用的多重比较方法,可以允许用户使用三种方法进行均值的多重比较。

在单因素重复测量设计中,还可以用配对样本的 T 检验来进行多重比较,即把因素的各个水平逐对进行配对 T 检验。在这种情况下,由于同时对多对变量进行比较,会导致犯 I 类错误(即当两个样本来自同一总体时,错误地判断为来自不同总体)的可能性增加,因此一般还需要对 p 值进行校正。

8.均值显示图

图 15-5 和图 15-6 分别给出了反应时和错误率的均值显示图。反应时的均值显示图(图 15-5)表明,部件启动条件下(条件 1),被试对汉字的反应时间最短,形似启动(条件 2)的反应时间最高,而无关启动(条件 3)下的反应时间居两者中间,而且与两者的差异都很显著。错误率的均值显示图仅供参考。

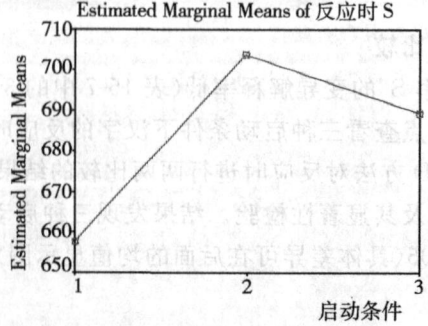

图 15-5 反应时的均值显示图

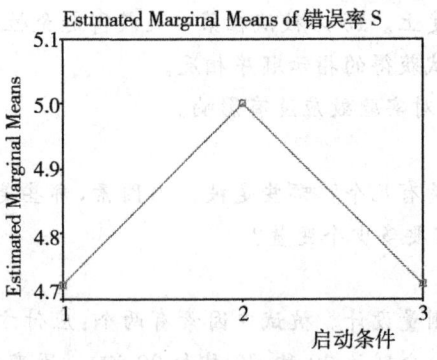

图 15-6 错误率的均值显示图

> **提示** 如果进行两次单因变量的方差分析,结果会怎样?

上述分析过程把反应时和错误率作为两个因变量同时进行方差分析。读者可以尝试把这两个指标分开,单独进行重复测量的方差分析,并比较一下输出结果与上述分析过程的差异。

15.5 两因素以上重复测量设计的方差分析

我们很容易把上述分析过程扩展到多因素重复测量的方差分析上去。当考察的因素超过一个,在定义实验设计时,需要重复执行本章 3.2 过程的步骤 2,直到完成所有被试内因素的定义。其他步骤与单因素设计的执行过程相同。对于两因素以上的重复测量设计,SPSS 不但检验各个因素的主效应,还检验因素之间的交互作用。当交互作用或主效应显著时,则需要进一步进行简单效应检验和两两比较,从而最终找到效应的来源。

15.6 小结

重复测量的方差分析同时输出多个结果,各有适用条件。

SPSS 输出的标准一元方差分析结果在球形假设得到满足的前提下才可采用,否则只可采用备选方差分析结果。多元方差分析结果不需要满足球形假设。

通常多元分析结果优于一元分析结果。Post Hoc 按钮所引导的对话框只能用于被试间因素各水平的均值多重比较。

15.7 习题

有研究者希望了解人们应付疼痛的各种策略有何不同,招募了 30 位志愿者进入实验室接受为期两天的测试。实验要求被试把手放入冰水中 90 秒,分别在 30 秒、60 秒和 90 秒的时候在一个 1 到 50 的量尺上评价疼痛的程度。30 名被试在两天的实验中分别得到回避性指示和注意感受疼痛的指示。回避性指示要求被试在实验过程中尽量不想实验中发生的事情,而是回忆生活中的快乐时光。注意感受疼痛指示要求被试在实验过程把注意力集中到自己的手在冰水中的感受上。15名被试在第一天获得避免性指示,第二天获得注意感受疼痛的指示;另外15名被试获得的指示顺序相反。

预分析表明,指示顺序对实验效应没有影响。

请问:

实验中需要定义的变量有几个?哪些是被试内因素,哪些是被试间因素?什么是因变量?使用SPSS分析总共需要多少个变量?

答案:

这是一个两因素重复测量设计。被试内因素有两个:应付方法(有两个水平,包括避免和注意)、时间(有三个水平,分别是30秒、60秒和90秒)。因变量是在50点量尺上的疼痛评价。

研究者把数据录入到SPSS中,总共包括6个变量。其中三个变量是在避免性指示下被试在30秒、60秒和90秒时的疼痛评价分数,另外三个变量是在注意感受疼痛指示下被试在30秒、60秒和90秒时的疼痛评价分数。

第16章 两因素混合设计的方差分析

单元目标

通过学习本章,您可以了解:
◆ 如何对含重复测量因素的两因素混合设计进行方差分析
◆ 如何对两因素混合设计进行事后检验(两两比较)

在重复测量设计中,如果除了被试内因素之外,还包含了被试间因素,则称之为混合设计。包含一个被试内因素和一个被试间因素的混合设计称之为两因素混合设计。其中被试内因素通常是定性变量,例如实验材料的种类;被试间因素通常也是定性变量,例如大学生的系别、专业等;而定量测量的分数则作为因变量。

在两因素混合设计中,所有的被试按照被试间因素分为不同的组,各组被试必须接受所有实验水平的处理。因变量的数目与被试内因素的水平数相等。

被试内因素不需要预先在 SPSS 的数据窗口中定义,而是在 Analyze→General Linear Model→Repeated Measures 程序对话框中定义。被试间因素必须预先在数据窗口中定义。

16.1 前提假设

16.1.1 标准一元方差分析的假设前提

(1)正态性 因变量在各个实验单元内呈正态分布。每个单元的样本量达到15人可不受正态分布的条件限制。

(2)方差齐性 因变量在因素任意两个水平间的差值变异(方差)相等。这个假设有时候就是指球形假设和差值的方差齐性检验。只有当被试内因素的水平数超过两个时,球形假设才有效。备选方差分析和多元方差分析不受方差齐性条件的限制。

(3)独立性与随机性 样本必须是从总体中随机抽样获得,被试间相互保持独立。

16.1.2 多元方差分析的假设前提

多元方差分析使用的变量实际上是原始变量的差值,所以,其前提假设是对差值而言的。差值变量的数目等于被试内因素的水平数减1。

(1)多元正态性 每个差值变量都呈正态分布。大样本不受限制。

(2)随机性与独立性 样本来自随机抽样,每个被试的差值与其他被试相互独立。

16.2 词的获得年龄是否影响人对词汇的判断速度(实例)

例16-1 近些年来,研究者发现影响词的识别速度的因素除了熟悉性(词频)、复杂性(笔画数)、意义的具体性(词义可形成视觉表象的程度,如"船"比"德"更具体)等因素之外,词的获得年龄(age-of-acquisition,简称 AOA)也是一个重要因素。词的获得年龄 AOA 是个体第一次学会某一个词的年龄,它和字频相关,但是二者又有区别。

一项研究考察了词的获得年龄对词汇判断速度的影响,研究设计如下:

(1)材料准备:首先从某高校随机抽取了部分大学生对含有150词的词表进行词汇获得年龄的主观评定,即标出每个词的获得时间(哪个年龄段),具体分为三个等级:小学低年级(1~3年级)、小学高年级(4~5年级)和初中阶段。然后在三个等级中分别挑选20个汉字(共60个)作为正式实验的材料,分别为 A 组、B 组和 C 组。三组字在词频、笔画数、部件数和结构方式上都逐一进行了匹配。

(2)实验过程:从同一高校随机抽取了40个大学生参加实验,其中中文系20人、体育系20人。实验中,60个准备好的汉字随机显示在计算机屏幕上,被试须尽量快速准确地读出。40名大学生全部接受了三组汉字的实验,整理过的实验数据见本教材所附素材内的文件"16章_数据1.sav"。问:词的获得年龄(AOA)是否对词的识别速度有影响?中文系和体育系学生之间是否存在差异?

16.2.1 数据结构

经过整理后的数据见"16章_数据1.sav"(该数据用于以被试为随机变量的方差分析)。实验设计其中包含一个被试内因素"AOA"(共有三个水平:小学低年级、小学高年级、初中阶段)和一个被试间因素,即被试所在的"系别",共有两个水平:中文系、体育系。在数据文件中共包含5个变量,其中1个变量为分类变量,即系别;3个变量为分别读出三种词汇获得年龄(AOA)条件的词汇的反应时,命名为"a组时间"、"b组时间"、"c组时间"。另外,定义"被试编号"作为识别每个被试的变量,不作统计用。变量名及其含义如下表所示。

表16-1 数据文件包含的变量列表

变量	含义
被试编号	对被试进行编号,不参与统计分析
系别	1="中文系"
	2="体育系"
a组时间	对 AOA 为小学低年级的词汇的命名反应时
b组时间	对 AOA 为小学高年级的词汇的命名反应时
c组时间	对 AOA 为初中阶段的词汇的命名反应时

16.2.2 分析思路

(1)检验词的获得年龄(AOA)主效应是否显著,如果显著,则需进行多重比较,进一步检验哪两个年龄段存在差异。

(2)检验系别因素的主效应是否显著。

(3)检验 AOA 与系别的交互效应是否显著,如果显著,则需进行简单主效应检验,以确定差异发生在哪些实验单元之间。

16.3 用 SPSS 进行方差分析

16.3.1 查看前提假设是否满足

(1) 正态性 因素各水平的样本量为 20 或 40，属于大样本，无需检验正态性。

(2) 方差齐性 在方差分析过程中提供方差齐性检验的结果。该前提假设只适用于一元方差分析，多元方差分析不需要方差齐性假设。

(3) 独立性与随机性 被试间相互独立，随机取样。

16.3.2 逐步进行方差分析

操作过程

(1) 选用菜单 Analyze→General Linear Model→Repeated Measures。

(2) 定义被试内因素：把 AOA（词的获得年龄）指定为被试内因素，有 3 个水平，单击 Add 按钮完成定义过程（图 16-1），单击 Define 按钮进入主对话框。

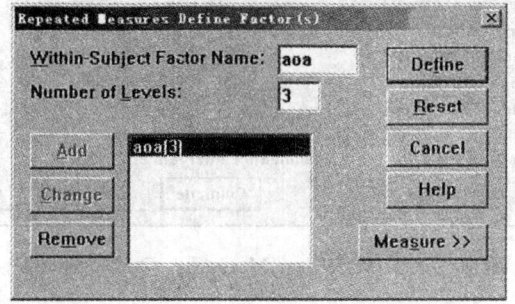

图 16-1 GLM：Repeat Measures：定义被试内因素

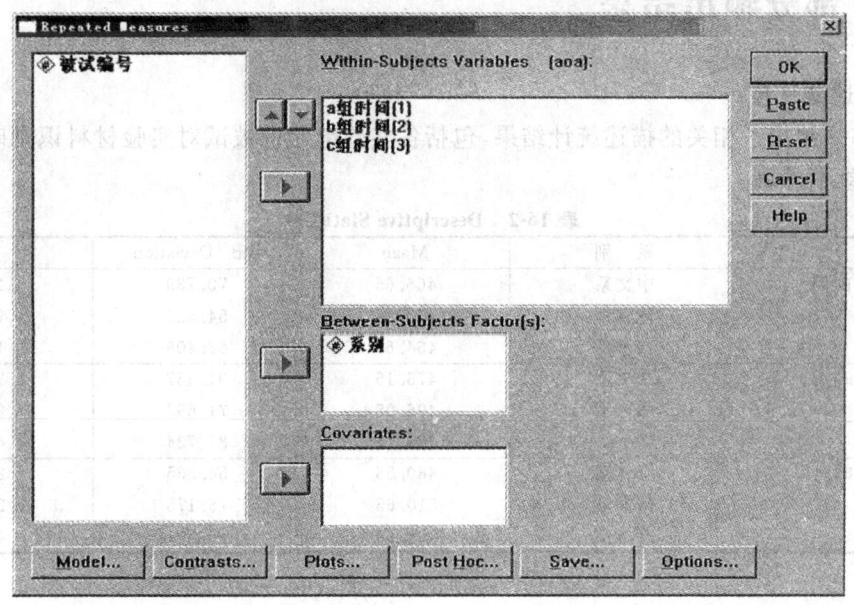

图 16-2 GLM：Repeat Measures：主对话框

(3) 指定分析变量：把三个因变量（a 组时间、b 组时间、c 组时间）选入右上方 Within-Subjects Variables 框中，把"系别"选入 Between-Subjects Factors 框中（图 16-2）。

(4) 要求显示多个统计量：单击 Options... 按钮打开子对话框，在 Display 部分选中 Descriptive statistics, Estimates of effect size, Homogeneity tests。单击 Continue 按钮回到主对话框（图 16-3）。

(5) 单击 OK 运行程序。

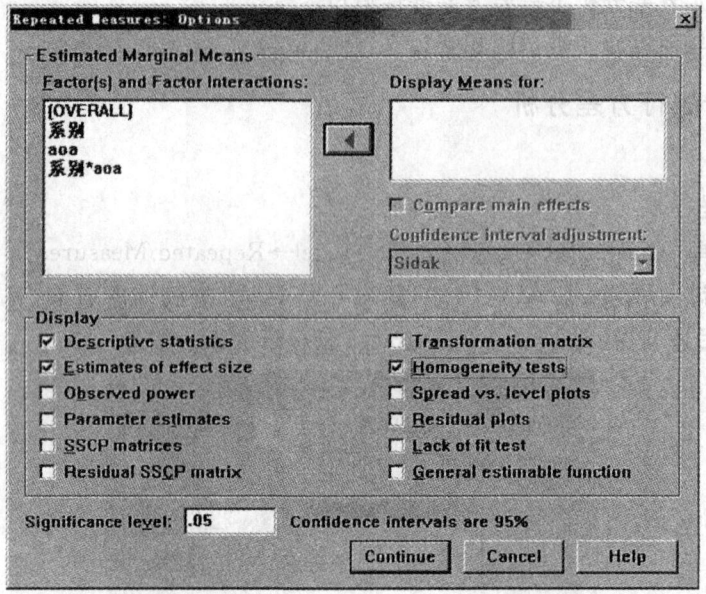

图 16-3　GLM：Repeat Measures：Option 对话框

16.4　部分输出结果

1. 描述统计量

表 16-2 给出了相关的描述统计结果，包括各实验单元中被试对实验材料识别时间的均值、标准差、样本量。

表 16-2　Descriptive Statistics

	系别	Mean	Std. Deviation	N
A 组时间	中文系	466.65	70.789	20
	体育系	462.55	54.535	20
	Total	464.60	62.406	40
B 组时间	中文系	476.15	91.457	20
	体育系	496.05	71.693	20
	Total	486.10	81.734	40
C 组时间	中文系	480.55	54.535	20
	体育系	510.65	75.175	20
	Total	495.60	66.591	40

2. 多元方差齐性检验结果

表 16-3 给出了多元方差齐性检验结果，检验了在自变量的不同水平上，因变量的协方

差矩阵是否相等(方差齐性)。结果显示检验达到了显著水平，$p=0.027<0.05$，因此不能接受因变量在各实验单元内的协方差矩阵相等(方差齐性)的假设。但因为各单元的样本最小为20，属于大样本，所以方差分析结果可以接受。

表 16-3 Box's Test of Equality of Covariance Matrices[a]

Box's M	15.613
F	2.378
df1	6
df2	10462.19
Sig.	.027

注：Tests the null hypothesis that the observed covariance matrices of the dependent variables are equal across groups.
　　a. Design: Intercept＋系别
　　　Within Subjects Design: AOA

3. 多元方差分析结果

表 16-4 给出了对 AOA(词的获得年龄)的主效应及 AOA 与系别的交互作用(AOA * 系别)的多元检验结果。由表中可以看出，AOA 对识别时间的影响非常显著，四种方法(包括 Pillai's Trace)计算的 $F(2,37)=6.321$，$P=.004<0.05$，Partial $\eta^2=.255$。AOA 与系别的交互效应不显著，$F(2,37)=1.922$，$P=.161>0.05$，Partial $\eta^2=.094$。

表 16-4 Multivariate Tests[b]

Effect		Value	F	Hypothesis df	Error df	Sig.	Partial Eta Squared
AOA	Pillai's Trace	.255	6.321[a]	2.000	37.000	.004	.255
	Wilks' Lambda	.745	6.321[a]	2.000	37.000	.004	.255
	Hotelling's Trace	.342	6.321[a]	2.000	37.000	.004	.255
	Roy's Largest Root	.342	6.321[a]	2.000	37.000	.004	.255
AOA * 系别	Pillai's Trace	.094	1.922[a]	2.000	37.000	.161	.094
	Wilks' Lambda	.906	1.922[a]	2.000	37.000	.161	.094
	Hotelling's Trace	.104	1.922[a]	2.000	37.000	.161	.094
	Roy's Largest Root	.104	1.922[a]	2.000	37.000	.161	.094

注：a. Exact statistic
　　b. Design: Intercept＋系别
　　　Within Subjects Design: AOA

4. 一元方差分析结果

表 16-5 给出了对 AOA 进行 Mauchly 球形检验的结果。结果表明，$p=.075>0.05$，球形假设可以接受。因此一元方差分析以球形假设成立的结果为准(见表 16-6)。AOA 的主效应显著，词的获得年龄对识别时间有显著影响，$F(2,76)=4.813$，$p=.001<0.05$，Partial $\eta^2=.112$。AOA 与被试所在系别的交互效应不显著，$F(2,76)=1.471$，$p=.236>0.05$，Partial $\eta^2=.037$。

因此，应对主效应显著的 AOA 进行事后多重比较，以发现具体差异何在(请查看后文的多重比较部分)。

表 16-5　Mauchly's Test of Sphericity[b]

Measure: MEASURE_1

Within Subjects Effect	Mauchly's W	Approx. Chi-Square	df	Sig.	Epsilon[a]		
					Greenhouse-Geisser	Huynh-Feldt	Lower-bound
AOA	.869	5.183	2	.075	.884	.949	.500

注：Tests the null hypothesis that the error covariance matrix of the orthonormalized transformed dependent variables is proportional to an identity matrix.
　　a. May be used to adjust the degrees of freedom for the averaged tests of significance. Corrected tests are displayed in the Tests of Within-Subjects Effects table.
　　b. Design: Intercept+系别
　　　Within Subjects Design: AOA

表 16-6　Tests of Within-Subjects Effects

Measure: MEASURE_1

Source		Type III Sum of Squares	df	Mean Square	F	Sig.	Partial Eta Squared
AOA	Sphericity Assumed	20180.000	2	10090.000	4.813	.011	.112
	Greenhouse-Geisser	20180.000	1.769	11408.956	4.813	.014	.112
	Huynh-Feldt	20180.000	1.898	10634.627	4.813	.012	.112
	Lower-bound	20180.000	1.000	20180.000	4.813	.034	.112
AOA*系别	Sphericity Assumed	6165.600	2	3082.800	1.471	.236	.037
	Greenhouse-Geisser	6165.600	1.769	3485.781	1.471	.237	.037
	Huynh-Feldt	6165.600	1.898	3249.200	1.471	.237	.037
	Lower-bound	6165.600	1.000	6165.600	1.471	.233	.037
Error(AOA)	Sphericity Assumed	159324.400	76	2096.374			
	Greenhouse-Geisser	159324.400	67.214	2370.410			
	Huynh-Feldt	159324.400	72.108	2209.530			
	Lower-bound	159324.400	38.000	4192.747			

5. 被试间因素的主效应

表 16-7 是对被试间因素（系别）进行检验的结果。结果显示，系别的主效应不显著，中文系与体育系大学生对三类实验材料的识别时间没有差异，$F(1,38)=0.647$，$p=0.426>0.05$，Partial $\eta^2=0.017$。

表 16-7　Tests of Between-Subjects Effects

Measure: MEASURE_1
Transformed Variable: Average

Source	Type III Sum of Squares	df	Mean Square	F	Sig.	Partial Eta Squared
Intercept	27890449.200	1	27890449.2	2567.098	.000	.985
系别	7022.700	1	7022.700	.646	.426	.017
Error	412854.100	38	10864.582			

16.5　事后多重比较

因为 AOA 的主效应显著，我们想知道三类实验材料之间的差异何在，所以需进行均值的多重比较，并绘出均值显示图以说明差异。

操作过程

(1) 使用 Recall 快捷按钮或菜单重新打开 **Repeated Measures** 对话框,原先所作的设置不变。

(2) 要求输出均值显示图:单击 **Plots** 按钮打开均值显示图的对话框,把"AOA"选入 **Horizontal Axis** 框中,单击 **Add** 完成;把"AOA"选入 **Horizontal Axis** 框,把"系别"选入 **Separate Lines** 框,单击 **Add** 完成(图 16-4)。单击 Continue 返回。

(3) "AOA"三个水平间的多重比较:单击 Options 按钮进入子对话框,把因素"AOA"选入 Display Means for 框中,同时选中复选框 Comare Main Effects,并选用三种方法中的一种例如 Bonferroni(图 16-5)。单击 Continue 及 OK 运行程序。

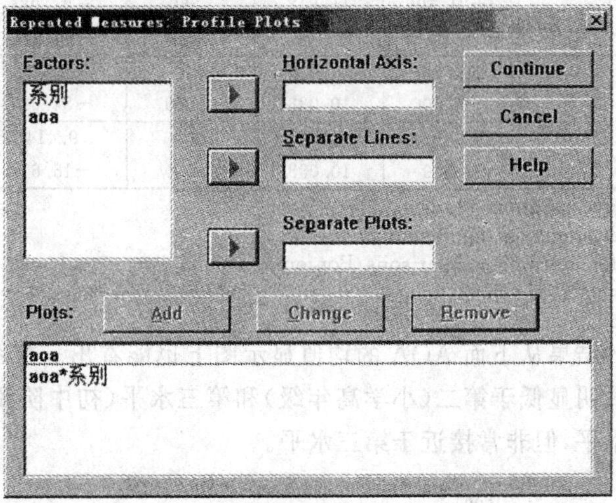

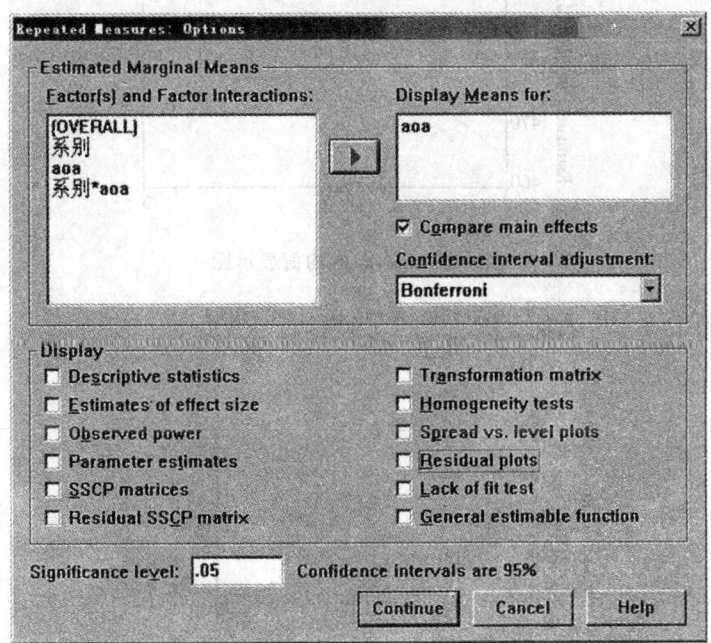

图 16-4 GLM:Repeat Measures:Plots 对话框

图 16-5 GLM:Repeat Measures:Options 对话框

1. 多重比较结果

表 16-8 为进行多重比较的结果。当对"AOA"使用 Bonferroni 方法在 0.05 的水平上进行多重比较时,发现第一水平与第三水平之间存在显著差异,p=0.003<0.05,表明大学生在识别小学低年级获得的词的速度(M=464.60,SD=62.460)明显快于初中阶段获得的词的速度(M=495.6,SD=66.591)。小学高年级获得的词的识别时间处于上述两者之间(M=486.10,SD=81.734),但与之相比均不显著,p 值分别为.230 和 1.00。

表 16-8 Pairwise Comparisons

Measure: MEASURE_1

(I) AOA	(J) AOA	Mean Difference (I-J)	Std. Error	Sig.a	95% Confidence Interval for Difference[a]	
					Lower Bound	Upper Bound
1	2	−21.500	11.812	.230	−51.084	8.084
	3	−31.000*	8.618	.003	−52.586	−9.414
2	1	21.500	11.812	.230	−8.084	51.084
	3	−9.500	10.033	1.000	−34.629	15.629
3	1	31.000*	8.618	.003	9.414	52.586
	2	9.500	10.033	1.000	−15.629	34.629

注: Based on estimated marginal means
*. The mean difference is significant at the .05 level.
a. Adjustment for multiple comparisons: Bonferroni.

2. 均值显示图

上述多重比较的结果从下面 AOA 的均值显示图上也能看出。在图 16-6 中,第一水平(小学低年级)的均值明显低于第二(小学高年级)和第三水平(初中阶段),而第二水平的均值虽然也高于第一水平,但非常接近于第三水平。

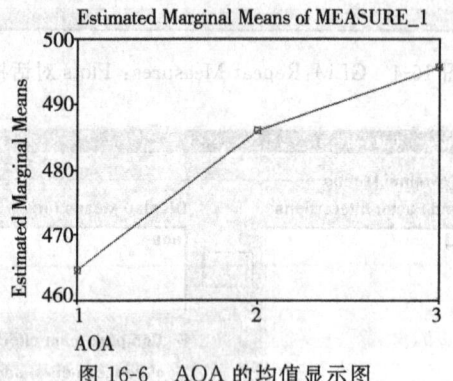

图 16-6 AOA 的均值显示图

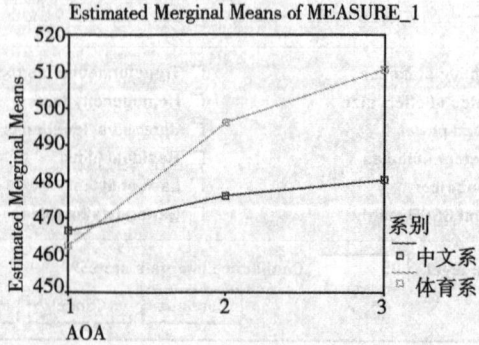

图 16-7 AOA * 系别的均值显示图

在图 16-7 中,中文系与体育系大学生的汉字识别时间在 AOA 的三个水平上虽然有交叉,但交互效应并不明显,而是表现出相近似的趋势。这表明系别因素对汉字识别时间的影响属于随机变异。

➡️ **提示**　因素个数比较多的情况下,可以要求 SPSS 分两步输出结果

如果设计中包含的因素比较多,为了提高计算效率,方便查看输出结果,通常分两步处理全部数据:第一步只要求 SPSS 输出基本统计结果,例如一元与多元检验中的因素主效应及交互效应,方差齐性及多元正态检验等,不要求输出全部可能的多重比较结果;如果在第一步结果中发现存在主效应或交互效应显著的因素或因素组合,则在第二步处理中只要求输出效应显著的因素或因素组合的多重比较结果。

16.6　小结

两因素混合设计的统计程序 Repeated Measures,输出多个分析结果。

包含一个被试内因素和一个被试间因素的混合设计会输出一元方差分析结果和多元方差分析结果。如果被试内因素和被试间因素的交互效应显著,需要进行简单主效应检验,并手工改写程序命令进行单元间的均值比较;如果被试间因素主效应显著,则可以通过 Post Hoc 或者 Compare Main Effects 两个途径进行多重比较,但前者有局限性;如果被试内因素主效应显著,则只能通过 Compare Main Effects 提供的三种计算方法进行多重比较。

第 17 章 交叉设计、嵌套设计与裂区设计的方差分析

单元目标

通过学习本章,您可以了解:
◆ 如何对两阶段交叉设计的数据进行方差分析
◆ 如何对两因素嵌套设计的数据进行方差分析
◆ 如何对两因素裂区设计的数据进行方差分析

本章将简要介绍几种比较特殊的实验设计的统计检验过程,包括:交叉设计、嵌套设计与裂区设计。这三类设计在设计思路上并不相同,只是为了介绍的方便才把它们放到同一章内介绍。关于这三类实验设计方式的具体细节请参考本教材第 8 章的相关内容。

17.1 交叉设计(Cross-over Design)

我们以两阶段交叉设计为例介绍方差分析过程。交叉设计的目的在于平衡实验过程中无关因素的影响。平衡的两阶段交叉设计通常可称为 AB、BA 设计,其基本过程是从同一总体中随机抽取两个同等大小的样本,第一个样本先接受 A 处理,再接受 B 处理,而另一样本则先接受 B 处理再接受 A 处理,并测量每次的处理结果。交叉设计可以检验处理效应、阶段效应和被试差异。

在阅读下面的实例之前,请先简单复习一下第 9 章中的例 9-1 和例 9-2。在这两个例子中分别介绍了运用 T 检验的两种最基本的实验设计模式及其统计处理过程。下面的实例是在此基础上的延伸。

17.1.1 外国留学生的汉语学习方式比较(实例)

例 17-1 在例 9-2 的研究中,研究者试图对相应的被试进行两两配对,使得每对学生的年龄、性别、智力水平、汉语水平、学习汉语的年限等无关因素尽可能相同。但是在方案实施过程中,研究者发现在相同班级的外国留学生中,很难找到在年龄、性别、智力水平、汉语水平、学习汉语的年限等因素都完全匹配的 20 对学生,决定放弃方案 2,而是采用另外一种研究方案(方案 3):首先从同年级的外国留学生中挑选了 40 个人,这 40 个人随机分成两组,A 组和 B 组各 20 个人,其中 A 组先采用集中识字的方式学习 20 个生字,然后采用分散识字的方式学习另外 20 个汉字。B 组则与其相反,先采

用分散识字的方式学习20个生字,然后采用集中识字的方式学习另外20个生字(这样的安排主要是平衡学习的顺序因素对记忆效果的影响)。在随后的测试中,要求两组学生对40个学过的汉字进行注音,每注对一个得1分,注错不得分。表17-1记录了两组同学的得分情况。

问:根据测试成绩,两种教学方式对汉字读音的记忆效果是否有差异?

表17-1 两种教学方式的测试成绩

学生编号A组	成绩1(前20个字,集中识字法)	成绩2(后20个字,分散识字法)	学生编号B组	成绩1(前20个字,分散识字法)	成绩2(后20个字,集中识字法)
1	20	10	21	6	16
2	19	5	22	7	17
3	20	8	23	16	19
4	12	4	24	7	10
5	8	7	25	9	9
6	14	20	26	13	11
7	3	6	27	9	17
8	20	20	28	19	12
9	20	8	29	8	15
10	8	1	30	14	19
11	15	12	31	1	11
12	6	7	32	4	5
13	12	5	33	18	10
14	9	17	34	6	8
15	16	5	35	8	12
16	17	19	36	16	8
17	10	13	37	15	8
18	16	7	38	9	8
19	19	19	39	6	6
20	19	15	40	11	8

1. 数据结构

经过整理后的数据见"17章_数据1.sav"。在数据文件中共包含4个变量:"学生编号"、"教学方法"、"教学阶段"、"成绩"。变量名及其含义如表17-2所示。

表17-2 数据文件包含的变量列表

变量	含义
学生编号	对学生进行编号
教学方法	1="集中识字法"
	2="分散识字法"
教学阶段	1="第一阶段,先学"
	2="第二阶段,后学"
教学成绩	学生在相应的条件下的成绩

  提示 为被试(学生)编码的技巧

(1)注意学生编号一栏的数据,我们用1~20号对A组同学编码,用21~40号为B组同学进行编码。不能同样用1~20号为B组同学进行编码,因为A组同学和B组同学之间没有对应关系。

(2)比较一下上述学生成绩表与 SPSS 数据结构与第 9 章的例 9-1 和例 9-2 有何不同。

2. 分析思路

(1)实验设计　　两组学生分别先后接受了分散识字与集中识字两种教学(两种实验处理),并在每次教学后测试成绩(因变量),而且为了平衡教学顺序可能造成的影响,两种教学方式在两个组内使用的顺序不同,所以这是典型的 AB、BA 的两阶段交叉设计。

(2)因素关系　　在上述四个变量中,因变量为"教学成绩",两个固定因素为"教学方法"和"教学阶段",一个随机因素为"学生编号"。

17.1.2　用 SPSS 进行方差分析

操作过程

(1)单击主菜单 **Analyze**,选择 **General Linear Model**,然后选择 **Univariate**,即进入对话框。

(2)从左边变量列表中把"成绩"选入右上方的 **Dependent Variable** 框中,把"教学方法"和"教学阶段"选入 **Fixed Factors** 框中,把"学生编号"选入 **Random Factor** 框中(图17-1)。

(3)单击 **Model** 按钮,进入模型定义对话框。单击右边的 **Custom** 项,然后在 **Build Term(s)** 中选择 **Main effects**,最后从右边 **Factors & Covariates** 中把三个因素变量全部选入右边的 **Model** 框中。事实上,我们要求构建的模型中只包含三个因素的主效应,而没有交互作用(图 17-2)。

(4)单击 **Continue** 回到主对话框,单击 **OK** 执行程序。

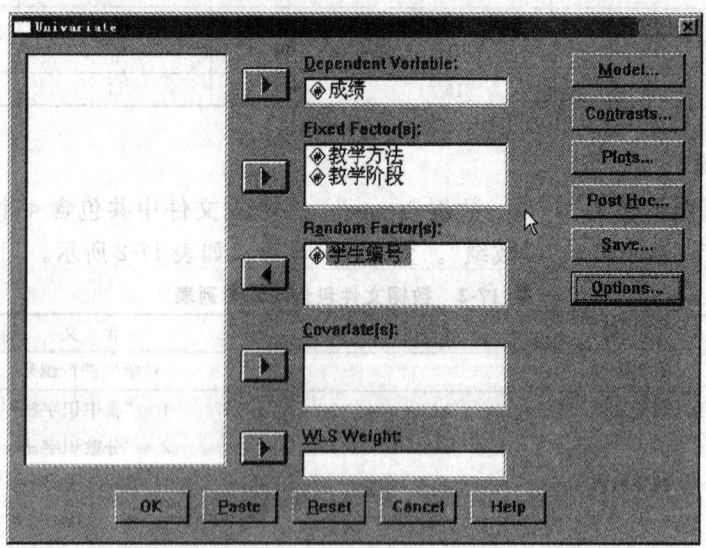

图 17-1　GLM:Univariate:主对话框

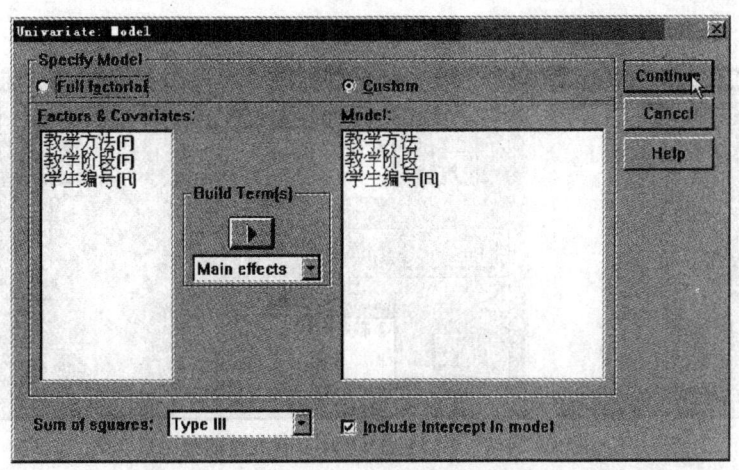

图 17-2　GLM：Univariate：主对话框

17.1.3　方差分析结果

表 17-3(Test of Between-Subjects Effects)显示了三个因素主效应的检验结果。从表中可以发现,教学方法的主效应达到显著水平,$F(1,38)=5.61$,$p<0.05$。其他两个因素的主效应不显著。

表 17-3　Tests of Between-Subjects Effects

Dependent Variable：成绩

Source		Type III Sum of Squares	df	Mean Square	F	Sig.
Intercept	Hypothesis	10811.250	1	10811.250	318.518	.000
	Error	1323.750	39	33.942[a]		
教学方法	Hypothesis	115.200	1	115.200	5.617	.023
	Error	779.350	38	20.509[b]		
教学阶段	Hypothesis	36.450	1	36.450	1.777	.190
	Error	779.350	38	20.509[b]		
学生编号	Hypothesis	1323.750	39	33.942	1.655	.062
	Error	779.350	38	20.509[b]		

注：a. MS(学生编号)
　　b. MS(Error)

17.1.4　用 Report 表格显示描述统计结果

在报告相关的实验结果时,我们除了需要上述方差分析表,通常还需要相关条件的描述统计结果,如平均数、标准差等。在前面的几章中,我们向大家介绍了在统计分析中通过定义 Option 子模块来输出这些结果。下面介绍一种利用 SPSS 中的 Means 过程来输出描述统计结果的方法。

操作过程

(1)选择菜单　单击 Analyze,选择 Compare Means,再选择 Means,进入计算平均数的对话框。

(2)定义变量　把"成绩"指定为 Dependent Variable,把"教学阶段"指定为默认的第一层自变量 Independent Variable,然后单击 Next 按钮,把"教学方法"指定为第二层自变量,如图 17-3 所示。

(3)运行 单击 OK 按钮运行程序。

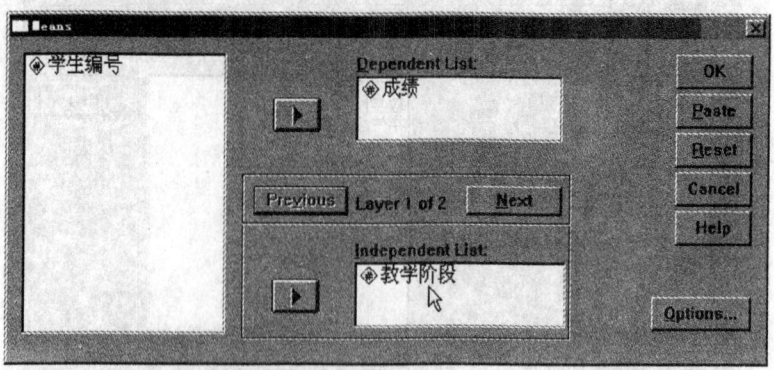

图 17-3 GLM：Univariate：主对话框

表 17-4 是上述操作过程的输出内容。这个名为 Report 的表格可以直观地告诉我们，第一阶段中的集中识字法似乎比分散识字法更有优势，因为其平均成绩分别为 14.15 和 10.45，但在第二阶段，两种识字方法的成绩的差异就缩小了。

表 17-4 Report

成绩

教学阶段	教学方法	Mean	N	Std. Deviation
第一阶段	集中识字法	14.15	20	5.344
	分散识字法	10.45	20	5.094
	Total	12.30	40	5.483
第二阶段	集中识字法	11.50	20	4.261
	分散识字法	10.40	20	6.021
	Total	10.95	40	5.179
Total	集中识字法	12.83	40	4.956
	分散识字法	10.43	40	5.505
	Total	11.62	80	5.342

> **提示** 交叉设计应使用 SPSS 的什么统计程序
> 交叉设计是重复测量设计的一种变式，在重复测量的基础上增加了阶段或顺序变量。如果用 GLM：Repeat Measures 过程进行处理，顺序或阶段变量就很难纳入到模型中，所以建议用 Univariate 过程进行处理。这时候被试编号应作为变量纳入模型中，以此指定哪些数据来自同一被试。

17.2 嵌套设计(Nested Design)

在嵌套设计中，因素之间有主次之分，其中次要因素嵌套在主要因素之内。所以在统计检验过程中，不能分析主要因素和次要因素之间的交互作用。

17.2.1 方言和原有的语言能力是否影响外语的发音准确性(实例)

例 17-2 在一项研究中，研究者想考察方言是否影响学生学习外语发音的准确性。首先从某高校随机抽取了方言为粤语(来自广州)、闽南语(来自福建)和普通话(来自北京)的学生各 30 名，考虑到这些学生的语言能力可能存在差异，研究者结合这些学生的汉语和英语口语水平,把来自每个地区的学生进一步分为"语言能力强"和"语言能力弱"两组,每组 15 人。研究方案是先让他们参加一个为期十天的培训,培训内容为学习一门陌生语言的发音和拼读方法。培训结束后,对他们在该语言中的单词发音进行测试和评定。测试结果保存在数据文件"17 章_数据 2.sav"。

问:根据测试成绩,不同方言背景是否对外语发音准确性产生影响?语言能力的强弱对学习外语发音的准确性是否有影响?

1. 数据结构

经过整理后的数据见"17 章_数据 2.sav"。在数据文件中共包含 3 个变量:"方言类型"、"语言能力"、"测试成绩"。变量名及其含义如表 17-5 所示。

表 17-5 数据文件包含的变量列表

变 量	含 义
学生编号	参加测试的学生编号,不参与分析
方言类型(主要因素)	1 ="粤语"
	2 ="闽南语"
	3 ="普通话"
语言能力(次要因素)	1 ="弱"
	2 ="强"
测试成绩(因变量)	学生在外语发音中的测试成绩

2. 分析思路

研究包括了两个因素:"方言类型"和"语言能力",看上去像两因素析因设计。但是语言能力强弱是在方言类型的基础上进一步区分的,不同方言类型在语言能力的划分标准上并不完全相同,因此"语言能力"是嵌套在"方言类型"内的次级因素。所以,这是一个两因素嵌套设计。

对嵌套设计进行 **SPSS** 分析可以采用两种过程来进行,一种是 **General Linear Model** 下的 **Univariate** 过程,但是该过程在分析嵌套设计的数据时没有提供菜单模式,需要用程序语句进行。另一种是 **Mixed Models** 下的 **Linear** 过程,可以使用菜单进行分析,对习惯于菜单操作的用户比较方便,缺点是定义模型的过程比较复杂。下面我们分别对这两种方式进行介绍。

17.2.2 用 Mixed Models:Linear 进行方差分析(菜单模式)

操作过程

(1)单击主菜单 **Analyze**,选择 **Mixed Models**,然后选择 **Linear**,即进入对话框。

(2)从左边变量列表中把"方言类型"和"语言能力"选入右上方的 **Subjects** 框中(图 17-4)。单击 **Continue** 进入主对话框。

(3)从左边变量列表中把"测试成绩"选入右上方的 **Dependent Variable** 框中,把"方言类型"和"语言能力"选入 **Fixed Factors** 框中(图 17-5)。

(4)单击左下角 **Fixed** 按钮,进入 **Fiexed** 模型定义对话框。选中左上角的 **Build Terms** 项,然后在对话框中间的下拉菜单内选择 **Main effects**,然后从左侧 **Factors & Covariates** 中选中"方言类型",单击 add 把"方言类型"移入右侧的 **Model** 框中(图 17-6)。

(5)选中左上角的 **Build Nested Terms** 项,从右边 **Factors & Covariates** 中选中"语言能力",单击▼移入下面的 **Build Term** 栏内,然后单击[**Within**],选中"方言类型",单击▼移入

下面的 **Build Term** 栏内（图 17-7）。单击 **add** 把"语言能力[方言类型]"移入右边的 **Model** 框中。单击 **Continue** 回到主对话框。

(6)要求因素各水平间进行两两比较：单击 **EM Means** 按钮打开下一级对话框，在从左侧 **Factors[s] & Factor** 框选中"方言类型"选入右边 **Display Means for** 框中，同时选中下方的 **Compare main effects**，并使用默认的比较方法 **LSD(none)**（图 17-8）。单击 **Continue** 回到主对话框。

(7)要求输出描述统计内容：单击 **Statistics** 按钮，在窗口上方的 **Summary Statistics** 部分选中 **Descriptive statistics**。单击 **Continue** 按钮回到主对话框。

(8)单击 **OK** 执行程序。

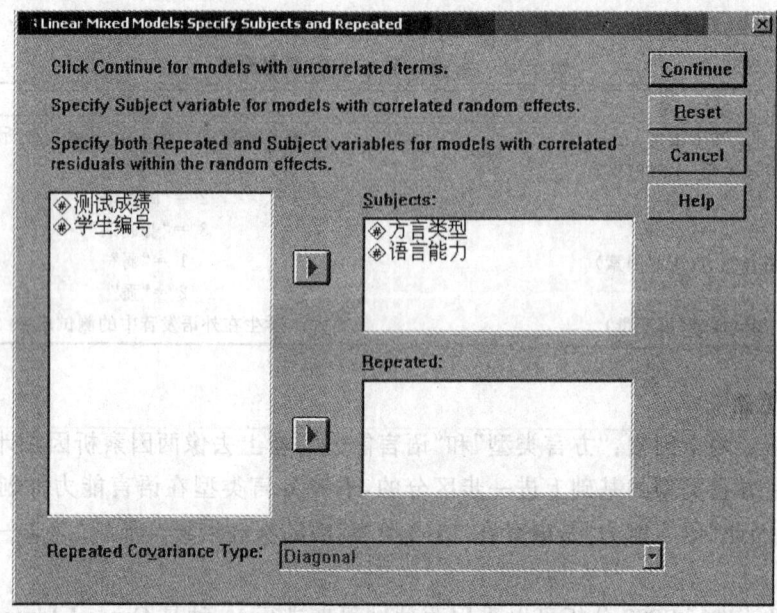

图 17-4　Mixed Models：Linear 定义变量窗口

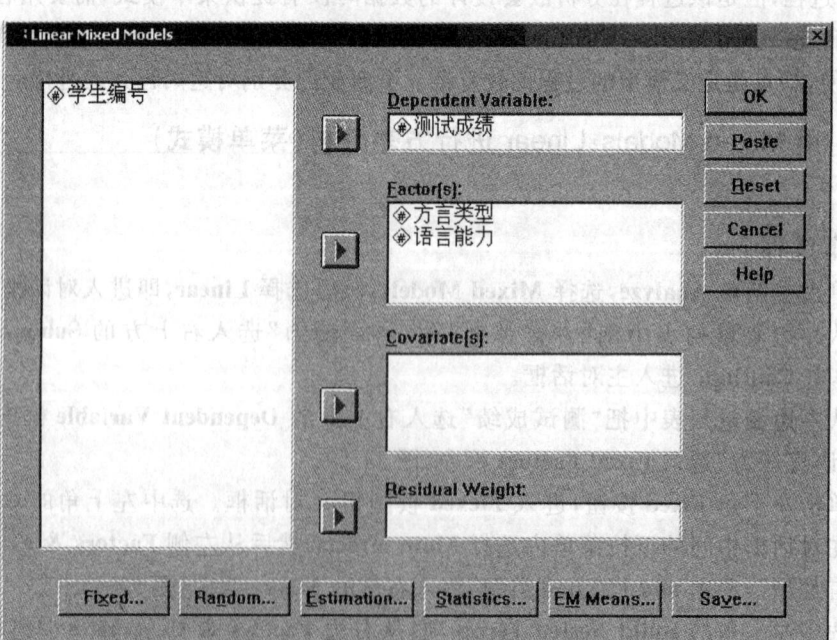

图 17-5　Mixed Models：Linear 主对话框

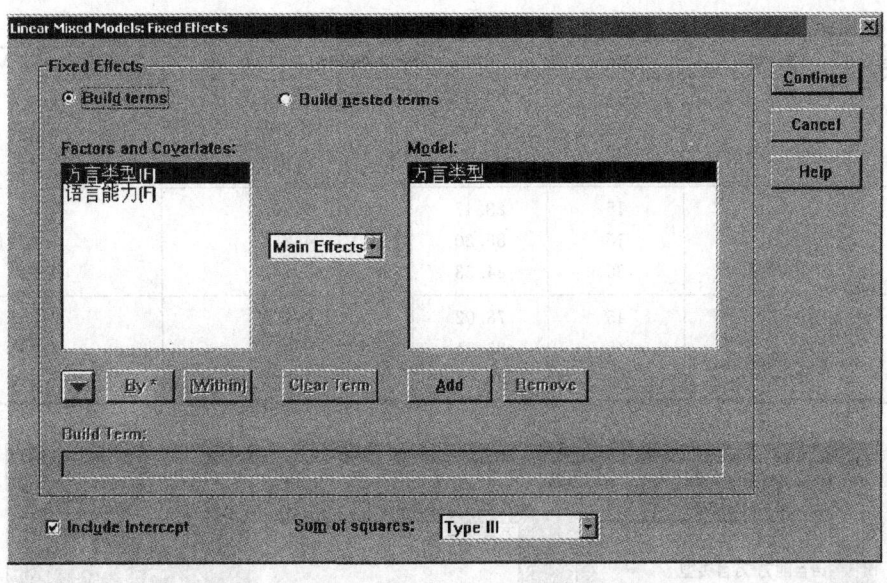

图 17-6　Mixed Models：Linear 定义模型对话框

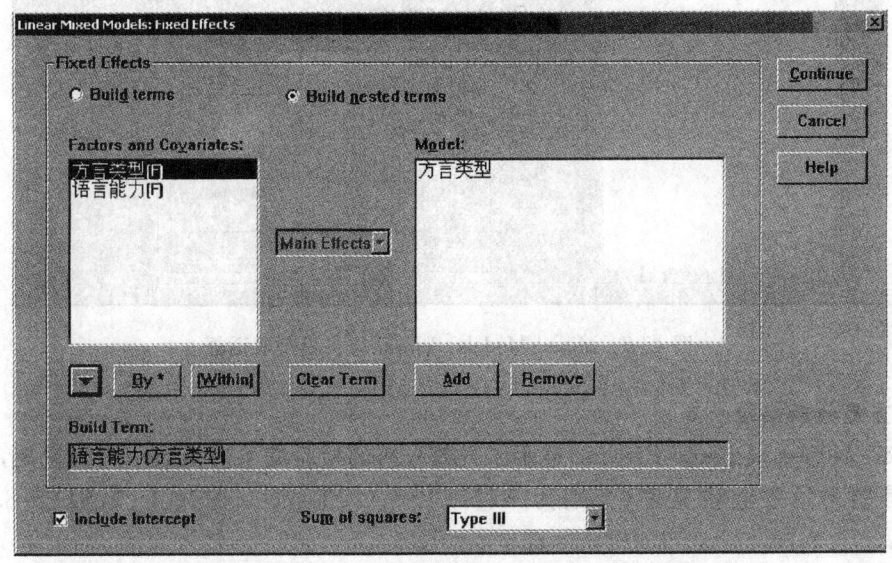

图 17-7　Mixed Models：Linear 定义模型对话框

17.2.3　Mixed Models:Linear 方差分析结果

1. 描述统计结果

表 17-6 给出了方言类型和语言能力各条件下的描述统计量，包括相关变量的均值、标准差及包含的样本量等。

表 17-6　Descriptive Statistics

测试成绩

方言类型	语言能力	Count	Mean	Standard Deviation	Coefficient of Variation
1	1	15	73.20	5.833	8.0%
	2	15	82.73	7.658	9.3%
	Total	30	77.97	8.261	10.6%

（续）

方言类型	语言能力	Count	Mean	Standard Deviation	Coefficient of Variation
2	1	15	77.40	5.514	7.1%
	2	15	82.60	4.485	5.4%
	Total	30	80.00	5.602	7.0%
3	1	15	83.47	6.707	8.0%
	2	15	85.20	4.769	5.6%
	Total	30	84.33	5.785	6.9%
Total	1	45	78.02	7.279	9.3%
	2	45	83.51	5.810	7.0%
	Total	90	80.77	7.106	8.8%

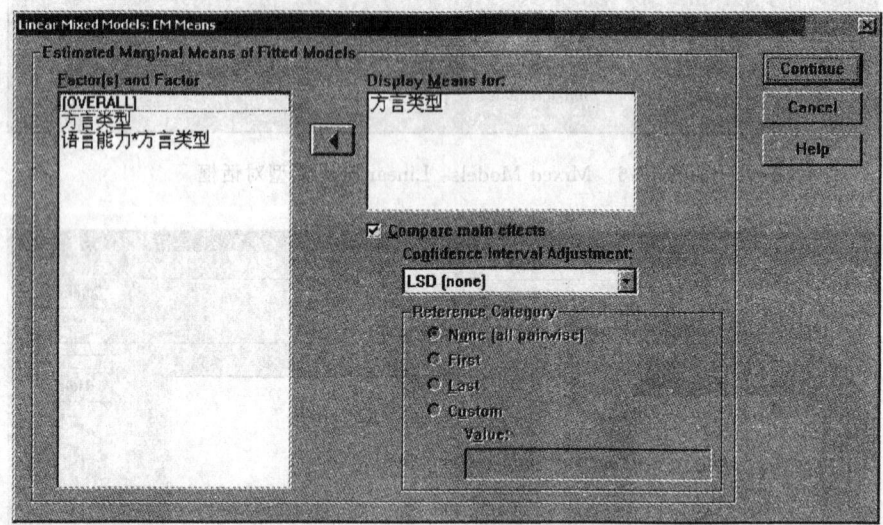

图 17-8　Mixed Models：Linear 定义模型对话框

2. 方差分析结果

表 17-7（Test of Fixed Effects）显示了方差分析的检验结果。从表中可以发现，方言类型和语言能力的效应均显著（分别为 $F(2,84)=9.03, p>0.001$；$F(3,84)=8.6, p>0.001$）。

表 17-7　Type III Tests of Fixed Effects[a]

Source	Numerator df	Denominator df	F	Sig.
Intercept	1	84	16702.12	.000
方言类型	2	84	9.025	.000
语言能力（方言类型）	3	84	8.601	.000

注：a. Dependent Variable：测试成绩。

3. 因素各水平间的多重比较

表 17-8 给出了使用 LSD 方法对"方言类型"的各水平之间进行两两比较的结果，包括各水平之间的均值差异及其显著性检验。结果发现方言 1（粤语）和方言 3（普通话）、方言 2（闽南语）和方言 3 之间有显著差异，p 值小于 0.05。方言 1 和方言 2 之间的差异不显著。

表 17-8　Pairwise Comparisons[b]

(I)方言类型	(J)方言类型	Mean Difference (I—J)	Std. Error	df	Sig.[a]	95% Confidence Interval for Difference[a]	
						Lower Bound	Upper Bound
1	2	-2.033	1.531	84	.188	-5.078	1.011
	3	-6.367*	1.531	84	.000	-9.411	-3.322
2	1	2.033	1.531	84	.188	-1.011	5.078
	3	-4.333*	1.531	84	.006	-7.378	-1.289
3	1	6.367*	1.531	84	.000	3.322	9.411
	2	4.333*	1.531	84	.006	1.289	7.378

注：Based on estimated marginal means
　＊. The mean difference is significant at the .05 level.
　a. Adjustment for multiple comparisons: Least Significant Difference (equivalent to no adjustments).
　b. Dependent Variable:测试成绩.

17.2.4　用 GLM:Univariate 进行方差分析(程序模式)

操作过程

(1)单击主菜单 **Analyze**,选择 **General Linear Model**,然后选择 **Univariate**,即进入对话框。

(2)从左边变量列表中把"测试成绩"选入右上方的 **Dependent Variable** 框中,把"方言类型"和"语言能力"选入 **Fixed Factors** 框中。

(3)单击 **Model** 按钮,进入模型定义对话框。单击右边的 **Custom** 项,然后在 **Build Term(s)** 中选择 **Main effects**,最后从右边 **Factors & Covariates** 中把"方言类型"和"语言能力"选入右边的 **Model** 框中,单击 **Continue** 进入主对话框。

(4)单击 **Paste** 按钮,**SPSS** 会把全部操作转换为语句并粘贴到新打开的程序语句窗口,如图 17-9 所示。

(5)对程序语句窗口内进行如下修改:将最后一行的"语言能力"改为"语言能力(方言类型)",并在下一行添加语句：
　　　　　　/EMMEANS＝TABLES(方言类型) COMPARE ADJ (LSD).
修改后的语句如图 17-10 所示。

(6)单击 ▶ 执行程序。

```
UNIANOVA
    测试成绩  BY  方言类型  语言能力
  /METHOD=SSTYPE(3)
  /INTERCEPT=INCLUDE
  /CRITERIA=ALPHA(.05)
  /DESIGN=方言类型  语言能力.
```

```
UNIANOVA
    测试成绩  BY  方言类型  语言能力
  /METHOD=SSTYPE(3)
  /INTERCEPT=INCLUDE
  /CRITERIA=ALPHA(.05)
  /DESIGN=方言类型  语言能力(方言类型)
  /EMMEANS=TABLES(方言类型)COMPARE ADJ (LSD).
```

　　图 17-9　修改前的程序语句　　　　　　图 17-10　修改后的程序语句

17.2.5 GLM:Univariate 方差分析结果

1. 方差分析结果

表 17-9(Test of Between-Subjects Effects)显示了方差分析的检验结果。从表中可以发现,方言类型和语言能力的效应均显著(分别为 $F(2,84)=9.03, p<.001$;$F(3,84)=8.6, p<.001$)。而且通过与表 17-7 进行对比就可以发现,该检验结果与 Mixed Model:Linear 所得到结果是一致的。与表 17-7 相比,表 17-9 还提供了各条件及误差的平方和以及均方。

表 17-9 Tests of Between-Subjects Effects

Dependent Variable:测试成绩

Source	Type III Sum of Squares	df	Mean Square	F	Sig.
Corrected Modle	1541.433a	5	308.287	8.770	.000
Intercept	587092.900	1	587092.900	16702.12	.000
方言类型	634.467	2	317.233	9.025	.000
语言能力(方言类型)	906.967	3	302.322	8.601	.000
Error	2952.667	84	35.151		
Total	591587.000	90			
Corrected Total	4494.100	89			

注:a. R Squared=.343(Adjusted R Squared=.304)

2. 因素各水平间的多重比较

表 17-10 给出了使用 LSD 方法对"方言类型"的各水平之间进行两两比较的结果,包括各水平之间的均值差异及其显著性检验。大家可以发现,该结果与表 17-8 输出的结果完全一致。

表 17-10 Pairwise Comparisons

Dependent Variable:测试成绩

(I)方言类型	(J)方言类型	Mean Difference (I−J)	Std. Error	Sig.a	95% Confidence Interval for Differencea	
					Lower Bound	Upper Bound
1	2	−2.033	1.531	.188	−5.078	1.011
	3	−6.367*	1.531	.000	−9.411	−3.322
2	1	2.033	1.531	.188	−1.011	5.078
	3	−4.333*	1.531	.006	−7.378	−1.289
3	1	6.367*	1.531	.000	3.322	9.411
	2	4.333*	1.531	.006	1.289	7.378

注:Based on estimated marginal means

*. The mean difference is significant at the .05 level.

a. Adjustment for multiple comparisons:Least Significant Difference (equivalent to no adjustments).

17.3 裂区设计(Split-Plot Design)

裂区设计是在区组设计的基础上发展起来。与区组设计不同的是,裂区设计对实验因素的安排通常不是一次完成的,而是分成两次或多次。例如,对于一个两因素的裂区设计,在因素安排时通常有两个阶段:首先把因素 A 的几种处理随机分配给与处理数相对应的区组(整区),然后因素 B 的几个水平再随机分配给每个整区内的几个小区。在统计检验过程中,需要对处于不同水平的因素分层进行检验,不能分析不同水平的因素之间的交互作用。

17.3.1 两种语文阅读的教学方法孰优孰劣(实例)

例 17-3 研究者打算考察两种语文阅读教学方法的优劣,以及两种教学方法对不同文章题材(记叙文、说明文和议论文)的关系。首先在某校随机选择了 90 名同学,按照语文知识基础、智力水平、年龄、性别等因素对这些同学进行配伍,每三人一伍,共形成 30 个配伍组。把这两种教学方法随机分配给这些配伍组,每种教学方法有 15 个配伍组。然后把三类文章题材随机分配给每个配伍组中的三人,每人只学习一类题材。教学效果以被试在随后进行的相应题材的阅读测验得分来衡量。测试结果保存在数据文件"17章_数据3.sav"。

问:根据测试成绩,不同阅读教学方法的阅读成绩是否有差异,教学方法对不同文章题材是否有不同的影响?

1. 数据结构

经过整理后的数据见"17章_数据3.sav"。在数据文件中共包含 5 个变量:"学生编号"、"区组编号"、"教学方法"、"文章题材"、"测试成绩"。变量名及其含义如表 17-11 所示。

表 17-11 数据文件包含的变量列表

变量	含义
学生编号	参加测试的学生编号,不参与分析
区组编号	每个学生所在的配伍组编号(1—30)
教学方法(整区分配)	1 = "阅读教学方法 A"
	2 = "阅读教学方法 B"
文章题材(小区分配)	1 = "记叙文"
	2 = "说明文"
	3 = "议论文"
测试成绩(因变量)	学生在阅读测验中的成绩

2. 分析思路

研究包括了两个因素,"教学方法"和"文章题材"。其中"教学方法"的两种处理首先随机分配给各配伍组(整区),然后"文章题材"进一步分配给每个整区内的三个小区。因此,这是一个完全随机化裂区设计。对裂区设计进行 SPSS 分析可以采用 General Linear Model 下的 Univariate 过程。

17.3.2 用 GLM:Univariate 进行方差分析

操作过程

(1)单击主菜单 **Analyze**,选择 **General Linear Model**,然后选择 **Univariate**,进入对话框。

(2)从左边变量列表中把"测试成绩"选入右上方的 **Dependent Variable** 框中,把"教学方法"和"文章类型"选入 **Fixed Factor(s)** 框中,把"区组编号"选入 **Random Factor(s)** 框中(图 17-12)。

(3)单击 **Model** 按钮,进入模型定义对话框。单击右边的 **Custom** 项,在 **Build Term(s)** 中选择 **Interaction**,然后从左边 **Factors & Covariates** 中把"教学方法"移入右边的 **Model** 框中。

(4)按下 Ctrl 键,同时在左边 **Factors & Covariates** 中选中"教学方法"和"区组编号",移入右边的 **Model** 框中。

(5) 从左边 Factors & Covariates 中把"文章类型"移入右边的 Model 框中。

(6) 按下 Ctrl 键,同时在左边 Factors & Covariates 中选中"教学方法"和"文章类型",移入右边的 Model 框中。见图 17-13 所示。

(7) 单击 Continue 回到主对话框。

(8) 单击 Options 按钮打开对话框。要求被试内因素各水平间两两比较:在 Estimated Marginal Means 下方的因素列表中分别将"文章类型"选中,选入右边 Display Means for 框中,同时选中下方的 Compare main effects,并使用默认的比较方法 LSD(none)。单击 Continue 按钮回到主对话框。

(9) 单击 OK 运行程序。

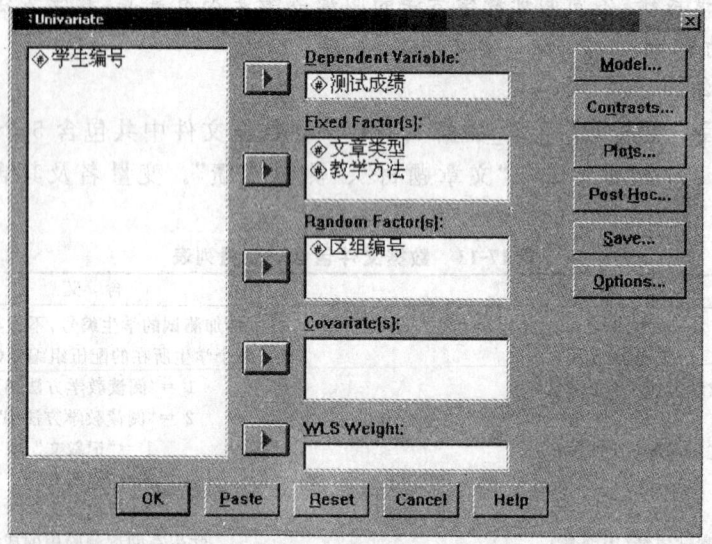

图 17-12　GLM：Univariate 主对话框

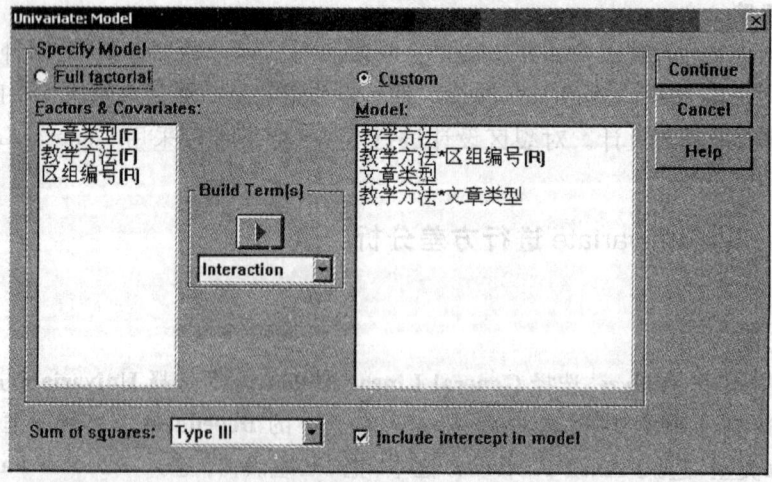

图 17-13　GLM：Univariate　Model 对话框

17.3.3　GLM:Univariate 方差分析结果

1. 方差分析结果

表 17-12(Test of Between-Subjects Effects)显示了方差分析的检验结果。从表中可以

发现,"教学方法"和"文章类型"的主效应均显著(分别为 F(1,28)=12.17,p<.005;F(2,56=6.18,p<.05),其他交互作用不显著。

表 17-12 Tests of Between-Subjects Effects

Dependent Variable:测试成绩

Source		Tyep III Sum of Squares	df	Mean Square	F	Sig.	Partial Eta Squared
Intercept	Hypothesis	592435.600	1	592435.600	19164.80	.000	.999
	Error	865.556	28	30.913a			
教学方法	Hypothesis	376.178	1	376.178	12.169	.002	.303
	Error	865.556	28	30.913a			
教学方法 * 区组编号	Hypothesis	865.556	28	30.913	1.132	.339	.361
	Error	1529.511	56	27.313b			
文章类型	Hypothesis	336.867	2	168.433	6.167	.004	.180
	Error	1529.511	56	27.313b			
文章类型 * 教学方法	Hypothesis	60.289	2	30.144	1.104	.339	.038
	Error	1529.511	56	27.313b			

注:a. MS(教学方法 * 区组编号)
　　b. MS(Error)

2. 因素各水平间的多重比较

因为"文章类型"的主效应显著,而且该变量包括了三个水平,所以我们还需要看一下对"文章类型"的两两比较的内容。表 17-13 给出了使用 LSD 方法对"文章类型"的各水平之间进行两两比较的结果,包括各水平之间的均值差异及其显著性检验。结果发现记叙文和说明文的阅读成绩方法没有差异,而记叙文和议论文、说明文和议论文之间有显著差异,所有的 p 值都小于.01。

表 17-13 Pairwise Comparisons

Dependent Variable:测试成绩

(I)文章类型	(J)文章类型	Mean Difference (I−J)	Std. Error	Sig.a	95% Confidence Interval for Difference a	
					Lower Bound	Upper Bound
1	2	−.767	1.349	.572	−3.470	1.936
	3	−4.433*	1.349	.002	−7.136	−1.730
2	1	.767	1.349	.572	−1.936	3.470
	3	−3.667*	1.349	.009	−6.370	−.964
3	1	4.433*	1.349	.002	1.730	7.136
	2	3.667*	1.349	.009	.964	6.370

注:Based on estimated marginal means
　　*. The mean difference is significant at the .05 level.
　　a. Adjustment for multiple comparisons:Least Significant Difference (equivalent to no adjustments).

17.3.4 用程序语句进行上述方差分析

熟悉程序语句的读者不妨可以运行以下程序语句来进行上述方差分析过程。该语句可以在上述用户界面设置完成之后,在 Univariate 主对话框点击 Paste 自动生成。

```
UNIANOVA
    测试成绩  BY  文章类型  教学方法  区组编号
    /RAQNDOM=区组编号
    /METHOD=SSTYPE(3)
    /INTERCEPT=INCLUDE
    /EMMEANS=TABLES(文章类型)  COMPARE  ADJ(LSD)
    /CRITERIA=ALPHA(.05)
    /DESIGN=教学方法  教学方法*区组编号  文章类型  教学方法*文章类型.
```

图 17-14 检验完全随机化裂区设计的程序语句

17.3.5 对随机化区组裂区设计进行方差分析

对随机化区组裂区设计的方差分析过程与上述过程类似。如果把例 17-3 改为随机化区组裂区设计，需要对目前的 30 个配伍组进行进一步两两配对，配成 15 对组对，然后把两种教学方法随机分配给每个组对中的两个配伍组。具体设计过程请参考第 8 章的相关内容。如果是基于随机化区组裂区设计的数据，"17 章_数据 3.sav"就变为"17 章_数据 4.sav"样子。大家可以比较一下两个数据文件的差异。实际上两个数据文件的结构完全相同，但是变量"区组编号"数据范围变为 1-15，而不是原先的 1-30。

图 17-15 是检验随机化区组裂区设计的程序语句，请读者自行尝试用菜单进行方差分析的过程。与完全随机化裂区设计相比，随机化区组裂区设计的菜单操作主要是建构用户模型时略有差异。在尝试建构用户模型时，可以参考图 17-15 中/DESIGN 子命令的内容。

```
UNIANOVA
    测试成绩  BY  文章类型  教学方法  区组编号
    /RAQNDOM=区组编号
    /METHOD=SSTYPE(3)
    /INTERCEPT=INCLUDE
    /EMMEANS=TABLES(文章类型)  COMPARE  ADJ(LSD)
    /CRITERIA=ALPHA(.05)
    /DESIGN=教学方法  区组编号  教学方法*区组编号  文章类型  教学方法*文章类型.
```

图 17-15 检验随机化区组裂区设计的程序语句

17.4 小结

三种设计可用同一 SPSS 程序 Univariate 完成统计。

交叉设计、嵌套设计与裂区设计都可以通过 General Linear Model 的 Univariate 过程进行分析，但是需要读者自己根据具体的设计建构用户模型。其中交叉设计与裂区设计可以直接通过菜单操作完成分析过程，而嵌套设计则需要读者自己修改程序语句来完成分析。对于嵌套设计，习惯于菜单操作的读者也可以用 Mixed Model 的 Linear 过程进行分析。

第18章 三因素混合设计的方差分析[一]

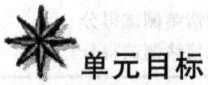

单元目标

通过学习本章,您可以了解:
◆ 如何针对复杂的实验设计组织数据和选择方差分析方法

在前面几章中,我们向大家介绍了使用 SPSS 对常见的实验设计进行方差分析的过程。在实际研究中,由于环境限制或研究需要,实验设计往往要复杂得多。但是,万变不离其宗,复杂的设计通常是由简单设计组合而成的,只要研究者能细心分析设计的特点,梳理因素之间的关系,总能找到恰当的分析方法。本章将结合具体实例来谈谈如何针对复杂的实验设计进行方差分析。

18.1 口头表达内心感受的办法能否缓解丧偶者的心理压力(实例)

例 18-1 有报道称,失去配偶的人往往会有巨大的心理压力。心理学家认为,丧偶压力有可能通过口头表达内心感受的办法得到缓解,但不同性别的人可能会有差异。为了验证这种假设是否成立,心理学家组织了一项实验,被试共 30 位,平均年龄 67 岁,最小的 51 岁,最大的 85 岁,男性 7 位,女性 23 位。整项研究是一项延迟治疗的设计,包括四个疗程,每个疗程 20 分钟,全部疗程历时两周。在每个疗程中,被试要一直谈论其配偶,把自己内心最深处的感想表达出来。全部治疗都在被试家中进行。每个疗程开始之前和结束之后,被试需要完成同一项情绪测试。

数据结构及分析建议:该实验包含三个因素,其中性别为被试间因素,有男、女两个水平;疗程为被试内因素,有四个水平;情绪测试的顺序也是被试内因素,包括治疗前和治疗后两个水平。因此整个实验是一个 2×4×2 的三因素混合设计。该实验设计的 SPSS 数据文件所包含的变量及含义如表 18-1 所示。方差分析使用 General Linear Model 下的 Repeated Measures 过程,其中 a(疗程)和 b(前测/后测)两个因素是被试内因素,性别是被试间因素。

表 18-1 数据文件包含的变量列表

变量	含义
Sex	1="男"
	2="女"

[一] 建议本章为选修内容。

(续)

变量	含义
a1b1	被试在第一疗程前测中的情绪测试得分
a1b2	被试在第一疗程后测中的情绪测试得分
a2b1	被试在第二疗程前测中的情绪测试得分
a2b2	被试在第二疗程后测中的情绪测试得分
a3b1	被试在第三疗程前测中的情绪测试得分
a3b2	被试在第三疗程后测中的情绪测试得分
a4b1	被试在第四疗程前测中的情绪测试得分
a4b2	被试在第四疗程后测中的情绪测试得分

18.2 不同词义关系对逆序词加工的影响(实例)

例 18-2 汉语中一类特殊的构词是逆序词,其特点是构成复合词的两个词素在字形和读音上完全相同,只是位置不同,因而产生了不完全相同或完全不同的意义,如"工人—人工、带领—领带"等。一对逆序词在词义上可能有很高的相关,如"相互"与"互相",也可能只有低相关,如"领带"与"带领"。

一项研究考察了在启动条件下,不同的词义关系对逆序词加工的影响,以及这种影响是否会随着时间的延长发生变化。设计如下:选取 28 对逆序词为目标词,其中 14 对词为词义高相关组,另外 14 对词为词义低相关组。每一个目标词都设置了两种启动条件:一种是逆序启动,另一种是无关启动。在逆序启动条件下,启动刺激为目标词的逆序形式(如领带—带领);在无关启动条件下,启动刺激与目标词没有任何关系(如教养—带领)。两种启动条件下的启动词在词频、成分字字频和成分字笔画数方面逐一进行了匹配。

表 18-2 实例 18-2 中的材料举例

启动条件	词义高相关	词义低相关
逆序启动	相互—互相	领带—带领
无关启动	如今—互相	教养—带领

为了避免对同一目标词进行重复识别,研究者对实验刺激进行了交叉平衡的分配。28 对逆序词首先按照每对中两个成员的相对频率的大小分成相对高频组(组 1)和相对低频组(组 2)。例如,对于"相互"—"互相"来说,由于"相互"的频率低于"互相",所以"相互"分入相对低频组,而"互相"分入相对高频组。每组材料(28 个逆序词)进一步随机分为两个小组,每小组 14 个逆序词(其中 7 个属于语义高相关逆序词对,7 个属于语义低相关逆序词对),这样全部实验材料被分为 4 个小组(组 1—1,1—2,2—1,2—2)。最后,把每个小组的逆序启动条件和无关启动条件进行交叉组合,形成四个刺激系列。其组合方式如下:

系列 A:小组 1—1 逆序启动 ＋小组 1—2 的无关启动
系列 B:小组 1—2 逆序启动 ＋小组 1—1 的无关启动
系列 C:小组 2—1 逆序启动 ＋小组 2—2 的无关启动
系列 D:小组 2—2 逆序启动 ＋小组 2—1 的无关启动

另外,为了研究逆序词加工的时间进程,我们设置了三种 SOA(启动刺激与目标词之间的时间间隔):57ms,157ms,314ms。120 名本科生参加了这一实验。被试随机分成了

12个小组,每组被试随机接受上述的一个刺激系列和一种SOA条件的组合。要求被试大声读出目标词,记录被试的命名时间。

1. 实验设计 该实验设计看上去相当复杂,我们先来分析一下实验设计中的因素及其相互关系。前面我们向大家简要介绍过两种进行数据整理和分析的方法:以被试为随机变量的分析(被试分析)和以项目为随机变量的分析(项目分析,相关内容请参考第10章的补充内容)。很多时候,同一因素对于被试分析和对于项目分析来说其特点是不一样的。例如本实验设计中的SOA因素,不同的被试接受不同的SOA条件,所以,对于被试分析来说SOA是被试间因素。而对于项目分析来说,由于不同SOA条件是对相同的启动-目标词进行识别,应该看作被试内因素,我们称这种情况为项目内因素。

按照上述分析,因为这是一个启动实验,首先可以确定的一个因素是启动类型,包含两个水平(逆序启动/无关启动),该因素为被试内、项目内因素。其次一个因素是逆序词对的语义关系,包含两个水平(高相关/低相关),是一个被试内、项目间因素。另外一个因素为SOA(刺激呈现不同步时间),是一个被试间、项目内因素。因此,在对上述设计的数据进行分析时,用于进行被试分析和项目分析的SPSS数据文件的结构并不相同,需要根据具体的情况对数据进行组织。下面我们以被试分析的数据结构为例,介绍一下该研究的数据组织和相应的SPSS方差分析过程。

2. SPSS的数据结构 例18-2的实验结果经过整理后保存在数据文件"18章_数据1.sav"中(该数据用于以被试为随机变量的方差分析)。该实验设计的SPSS数据文件中包含六个变量,变量及含义如表18-3所示。

表18-3 数据文件包含的变量列表

变量	含义
被试编号	参与研究的被试的编号,不参与分析。
SOA	1="SOA为57ms"
	2="SOA为157ms"
	3="SOA为314ms"
a1	词义低相关,逆序启动条件的反应时
a2	词义低相关,无关启动条件的反应时
b2	词义高相关,逆序启动条件的反应时
b2	词义高相关,无关启动条件的反应时

18.3 用SPSS进行方差分析

18.3.1 查看前提假设是否满足

各单元内的被试量均为大样本,被试间相互独立,同时满足随机性原则。

18.3.2 方差分析过程

操作过程

(1)选用主菜单 Analyze→General Linear Model→Repeated Measures...。
(2)定义两个被试内因素:"词义关系"有两个水平,"启动条件"有两个水平。
(3)指定分析变量:把四个测量反应时的被试内变量 a1、a2、b1、b2 指定给两个被试内因素的实验单元,把"SOA"指定为被试间因素。

(4)选择输出统计量:在 Options 中要求输出 Descriptive statistics,Estimates of effect size,Homogeneity tests。

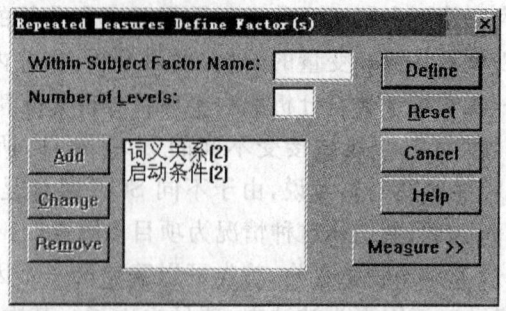

图 18-1 GLM:Repeat Measures 的因素定义对话框

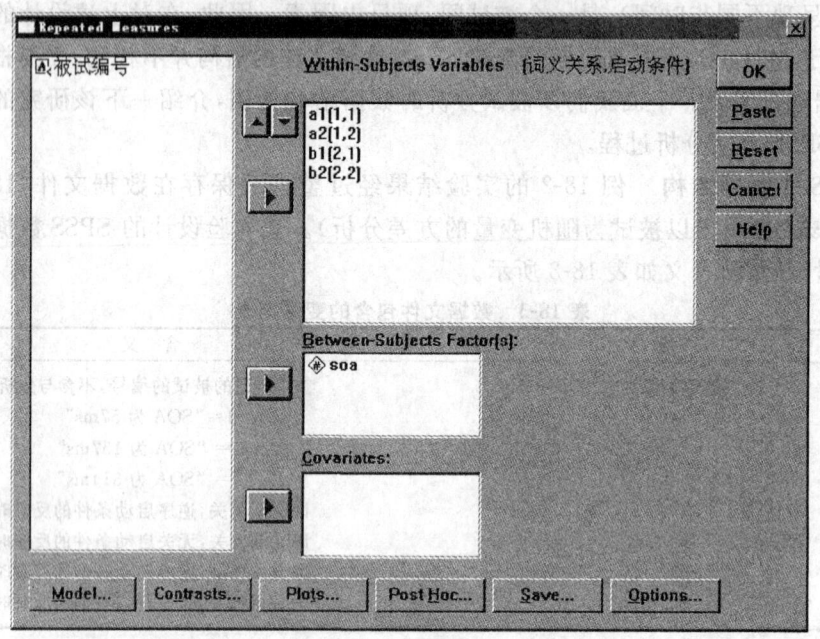

图 18-2 GLM:Repeat Measures 的主对话框

18.4 部分输出结果

1. 方差分析结果

表 18-4 和表 18-5 给出了进行方差分析的检验。表 18-5 是对被试间因素进行检验的结果,发现被试间因素"SOA"的因素主效应不显著,$F(2,117)=2.016$,$p=0.138>0.05$,$Partial\eta^2=0.033$。表 18-5 是对被试内因素进行多元方差分析的结果。研究表明,被试内因素"词义关系"虽然 p 值小于 0.05,但是效应度很小,$Partial\eta^2=0.046$,所以它对模型的贡献其实并不大。"启动条件"的主效应显著,$F(1,117)=22.452$,$p=0.000<.05$,$Partial\eta^2=0.161$。"启动条件"与其他两个因素的交互效应都显著,p 值都为 0,效应度($Partial\ \eta^2$)分别为 0.187 和 0.21。

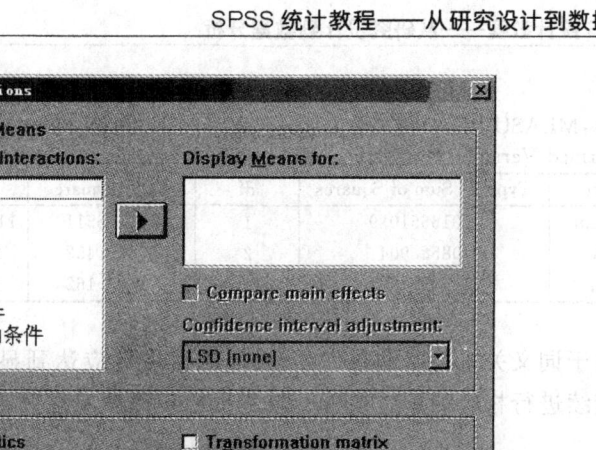

图 18-3　GLM：Repeat Measures 的 Option 对话框

表 18-4　**Multivariate Tests**[b]

Effect		Value	F	Hypothesis df	Error df	Sig.	Partial Eta Squared
词义关系	Pillai's Trace	.046	5.622[a]	1.000	117.000	.019	.046
	Wilks'Lambda	.954	5.622[a]	1.000	117.000	.019	.046
	Hotelling's Trace	.048	5.622[a]	1.000	117.000	.019	.046
	Roy's Largest Root	.048	5.622[a]	1.000	117.000	.019	.046
词义关系 * SOA	Pillai's Trace	.007	.441[a]	2.000	117.000	.645	.007
	Wilks'Lambda	.993	.441[a]	2.000	117.000	.645	.007
	Hotelling's Trace	.008	.441[a]	2.000	117.000	.645	.007
	Roy's Largest Root	.008	.441[a]	2.000	117.000	.645	.007
启动条件	Pillai's Trace	.161	22.452[a]	1.000	117.000	.000	.161
	Wilks'Lambda	.839	22.452[a]	1.000	117.000	.000	.161
	Hotelling's Trace	.192	22.452[a]	1.000	117.000	.000	.161
	Roy's Largest Root	.192	22.452[a]	1.000	117.000	.000	.161
启动条件 * SOA	Pillai's Trace	.044	2.715[a]	2.000	117.000	.070	.044
	Wilks'Lambda	.956	2.715[a]	2.000	117.000	.070	.044
	Hotelling's Trace	.046	2.715[a]	2.000	117.000	.070	.044
	Roy's Largest Root	.046	2.715[a]	2.000	117.000	.070	.044
词义关系 * 启动条件	Pillai's Trace	.210	31.086[a]	1.000	117.000	.000	.210
	Wilks'Lambda	.790	31.086[a]	1.000	117.000	.000	.210
	Hotelling's Trace	.266	31.086[a]	1.000	117.000	.000	.210
	Roy's Largest Root	.266	31.086[a]	1.000	117.000	.000	.210
词义关系 * 启动条件 * SOA	Pillai's Trace	.187	13.459[a]	2.000	117.000	.000	.187
	Wilks'Lambda	.813	13.459[a]	2.000	117.000	.000	.187
	Hotelling's Trace	.230	13.459[a]	2.000	117.000	.000	.187
	Roy's Largest Root	.230	13.459[a]	2.000	117.000	.000	.187

注：a. Exact statistic
　　b. Design：Intercetp＋SOA
　　Within Subjects Design：词义关系＋启动条件＋词义关系 * 启动条件

表 18-5 Tests of Between-Subjects Effects

Measure：MEASURE_1
Transformed Variable：Average

Source	Type III Sum of Squares	df	Mean Square	F	Sig.	Partial Eta Squared
Intercept	170166510.9	1	170166511	11274.41	.000	.990
SOA	60858.904	2	30429.452	2.016	.138	.033
Error	1765899.994	117	15093.162			

由于词义关系×启动条件×SOA 的交互效应达到显著性水平(小于 0.05)，所以我们需要继续进行相应的事后检验。以下介绍三因素交互效应显著的情况下简单主效应的检验方法。

18.5 交互效应显著时简单主效应的检验

18.5.1 检验过程

操作过程

(1)使用 Recall 快捷按钮或主菜单打开重复测量程序，刚才的设置不变，另外在 Options 中的 Estimated Marginal Means 部分要求显示三个因素或因素组合的均值，并选中 Compare main effects，同时选择 Sidak 方法。

(2)在 Plots 中要求输出三组均值显示图(见图 18-4)。

(3)利用主对话框中的 Paste 按钮，全部菜单操作被转换成 SPSS 程序语句，并被粘贴到一个新的 Syntax 窗口中(图 18-5)。

(4)把 EMMEANS 引导的三条语句改写为图中所示样子，即要求检验因素简单效应并进行各单元的两两比较(图 18-6)。

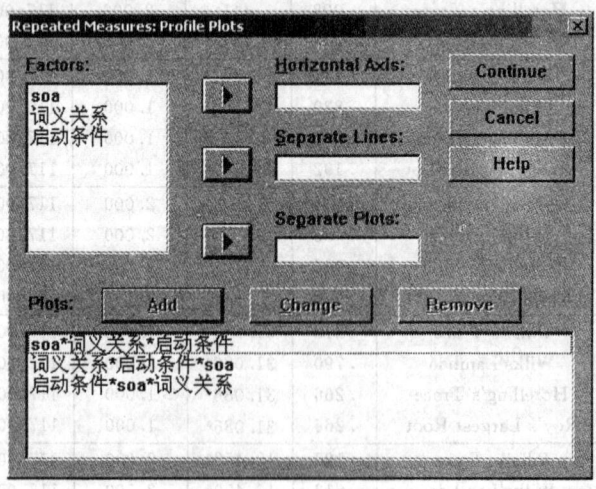

图 18-4 GLM：Repeat Measures 的 Option 对话框

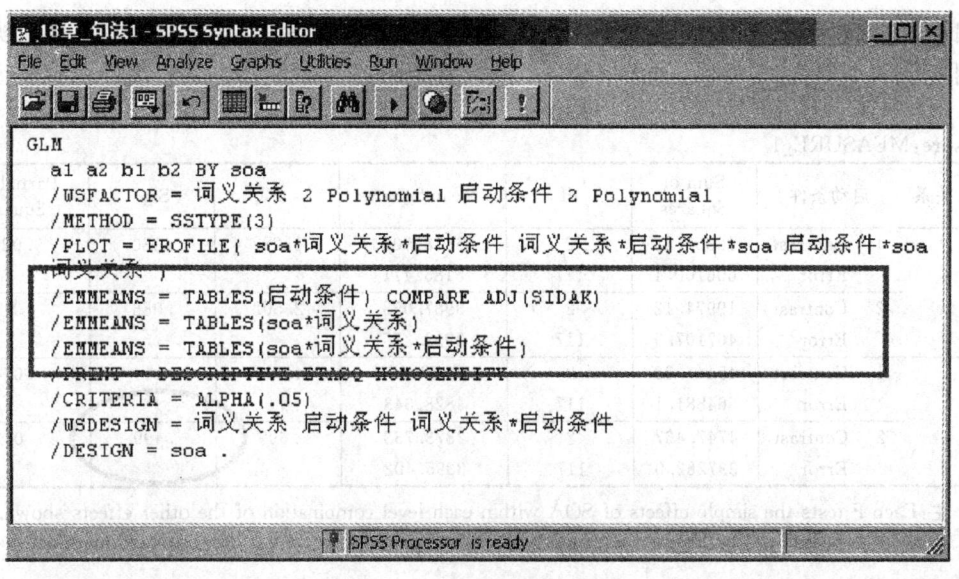

图 18-5 修改前的程序语句

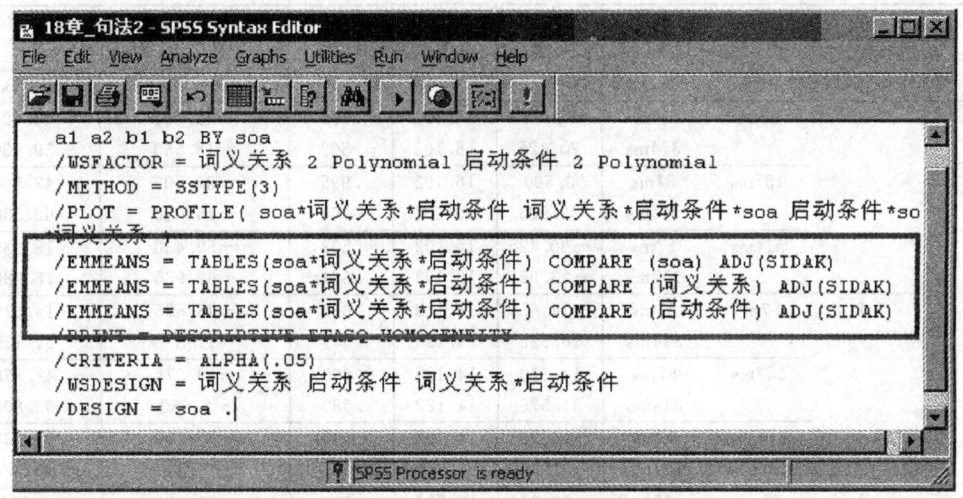

图 18-6 修改后的程序语句

18.5.2 部分输出结果

由于 SPSS 按我们的希望输出了三个不同排列顺序的简单主效应检验结果,所以我们从三个不同的角度说明检验结果。以下分别介绍某一因素在其他两个因素的实验单元内的简单效应的检验结果。

1. "SOA"的简单效应检验

如表 18-6 所示,对"SOA"在另外两个因素的实验单元内的简单效应检验结果表明,"SOA"在"词义关系"的第二个水平(高相关)与"启动条件"的第一个水平(逆序启动)的组合内简单效应显著,$F(2,117)=4.707$,$p=0.011$,$\eta^2=0.074$。进一步多重比较的结果表明(表 18-7),SOA 在 157ms 时的识别速度比在 314ms 时的识别速度明显慢,$p=0.011<0.05$。

从下面的均值显示图(图 18-7)发现,两种"启动条件"(图中的两条线)中代表条件 1(逆序启动)的线在第二个图中,157ms 的点到 314ms 的点落差最大,也就是检验结果证明差异最明显的两个均值。

表 18-6 Univariate Tests

Measure:MEASURE_1

词义关系	启动条件		Sum of Squares	df	Mean Square	F	Sig.	Partial Eta Squared
1	1	Contrast	13357.82	2	6678.908	1.288	.280	.022
		Error	606700.1	117	5185.471			
	2	Contrast	19974.12	2	9987.058	2.502	.086	.041
		Error	467107.9	117	3992.375			
2	1	Contrast	45447.32	2	22723.658	4.707	.011	.074
		Error	564881.1	117	4828.043			
	2	Contrast	4747.467	2	2373.733	.699	.499	.012
		Error	397262.0	117	3395.402			

注:Each F tests the simple effects of SOA within each level combination of the other effects shown. These tests are based on the linearly independent pairwise comparisons among the estimated marginal means.

表 18-7 Pairwise Comparisons

Measure:MEASURE_1

词义关系	启动条件	(I)SOA	(J)SOA	Mean Difference (I−J)	Std. Error	Sig.ª	95% Confidence Interval for Differenceª	
							Lower Bound	Upper Bound
1	1	57ms	157ms	−3.500	16.102	.995	−42.505	35.505
			314ms	20.425	16.102	.502	−18.580	59.430
		157ms	57ms	3.500	16.102	.995	−35.505	42.505
			314ms	23.925	16.102	.364	−15.080	62.930
		314ms	57ms	−20.425	16.102	.502	−59.430	18.580
			157ms	−23.925	16.102	.364	−62.930	15.080
	2	57ms	57ms	−14.650	14.129	.660	−48.875	19.575
			314ms	16.925	14.129	.549	−17.300	51.150
		157ms	57ms	14.650	14.129	.660	−19.575	48.875
			314ms	31.575	14.129	.080	−2.650	65.800
		314ms	57ms	−16.925	14.129	.549	−51.150	17.300
			157ms	−31.575	14.129	.080	−65.800	2.650
2	1	57ms	157ms	−33.625	15.537	.094	−71.262	4.012
			314ms	12.450	15.537	.809	−25.187	50.087
		157ms	57ms	33.625	15.537	.094	−4.012	71.262
			314ms	46.075*	15.537	.011	8.438	83.712
		314ms	57ms	−12.450	15.537	.809	−50.087	25.187
			157ms	−46.075*	15.537	.011	−83.712	−8.438
	2	57ms	157ms	7.300	13.030	.924	−24.263	38.863
			314ms	15.400	13.030	.560	−16.163	46.963
		157ms	57ms	−7.300	13.030	.924	−38.863	24.263
			314ms	8.100	13.030	.900	−23.463	39.663
		314ms	57ms	−15.400	13.030	.560	−46.963	16.163
			157ms	−8.100	13.030	.900	−39.663	23.463

注:Based on estimated marginal means
*. The mean difference is significant at the .05 level.
a. Adjustment for multiple comparisons:Sidak.

SOA * 启动条件 * 词义关系：

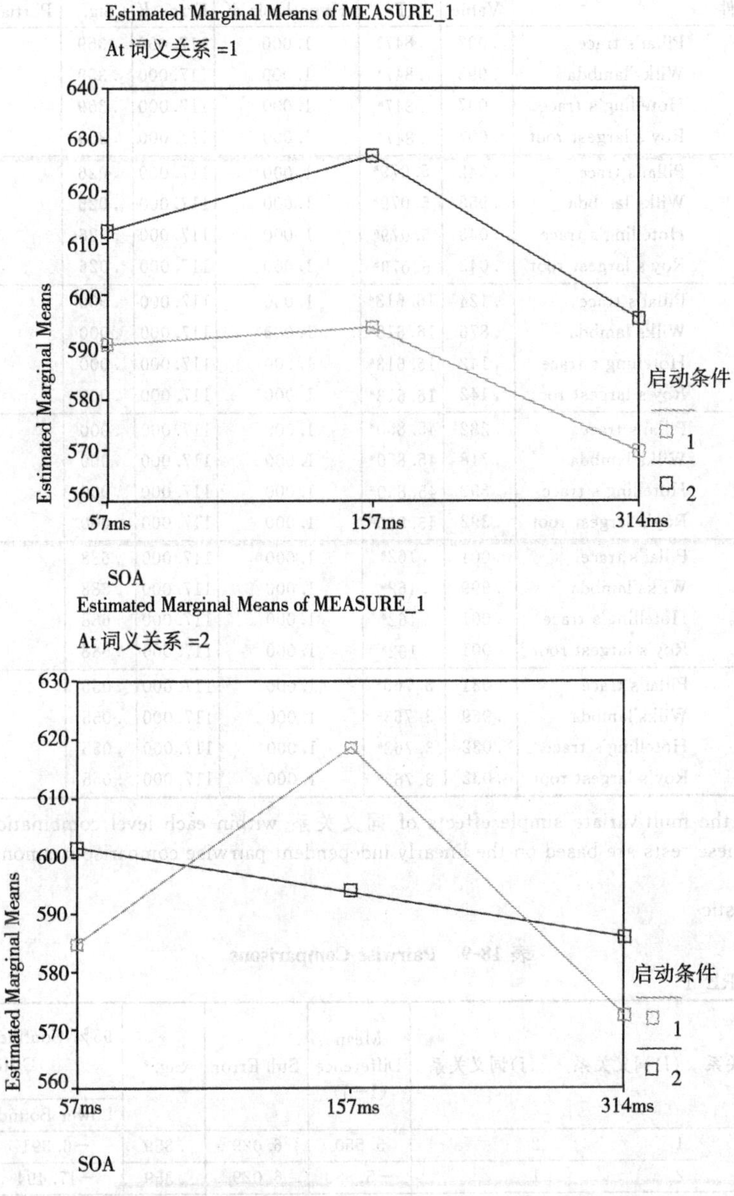
Estimated Marginal Means of MEASURE_1
At 词义关系 =1
Estimated Marginal Means
640
630
620
610
600
590
580
570
560
57ms
157ms
314ms
SOA
启动条件
1
2
Estimated Marginal Means of MEASURE_1
At 词义关系 =2
Estimated Marginal Means
630
620
610
600
590
580
570
560
57ms
157ms
314ms
SOA
启动条件
1
2

图 18-7　SOA * 启动条件 * 词义关系的均值显示图

2.“词义关系”的简单效应检验

如表 18-8 所示，对“词义关系”在另外两个因素水平组合内的简单效应检验结果表明，在 57ms 和第二种启动条件（无关启动）的水平组合下，不同词义关系的逆序词识别时间存在明显差异；在 157ms 水平下，无论在逆序启动还是在无关启动条件下，不同相关度的逆序词的识别时间均存在显著差异。“词义关系”在其他因素水平组合下简单效应不显著。表 18-9 则显示了哪两个均值存在显著差异。

下面三个均值显示图中，各条线的落差与检验结果一一对应。第一个图中的代表启动条件 2 的线（上方的线）落差明显；第二个图中两条线均有明显落差，而第三个图即 SOA 在 314ms 条件下的各条线的落差均不明显。

表 18-8 Multivariate Tests

SOA	启动条件		Value	F	Hypothesis df	Error df	Sig.	Partial Eta Squared
57ms	1	Pillai's trace	.007	.847ᵃ	1.000	117.000	.359	.007
		Wilks'lambda	.993	.847ᵃ	1.000	117.000	.359	.007
		Hotelling's trace	.007	.847ᵃ	1.000	117.000	.359	.007
		Roy's largest root	.007	.847ᵃ	1.000	117.000	.359	.007
	2	Pillai's trace	.042	5.079ᵃ	1.000	117.000	.026	.042
		Wilks'lambda	.958	5.079ᵃ	1.000	117.000	.026	.042
		Hotelling's trace	.043	5.079ᵃ	1.000	117.000	.026	.042
		Roy's largest root	.043	5.079ᵃ	1.000	117.000	.026	.042
157ms	1	Pillai's trace	.124	16.613ᵃ	1.000	117.000	.000	.124
		Wilks'lambda	.876	16.613ᵃ	1.000	117.000	.000	.124
		Hotelling's trace	.142	16.613ᵃ	1.000	117.000	.000	.124
		Roy's largest root	.142	16.613ᵃ	1.000	117.000	.000	.124
	2	Pillai's trace	.282	45.850ᵃ	1.000	117.000	.000	.282
		Wilks'lambda	.718	45.850ᵃ	1.000	117.000	.000	.282
		Hotelling's trace	.392	45.850ᵃ	1.000	117.000	.000	.282
		Roy's largest root	.392	45.850ᵃ	1.000	117.000	.000	.282
314ms	1	Pillai's trace	.001	.162ᵃ	1.000	117.000	.688	.001
		Wilks'lambda	.999	.162ᵃ	1.000	117.000	.688	.001
		Hotelling's trace	.001	.162ᵃ	1.000	117.000	.688	.001
		Roy's largest root	.001	.162ᵃ	1.000	117.000	.688	.001
	2	Pillai's trace	.031	3.763ᵃ	1.000	117.000	.055	.031
		Wilks'lambda	.969	3.763ᵃ	1.000	117.000	.055	.031
		Hotelling's trace	.032	3.763ᵃ	1.000	117.000	.055	.031
		Roy's largest root	.032	3.763ᵃ	1.000	117.000	.055	.031

Each F tests the multivariate simple effects of 词义关系 within each ievel combination of the other effects shown. These tests are based on the linearly independent pairwise comparisons among the estimated marginal means.

a. Exact statistic

表 18-9 Pairwise Comparisons

Measire: MEASURE_1

SOA	启动关系	(I)词义关系	(J)词义关系	Mean Difference (I−J)	Std. Error	Sig.ᵃ	95% Confidence Interval for Differenceᵃ	
							Lower Bound	Upper Bound
57ms	1	1	2	5.550	6.029	.359	−6.391	17.494
		2	1	−5.550	6.029	.359	−17.494	6.391
	2	1	2	10.950*	4.859	.026	1.327	20.573
		2	1	−10.950*	4.859	.026	−20.573	−1.327
157ms	1	1	2	−24.575*	6.029	.000	−36.516	−12.634
		2	1	24.575*	6.029	.000	12.634	36.516
	2	1	2	32.900*	4.859	.000	23.277	42.523
		2	1	−32.900*	4.859	.000	−42.523	−23.277
314ms	1	1	2	−2.425	6.029	.688	−14.366	9.516
		2	1	2.425	6.029	.688	−9.516	14.366
	2	1	2	9.425	4.859	.055	−.198	19.048
		2	1	−9.425	4.859	.055	−19.048	.198

注：Based on estimated marginal means

*. The mean difference is significant at the .05 level.

a. Adjustment for multipe comparisons: Sidak.

词义关系 * 启动条件 * SOA：

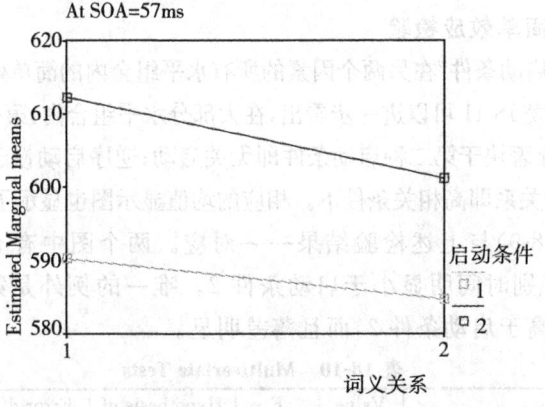

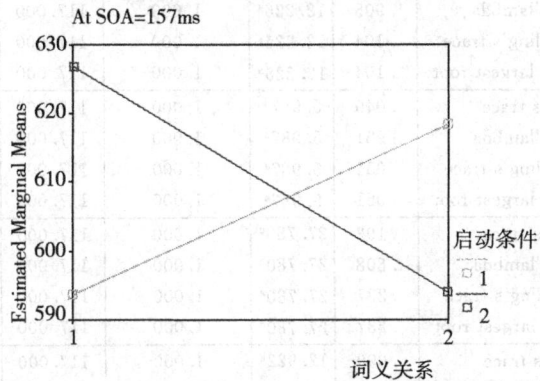

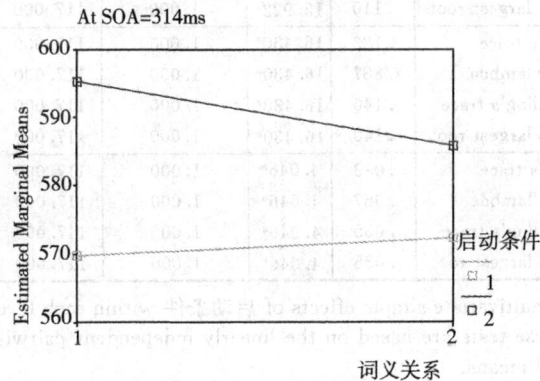

图 18-8　启动条件 * 词义关系 * SOA 的均值显示图

> **提示　简单主效应检验与多重比较的结果异同**
>
> 由于"词义关系"只有两个水平，所以简单效应的显著性水平 p 值与多重比较下的显著性水平 p 值相同，因而不需要再执行多重比较。但是 SPSS 在进行简单效应检验的同时也输出了多重比较结果，而且多重比较的结果能显示哪一个均值更高，是一种更直观的解释，所以仍有查看的必要。

多重比较结果(表)中附有星号的均值之差表示差异显著,正值表示前一个水平下的识别时间长于后一水平,负值则正好相反,表明前一个短于后一个。

3. "启动条件"的简单效应检验

如表 18-10 所示,"启动条件"在另两个因素的所有水平组合内的简单效应都差异显著,所有的 p 值都小于.05。而且,从表 18-11 可以进一步看出,在大部分水平组合内,第一种启动条件即逆序启动时,逆序词的识别速度显著快于第二种启动条件即无关启动;逆序启动慢于无关启动的情况只发生在 157ms 与第二种词义关系即高相关条件下。相应的均值显示图也显示了相同的趋势。

均值显示图(图 18-9)与上述检验结果一一对应。两个图中有五条线均呈明显上扬趋势,即启动条件 1 的识别时间明显小于启动条件 2。唯一的例外是第二个图中代表 157ms 的线表示启动条件 1 高于启动条件 2,而且落差明显。

表 18-10 **Multivariate Tests**

SOA	词义关系		Value	F	Hypothesis df	Error df	Sig.	Partial Eta Squared
57ms	1	Pillai's trace	.095	12.226[a]	1.000	117.000	.001	.095
		Wilks'lambda	.905	12.226[a]	1.000	117.000	.001	.095
		Hotelling's trace	.104	12.226[a]	1.000	117.000	.001	.095
		Roy's largest root	.104	12.226[a]	1.000	117.000	.001	.095
	2	Pillai's trace	.049	5.987[a]	1.000	117.000	.016	.049
		Wilks'lambda	.951	5.987[a]	1.000	117.000	.016	.049
		Hotelling's trace	.051	5.987[a]	1.000	117.000	.016	.049
		Roy's largest root	.051	5.987[a]	1.000	117.000	.016	.049
157ms	1	Pillai's trace	.192	27.780[a]	1.000	117.000	.000	.192
		Wilks'lambda	.808	27.780[a]	1.000	117.000	.000	.192
		Hotelling's trace	.237	27.780[a]	1.000	117.000	.000	.192
		Roy's largest root	.237	27.780[a]	1.000	117.000	.000	.192
	2	Pillai's trace	.099	12.922[a]	1.000	117.000	.000	.099
		Wilks'lambda	.901	12.922[a]	1.000	117.000	.000	.099
		Hotelling's trace	.110	12.922[a]	1.000	117.000	.000	.099
		Roy's largest root	.110	12.922[a]	1.000	117.000	.000	.099
314ms	1	Pillai's trace	.123	16.430[a]	1.000	117.000	.000	.123
		Wilks'lambda	.887	16.430[a]	1.000	117.000	.000	.123
		Hotelling's trace	.140	16.430[a]	1.000	117.000	.000	.123
		Roy's largest root	.140	16.430[a]	1.000	117.000	.000	.123
	2	Pillai's trace	.033	4.046[a]	1.000	117.000	.047	.033
		Wilks'lambda	.967	4.046[a]	1.000	117.000	.047	.033
		Hotelling's trace	.035	4.046[a]	1.000	117.000	.047	.033
		Roy's largest root	.035	4.046[a]	1.000	117.000	.047	.033

注:Each F tests the multivariate simple effects of 启动条件 within each level combination of the other effects shown. These tests are based on the linearly independent pairwise comparisons among the estimated marginal means.

a. Exact statistic

表 18-11 **Pairwise Comparisons**

Measure:MEASURE_1

SOA	词义关系	(I)启动条件	(J)启动条件	Mean Difference (I−J)	Std. Error	Sig.[a]	95% Confidence Interval for Difference[a]	
							Lower Bound	Upper Bound
57ms	1	1	2	−21.975*	6.285	.001	−34.422	−9.528
		2	1	21.975*	6.285	.001	9.528	34.422

（续）

SOA	词义关系	(I)启动条件	(J)启动条件	Mean Difference (I−J)	Std. Error	Sig.a	95% Confidence Interval for Differencea	
							Lower Bound	Upper Bound
	2	1	2	−16.575*	6.774	.016	−29.990	−3.160
		2	1	16.575*	6.774	.016	3.160	29.990
157ms	1	1	2	−33.125*	6.285	.000	−45.572	−20.678
		2	1	33.125*	6.285	.000	20.678	45.572
	2	1	2	24.350*	6.774	.000	10.935	37.765
		2	1	−24.350*	6.774	.000	−37.765	−10.935
314ms	1	1	2	−25.475*	6.285	.000	−37.922	−13.028
		2	1	25.475*	6.285	.000	13.028	37.922
	2	1	2	−13.625*	6.774	.047	−27.040	−.210
		2	1	13.625*	6.774	.047	.210	27.040

注：Based on estimated marginal means
*. The mean difference is significant at the .05 level.
a. Adjustment for multiple comparisons: Sidak.

启动条件 * SOA * 词义关系：

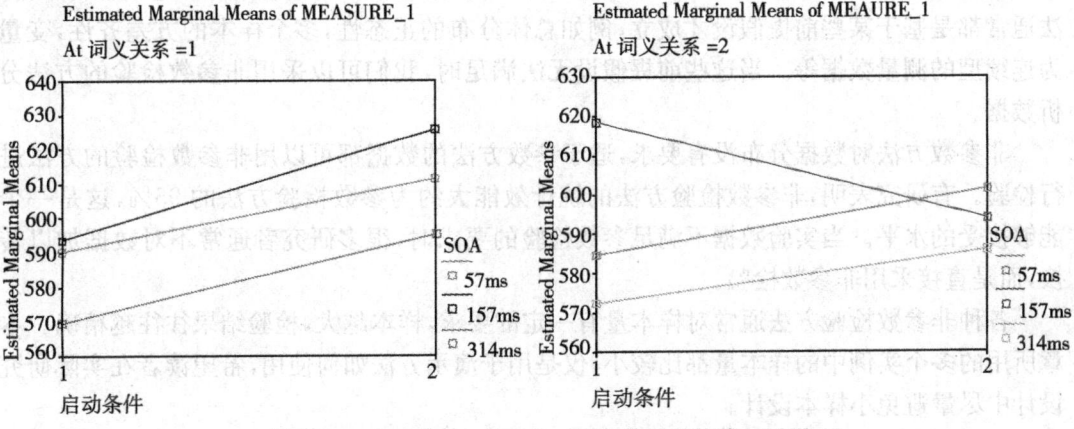

图 18-9　启动条件 * SOA * 词义关系的均值显示图

18.6　小结

三因素混合设计的统计程序－Repeated Measures。

三因素设计的方差分析在交互效应显著的情况下，需要输出很多表格及统计图，不太方便阅读。建议用户在首次分析过程时只要求输出基本结果，如果只存在某些因素的主效应显著的情况，则可执行第二次分析，要求事后多重比较。如果发现有交互效应存在，则要求简单效应分析及进一步的多重比较。

三因素设计的均值显示图非常多，尤其是存在交互效应时可输出的图更多。用户如果没有足够的经验，可以尝试多次改变因素的顺序，SPSS 每次都会输出不同的统计图。适宜的统计图能形象地说明方差分析结果。

第 19 章 非参数检验

单元目标

通过学习本章,您可以了解:
◆ 根据不同的设计选择恰当的非参数检验方法
◆ 逐步进行配合度(χ^2)检验;Mann-Whitney U 检验;Wilcoxon 符号等级检验;Cruskal-Wallis H 检验(单向方差分析);Friedman 检验(双向等级方差分析)

通过样本对总体作推论的方法主要分两类,即参数检验和非参数检验。参数检验的方法通常都是基于某些前提假设才成立,例如总体分布的正态性,多个样本的方差齐性,变量为连续型的测量数据等。当这些前提假设无法满足时,我们可以采用非参数检验的方法分析数据。

非参数方法对数据分布没有要求,适于参数方法的数据都可以用非参数检验的方法进行检验。有研究表明,非参数检验方法的统计效能大约为参数检验方法的 95%,这是一个能够接受的水平。当实验数据不满足参数检验的要求时,很多研究者通常不对数据加以转换,而是直接采用非参数检验。

各种非参数检验方法通常对样本量有一定的要求,样本越大,检验结果往往越精确。本章所用的多个实例中的样本量都比较小,仅是用于演示方法如何使用,希望读者在实际研究设计中尽量避免小样本设计。

19.1 单样本配合度检验(Chi-Square Test)

在本书的第 6 章,我们曾向大家介绍了在列联表分析中使用 χ^2 检验进行变量独立性假设或比例一致性假设的检验。在这儿向大家介绍 χ^2 检验的另一种用途:配合度检验。配合度检验的目的是分析变量值的实际频数与理论频数是否一致。它要求至少有一个变量,变量值为几个固定值,即一个因素多项分类的情况。

19.1.1 汽车市场的品牌占有率是否发生新变化(实例)

例 19-1 一家市场研究公司对汽车品牌的市场占有率进行监测,按去年的监测结果,来自美国、欧洲、日本三地的汽车品牌分别销售了 270 万部、65 万部、70 万部。而今年的监测结果发现,三类品牌的总销量为 405 万部。研究人员想知道,今年三类品牌的市场占有率是否与去年保持一致。模拟的数据文件为 SPSS 文件夹中的 CARS.SAV,该文件中有变量 origin 表示汽车品牌所属地区,变量值 1、2、3 分别代表美国、欧洲、日本三类品牌。我们现在想检验这三个地区所出现的频率是否与预期的 270∶65∶70 一致。

操作过程

（1）单击主菜单 Statistics/ NonparametricTests/ Chi-Square…，进入单样本 χ^2 检验的主对话框。

（2）从左边变量表列中把指定分析的变量选入到右边检验变量表中去，在下面 **Expected values** 中选择 **Values** 一项，并分别把理论次数填入到小方框中（图 19-1）。

（3）单击 **Options** 按钮，在弹出窗口内的 **Statistics** 一栏中选中 **Discriptive**，单击 Continue 回到主对话框。该操作要求输出结果包括描述性统计量。

（4）点击 **OK** 运行程序。

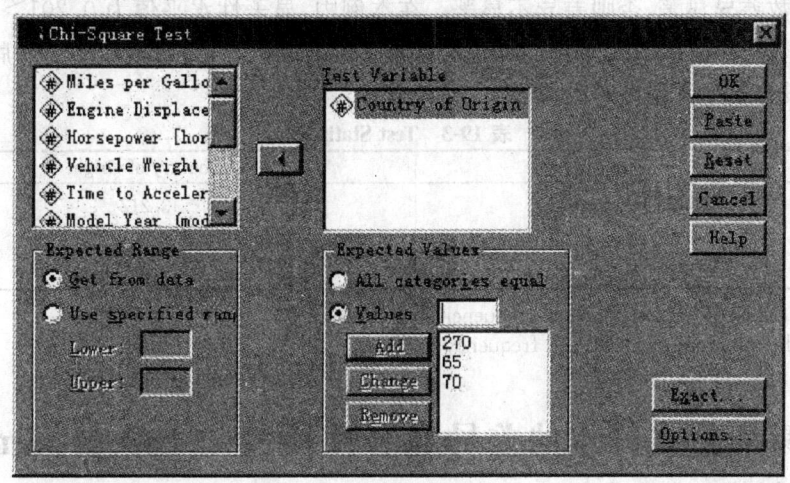

图 19-1　Chi—Square 对话框

在上述设置中，如果我们想检验的理论次数全部一致，则可以直接选择 **All categories equal** 项即可。在 **Expected range** 项中保持默认选择项即 **Get from data**。如果只想使用一部分按大小顺序排列的数据来进行分析，就可以选择 **Use specified range**，并指定数据的下限与上限。

在本例中，**Exact** 按钮保持默认选项。关于 **Exact** 对话框内可选项的解释，请参考下面关于 **2 Independent Samples** 过程的使用说明。

Options 按钮允许用户指定输出结果是否包括描述性统计量，以及对缺失值的处理方法。因与前面所讲述的用法相同，在此不再赘述。

19.1.2　分析结果

1. 描述统计结果

表 19-1 给出了检验变量的描述统计量，包括变量均值、标准差、包含的样本量以及变量值的范围等。

表 19-1　Descriptive Statistics

	N	Mean	Std. Deviation	Minimum	Maximum
Country of Origin	405	1.57	.798	1	3

2. 实际观测数与理论次数对照表

表 19-2 列出了每个变量值的实际频数(253、73、79)与理论次数(270、65、70)及差值(-17、8、9)。

表 19-2 Country of Origin

	Observed N	Expected N	Residual
美国(American)	253	270.0	-17.0
欧洲(European)	73	65.0	8.0
日本(Japanese)	79	70.0	9.0
Total	405		

3. χ^2 检验表

表 19-3 列出了 χ^2 值,自由度及显著性水平值。显著性水平小于 0.05 即可认为实际次数与理论次数差异显著,否则差异不显著。在本例中,显著性水平值为 0.201＞0.05,故可认为实际次数与理论次数无差异。研究人员据此得出结论,汽车市场今年的品牌占有率与去年一致,没有发生实质性的波动。

表 19-3 Test Statistics

	Country of Origin
Chi-Square	3.212
df	2
Asymp. Sig.	.201

注:1. 0 cells(.0%) have expected frequencies less than 5
2. The minimun expected cell frequency is 65.0.

19.2 两个独立样本的差异显著性检验(2 Independent Samples)

检验两个独立样本是否来自同一总体,或者两个样本的数据分布是否相同,通常可以采用独立样本的 T 检验。但是它要求变量必须服从正态分布,而且必须是等比或等距变量。如果数据无法满足正态分布条件,或者测量尺度仅达到顺序变量的水平,可行的检验方法是 Mann-Whitney U 检验,又称曼-惠特尼 U 检验。它不直接采用原始数据进行数据分析,而是先把数据按由低到高的顺序转换为等级再进行,因此也称之为秩和(等级之和)检验法。

Mann-Whitney U 可以检验一个变量中的两组数据的中位数是否有显著差异。适用于这种检验的 SPSS 数据必须包括两个变量:分组变量和检验变量。分组变量(自变量)把被试(数据)分为两组,检验变量(因变量)是被试的测试结果,至少要求达到顺序尺度的标准,通常是定量变量。

19.2.1 前提假设

(1)分布相同 检验变量中的两组数据总体呈连续分布,而且属于同类分布。如果两总体的分布不同,Mann-Whitney U 只能检验两总体是否属于同一类型的分布,而不能判断两组数据的中位数是否相同。

(2)随机性与独立性 被试来自于随机抽样,被试的得分之间相互独立。

(3)样本量 如果被试总数不超过 42,SPSS 将输出精确检验(Exact test)的结果。只有被试人数是 42 人以上,才需要考虑使用近似 Z 检验进行分析。当被试人数超过 42 人时,检验结果会相当精确。

19.2.2 女性电脑广告对谁更有效,两类失语症患者的识字能力是否相同(独立样本)(实例)

例 19-2 一家电脑公司准备新推出一款专为女士设计的笔记本电脑,并设计出了主打广告,准备在互联网上投放。但他们不知道广告的吸引力对男性更大还是对女性更大。如果广告吸引的男性多于女性,那么将证明广告设计是失败的。公司品牌推广部的研究人员设计了一项眼动追踪实验,考察男性与女性消费者对这个广告的注意时间。

研究人员首先下载了一家高访问量的商业门户网站的首页,然后添加了本公司准备推出的笔记本电脑广告画面。被试来自于一所大学的30位营销专业大学生,其中男、女生各15位。实验开始之前,研究者为每位被试配戴好眼动仪,要求被试进入实验用的门户网站首页,并浏览首页的全部内容后再点击感兴趣的链接。一旦被试点击任何链接,实验就立刻结束。事前被试并不知道网站经过了模拟改造。眼动仪追踪并记录被试的注意力在网站首页各区域上的分配时间,包括对笔记本广告画面区域的注意时间。

分析:研究者的SPSS数据包括30位个案和两个变量,一个变量是被试的性别,有男、女两个水平,另一变量是被试注意广告的时间(以毫秒为单位)。因为该实例中的样本量不够42个,所以SPSS检验将输出精确检验(Exact test)的结果。

例 19-3 对失语症患者的语言功能受损程度的研究,是神经语言学的一种重要研究手段。在一项研究中,专家随机对某医院的14个失语症患者的汉字识别情况进行了考察。这14个患者中,8个是老年痴呆症患者(A组),6个是脑中风患者(B组)。实验材料是从汉语常用字库中随机抽取的30个汉字,患者要逐次读出这些汉字。正确读出一个汉字计一分,读错不得分。两组患者的得分如下:

A组:12 6 2 18 7 5 9 11
B组:8 15 6 3 2 7

问:老年痴呆症患者与脑中风患者的识字成绩有差异吗?

例19-3的数据保存在"19章_数据1.sav"。数据文件的结构与两独立样本的T检验完全相同,包括一个分组变量"组别"和一个检验变量"得分"。"组别"有两个变量值,1代表A组即老年痴呆症患者,2代表B组即脑中风患者。

操作过程

(1)指定分组变量及检验变量:选择菜单 **Analyze→Nonparametric Tests→2 Independent Samples**,在打开的对话框中把"得分"选入 **Test Variable List** 框,把"组别"选入 **Grouping Variable** 框中(见图19-2)。

(2)选用检验方法:在 **Test Type** 中有四个可选项,其中最常用的是第一种方法 **Mann-Whitney U**,即常说的曼—惠特尼U检验。我们选用该方法(默认项)。

(3)定义分组变量:单击 **Define Groups** 按钮打开子对话框,在 **Group 1** 中输入1,在 **Group 2** 中输入2(图19-3)。

(4)选择计算显著性水平的方法:单击 **Exact** 按钮,对话框显示有三种可选方法。由于实例中使用的样本量比较小,全部被试不超过42人,所以我们只能选择第三种,即 **Exact** 方法(图19-4)。

(5)单击 Continue 继续,单击 OK 运行程序。

> **提示** 独立样本中的分组变量可以有几个变量值
>
> 分组变量允许包含两个以上的变量值(水平数),也就是说,研究者可以按研究需要把被试分为几个组接受不同的处理,但两独立样本的非参数检验每次只能比较两个组的数据。

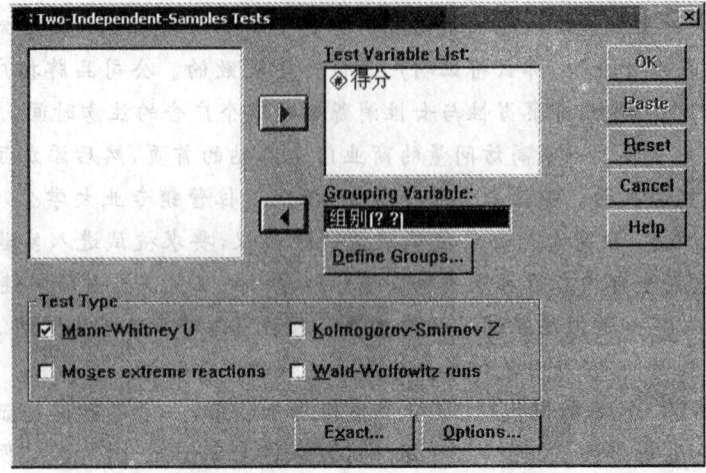

图 19-2 2Independent Samples 主对话框

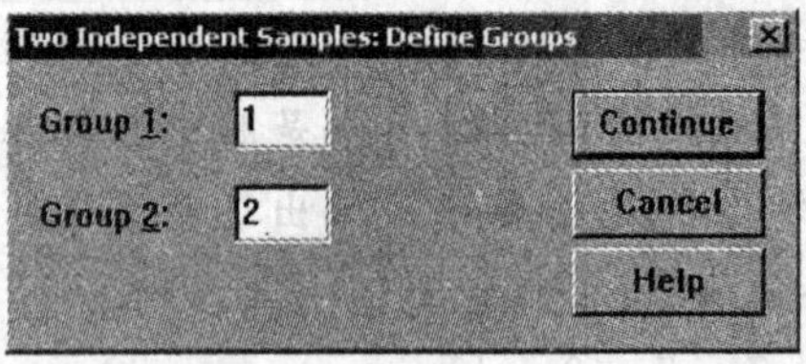

图 19-3 2Independent Samples:Define Group 对话框

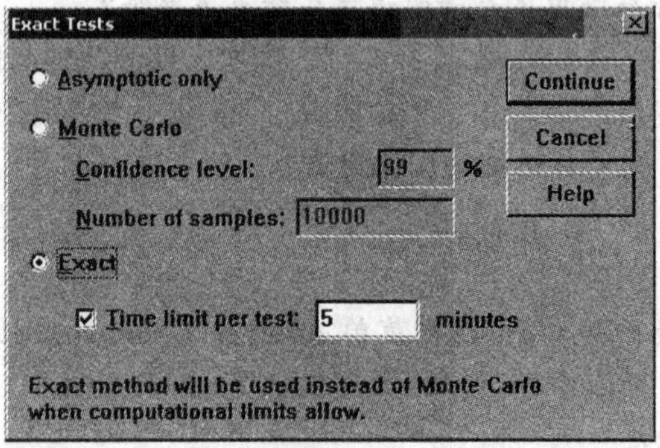

图 19-4 2Independent Samples:Exact 对话框

菜单说明:三种计算显著性水平的方法

单击 Exact... 按钮,对话框显示有三种显著性水平值的计算方法,每种方法有各自的适用条件。下面分别进行介绍。

Asymptotic only 是一种基于渐近分布(asymptotic distribution)的显著性水平检验,一般小于.05 即被认为显著。其样本必须足够大,若样本过小或非渐近分布,则该指标的可信度不高。

Monte Carlo 方法是基于非常大的样本的显著性水平近似估计，须指定置信度及参与计算的样本量，一般样本量越大，估计值越准确。

Exact 方法适用于小样本或数据分布不符合渐近分布假设的情况。但这种方法对计算机内存要求高，计算时间比较长。

19.2.3 输出结果

1. 描述统计

Mann-Whitney U 检验首先输出两个样本的容量(8、6、4)、等级均值(8.19 和 6.58)、等级之和(65.50 和 39.50)，如表 19-4 所示。其中老年痴呆患者的平均等级较大，等级和也比较大。

表 19-4 Ranks

	组　别	N	Mean Rank	Sum of Ranks
得分	老年痴呆	8	8.19	65.50
	脑中风	6	6.58	39.50
	Total	14		

2. 统计检验结果

表 19-5 列出了用 Mann-Whitney U 方法进行检验的结果。结果显示，使用检验 Exact 方法计算的双侧显著性水平为 p＝0.512＞0.05，所以老年痴呆患者与脑中风患者的识字成绩没有显著性差别。

表 19-5 Test Statistics[b]

	得　分
Mann-Whitney U	18.500
Wilcoxon W	39.500
Z	−.712
Asymp. Sig. (2−tailed)	.476
Exact Sig. [2*(1−tailed Sig.)]	.491[a]
Exact Sig. (2−tailed)	.512
Exact Sig. (1−tailed)	.256
Point Probability	.021

注：a. Not corrected for ties
　　b. Grouping Variable：组别

> **提示　哪一种检验结果更可信**
>
> 如果全部被试不超过 42 人，SPSS 会自动输出精确检验的结果(Exact Sig.)。只有当被试数超过 42 时，近似 Z 检验(z-approximation test)的结果才比较可信。

19.2.4 用统计图显示检验结果

利用统计图能够直观显示各组数据分布情况，在此我们使用盒状图。

操作过程

(1)通过主菜单 **Graphs→Boxplot** 打开对话框。

(2)选择默认的 **Simple** 类型；在 **Data in Chart Are** 中选默认的 **Summaries for groups** of cases。

(3)单击 Define 打开子对话框,把"得分"选入 Variable 框中,把"组别"选入 Category Axis 框中。

(4)单击 OK 运行。

图 19-5 显示了上述过程的输出结果。可以看出,老年痴呆患者与脑中风患者识字成绩分布比较接近,两个方框内的横线代表的中位数非常接近,与前面的检验结果一致。

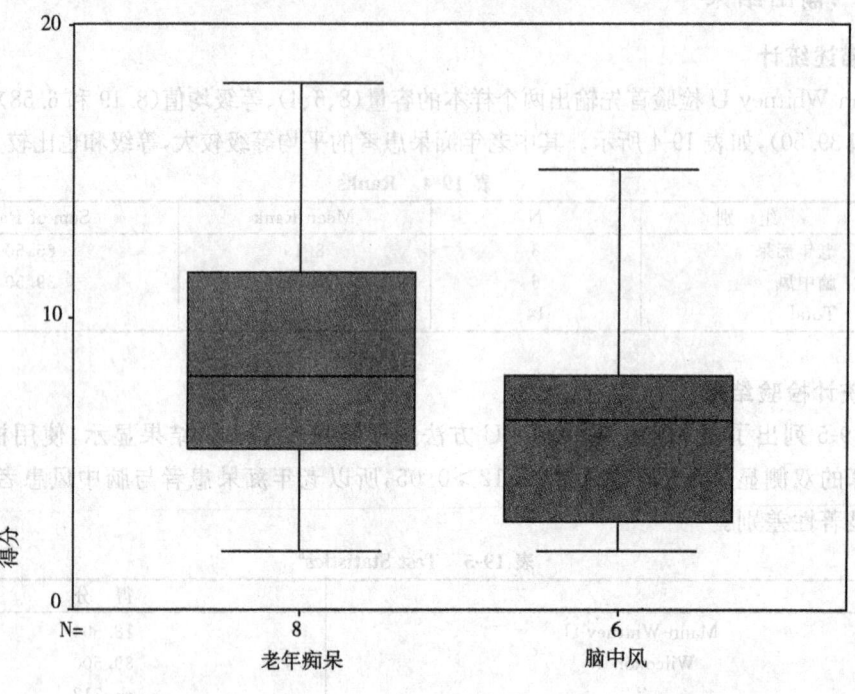

图 19-5　显示老年痴呆患者和脑中风患者识字成绩的盒状图

19.2.5　Mann-Whitney U 检验与独立样本的 T 检验的适用标准

(1)如果检验变量呈正态分布,最好使用独立样本的 T 检验。

(2)如果检验变量呈对称分布,同时比较扁平,两种检验方法都适用。

(3)如果检验变量呈对称分布,同时两侧的尾部比正态分布粗大,应使用 Mann-Whitney U 检验。

19.3　两个相关样本的差异显著性检验(2 Related Samples)

相关样本只有两个时,通常属于两种设计:一种是重复测量设计,即同一被试接受不同实验条件下的测试,目的在于检验被试在不同实验条件下的变化是否显著;另一种是配对样本设计,即被试经过配对后,分别接受不同的实验处理,目的在于检验两组被试在两种实验条件下是否差异显著。

在参数检验方法中,配对样本的 T 检验适用于上述两种设计。而相应的非参数检验方法包括四种:Wilcoxon、Sign、McNemr、Marginal Homogeneity。

Wilcoxon 又称符号等级检验法，应用最广泛。Sign 又称符号检验法，统计精确度略低一些。McNemr 只适用于二分的相关变量。Marginal Homogeneity 是 McNemr 方法的扩展，可以检验多重反应的变量，但只限于顺序变量。后两种方法非常适用于前测－后测的实验设计。

两种设计下的 SPSS 数据文件都要求每个观测对象有成对的得分，即在两个变量上都有各自的得分。其中 Wilcoxon 与 Sign 检验两变量的中位数是否有显著差异。McNemr 方法适用的变量只包含两个分类（两个变量值），它检验被试同时属于两变量同一分类的概率是否有显著差异。

19.3.1 前提假设

（1）随机性与独立性　配对样本设计中的每对被试都来自于总体的随机抽样，各对被试之间保持相互独立。

（2）样本量　样本量越大，SPSS 输出的近似 Z 检验结果就越精确，当样本量达到 26 或更大时，检验结果会相当精确。

（3）连续性与对称性（只适用于 Wilcoxon 方法）　两变量的差值总体呈连续分布，有对称性。

19.3.2 外部管理咨询机构的培训是否有效，两类失语症患者的识字能力是否相同（相关样本）（实例）

例 19-4　中层领导通常是企业的骨干，企业高层领导人制定的战略能否顺利实施，在很大程度上取决于中层领导者的领导能力强弱。一家知名大公司花巨资聘请一家管理咨询机构，为公司的 60 位中层领导人培训，以求提高领导能力。公司人力资源部为了评估这次培训的效果，特别设计了重复测量的设计。

人力资源部在培训之前，请 60 位中层领导的直接主管逐一评估他们的领导能力。评估工具是一项领导力评估量表，要求评估者在 5 点量尺上就 10 个问题为被评估者打分。

培训结束后的第三个月，人力资源部再次请 60 位参加培训的中层领导的直接主管评估他们的领导能力。使用的评估工具完全相同。

分析：人力资源部最终获得的 SPSS 数据包含 60 个个案以及两个变量。适用的检验方法是 Wilcoxon、Sign 或 Marginal Homogeneity。

如果人力资源部不使用评估工具，而是在培训前请主管领导对中层领导评估为一般或优秀，培训之后再评估一次，则可以使用 McNemr 方法。这时两个变量都属于二分变量。

例 19-5　在例 19-3 中，没有对老年痴呆症患者和脑中风患者的有关变量进行严格的匹配。在一项跟进的研究中，研究者精心挑选了被试，在年龄、性别、职业、受教育程度、患病时间等方面对老年痴呆症患者（A 组）和脑中风患者（B 组）进行了一一匹配，共挑选出 7 对被试（7 个老年痴呆症患者和 7 个脑中风患者）。研究者对他们的汉字识别情况进行了考察。从汉语常用字库中随机抽取了 30 个汉字进行测试，要求患者逐次读出这些汉字。正确读出一个汉字计一分，读错不得分。两组患者的得分如下：

A 组：7　3　9　19　21　5　8

B 组：2　6　4　17　22　4　2

问：老年痴呆症患者与脑中风患者的识字成绩有差异吗？

该实例的SPSS数据文件名为"19章_数据2.sav",共有两个变量,"A组"和"B组"分别代表老年痴呆患者和脑中风患者的识字成绩。两样本的容量都是7。

操作过程

(1)指定分析变量:选择菜单 Analyze→Nonparametric Tests →2 RelatedSamples...打开对话框(见图19-6),在左边的变量列表中单击选中一个目标变量,按下Ctrl键再单击选中另一目标变量,把它们选入右边的检验变量列表中。

(2)指定检验方法:在 Test Type 中选定 Wilcoxon 检验法。

(3)选定计算显著性水平的方法:单击 Exact... 按钮,对话框显示有三种可选方法(见图19-7)。由于实例中使用的样本量比较小,每个样本只包含7位被试,所以我们只能选择第三种,即 Exact 方法。一般认为样本量大于25可视为接近正态分布。

(4)单击 Continue,单击 OK 运行程序。

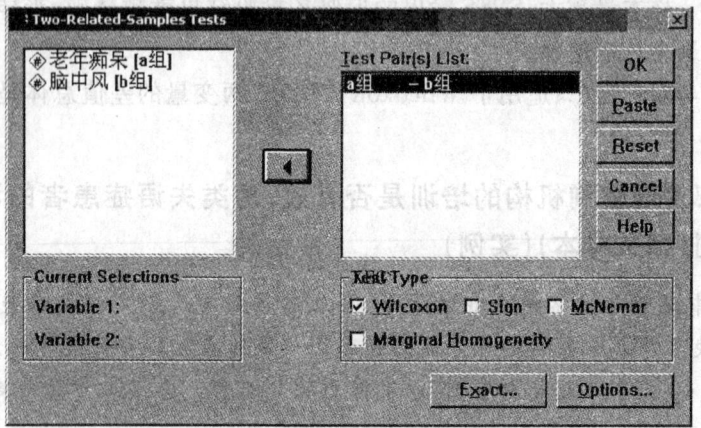

图19-6　2 Related Samples 主对话框

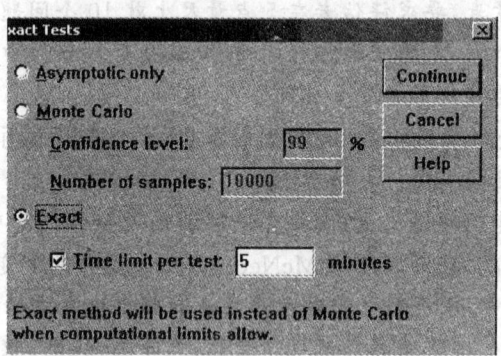

图19-7　2 Related Samples:Exact 对话框

19.3.3　输出结果

1. 描述统计

SPSS首先输出两样本的等级信息,把两变量的差值的绝对值进行等级排列。表19-6中 Negative Ranks 行显示,A组小于B组的差值共有5个,差值绝对值的等级平均值为4.5,等级之和为22.5。

表 19-6 Ranks

			N	Mean Rank	Sum of Ranks
B组 脑中风－ A组 老年痴呆		Negative Ranks	5①	4.50	22.50
		Positive Ranks	2②	2.75	5.50
		Ties	0③		
		Total	7		

① B组 脑中风＜A组 老年痴呆
② B组 脑中风＞A组 老年痴呆
③ B组 脑中风＝A组 老年痴呆

2. 统计检验结果

表 19-7 列出了统计检验结果。结果显示，使用 Exact 方法计算的双侧显著性水平 p＝.188＞.05，所以两组患者的识字成绩差异不显著，或者说两个样本来自于同一总体。

表 19-7 Test Statistics②

	B组 脑中风－ A组 老年痴呆
Z	－1.442①
Asymp. Sig. (2－tailed)	.149
Exact Sig. (2－tailed)	.188
Exact Sig. (1－tailed)	.094
Point Probability	.031

① Based on positive ranks.
② Wilcoxon Signed Ranks Test

19.3.4 非参数方法与配对样本 T 检验的适用标准

(1) 当检验变量呈正态分布时，最好选用配对样本的 T 检验。
(2) 当数据总体呈对称分布，而且比较扁平，可用 Wilcoxon 检验或配对样本的 T 检验。
(3) 当数据总体呈对称分布，但双侧的尾部比正态分布粗大时，应使用 Wilcoxon 检验。
(4) 如果变量值属于有限总体，同时呈非对称分布，应使用 Sign(符号检验法)。

19.4 多个独立样本的差异显著性检验(K Independent Samples)

如果需要检验差异的独立样本不仅仅是两个，而是有三个或更多的时候，SPSS 提供的非参数检验方法包括 Cruskal-Wallis H(克－瓦氏单向方差分析)、Median(中数检验法)、Jonckheere-Terpstra 方法。

适用于多个独立样本差异性检验的 SPSS 数据包含一个分组变量(自变量)，一个检验变量(因变量)。分组变量把被试区分为多个组，检验变量要求至少是顺序变量，当然也可以是等距或等比变量。

Cruskal-Wallis H(克－瓦氏单向方差分析)直接对应于参数检验中的一元方差分析(One-Way ANOVA)，检验几个样本是否来自于同一总体，使用率比较高。

Median(中数检验法)事实上是列联表分析，SPSS 首先把每个变量中大于中位数的被试分为一组，小于或等于中位数的分为另一组，然后计算 X^2 值，精确度比较低。

Jonckheere-Terpstra 方法(J－T 方法)与克－瓦氏单向方差分析近似，当分组变量为等级变量时，其精确度比克－瓦氏方差分析更高。

如果检验结果显示存在显著差异,必须各个独立样本作进一步的两两比较,例如采用曼－惠特尼 U 检验,以确定差异所在。

19.4.1 前提假设

1. 克－瓦氏单向方差分析的前提假设

(1)分布相同　检验变量中的各组数据总体呈连续分布,而且属于同类分布。如果任意两总体的分布不同,SPSS 只能检验两总体是否属于同一类型的分布,而不能判断两组数据的中位数是否相同。

(2)随机性与独立性　被试来自于随机抽样,被试的得分之间相互独立。

(3)样本量　检验结果中的 X^2 值仅是估计值,样本越大结果越精确。样本量等于或超过 30,根据 X^2 值计算的显著性水平 p 值会相当准确。

2. 中数检验法的前提假设

(1)独立性　被试的观测值相互之间保持独立。

(2)样本量　当相本量足够大时,中数检验法所使用的列联表才会生成基于近似 X^2 分布的统计量,检验结果才会比较精确。

19.4.2　四个版本的网站首页哪一个最受欢迎,大脑受损部位不同是否影响词图匹配能力(独立样本)(实例)

例 19-6　一家新闻网站决定进行全新改版,提高界面的友好程度。网站工程师利用相同的内容制作了四种风格完全不同的首页版本,请研究人员确定哪一种最受网友欢迎。

研究者在互联网上发布广告,聘请了 60 位网友来实验室参加评估。网友被随机分为 4 组,每组 15 人。研究者同时准备了 15 台计算机。第一组被试浏览第一个版本的首页,然后在一个包含 10 个问题的评估表上为该版本的首页打分(0 到 10 分,分数越高表示积极的评价越高);其他三组被试分别浏览不同版本的首页,然后都在相同的评估表上为对应的首页版本打分。每个被试对首页的总评分是 10 个问题的分数之和,最低分为 0 分,最高分为 100 分。

分析:研究者的 SPSS 数据共包括 60 位个案和两个变量,一个变量是组别,用于区分 4 个小组的被试;另一个变量是被试对网站首页的评分。

例 19-7　大脑损伤有时会导致语言功能的丧失或受损,成为失语症患者,而且大脑的不同部位损伤可能导致语言功能丧失的程度不同。一项研究比较了不同大脑部位损伤的患者的语义受损程度,其中 9 位额叶损伤患者,8 位颞叶损伤患者和 6 位顶叶损伤患者。研究采用了词图匹配的方法,即同时给被试呈现两类卡片,一类卡片是一些物体的图片,另一类是这些物体的名称,要求被试把这些卡片一一匹配起来。每正确匹配一对卡片得 1 分。三类患者的得分如下:

额叶损伤患者:　16　15　16　26　17　14　15　28　27
颞叶损伤患者:　13　16　12　 9　14　16　10　15
顶叶损伤患者:　27　15　24　23　27　30

问:这三类患者在词图匹配中的得分有没有差异?

例 19-7 的数据保存在数据文件"19 章_数据 3.sav"中。该数据包含两个变量,一个为分组变量(自变量),即"组别",有三个水平,1 代表额叶损伤,2 代表颞叶损伤,3 代表顶叶损伤;另一个为检验变量(因变量),即"得分"。

操作过程

(1) 指定分组变量及检验变量　通过主菜单 **Analyze→Nonparametric Tests→K Independent Samples** 打开对话框,把"得分"指定为检验变量,把"组别"指定为分组变量。

(2) 定义分组变量　单击 **Define Range** 按钮打开子对话框,输入分组变量的最小值 1 和最大值 3。单击 **Continue** 继续。

(3) 选定检验方法　选用常用的检验方法克-瓦氏方差分析(**Kruskal-Wallis H**),见图 19-8。

(4) 选定显著性水平计算方法　单击 **Exact…** 按钮打开子对话框,选用 **Exact** 方法,默认时间限制为 5 分钟以内。单击 **Continue** 继续。

(5) 单击 **OK** 运行程序。

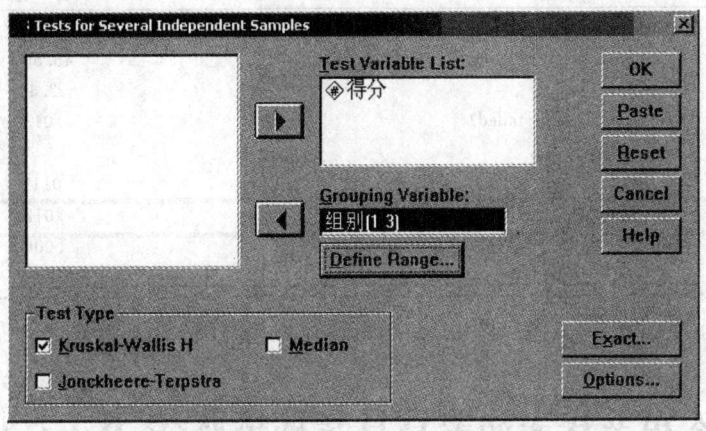

图 19-8　K Related Samples:主对话框

19.4.3　输出结果

SPSS 首先输出各组样本量及等级均值(见图 19-8)。图 19-9 则显示了统计检验结果。克-瓦氏单向方差分析显示三类不同脑损伤患者的识字成绩存在显著差异,$X^2(2, N=23)=10.467$,Exact 方法计算的 $p=.002<0.05$。

表 19-8　Ranks

	组别	N	Mean Rank
得分	额叶损伤	9	13.61
	颞叶损伤	8	6.13
	顶叶损伤	6	17.42
	Total	23	

表 19-9　Test Statistics[①,②]

	得分
Chi-Square	10.467
df	2
Asymp. Sig.	.005
Exact Sig.	.002
Point Probability	.000

① Kruskal Wallis Test
② Grouping Variable:组别

19.4.4 两两比较

尽管我们发现统计检验的效应显著,但无法判断具体差异存在于哪两组之间,必须通过进一步检验来确定。我们采用曼-惠特尼 U 检验对三组被试的成绩进行两两比较。

通过主菜单 Analyze→Nonparametric Tests→2 Independent Samples,打开对话框,确认检验方法为 Mann-Whitney U,在 Exact... 中选择 Exact 方法计算显著性水平,在 Define Groups 中分别要求比较组 1 与组 2,组 1 与组 3,组 2 与组 3。在结果输出中,SPSS 将分别输出相应检验的结果。

我们仅列出第一组和第二组进行比较的检验结果,见表 19-10。曼-惠特尼 U 检验结果表明,额叶患者与颞叶患者的识字成绩存在显著差异,$p=.012<0.05$。

表 19-10 Test Statistics[2]

	得 分
Mann-Whitney U	10.500
Wilcoxon W	46.500
Z	−2.477
Asymp. Sig. (2−tailed)	.013
Exact Sig. [2*(1−tailed Sig.)]	.011[1]
Exact Sig. (2−tailed)	.012
Exact Sig. (1−tailed)	.006
Point Probability	.002

[1] Not corrected for ties.
[2] Grouping Variable:组别

19.5 多个相关样本的差异显著性检验(K Related Samples)

SPSS 提供了三种检验多个相关样本差异显著性的方法:Friedman、Cochran's Q、Kendall's W。三种检验方法中,Friedman 又称弗里得曼双向等级方差分析,是 Wilcoxon 检验法的扩展。Cochran's Q 只适用于几个相关的二分变量(dichotomous variables),是 McNemar 方法的扩展。Kendall's W 又称肯德尔和谐系数,用于检验不同评价者的意见是否一致。

Friedman 和 Cochran's Q 都适用于重复测量设计和配对样本设计。在重复测量设计中,每个被试必须接受 k 个实验处理。相应的,每个被试在 k 个变量上都有得分,检验的目的在于发现被试在不同条件下是否有显著变化。在配对样本设计中,如果共有 k 个实验条件,则被试需要分为若干个小组,每个小组有 k 个被试,每一组中的每个被试只接受一种实验处理,检验的目的在于发现不同实验条件下被试的得分是否有显著差异。

当使用 Kednall's W 时,SPSS 数据文件中的每一行代表一个评价者给出的评分,每一列代表一个被评价获得的分数。W 系数最小为 0,表示几个评价者的意见不一致,最大为 1,表示几个评价者的意见完全一致。

如果检验结果发现样本间存在显著差异,有必要作进一步的检验,例如 Wilcoxon 检验法,以确定具体差异所在。

19.5.1 前提假设

(1)随机性与独立 性每个(每组)被试的 k 个观测值必须代表随机样本,而且相互之间保持独立。

(2)样本量 样本量越大,检验的精确度越高,当样本量超过 30 时,X2 值会相当精确。

(3)连续性与对称性(只适用于 Friedman) 任意两个变量差值的分布总体呈连续分布,而且有对称性。

19.5.2 人的情绪是否会受到他人影响,大脑受损部位不同是否影响词图匹配能力(相关样本)(实例)

例 19-8 人的情绪会受到其他人的影响吗?现代企业中存在很多工作团队,团队成员之间往往有密切的接触。如果任由不良情绪相互影响,团队的工作效率将不可避免地受到影响。一位管理心理学教授设计了配对样本的实验研究这个问题。

首先,他要求班上的全部 60 位学生接受了一项情绪测试,然后把情绪等级相邻的学生每三人一组配对,共形成 20 组被试。然后,研究者随机指派各组中的被试分别进入三个不同的实验室。第一位被试要与一位情绪消沉的学生相处,第二位被试要与一位既不消沉也不高兴的学生相处,第三位被试要与一位兴高采烈的学生相处。他们的相处过程由一位研究助手通过单面玻璃进行观察,并判断被试变得消沉还是不消沉。20 组被试都逐一接受了这种实验处理。作为观察者的研究助手事先并不知道实验的目的。

分析:研究者最终的 SPSS 数据文件共包含 20 位个案以及 3 个变量,变量分别来自于研究助手对各组被试在三种实验条件下的观察判断。变得消沉的被试得分为 0,没有变消沉的被试得分为 1,三个变量全部为二分变量,适用于 Cochran's Q 检验。

例 19-9 研究者进一步改进对脑损伤患者的研究方法。他们考察了 9 个额叶损伤病人对不同类别物体的图片和名称的匹配情况。物体分为三个类别:动物、水果和交通工具。给被试呈现物体图片和物体名称,要求被试把把它们一一匹配起来。这 9 个病人在三类物体的得分如下:

动物: 6 4 7 11 5 5 7 12 8
水果: 3 6 5 9 4 6 2 8 6
交通工具:7 5 4 6 8 3 6 3 10

问:这些病人在不同物体类别的得分有没有差异?

例 19-9 的 SPSS 数据文件保存在"19 章_数据 4.sav"中,包含三个变量,即患者对三类物体的判别得分,分别命名为"动物"、"水果"、"交通工具"。其数据结构与单因素重复测量因素的结构相同。

操作过程

(1)指定分析变量 选择菜单 **Analyze→Nonparametric Tests→K Related Samples...** 打开对话框,把"水果"、"动物""交通工具"三个变量选入检验变量框中(图 19-9)。

(2)指定检验方法 选定默认的弗里得曼双向等级方差分析(**Friedman**)。

(3)选定计算显著性水平的方法 单击 **Exact** 按钮,对话框显示有三种可选方法(见图 19-10)。由于实例中使用的样本量为 9,属于小样本,所以我们只能选择第三种,即 **Exact** 方法。

(4)单击 Continue，单击 OK 运行程序。

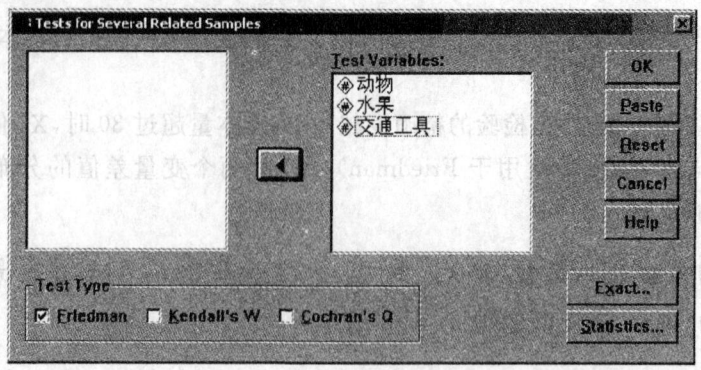

图 19-9　K Related Sample：Linear 定义模型对话框

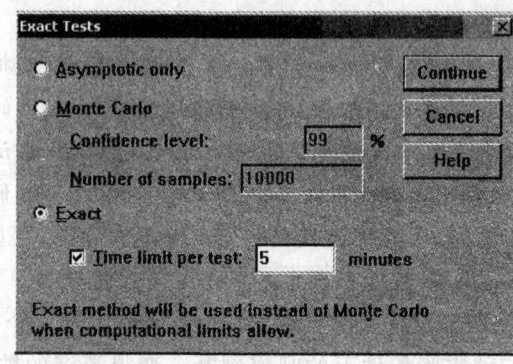

图 19-10　K Related Samples 定义模型对话框

19.5.3　输出结果

Friedman 检验结果表明（表 19-11），患者对三类物体的识别成绩没有显著差异，Exact 计算的显著性水平为 p=0.741＞0.05。

表 19-11　Test Statistics[①]

N	9
Chi-Square	.743
df	2
Asymp. Sig.	.690
Exact Sig.	.741
Point Probability	.087

① Friedman Test

> **提示　何时需要进一步检验**
>
> 假如检验结果发现差异显著，需要进一步检验以确认具体差异所在。这时可以采用两个相关样本的差异显著性检验方法，例如 Wilcoxon 两样本检验法、Sign、McNemr 或 Marginal Homogeneity 等，逐对检验变量。

19.6 小结

非参数检验方法众多，大样本更为可靠。

非参数检验主要应用于总体分布不符合参数检验的假设的情况，通常对样本量有一定要求，样本量越大，检验就越准确。SPSS 提供了众多进行非参数检验方法。在本章中我们介绍了其中最常用的几种，包括 χ^2 检验、Mann-Whitney U（曼－惠特尼 U）检验、Wilcoxon 符号等级检验、Cruskal-Wallis H（克－瓦氏单向方差分析）检验和 Friedman（弗里得曼双向等级方差分析）检验，这些方法适用于不同的实验设计类型。除此之外，还有一些其他的非参数检验方法可供用户选择，使用时在相应界面选中该方法的选项即可，请读者自行尝试。

19.7 习题

一家拥有 50 人的企业想从员工最关心的问题着手，提高团队的凝聚力。但他们不知道怎样才能把握员工的真实想法。一位心理学家受托主持这项研究。首先，通过与员工的广泛接触，他认为员工比较关注的问题包括三方面：工作的安全感、薪资水平、工作氛围。最重要的问题是哪一个呢？他设计了一个 10 点量尺，1 代表完全不关注，10 代表极端关注，要求员工就上述三个问题逐一在 10 点量尺上标出自己的关注程度。

问：这位心理学家的 SPSS 数据包含几个变量？这是一项什么设计？适用于哪种检验方法？

答：共有 3 个变量，即员工对三个问题的关注程度。重复测量设计。适用于 Friedman（弗里得曼双向等级方差分析）以及 Wilcoxon 两样本检验。

第 20 章 相关分析

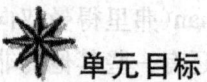
单元目标

通过学习本章,您可以了解:
◆ 如何使用 SPSS 进行相关分析(皮尔逊积差相关)
◆ 如何进行偏相关分析

相关分析(correlation)用于分析两个随机变量的关系,可以检验两个变量之间的相关度,或多个变量两两之间的相关程度,也可以检验两组变量之间的相关程度。偏相关分析则是指在控制了其他变量的效应后,对两个变量相关程度的分析。本章将介绍如何使用 SPSS 进行相关分析。

20.1 相关分析

变量之间的相关程度由相关系数来度量,皮尔逊积差相关系数(Pearson product-moment correlation coefficient)是应用最广的一种。它用于检验连续型变量之间的线性相关程度。相关系数 r 介于 -1 到 1 之间,其绝对值越趋近于 1 表明相关程度越高,绝对值越趋近于 0 表明相关程度越低。相关系数的正负号代表相关方向,即正相关或负相关。

相关系数 r 达到多少算高相关,这个问题通常依据具体的研究问题而定。例如在行为科学领域,通常把 0.1 视为低相关,0.3 视为中等相关,0.5 以上视为高相关。

20.1.1 前提假设

(1)正态分布 皮尔逊积差相关只适用于双元正态分布的变量,即两个变量都是正态分布。如果正态分布的前提不满足,两变量之间的关系可能属于非线性相关。

(2)样本独立性 被试必须来自于总体的随机样本,而且被试之间必须相互独立。

(3)替换极值 变量中的极端值如极值、离群值对相关系数的影响较大,最好加以剔除或代之以均值或中数。

20.1.2 儿童的语音意识、识字量、阅读能力之间是否存在显著相关(实例)

例 20-1 语音意识是指个体对语音的敏感程度,可以通过对语音的分解、组合、辨别等能力来衡量语音意识的好与不好。为了考察儿童的语音意识、识字量与阅读能力发展之间的关系,研究者随机选择了 30 个小学生(在实际的研究中,通常需要更多的被试,这儿以 30 个为例),分别采用语音意识测验和阅读水平测验进行测察,并统计了每个学生的识字量,数据如表 20-1 所示。问:根据这一结果,能否说语音意识水平、识字量与阅读能力之间存在相关?

表 20-1　30 个学生在识字量、语音意识和阅读水平上的测试结果

被试编号	s1	s2	s3	s4	s5	s6	s7	s8	s9	s10	s11	s12	s13	s14	s15
识字量	2480	2810	2910	2750	2530	3140	2830	2890	2820	3230	2330	2920	2970	2800	2770
语音意识	6.6	5.1	7.6	5.7	6.6	9.2	5.4	9.1	8.7	9.3	6.0	8.0	9.9	9.7	7.1
阅读能力	71	87	89	86	75	98	83	90	93	95	73	99	86	96	80
被试编号	s16	s17	s18	s19	S20	s21	s22	s23	s24	s25	s26	s27	s28	s29	S30
识字量	2870	2540	2930	2080	2990	2550	2470	2690	2420	2550	2650	2790	2450	2950	2400
语音意识	7.8	7.2	9.2	4.5	8.0	8.1	5.8	5.3	5.6	6.4	5.9	8.7	5.7	9.5	4.6
阅读能力	82	80	97	71	90	87	69	82	73	75	75	82	83	98	64

上述测试结果转换成 SPSS 数据后,保存在数据文件"20 章_数据 1.sav"中。文件中共有 30 个被试,四个变量:"被试编号"、"识字量"、"语音意识"、"阅读能力"。我们需要检验后三个变量两两之间的线性关系。

20.1.3　检验相关分析的前提假设是否满足

从研究过程看,每个学生的测试成绩相互之间保持独立,我们需要检验三个变量是否满足正态分布的假设。

1. 非参数检验方法

操作过程

(1)单击主菜单 **Analyze→Nonparametric Tests→1－Sample K－S** 打开对话框。

(2)从左侧变量列表中把"识字量"、"语音意识"、"阅读能力"选入右侧的 **Test Variable List** 框中,注意在下方的 **Test Distribution** 中选中 **Normal**,即要求 SPSS 检验三个变量是否符合正态分布。

(3)单击 **OK** 运行程序。

输出的结果如表 20-2 所示。单样本 K－S 检验的结果表明,三个变量都属于正态分布,变量"识字量"的显著性水平为 0.80,"语音意识"的显著性水平为 0.68,"阅读能力"的显著性水平为 0.84,都远远大于 95% 置信度下 0.05 的临界值。

表 20-2　One-Sample Kolmogorov-Smirnov Test

		识字量	语音意识	阅读能力
N		30	30	30
Normal Parameters[a,b]	Mean	2717.00	7.19	83.63
	Std. Deviation	257.322	1.654	9.729
Most Extreme Differences	Absolute	.118	.131	.113
	Positive	.108	.131	.113
	Negative	-.118	-.109	-.079
Kolmogorov-Smirnov Z		.645	.716	.617
Asymp. Sig. (2－tailed)		.800	.684	.842

注:a. Test distribution is Normal.
　　b. Calculated from data.

2. 盒状图显示

单击主菜单 **Graphs→Boxplot**,并使用 **Simple** 类型,图中数据选用 **Summaries of seprate** variables,逐一绘制三个变量的盒状图(图 20-1)。从盒状图看,三个变量呈明显的正态分布,而且均无离群值或极值。

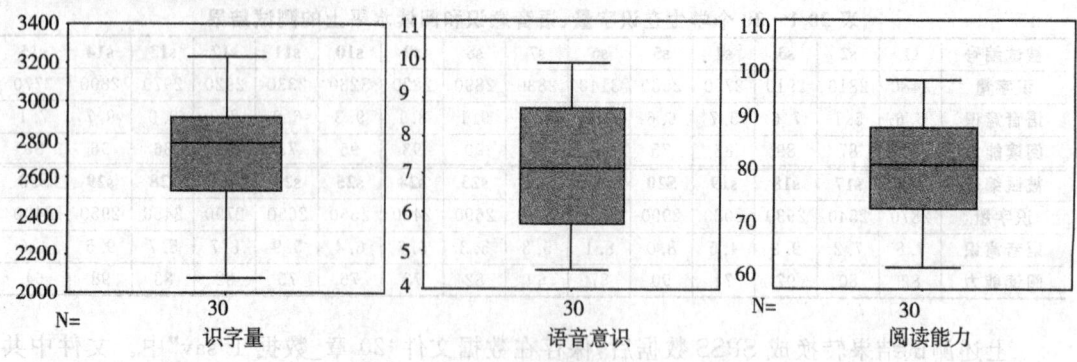

图 20-1　实例中三个变量的的盒状图

20.1.4　相关分析过程

操作过程

(1)单击主菜单 **Analyze→Correlate→Bivariate** 打开对话框。

(2)把三个变量"识字量"、"语音意识"、"阅读能力"全部选入右侧 **Variables** 框中。注意在 **Correlation Coefficients** 中选中 **Pearson**,在 **Test of Significance** 中选中 **Two-tailed**,并选中对话框最下方的复选框 **Flag siginificant correlations**。

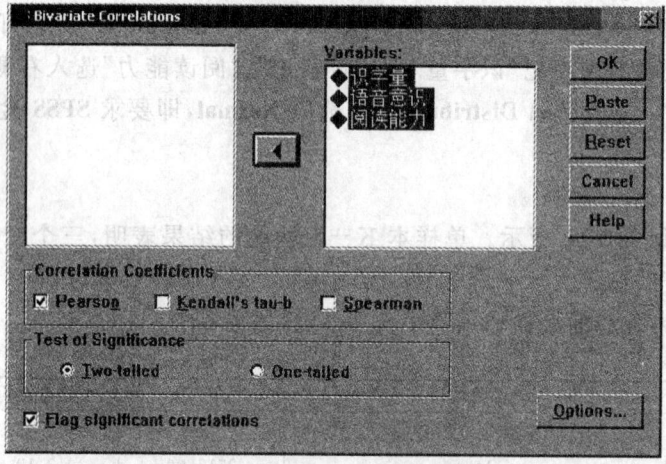

图 20-2　Bivariate 主对话框

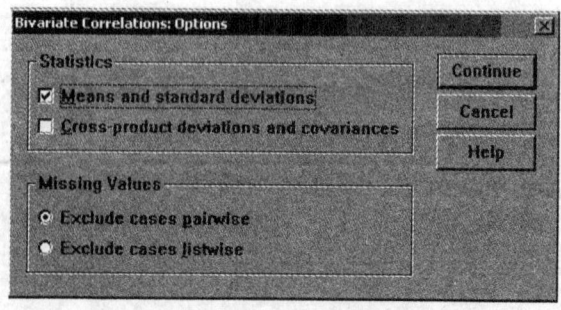

图 20-3　Bivariate:Option 对话框

(3)单击 **Options** 按钮打开子对话框。在 **Statistics** 中选中 **Means and standard deviations**,单击 **Continue** 返回主对话框。

(4)单击 **OK** 运行程序。

相关分析中各选项的说明:

- **Pearson** 计算皮尔逊积差相关系数并作显著性检验,适用于两列变量均为正态分布的连续型变量。
- **Kendall's tau-b** 计算肯德尔 tau-b 并作显著性检验,对数据分布没有严格要求,适用于检验等级变量之间的关联程度。
- **Spearman** 计算斯皮尔曼等级相关系数并作显著性检验,对数据分布没有严格要求,适用于等级变量,或者等距变量不满足正态分布的情况。

20.1.5 输出结果

1. 描述统计结果

表 20-3 给出了检验变量的描述统计量,包括变量均值、标准差、包含的样本量等。

表 20-3 Descriptive Statistics

	Mean	Std. Deviation	N
识字量	2717.00	257.322	30
语音意识	7.19	1.654	30
阅读能力	83.63	9.729	30

2. 相关分析结果

表 20-4 是 SPSS 输出的相关分析表,显示了每对变量之间的皮尔逊相关系数、显著性水平值以及样本量,附有"**"的相关系数表明在 0.01 的水平上相关显著。右上角与左下角的输出结果完全相同。从相关分析表看,识字量、语音意识以及阅读能力三者之间存在正向的高相关,而且都在 0.01 的水平上相关显著。检验结果显著说明相关系数为零的假设不能成立,从而接受相关系数不等于零的假设。

表 20-4 Correlations

		识字量	语音意识	阅读能力
识字量	Pearson Correlation	1	.733**	.820**
	Sig. (2-tailed)	.	.000	.000
	N	30	30	30
语音意识	Pearson Correlation	.733**	1	.751**
	Sig. (2-tailed)	.000	.	.000
	N	30	30	30
阅读能力	Pearson Correlation	.820**	.751**	1
	Sig. (2-tailed)	.000	.000	.
	N	30	30	30

**. Correlation is significant at the 0.01 level (2-tailed)

20.1.6 计算变量集之间的相关系数

阅读能力与其他学业成绩之间是否存在高相关

例 20-2 家长和老师通常都认为,学生的阅读能力对其学业成绩的影响非常大。在上述例 20-1 中,研究者希望了解识字量以及语音意识跟阅读能力之间是否存在显著相关,而识字量和语音意识之间的关系并不是该项研究的内容,因此研究者不希望 SPSS 同时输出三个变量两两之间的相关系数,而是只输出阅读能力与识字量,阅读能力与语音意识之间的相关检验结果。

要想控制 SPSS 输出的相关矩阵的内容,需要改写相关分析的程序语句。当研究者面对的变量非常多时,我们通常只对变量集之间的相关程度感兴趣,而对变量集内部的相关程度不感兴趣。这时,要求 SPSS 输出简洁的内容有利于阅读,也有利于编辑,是一种非常得力的控制手段。

本例中,我们把"语音意识"与"识字量"看作一个变量集,因此,我们希望 SPSS 输出这两个变量与"阅读能力"之间的相关分析结果。

操作过程

(1) 单击主菜单 **Analyze→Correlate→Bivariate** 打开对话框。

(2) 把三个变量"识字量"、"语音意识"、"阅读能力"全部选入右侧 **Variables** 框中。注意在 **Correlation Coefficients** 中选中 **Pearson**,在 **Test of Significance** 中选中 **Two-tailed**,并选中对话框最下方的复选框 **Flag siginificant correlations**。

(3) 单击 **Options** 按钮打开子对话框。在 **Statistics** 中选中 **Means and standard deviations**。单击 **Continue** 返回主对话框。

(4) 单击对话框中的 **Paste** 按钮,SPSS 自动把操作过程转换成程序语句,并粘贴到一个新建的程序语句窗口中,如图 20-4 所示。

```
CORRELATIONS
  /VARIABLES=识字量  语音意识  阅读能力
  /PRINT=TWOTAIL  NOSIG
  /STATISTICS  DESCRIPTIVES
  /MISSING=PAIRWISE.
```

图 20-4 由 Paste 自动生成的 Correlation 程序语句

(5) 在变量"阅读能力"之前插入 **with**,如图 20-5 所示。

(6) 单击主菜单 **Run→Current**,相关分析的程序自动运行。

```
CORRELATIONS
  /VARIABLES=识字量  语音意识  with 阅读能力
  /PRINT=TWOTAIL  NOSIG
  /STATISTICS  DESCRIPTIVES
  /MISSING=PAIRWISE.
```

图 20-5 改动后的 Correlation 程序语句

控制输出的相关分析表如表 20-5 所示。对比没有控制输出的相关分析表,我们可以看出现在的表格更加简洁,而且没有重复输出的情况。相关分析的结果表明,阅读能力与识字量、语音意识之间的正相关均非常显著,两个 p 值都在 0.01 的水平上相关显著。

表 20-5 Correlaionst

		阅读能力
识字量	Pearson Correlation	.820**
	Sig. (2-tailed)	.000
	N	30

		(续)
		阅读能力
语音意识	Pearson Correlation	.751**
	Sig. (2-tailed)	.000
	N	30

**. Correlations is significant at the 0.01 level

20.2 偏相关分析

前面所介绍的相关分析能检验两个变量的相关程度,并通过相关系数的正负号判断相关的方向。但是在现实研究中,变量之间的相互影响往往涉及更深层的因素。例如,我们希望了解导致两个变量高相关的关键因素是什么?假如没有这个关键因素,两个变量是否仍然保持高相关?这里所指的关键因素,就是偏相关分析中的控制变量。

偏相关分析计算的仍然是两个变量之间的相关程度,但是相关系数(r^p)是排除了第三方变量效应之后的效应值。第三方变量在 SPSS 中称为控制变量(Control Variable),它可以是一个变量,也可以是多个变量。偏相关分析的过程平衡了控制变量对两个分析变量的影响,最终目的是检验偏相关系数在总体范围内是否为零。像皮尔逊相关系数一样,偏相关系数的数值范围也是从-1到+1之间,含义也与皮尔逊相关系数相似。

偏相关分析在理解检验变量和控制变量之间的关系时,通常有两种解释或模型,一种是共同作用假设(Commom Cause Hypothesis),另一种是中介变量假设(Mediator Variable Hypothesis)。

在共同作用假设模型中,两个变量相关显著的原因在于它们都受同一变量的影响。如果这个起共同作用的变量不存在,即排除共同作用变量的效应,则两个分析变量的相关系数应为0。心理学对于自我概念的定义可以用共同作用变量来描述。

例 20-3 有心理学家认为,人的自我概念分为一般性概念和多个特定方面的自我概念。其中每个人的一般性自我概念会影响到每一个特定方面的自我概念。在这里,一般性自我概念可被看作共同作用变量,而各个特定方面的自我概念即是多个被作用的变量。下图所示的模型描述了变量之间的这种关系。

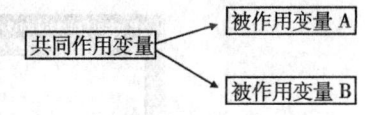

图 20-6 共同作用假设模型

在中介变量假设模型中,两个变量相关显著的原因在于变量 A 通过中介变量影响了变量 B。在排除中介变量的效应后,两个变量的相关系数应为0。

例 20-4 一家公司人力资源部的研究发现,负责产品销售的员工的个性特征影响他们对公司的印象评价,而对公司的印象评价会影响公司的产品销售业绩。在这里,对公司的印象评价可视为中介变量,而个性特征和销售业绩则是作用变量和被作用变量。该模型可用图 20-7 描述。

图 20-7 中介变量假设模型

20.2.1 前提假设

(1)多元正态分布 参与分析的变量集符合多元正态分布,即一方面在不考虑其他变量的情况下,每个变量都符合正态分布,另一方面每个变量在其他变量的变量值的任一组合上都符合正态分布。当多元正态分布的假设满足,变量之间的关系肯定是线性的,当该假设不能得到满足时,变量之间可能存在非线性关系。在进行偏相关分析之前,可以通过散点图来检验变量之间是否存在非线性关系。

(2)样本独立性　被试必须来自于总体的随机样本,而且被试之间必须相互独立。

20.2.2　控制识字量之后,语音意识与阅读能力是否高相关(实例)

例 20-5　我们依然以例 20-1 的研究为例,研究者考虑到当计算语音意识和阅读能力之间相关时,识字量可能是一个共同影响语音意识和阅读能力的变量,因此研究者希望控制识字量的影响后,考察语音意识和阅读能力之间的关系。

我们依然用数据文件"20 章_数据 1.sav"来进行偏相关分析。该文件包含四个变量:"被试编号"、"识字量"、"语音意识"、"阅读能力"。

对于偏相关分析,通常经过两个步骤,第一步先对各变量进行两两相关分析,计算变量之间的皮尔逊积差相关系数;第二步再进行偏相关分析,计算在控制其他变量的影响时,两个变量之间的相关程度。

20.2.3　偏相关分析过程

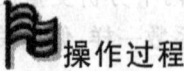操作过程

(1)单击主菜单 **Analyze→Correlate→Partial** 打开对话框。

(2)把变量"语音意识"、"阅读能力"选入右侧 **Variables** 框中;把"识字量"选入右侧 **Controlling for** 框中。在 **Test of Significance** 中选中 **Two-tailed**,并选中对话框最下方的复选框 **Display actual significance level**。

(3)单击 **Options** 按钮打开子对话框。在 **Statistics** 中选中 **Means and standard deviations** 和 **Zero-order conrreclations**。单击 **Continue** 返回主对话框。

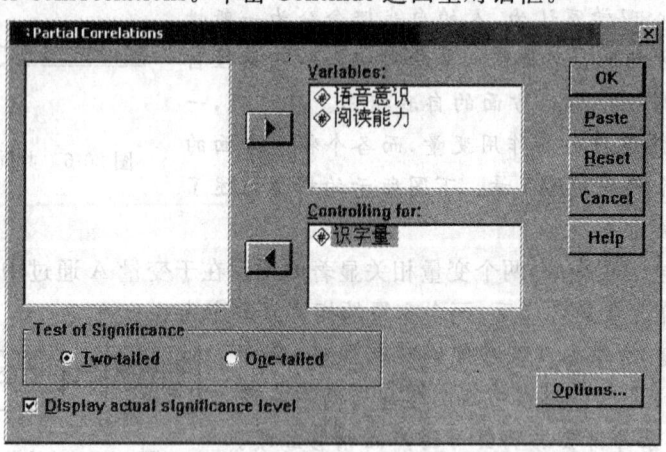

图 20-8　Partial 主对话框

(4)单击 **OK** 运行程序。

20.2.4　输出结果

1. 描述统计结果

表 20-6 给出了检验变量和控制变量的描述统计量,包括变量均值、标准差、包含的样本量等。

表 20-6 描述统计量

Variable	Mean	Standard Dev	Cases
语音意识	7.1900	1.6541	30
阅读能力	83.6333	9.7290	30
识字量	2717.0000	257.3224	30

2. 简单相关分析结果

表 20-7 是 SPSS 输出的变量间（包括检验变量和控制变量）的简单相关分析结果。结果中每个单元显示了每对变量的简单相关系数、自由度和 p 值。比较一下表 20-7 和表 20-4 就可以发现，两个表中相应的相关系数值和 p 值其实是完全相同的。

表 20-7 简单相关分析结果

- - - PARTIAL CORRELATION COEFFICIENTS - - - Zero Order Partials

	语音意识	阅读能力	识字量
语音意识	1.0000 (0) P= .	.7512 (28) P= .000	.7299 (28) P= .000
阅读能力	.7512 (28) P= .000	1.0000 (0) P= .	.8199 (28) P= .000
识字量	.7299 (28) P= .000	.8199 (28) P= .000	1.0000 (0) P= .

(Coefficient / (D. F.) / 2—tailed Significance)

" . " is printed if a coefficient cannot be computed

3. 偏相关分析结果

表 20-8 给出了当控制"识字量"这一变量时，"语音意识"和"阅读能力"之间的偏相关系数、自由度和 p 值。结果显示，二者的偏相关系数为 0.39，尽管比相关系数 0.75 小，但统计检验显示两者的偏相关系数在 0.05 水平上显著，也就是说语音意识和阅读能力确实存在显著正相关。

表 20-8 偏相关分析结果

- - - PARTIAL CORRELATION COEFFICIENTS - - - Controlling for.. 识字量

	语音意识	阅读能力
语音意识	1.0000 (0) P= .	.3904 (27) P= .036
阅读能力	.3904 (27) P= .036	1.0000 (0) P= .

(Coefficient / (D. F.) / 2—tailed Significance)

" . " is printed if a coefficient cannot be computed

 **提示 相关或偏相关分析中的多重检验问题**

当同时对多组变量进行两两相关分析或偏相关分析时,同样也面临着多重检验(Multiple Test)的问题,即多次检验导致发生Ⅰ类统计错误的概率增加。有专家认为,可以通过 Bonferroni 方法对显著性水平进行校正,把 0.05 除以多重检验的次数,作为新的显著性水平标准。

20.2.5 绘制散点图查看变量间的关系

进行偏相关分析的前提是变量之间是线形关系。我们可以通过绘制散点图查看两个变量是否是线性关系。

操作过程

(1)单击主菜单 **Graphs→Scatter** 打开预选框。
(2)选择 **Simple**,并单击 **Define** 按钮打开主对话框。把变量"语音意识"、"阅读能力"分别选入 **Y Axis**、和 **X Axis** 框中。
(3)单击 **OK** 运行程序。

图 20-9 是输出的散点图。从散点图可以看出,语音意识与阅读能力存在线性关系。

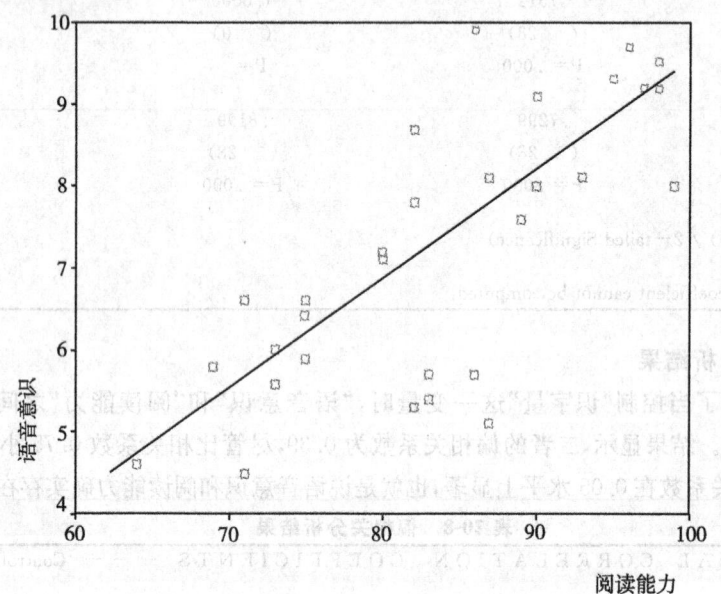

图 20-9 描述阅读能力和语音意识的关系的散点图

20.3 小结

相关分析与偏相关分析略有不同。

相关分析(correlation)用于分析两个随机变量的相关程度。本章介绍了其中的皮尔逊积差相关和偏相关的分析方法。偏相关分析用于计算当排除了其他变量的效应后,两个变量之间的相关程度。相关系数或偏相关系数的数值范围是从 -1 到 $+1$ 之间,正负号代表相关方向,即正相关或负相关,其绝对值越趋近于 1 表明相关程度越高,绝对值越趋近于 0 表明相关程度越低。

第 21 章 回归分析

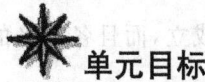

单元目标

通过学习本章,您可以了解:
◆ 如何进行一元线性回归
◆ 如何进行多重线性回归
◆ 如何诊断多重线性回归中的多重共线性

相关分析能够确定变量之间的关系强度,如果打算确定一个变量或多个变量对另一个变量的影响,比如用一个变量的变化来预测另一变量的变化,则需要进行回归分析。回归分析可以为我们建立数学模型即回归方程,从而使预测变量的变化成为可能。

21.1 一元线性回归

一元线性回归方程通常用如下形式表达:

$$\hat{y} = b_0 + b_x$$

这个方程只包含一个自变量或者预测变量 x 和一个因变量或者指标变量 y,而且两个变量符合线性关系。一元线性回归方程中,b_0 是一个常数,即截矩;b 表示斜度,在回归方程中特称为回归系数,也是常数。

回归分析的显著性检验是判断自变量(预测变量)对因变量(指标变量)是否存在真正影响的依据。方程中的 b 被称为回归系数,显著性检验的一个零假设就是回归系数为 0。

为了确保所建立的回归方程符合线性标准,在进行回归分析之前,我们往往需要借助散点图对因变量与自变量进行线性检验。此外,还需要注意离群值与极值对回归方程的影响。

判断预测变量是否与指标变量存在显著相关,以及整个方程的回归效果,必须依据回归分析输出的三个指标得到结论:

● **方差分析** 方差分析中的 F 检验用于检验回归模型与数据的拟合程度。如果 F 值很大,其显著性水平小于临界值如 0.05 或者 0.01,则表明预测变量与指标变量之间存在很强的线性关系,也可以说回归方程显著。
● **回归系数的显著性检验** 如果回归系数 b 显著,则同样表明预测变量与指标变量之间存在强线性相关。
● **测定系数 r^2** 该指标来自于两个变量的皮尔逊相关系数的平方,它解释回归平方和在总平方和中所占的比率,即解释回归效果。例如 $r^2 = 0.70$,则表示指标变量的变异中有 70% 是由预测变量引起的。

21.1.1 前提假设

回归分析通常分为两类,实验研究中的回归分析通常属于固定效应模型,非实验研究例如市场调查中的回归分析通常属于随机效应模型。

1. 固定效应模型的前提假设

(1)正态分布 因变量的总体在自变量的各水平上都呈正态分布,但是大样本可以在一定程度上不受限制。

(2)方差齐性 因变量在自变量各水平上的方差齐性。如果条件不成立,而且各水平的样本量有差异,显著性检验的结果不可信。

(3)样本独立性 样本来自于总体的随机抽样,被试相互之间保持独立。

2. 随机效应模型的前提假设

(1)正态分布 预测变量与指标变量在总体上呈正态分布。

(2)样本独立性 样本自于总体的随机抽样,被试相互之间保持独立。

21.1.2 识字量对阅读能力的影响到底有多大(实例)

例 21-1 在例 20-1 中,研究者希望知道识字量对阅读能力的影响,具体地说,研究者想确切知道识字量对阅读能力的影响有多大。这个问题需要通过回归分析解决。

我们依然用数据文件"20章_数据1.sav"来进行回归分析。该文件包含四个变量:"被试编号"、"识字量"、"语音意识"、"阅读能力"。

21.1.3 依据散点图检验线性关系

进行回归分析之前,有必要先绘制散点图来查看两个变量是否是线性关系。

操作过程

(1)单击主菜单 **Graphs→Scatter** 打开预选框。

(2)选择 **Simple**,并单击 **Define** 按钮打开主对话框。把变量"阅读能力"、"识字量"分别选入 **Y Axis**、和 **X Axis** 框中。

(3)单击 **OK** 运行程序。

从输出的散点图上看,识字量与阅读能力呈明显的线性相关。

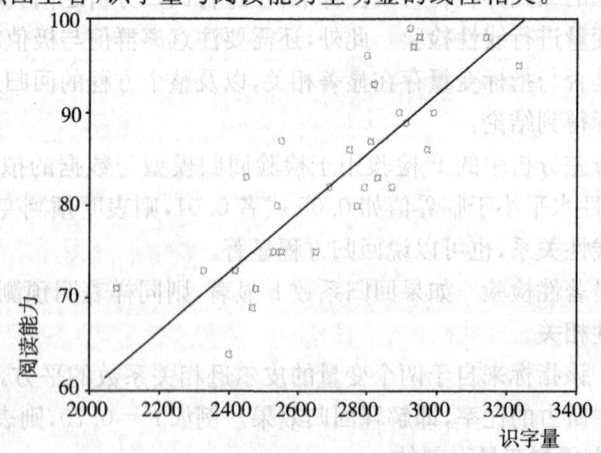

图 21-1 描述阅读能力和识字量的关系的散点图

21.1.4 回归分析过程

操作过程

(1)单击主菜单 Analyze→Regression→Linear 打开主对话框。把变量"阅读能力"选入 Dependent 框中,把"识字量"选入 Independent 框中。

(2)单击 Statistics 按钮打开子对话框,选中 Descriptives,注意保持默认的两个选项 Estimates 和 Model fit。单击 Continue 返回主对话框。

(3)单击 OK 运行程序。

21.1.5 输出结果

1. 描述统计结果

SPSS 首先输出两变量给出了检验变量的描述统计量(表 21-1),包括变量均值、标准差、包含的样本量等。

表 21-1 Descriptive Statistics

	Mean	Std. Deviation	N
阅读能力	83.63	9.729	30
识字量	2717.00	257.322	30

2. 相关分析结果

表 21-2 显示了两个变量之间的皮尔逊相关系数,显著性水平值(单侧检验结果)以及样本量。结果显示识字量和阅读能力之间存在正向的高相关,而且在 0.001 的水平上相关显著。

表 21-2 Correlations

		阅读能力	识字量
Pearson Correlation	阅读能力	1.000	.820
	识字量	.820	1.000
Sig. (1-tailed)	阅读能力	.	.000
	识字量	.000	.
N	阅读能力	30	30
	识字量	30	30

3. 显示自变量以及自变量进入回归方程的方法

表 21-3 显示进入回归方程的自变量只有我们选中的一个变量"识字量",因变量是"阅读能力"。表中同时显示建立回归方程的方法——"强制进入"(Enter),即不管自变量对因变量有没有影响,硬性要求自变量进入回归方程。从对话框中能看到,建立回归方程的方法有多种,其他几种方法在建立方程时会自动剔除不显著的自变量。

表 21-3 Variables Entered/Removed(b)

Model	Variables Entered	Variables Removed	Method
1	识字量(a)	.	Enter

注:a All requested variables entered.
b Dependent Variable:阅读能力

4. 回归模型描述表

表 21-4 给出了回归模型的描述表。表中显示,相关系数 R 为 0.82,测定系数 R^2(Coefficient of Determination)是 0.667,即"识字量"可以解释"阅读能力"66.7%的变异。

表 21-4　Model Summary

Model	R	R Square	Adjusted R Square	Std. Error of the Estimate
1	.820(a)	.672	.661	5.668

注：a　Predictors：(Constant)，识字量

5. 对回归模型的方差分析结果

表 21-5 给出了对回归模型进行方差分析的结果。结果显示，回归方程显著，$F(1,28)=57.43$，$p=0.00<0.01$，说明模型与数据拟合程度非常好。

表 21-5　ANOVA(b)

Model		Sum of Squares	df	Mean Square	F	Sig.
1	Regression	1845.333	1	1845.333	57.434	.000(a)
	Residual	899.634	28	32.130		
	Total	2744.967	29			

注：a　Predictors：(Constant)，识字量
　　b　Dependent Variable：阅读能力

6. 回归系数及检验结果

表 21-6 给出了建立的回归方程中的常数、回归系数、标准化回归系数以及对回归系数进行 T 检验的结果。结果显示，对回归系数的检验达到了显著性水平，说明"识字量"对"阅读能力"的回归显著，$t(28)=7.58$，$p=.00<.01$。

根据表 21-6 提供的信息，我们可以列出回归方程的表达式，其中 y 为阅读能力的得分，x 为识字量。

$$y = -.593 + .031 * x$$

在回归方程中，回归系数的大小依赖于自变量与因变量的变化尺度（如标准差）的大小。例如在本例中，通过表 21-1 显示的内容可以看出，自变量的标准差（257.32）要远大于因变量的标准差（9.73），这样会导致对回归系数的低估。一个解决的办法是对自变量和因变量都进行标准化，即转化成相应的 z 分数。变量转化成 z 分数后其均值为零，标准差为 1，然后再进行回归分析。通过这种方法得到的回归系数称为标准回归系数。实际上表 21-6 也输出了该标准回归系数，即 Beta =.82。

表 21-6　Coefficients(a)

Model		Unstandardized Coefficients		Standardized Coefficients	t	Sig.
		B	Std. Error	Beta		
1	(Constant)	-.593	11.162		-.053	.958
	识字量	.031	.004	.820	7.579	.000

注：a　Dependent Variable：阅读能力

21.2　多重线性回归

多重线性回归扩充了一元线性回归中自变量的数目，即允许同时使用多个预测变量预测指标变量的变化。在现实研究中，影响一个指标变量的因素往往有多个，因此多重回归具有更强的实用性。

多重线性回归要求因变量与自变量都是定量变量，允许一个或多个自变量为二分变量，即只包含两个变量值的变量。

多重线性回归的方程表达式：

$$\hat{y} = b_0 + b_1 x_1 + b_2 x_2 + b_3 x_3 + \ldots + b_k x_k$$

其中，b_0 是回归平面在 y 轴上的截距，是一个常数。b_1、b_2、b_3、b_k 是回归平面的系数，又称偏回归系数。

21.2.1 前提假设

回归分析在实验研究中通常属于固定效应模型，在非实验研究中通常属于随机效应模型。多重线性回归对变量的要求与一元回归相同。

1. 固定效应模型的假设前提

（1）正态分布　因变量的总体在自变量间各水平的组合上呈正态分布。如果不是正态分布，可以通过使用大样本进行一定程度的弥补。

（2）方差齐性　因变量在自变量间各水平的组合上的方差齐性。如果条件不成立，而且各水平的样本量有差异，显著性检验的结果不可信。

（3）样本独立性　样本来自于总体的随机抽样，被试相互之间保持独立。

2. 随机效应模型的假设前提

（1）多元正态分布　各变量的总体符合多元正态分布假设，即一方面在不考虑其他变量的情况下，每个变量都符合正态分布，另一方面每个变量在其他变量的变量值的任一组合上都符合正态分布。当多元正态分布的假设满足，变量之间的关系肯定是线性的。

（2）样本独立性　样本来自于总体的随机抽样，被试相互之间保持独立。

在实际进行回归分析过程中，用户可以根据情况选择 SPSS 建立回归方程的方法，也可酌情对变量进行正态转换、对数转换或者倒数转换等，以便找到最合适的回归模型。

21.2.2 影响汽车销售的主要因素是什么（实例）

例 21-2　一家汽车研究机构对国内汽车市场进行监测，收集了每个汽车品牌的年销售量数据以及汽车的各种性能指标，相关数据保存在文件"21章_数据1.sav"中。研究者希望确切掌握影响汽车销售量的主要因素是什么。

1. 用直方图查看因变量的分布

用指标变量"销量"制作直方图（Graphs→Histogram），结果如图 21-2 所示。可从直方图看出该变量不属于正态分布，而是指数分布。

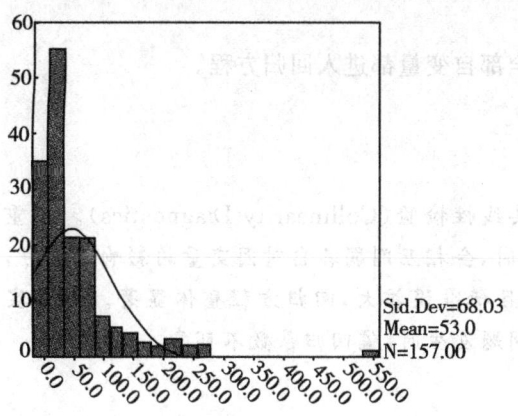

图 21-2　原始销量的直方图

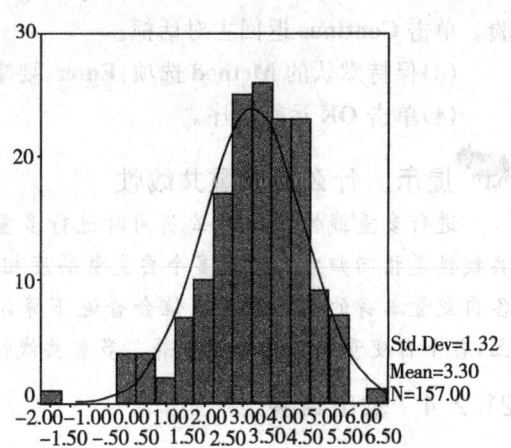

图 21-3　对销量对数转换后的直方图

2. 对变量分布进行检验

为了进一步确认该分布为指数分布,我们使用非参数检验 1 Sapmle K−S 过程(单击 **Analyze→Nonparametric Tests→1 Sapmle K−S**),对变量"销量"进行指数分布检验(具体过程请参考本教材第 7 章相关内容)。检验结果如表 21-7 所示,显示 $p=.122>.05$,符合指数分布假设。

表 21-7 One-Sample Kolmogorov-Smirnov Test

		销量
N		157
Exponential parameter.(a,b)	Mean	52.99808
Most Extreme Differences	Absolute	.094
	Positive	.094
	Negative	−.029
Kolmogorov-Smirnov Z		1.182
Asymp. Sig. (2−tailed)		.122

注:a Test Distribution is Exponential.
　　b Calculated from data.

3. 对变量进行转换

由于正态分布或近似正态分布的变量是回归分析的必要前提假设,所以我们必须对因变量"销量"进行转换。使用 Compute 命令对该变量取对数,并保存为变量"log 销量"。再次对"log 销量"绘制直方图,结果显示数据接近正态分布(见图 21-3)。

21.2.3 进行多重回归分析

操作过程

(1)单击主菜单 **Analyze→Regression→Linear** 打开对话框。把变量"Log 销量"选入 Dependent 框,把汽车价格以及各项性能特征作为自变量,全部选入 Independent 框作为自变量。

(2)单击 **Statistics** 打开子对话框。保持默认选项 Estimates 和 Model fit,并选中 **Part and partial correlations** 和 **Collinearity diagnostics**,即要求进行偏相关分析和多重共线性检验。单击 Continue 返回主对话框。

(3)保持默认的 **Method** 选项:Enter,要求全部自变量都进入回归方程。

(4)单击 **OK** 运行程序。

提示　什么是多重共线性

进行多重线性回归时必须同时进行多重共线性检验(Collinearity Diagnostics)。多重共线性是指回归方程中的多个自变量高度相关时,会相互削弱各自对因变量的影响。此时,各自变量本身的偏回归系数值会普遍下降,而且标准误扩大,回归方程整体显著。但事实上,各个自变量的影响都不显著。多重共线性问题发生时,偏回归系数不可靠。

21.2.4 输出结果

1. 对回归模型的描述

表 21-8 给出了回归模型的描述表。总体来说,回归模型对销量的预测效果比较好。多

重相关系数 R=0.697，多重测定系数 R^2=0.489，表明约有 48.9% 的销量变化可以用模型解释。

校正后的测定系数 R^2_{adj}=0.449，与 R^2 接近。R^2 受自变量的数目与样本量之比的影响，当比值小于 1：5 时，R^2 倾向于高估拟合度，因此统计学家推荐在这种情况下使用校正后的测定系数。

表 21-8   Model Summary

Model	R	R Square	Adjusted R Square	Std. Error of the Estimate
1	.697(a)	.486	.449	.98960

注：a Predictors：(Constant)，耗油量，长度，价格，类型，宽度，发动机，油箱容量，车型体积，载重量，马力

2. 对回归模型的方差分析结果

表 21-9 给出了对回归模型进行方差分析的结果。方差分析表明回归方程显著，F(10,141)=13.305，p=.00<.05。说明使用全部自变量来预测销量的多重回归模型与数据拟合程度比较好。

表 21-9   ANOVA(b)

Model		Sum of Squares	df	Mean Square	F	Sig.
1	Regression	130.300	10	13.030	13.305	.000(a)
	Residual	138.082	141	.979		
	Total	268.383	151			

注：a Predictors：(Constant)，耗油量，长度，价格，类型，宽度，发动机，油箱容量，车型体积，载重量，马力
　　b Dependent Variable：LOG 销量

3. 偏回归系数及检验结果

表 21-10 输出了多项结果，包括建立的多重回归方程中的常数、偏回归系数、标准化偏回归系数、对回归系数进行 T 检验的结果、相关系数以及对多重共线性的检验。可以发现，在总共 10 个预测变量中，有 7 个预测变量的显著性检验结果不显著，也就是说它们对回归模型的作用有限。

在检验显著的预测变量中，判断相对重要性的标准是标准化偏回归系数 Beta，绝对值越大表示对模型的贡献越大，对预测指标越重要。检验显著的三个预测变量是"类型""价格"和"耗油量"。其中"价格"变量的标准化偏回归系数的绝对值最大，为 0.502，是最重要的预测变量。

在相关分析（Correlations）列中，我们发现部分预测变量的偏相关（Partial）与部分相关（Part）系数明显低于普通相关（Zero-order）系数，表明这些变量所解释的因变量的大部分变异可被其他变量解释。

在与共线性（Collinearity）有关的两个指标列中，容忍度（Tolerance）是指该变量不能被其他变量解释的变异百分比。因此，容忍度越小的变量被其他变量解释的变异百分比越大，共线性问题就越严重。从表 21-10 中可以看出，只有两个变量的容忍度大于 0.3，其他变量的容忍度都比较小。在统计学中，当容忍度接近于 0 时，多重共线性将非常显著，此时回归系数的标准误将会膨胀。

与共线性有关的第二个指标是方差膨胀因子 VIF（variance inflation factor）。方差膨胀因子（VIF）实际上是容忍度的倒数。因此 VIF 越大说明共线性问题就越严重。通常预测变量的 VIF 值大于 2 被认为有共线性问题。从表中看，所有预测变量的 VIF 都大于 2，表明我们现在建立的回归方程存在问题。

表 21-10 Coefficients[a]

Model		Unstandardized Coefficients		Standardized Coefficients	t	Sig.	Correlations			Collinearity Statistics	
		B	Std. Error	Beta			Zero-order	Partial	Part	Tolerance	VIF
1	(Constant)	-3.017	2.741		-1.101	.273					
	类型	.883	.331	.293	2.670	.008	.274	.219	.161	.304	3.293
	价格	-.046	.013	-.502	-3.596	.000	-.552	-.290	-.217	.187	5.337
	发动机	.356	.190	.281	1.871	.063	-.135	.156	.113	.162	6.159
	马力	-.002	.004	-.092	-.509	.611	-.389	-.043	-.031	.112	8.896
	车型体积	.042	.023	.241	1.785	.076	.292	.149	.108	.200	4.997
	宽度	-.028	.042	-.073	-.676	.500	.037	-.057	-.041	.313	3.193
	长度	.015	.014	.148	1.032	.304	.215	.087	.062	.178	5.605
	载重量	.156	.350	.075	.447	.655	-.041	.038	.027	.131	7.644
	油箱容量	-.057	.047	-.167	-1.203	.231	-.016	-.101	-.073	.189	5.303
	耗油量	.081	.040	.262	2.023	.045	.121	.168	.122	.217	4.604

注:a. Depenpdent Variable:LOG 销量

 提示 偏相关与部分相关有何区别

偏相关(Partial correlation)是指从两个变量的相关系数中去掉它们与其他变量的共同相关后的剩余值。部分相关(Part correlation)是指在回归方程中排除其他自变量的线性效应后,每个自变量与因变量的相关度。

4. 多重共线性诊断

特征根(Eigenvalues)是检验多重共线性问题的另一指标。如果多个维度的特征根约等于零,说明有比较严重的共线性问题。表 12-11 进一步给出了对变量之间是否具有多重共线性的诊断。结果显示,大部分特征根都非常小,接近 0,证实预测变量相互之间存在高相关,意味着数据中的小变动会引起预测值的大变化。

条件指数(Condition Index)是判断多重共线性的另一指标。通常认为条件指数大于 15 表示可能存在共线性问题,大于 30 则表示有严重的多重共线性问题。从表中看,大部分条件指数都在 30 以上,表明我们现在建立的回归方程存在严重的多重共线性问题。

表 21-11 Collinearity Diagnostics[a]

Model Dimension		Eigenvaiue	Condition Index	Variance Proportions										
				(Constant)	类型	价格	发动机	马力	车型体积	宽度	长度	载重量	油箱容量	耗油量
1	1	9.920	1.000	.00	.00	.00	.00	.00	.00	.00	.00	.00	.00	.00
	2	.733	3.678	.00	.28	.00	.00	.00	.00	.00	.00	.00	.00	.00
	3	.259	6.193	.00	.00	.07	.01	.00	.00	.00	.00	.00	.00	.01
	4	.050	14.051	.00	.12	.30	.14	.00	.00	.00	.00	.00	.00	.02
	5	.019	22.589	.00	.27	.01	.10	.07	.00	.00	.00	.03	.18	.05
	6	.008	35.942	.00	.00	.26	.62	.73	.00	.00	.00	.01	.01	.05
	7	.005	44.275	.00	.00	.00	.05	.00	.01	.00	.01	.29	.78	.13
	8	.003	58.480	.01	.00	.24	.03	.17	.07	.01	.03	.59	.02	.42
	9	.002	76.175	.18	.07	.03	.00	.01	.11	.11	.07	.00	.00	.25
	10	.001	130.747	.06	.10	.03	.00	.00	.67	.08	.80	.02	.01	.01
	11	.000	148.267	.75	.16	.07	.05	.00	.15	.80	.05	.00	.00	.08

注:a. Dependent Variable:LOG 销量

21.2.5 多重共线性问题的解决方案

上文介绍了如何根据多重回归分析的输出结果中的容忍度(Tolerance)、方差膨胀因子VIF(variance inflation factor)、特征根(Eigenvalues)和条件指数(Condition Index)等指标来诊断是否存在多重共线性问题。除此之外,也可以根据自变量之间的相关矩阵对多重共线性问题作初步判断,通常如果自变量的相关系数超过0.8,就有可能存在多重共线性问题,这时需要结合上述指标进行进一步的判断和分析。

如果在多重回归模型中存在多重共线性问题,通常意味着自变量之间存在线性或近似线性的关系,即某个自变量可以用其他自变量的近似线性函数来描述。一般情况下,自变量之间会存在某种程度的相关,如果相关程度不高,对多重回归模型的影响不会很严重。但是如果相关程度很高,共线性趋势很明显时,会对模型带来严重的影响。这种影响包括:①对偏回归系数的估计可能产生严重偏差;②模型的稳定性降低,删除某些变量或案例后相关参数会发生剧烈变化;③某些对因变量有重要影响的自变量可能会被排除在模型之外。因此,要建立有效的回归模型必须解决多重共线性问题。

解决多重共线性问题可以采用如下方法:
(1)先进行主成分分析,用提取出的新变量代替原来的自变量进行回归分析。
(2)采用路径分析(Path Analysis)来取代多重回归分析。路径分析可以预先设定自变量之间的关系。
(3)根据研究者基于专业知识的判断,强行去除某些自变量,或对某些存在共线性的变量进行合并。

关于方法(1)和(2)的具体使用,已经超出了本教材的内容范围,请参考其他书籍来学习相关方法的使用。

21.3 更多回归分析

线性回归的适用前提是因变量与自变量呈直线关系,但很多情况下因变量与自变量的关系并非直线,而是各种各样的曲线。此时我们可以对变量加以转换,形成变量间的直线关系再采用线性回归分析,但在此之前我们必须知道变量间到底是一种怎样的曲线关系,所以曲线估计最直接的功能就是探测变量间的关系。另外,当因变量或自变量超出了等比或等距变量的范畴时,有必要参照使用二元回归、Logistic回归、比率回归等方法建立回归模型。

请思考,相关分析和回归分析试图所解决的问题有什么不同?

21.4 小结

回归分析必须注意多重共线性问题。

回归分析有多种,依变量类型的不同各有适用范围。在市场研究行业,回归分析是重要的数据分析方法之一。本章内容仅是对回归分析方法的简单介绍,想更深入地掌握这一方法,还需要参阅更多资料和案例分析过程。

附 录

常用专业术语中英文对照表

英　文	中　文
1—sample K—S	单样本的 K—S 检验
Aggregate	数据聚合
Align	对齐方式
Analyze	分析
ANCOVA	协方差分析
Asymptotic distribution	渐近分布
Between-subjects factor	被试间因素、组间因素
Binomial test	二项分布的检验
Boxplots	箱式图、盒式图或盒须图
Case	案例、样例
Case studies	案例学习
Chart	统计图
Chi-square test	卡方检验
Collinearity	共线性
Columns	(变量)列宽
Comma	(变量)逗号型
Compare means	均值比较、平均数差异的显著性检验
Compute	(变量)计算
Condition index	条件指数
Continue	继续操作
Continuous variable	连续变量
Correlation	相关分析
Count	计数
Covariates	协变量
Cross-over design	交叉设计
Crosstabs	列联表分析、交互分析
Cruskal-wallis h	克一瓦氏单向方差分析
Cubic effect	三次方效应
Cumulative percent	累计百分比
Custom currency	(变量)自定义货币型
Data	数据
Date	(变量)日期型
Data editor	数据编辑窗口
Data view	数据浏览窗口
Decimals	(变量)小数位数
Dependent list	因变量列表
Descriptives	数据描述
Dollar	(变量)美元型
Dot	(变量)英文句点型
Doubly multivariate design	双重多元设计
Edit	编辑
Eigenvalues	特征根
Explore	数据探测
Exponedtial distribution	指数分布
Extreme value	极值

(续)

英文	中文
Factor list	因素列表
File	文件
Fixed factor	固定因素
Fonts	字体及字号
Frequencies	频数分析
Friedman	弗里得曼双向等级方差分析
General linear model	一般线形模型
Graphs	图表
Grid Lines	网格线
Help	帮助
Histograms	直方图
Homogeneity tests	同质性检验(方差齐性检验)
Independent-samples t test	两个独立样本的 t 检验
Interquartile range	四分位数间距
Kendall's W	肯德尔和谐系数
Label	(变量)标签
Likelihood Ratio	似然比
linear effect	线性效应
Log	运行记录
Mann-Whitney U test	曼—惠特尼 U 检验
MANOVA	多元方差分析
Maximum	最大值
Means	均值,又称平均数或均数
Measure	数据测量类型
Median	中位数
Minimum	最小值
Missing	定义缺失值
Multiple response	多重反应
Multivariate	多(因)变量
Name	(变量)名称
Nested design	嵌套设计
Nominal	名义变量,或类别变量
Nonparametrics test	非参数检验
Normal distribution	正态分布
Normality	正态、常态
Notes	(变量)注释
Numeric	数字型
One-sample t test	单个样本的 t 检验
One-way ANOVA	单维方差分析、单因素方差分析
Options	选项(按钮)
Ordinal	顺序(变量)
Outlier	离群值
Paired-samples t test	两个配对样本的 t 检验
Partial correlation	偏相关
Paste	粘贴
Path Analysis	路径分析
Pearson	皮尔逊积差相关系数
Peprson chi-square	皮尔逊卡方
Percent	百分比
Pivot tables	统计表格

(续)

英　　文	中　　文
Poisson distribution	泊松分布
Post hoc	事后检验
Profile plots	均值显示图
quadratic effect	二次方效应
Qualitative variable	定性变量
Quantitative variable	数量变量
Random factor	随机因素
Recode	重新编码
Repeated measures	重复测量
Result coach	结果说明（结果教练）
Scale	尺度变量（测量变量）、测度分析
Scatter plot	散点图
Scientific nota	科学计数法
Sephericity assumption	球形假设
Sign	符号检验法
Simple main effects	简单主效应分析
Skewed distribution	偏态分布
Spearman	斯皮尔曼等级相关系数
Splite file	分割文件
Split-Plot design	裂区设计
SPSS viewer	结果输出窗口
SPSS(Statistical Package for Social Science)	社会科学统计软件包
Statistics	统计（模块）
Statistics coach	统计教练
Status bar	状态栏
Std. deviation	标准差
Stem-and-leaf plot	枝叶图
String	（变量）字符型
Sum	和
Syntax	程序语句、命令
Syntax dditor	程序语句（命令）窗口
Text output	文本形式的输出结果
Titles	标题
Tolerance	容忍度
Toolbar	工具栏
Topics	（帮助）主题
Transform	转换
Transpose	数据转置
Trimmed mean	修正均值
Tutorial	使用指南
Type	变量类型
Uniform distribution	均匀分布
Univariate	单（因）变量
Utilities	应用
Valid percent	有效百分比
Value labels	变量值的标签
Variable view	变量浏览窗口
Variables	变量
Variance components	方差成分分析
View	视图

(续)

英　　文	中　　文
VIF(variance inflation factor)	方差膨胀因子
Warnings	警告
Width	(变量)长度
Wilcoxon	符号等级检验法、维尔克松检验法
Window	窗口
Within-subjects factor	被试内因素、组内因素

参考文献

1. 袁淑君,孟庆茂. 数据统计分析－SPSS/PC＋原理及其应用. 北京:北京师范大学出版社,1995
2. 张厚粲. 心理与教育统计学. 北京:北京师范大学出版社,1990
3. 舒华. 心理与教育研究中的多因素实验设计. 北京:北京师范大学出版社,1994
4. 舒华,周晓林,武宁宁. 儿童汉语读音声旁一致性意识的发展,心理学报,2000.32(2):164～169
5. 方积乾. 医学统计学与电脑实验(第2版). 上海:上海科学技术出版社,2001
6. 张文彤. SPSS11统计分析教程(基础篇). 北京:北京希望电子出版社,2002
7. 张文彤. SPSS11统计分析教程(高级篇). 北京:北京希望电子出版社,2002
8. 王才康. 基于项目的方差分析探讨. 心理学报,2000.32(2):224－228
9. 管益杰,方富熹. 单字词的学习年龄对小学生汉字识别的影响(II). 心理学报,2002,34(1):23～28
10. 洪楠. SPSS for Windows 统计分析教程. 北京:电子工业出版社,2000
11. 郭志刚. 社会统计分析方法－SPSS软件应用. 北京:中国人民大学出版社,1999
12. 卢纹岱. SPSS for Windows 从入门到精通. 北京:电子工业出版社,1999
13. 奥特 R L,朗格内克 M 著. 统计学方法与数据分析引论(上、下). (张忠占等译). 北京:科学出版社,2003
14. Green S B, Salkind N J, Akey T M. Using SPSS for Windows: Analyzing and Understanding Data (2nd). Printice Hall, Upper Saddle River, New Jersey 2000
15. Allen L Edwards 著(毛正中等译). 心理研究中的实验设计(第5版). 成都:四川教育出版社,1992
16. 柯惠新,刘红雁. 民意调查实务. 北京:中国经济出版社,1996